개정판

현대 도시와 행정

박병식 · 이시경 · 이창기 · 최준호

도서출판 대영문화사

개정판 머리말

『현대 도시와 행정』을 출판한지 10년 만에 개정판을 내게 되어 감회가 새롭습니다.

도시는 시민들의 삶의 터전이고 자아실현의 장소입니다. 쾌적하고 건강한 도시를 만들기 위해서는 민주적이고 효율적인 도시행정이 요청됩니다. 저자들은 대학에서 오랜 기간 동안 도시행정에 대한 연구와 강의를 수행하면서 도시관리가 효율적으로 이루어질 수 있는 방안을 제시하기 위해 노력해 왔습니다. 특히 강의를 해오면서 독자들에게 도시행정의 내용을 쉽고 체계적으로 전달할 수 있는 저서의 필요성을 절감해 왔습니다.

독자들이 도시행정의 흐름을 명확히 파악하고 구체적인 실태를 쉽게 이해할 수 있는 방법으로 체제론적 접근이 유용하다고 판단했고, 이번 개정판도 체제론적 접근에 기초하여 투입－전환－산출－환류로 구분하여 주요 내용을 구성하였습니다.

저서의 내용은 우선 도시행정 이해의 바탕이 되는 도시의 의미와 변천 과정 및 유형에 대해 소개하였습니다. 도시행정은 도시정부와 환경의 상호작용으로 이루어지므로 내부적 투입 요소로 공간, 인구, 활동을 소개하고, 외부적 투입 요소로 도시정부를 둘러싼 환경 변화인 도시화, 민주화, 효율화, 정보화의 주요 특성을 제시하였습니다. 도시행정이 이루어지는 전환 단계인 도시행정 체계에서 도시정부의 구성, 재정, 도시계획을 설명하였습니다. 도시행정의 산출로 나타나는 도시정책으로 토지 · 주택정책, 교통 · 환경정책, 복지 · 문화정책, 재난 · 위기관리정책을 소개하였습니다. 그리고 도시행정의 환류 단계로 바람직한 정책 수립을 위한 평가 및 이를 바탕으로 미래 도시의 방향을 제시하였습니다.

이 저서의 특징을 간단히 소개하면 다음과 같다.

첫째, 투입–전환–산출–환류의 체제적인 관점에서 도시와 행정의 관계를 체계적으로 정리함으로써 독자들이 도시행정의 실태와 내용을 정확히 이해할 수 있도록 하였습니다. 기존의 저서들에 비해 하나의 일관된 분석틀을 갖고 도시행정의 전체 내용을 논리적으로 설명하고 있는 점이 장점입니다.

둘째, 기존의 도시행정에 관련된 이론들을 대부분 포괄하도록 했으며, 지방자치시대에 도시행정을 효과적으로 운영할 수 있는 제반 이론과 지방자치의 주요 이론을 소개하였습니다. 새롭게 소개된 이론은 행정수요, 효율화 부문의 도시관리 기법, 제4차 산업혁명 시대의 지능기반사회, 도시정부의 복지·문화정책, 도시행정의 평가와 미래 등입니다. 지방자치에 관한 주요 이론은 민주화와 도시정부의 조직구성에서 다루었습니다.

셋째, 도시행정의 이해를 높이기 위해 각 장별 머리에 이론과 관련된 사례들을 소개하여 해당 주제에 대해 사전에 이해할 수 있도록 하여 독자들의 학습 동기를 유발하였고, 도시행정의 해당 이론들을 통해 사례분석 능력을 키울 수 있도록 하였습니다. 각 장의 말미에는 이론의 이해와 사례 분석을 기초로 독자들의 심화 학습을 위해 연구 과제를 제시하였습니다. 이 연구 과제는 조별 발표의 주제나 보고서 과제로도 활용할 수 있을 것입니다.

넷째, 대학 교재로 사용할 수 있도록 학기 진도 계획에 맞추어 총 14장으로 구성했으며, 도시행정의 핵심적 이론과 실태를 체계적으로 소개하고, 이를 토대로 현실 도시문제들에 대한 다각적인 논의와 토론의 출발점을 제시할 수 있도록 하였습니다.

이 저서의 개정판은 교재를 사용하는 독자들이 쉽고 명확하게 도시행정의 전체적 틀을 파악하고 현실 문제에 대해 적절하게 활용할 수 있도록 노력했습니다. 이를 위해 해당 장에 적합한 실제 사례들을 발굴하여 해당 주제를 현실감 있게 파악할 수 있도록 하였고, 각 장의 말미에 해당 장의 주제에 대해 심도 있는 분석을 할 수 있는 연구 과제를 포함시켰습니다.

이런 성과는 지난 기간 동안 도시 및 지방행정 연구를 수행한 선배나 동료 학자들의 연구 결과들에 의해 이루어졌습니다. 다시금 그분들의 노고에 감사드리며 체제론적 도시행정의 틀을 통해 도시행정 분야가 더욱 명쾌하고 일목요연하게 정립되어지기를 바랍니다.

그리고 저자들의 학문활동을 이끌어 준 서울대 행정대학원 은사님들과 연구활동에 많은 도움을 준 학회의 선배 및 동료 교수 및 소속 대학 당국에 다시금 감사드립니다. 무엇보다도 저자들의 바쁜 연구활동을 이해해 준 가족들에게 고마움과 함께 항상 사랑한다는 말을 전하고자 합니다.

이번 개정판을 시민과 함께하는 도시행정을 구현할 수 있는 저서로 만들기 위해 우리 저자들이 최선을 다해 노력했지만, 부족한 부분들이 많을 것으로 생각됩니다. 지속적인 연찬을 통해 현실에 활용되는 학문 영역을 개척하기 위해 노력하고자 하니 선배, 동료, 후배 전문가들의 많은 지도와 편달을 기대하면서 부족한 부분은 다음 기회에 수정 · 보완하고자 합니다.

끝으로 개정판의 출판을 기꺼이 맡아 준 대영문화사 임춘환 사장님께 감사드리며, 편집부 여러분의 노고에 고마움을 전합니다.

2019년 2월

저자 씀

초판 머리말

도시는 시민들의 삶의 터전이고 자아실현의 장소이다. 쾌적하고 건강한 도시를 만들기 위해서는 민주적이고 효율적인 도시행정이 요청된다. 저자들은 대학에서 20여 년 동안 도시행정에 대한 연구와 강의를 수행하면서 도시관리가 효율적으로 이루어질 수 있는 방안을 제시하기 위해 노력해 왔다. 특히 강의를 해오면서 독자들에게 도시행정의 내용을 쉽고 체계적으로 전달할 수 있는 저서의 필요성을 절감해 왔다.

독자들이 도시행정의 흐름을 명확히 파악하고 구체적인 실태를 쉽게 이해할 수 있는 방법으로 체제론적 접근이 유용하다고 판단했다. 따라서 이 저서는 도시행정의 전체적인 틀을 제시하면서 개별적인 세부 내용을 담을 수 있는 투입－전환－산출－환류의 체제론적 접근 방법에 기초하여 쓰여졌다.

이 저서는 우선 도시행정 이해의 바탕이 되는 도시의 의미와 변천 과정 및 유형에 대해 소개한다. 도시행정은 도시정부와 환경의 상호작용으로 이루어지므로 내부적 투입 요소로 공간, 인구, 활동을 소개하고, 외부적 투입 요소로 도시정부를 둘러싼 환경 변화인 도시화, 민주화, 효율화, 세계화의 주요 특성을 소개한다. 도시행정이 이루어지는 전환 단계인 도시행정 체계에서 도시정부의 구성, 재정, 지식정보를 소개한다. 도시행정의 산출로 나타나는 도시정책으로 도시계획, 토지 · 주택정책, 교통 · 환경정책, 복지 · 문화정책, 재난 · 위기관리정책을 소개한다. 그리고 도시행정의 환류 단계로 바람직한 정책 수립을 위한 평가 및 이를 바탕으로 미래도시의 방향을 제시한다.

오늘날 시민들의 역량과 역할이 중요한 지식기반 사회에서 정부에 의한 도시행정이 아닌 시민에 의한 도시행정이 요청되고 있다. 거버넌스적 접근에서 시민들의 의식과 참여는 도시행정의 효과적 운영의 핵심적 요소이다. 이런 점에서 이 저서는 도시행정의 효과적 운영에 관심 있는 시민들에게 도시와 행정의 상호관계에 대한 전체적 틀을 제시하고 도시행정의 개별적인 내용들을 쉽게 파악할 수 있도록 구성했다. 이 저서를 통해 도시행정 이론들이 시민들의 의식과 생활 속에 투영되어 시민과 함께 발전하기를 기대한다.

이 교재의 특징을 간단히 소개하면 다음과 같다.

첫째, 투입－전환－산출－환류의 체제적인 관점에서 도시와 행정의 관계를 체계적으로 정리함으로써 시민들이 도시행정의 실태와 내용을 정확히 이해할 수 있도록 했다. 기존의 저서들에 비해 하나의 일관된 분석틀을 갖고 도시행정의 전체 내용을 논리적으로 연결시킨 점이 장점이다.

둘째, 기존의 도시행정에 관련된 이론들을 대부분 포괄하도록 했으며, 지방자치 시대에 도시행정을 효과적으로 운영할 수 있는 제반 이론과 지방자치의 주요 이론을 소개했다. 새롭게 소개된 이론은 행정수요, 효율화 부문의 도시관리 기법, 도시정부의 지식정보, 복지 · 문화정책, 도시행정의 평가와 미래 등이다. 지방자치에 관한 주요 이론은 민주화와 도시 구성에서 다루었다.

셋째, 도시행정의 이해를 높이기 위해 각 장별 머리에 이론과 관련된 사례를 소개하고, 독자들의 학습 동기를 유발하며 이론을 통한 사례분석 능력을 키우고자 했다. 교재 말미엔 이론의 이해와 사례 분석을 기초로 독자들의 심화 학습을 위해 연구 과제를 제시했다. 이 연구 과제는 조별 발표의 주제나 보고서 과제로 활용할 수 있을 것이다.

넷째, 대학 교재로 사용할 수 있도록 학기 진도 계획에 맞추어 총 15장으로 구성했으며, 도시행정의 핵심적 이론과 실태를 체계적으로 소개하고, 이를 토대로 현실 도시문제들에 대한 다각적인 논의와 토론의 출발점을 제시할 수 있도록 했다.

이 저서의 출간은 무엇보다 국내의 도시 및 지방행정 연구를 수행한 선배나 동료 학자들의 연구 결과에 기초하고 있다. 그분들의 개척자적 연찬이 있었기에 체계론적 도시행정의 틀을 제시할 수 있었다는 점에서 존경과 감사의 마음을 전하고자 한다.

그리고 저자들의 학문활동을 이끌어 준 서울대 행정대학원 은사님들과 연구활동에 많은 도움을 준 학회의 선배 및 동료 교수 및 소속 대학 당국에 감사드린다. 무엇보다도 저자들의 바쁜 연구활동을 이해해 준 가족들에게도 고마움을 전하고자 한다.

저자들이 최선을 다해 시민과 함께하는 도시행정을 구현하기 위해 노력했지만, 부족한 부분들이 많을 것으로 생각되기에 강호제현의 많은 비판과 질책을 기대하면서 부족한 부분은 다음 기회에 수정·보완하고자 한다.

끝으로 이 책의 출판을 기꺼이 맡아 준 대영문화사 임춘환 사장님께 감사드리며, 편집부 여러분의 노고에 고마움을 표한다.

2009년 2월
저자 씀

차 례

Contents

제2부 도시행정의 환경 변화

제3부 도시행정 체계

제7장 도시정부의 조직구성

제8장 도시정부의 재정

제4부 도시행정과 정책

제10장 토지 · 주택정책

제11장 교통 · 환경정책

제5부 도시행정과 미래

제14장 도시행정의 평가와 미래

제 1 부

도시행정의 기초

제 1 장 | 도시의 의의와 유형

제 2 장 | 도시행정의 공간 · 인구 · 활동

현대 도시와 행정의 체계적 분석틀

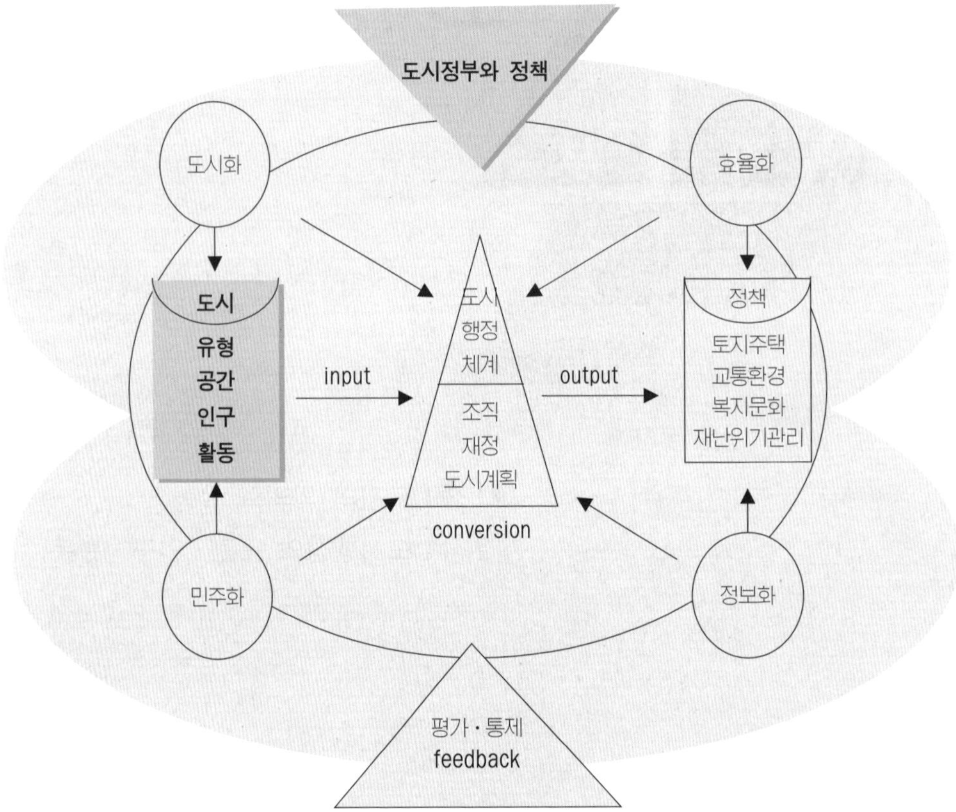

제 1 장

도시의 의의와 유형

학습 목표

- 도시의 의의와 기본적 성격을 파악한다.
- 도시의 역사적 변천 과정과 성장 요인을 파악한다.
- 도시의 다양한 유형들을 파악한다.

사례 연구 도시의 변화와 대응

도시라는 공간은 편의성, 의료시설, 치안활동, 사생활 보호, 일자리 및 직업의 다양성, 대중예술과 오락, 정보 습득, 다양한 기회 포착면에서 시골보다 월등히 유리한 삶의 터전이다. 인류는 지난 수백 년 동안 도시를 중심으로 정치, 문화, 경제를 발전시켜 왔다. 도시 속에 머물기만 해도 사람들은 점점 더 똑똑해졌다.

고대 도시가 성벽이나 자연 방호벽 뒤에 형성되었던 것과 달리 현대 도시는 물류공급과 기반시설을 건설하기 쉬운 열려 있는 공간에 세워졌다. 주로 사람이 모여 살기에 충분히 넓은 평지 위에 형성되었다. 도시에는 자본 축적의 상징으로 공공시설물이나 빌딩들이 들어섰다. 산업혁명의 중심도시들 주변엔 도로망과 철도망이 빠르게 건설되었고 상하수도망과 전력망이 촘촘히 구축되었다.

산업경제가 지배하던 20세기엔 도시는 물류 소통의 중심이었고 도로 및 항공망이 거미줄처럼 도시들을 연결해 줬다. 하지만 정보통신기술이 발달하자 물질경제의 규모가 축소되는 대신에 디지털 서비스가 확장되면서 초고속 인터넷망이 도시의 생명력을 전파하는 신경망 역할을 하게 되었다. 도시 곳곳에서 발생하는 디지털 데이터는 도시의 활력을 상징하는 신호가 되어 네트워크를 따라 흐르고 있다.

이처럼 세계 각국은 끊임없이 변화하는 시대에 직면해 있다. 역사적으로 도시는 번성하는가 하면 쇠퇴하는 흥망성쇠의 과정을 겪어 왔다. 4대 문명 발상지들을 비롯한 고대 도시들은 이후 군사도시, 항구도시, 산업도시, 문화관광도시 등으로 변화를 거듭해 왔다. 미국은 오대호 주변 북동부 지역의 시카고, 디트로이트, 버팔로 등 스노벨트(snow belt)로 철광석과 석탄이 풍부해 공업이 발달된 도시지역이었다.

그런데 석유의 등장으로 지금은 쇠퇴하고 석유 매장량이 많은 공업지역인 애틀란타, 올랜드, 휴스턴, 피닉스, 샌디에이고, 로스앤젤레스 등이 번성했고 첨단산업인 반도체, 항공기, 우주산업, 알루미늄 등을 생산하는 도시들이 발달되었다. 시대적 수요와 기술의 변화로 산업과 도시의 발달이 다양한 이동 과정을 겪으면서 도시의 성장과 쇠퇴를 거듭해 왔다.

한국도 도시변화를 피할 수 없다. 경제개발이 한참인 1970~1980년대 각광을 받았던 탄광도시, 공단도시들이 변화를 모색하지 않는 한 쇠퇴의 길을 걸을 수밖에 없었다. 이를 테면 국가공단으로 이름을 떨쳤던 구미공단도 위기에 봉착해 있다.

지금까지 도시의 성장에는 여러 가지 요인이 있을 수 있지만 우리나라 환경에서는 도시의 발전을 볼 때 소득과 일자리를 만드는 산업과 미래의 희망을 주는 교육이 주로 성장을 주도해 왔다. 도시마다 특성을 가질지라도 이 두 가지는 지속가능한 성장을 주도해 왔음을 부정할 수 없다. 또한 도시에서 살고 있는 시민의 자부심을 느끼게 하는 것도 중요하다. 결과적으로 도시의 매력과 선호도에 따라 인구가 집중하게 되고 필요로 하는 사회기반시설을 구축함으로써 도시는 지속적인 발전을 도모하고 경쟁력을 확보해 갈 수 있을 것이다(한국미디어네트워크, 2018.4.26; 기호일보, 2018.1.3).

<생각해 볼 문제>

1. 도시의 성장 요인은 무엇일까?
2. 도시들의 유형은 어떻게 분류할 수 있을까?

도시행정을 연구하기 위해서는 그 대상이 되는 도시의 기능과 성격을 정확히 파악해야 한다. 도시는 일정한 공간에 거주하는 사람들의 경제·사회·문화·행정·정치행위 등이 이루어지는 장소이다. 도시는 인간의 지리적·공간적 활동에 따라 자연적으로 생성되기도 하고, 시대적 산물인 제도나 법규에 의해 인위적으로 형성되기도 한다. 오늘날 산업화·공업화의 흐름에 따라 도시화가 지속적으로 증대되는 상황에서 도시는 인간의 거주 공간, 경제 공간, 자기실현 공간으로서 중요한 위치를 차지한다.

이 장에서는 도시를 파악하기 위해 도시의 의의, 도시를 결정하는 기준, 도시가 성장하는 요인 및 도시의 유형에는 어떤 것이 있는지를 살펴본다.

제1절 도시의 의의

1. 도시의 개념

도시는 인간이 군집하여 각기 다양한 생존 조건을 형성하는 사회적 공동체이다. 도시는 일정 규모 이상의 인구가 밀집해 거주하는 곳으로, 2, 3차 산업인구의 비율이 높고, 주민의 직업 및 생활이 다양하며, 정치 · 경제 · 문화 등의 기능이 집중하여 중심지 역할(주변 지역에 재화와 서비스를 제공)을 수행하기 때문에 높은 건물이 많고 토지 이용이 복잡하며 인구밀도가 높아 좁은 공간에 많은 사람이 거주하는 특징을 지닌다.

도시는 생산 · 소비의 장소이고, 법적 · 정치적 제도이며, 문명의 용기(容器)이다. 도시는 다양하고 이질적인 요소들이 일정한 공간적 영역 속에서 일체감을 가지며, 전체적으로 구조적인 조화와 기능적 통합성을 이루는 하나의 사회적 실체이다. 거대하고 복잡한 하나의 유기체(a big living complex system)로서 도시는 사회적 공동체이며, 법인격을 갖는 사회적 단위이고, 인간들 간의 촉매제이며, 공공재의 생산 단위이고, 문화의 보고로서의 특성을 갖는다(Banavetg, 1971: 노춘희 · 김일태, 2006: 14－15). 도시는 경제적 · 지리적 · 사회적 · 심리적 · 역사적 · 법률적 · 제도적 요소들이 결합되어 있기 때문에 도시를 분석하기 위해서는 학제적인 접근이 필요하다.

2. 도시의 변천 과정

오늘날의 도시는 고대의 도시가 발생한 이래 누적적으로 발달해 온 문명의 실체라는 점에서 도시 개념의 변천 과정을 파악할 필요가 있다. 도시는 자급자족적인 농경사회인 고대에서 시작하여 과학기술의 발전에 따라 지식정보 혁명이 일어나는 현대에 이르기까지 시대적 상황에 적합한 도시의 형태가 나타나고 있다.

1) 잉여농산물과 정치 · 경제 · 문화의 중심지

고대 도시는 인류 최초의 4대 문명 발생지에서 출현했으며, 큰 강 유역의 비옥한 토지에서 자급자족의 농경생활을 통해 농산물의 잉여가 발생하면서 형성되어 왔다. 교통이 편리한 지역에 위치한 고대 도시들은 잉여농산물의 교역으로 부가가치를 창출하였고, 농업 생산에 종사할 필요가 없는 유한계급들은 정치 · 종교 · 군사 · 상공 · 문화활동에 종사하면서 사회활동에 필요한 제반 서비스를 공급하여 왔다. 서양에서는 고대 그리스 · 로마의 도시들이 등장했고, 동양에서는 중국의 장안(長安), 고구려 국내성 · 평양성, 백제의 웅진과 사비성, 신라의 경주 등이 도시를 형성하였다.

2) 상공업의 중심지

중세에 이르면 외부의 공격으로부터 방어를 할 수 있는 성곽 도시가 발달하게 되었고, 주요 하천이나 도로 등 교통 요지가 상업의 중심지역으로 성장하면서 상업도시가 발달하기 시작하였다. 상공업이 번창하면서 교통 요충지는 주요 시장으로 성장하였고, 이 시장을 중심으로 상공인들이 조합을 결성하고 봉건영주나 왕으로부터 독립된 자치시, 즉 헌장도시(chartered city)를 탄생시켰다. 이러한 도시는 주민의 대부분이 농업이 아닌 공업이나 상업활동을 통해 획득한 수입으로 활동하며 도시의 다양한 시설들을 건설하였다.

3) 인구의 집중지역

근세에 들어 산업혁명은 과학기술의 급속한 발전에 힘입어 생산력과 부(富)의 증대를 가져왔다. 인구의 자연적 증가와 농업지역과 공업지역의 생산성 격차는 농촌 인구를 생산성이 높은 도시지역으로 몰려들게 하여 인구 이동에 의한 사회적 인구증가를 가져왔다. 도시 인구의 증가율은 높아짐에 따라 오늘날과 같은 대도시가 출현하기 시작하였다. 산업혁명 이후 석탄, 철광석 산지를 중심으로 루르, 자르, 에센 지역에 근대적 의미의 도시들이 발달했으며, 이 시기의 도시는 정주 인구의 규모가 크고 밀도가 높으며, 1차 산업보다 2차, 3차 산업에 종사하는 사람들의 비율이 많았다.

4) 인공시설의 집적지

현대의 과학과 교통·통신의 발달은 과거에 도시라는 일정 공간에 인구가 집중하는 양상에서 탈피하여 도시 인구가 교외로 확산되어 거주하는 분산적 도시화를 초래하였다. 이는 점적인 도시 형태에서 면적인 도시 형태, 즉 도시권역으로의 전환을 의미하며, 이렇게 공간적으로 분화된 도시는 기능적으로 통합되어야 하기 때문에 도시권 전체를 기능적으로 통합할 수 있는 도로망, 대중교통망, 정보통신망, 상하수도망의 제반 시설, 즉 도시의 공공기반시설이 매우 중요한 위치를 차지하게 되었다. 따라서 종래의 도시지역에 해당하는 현 도시권역의 중심지역은 물리적 시설이 다른 지역보다 현저히 집중되어 있는 곳으로 파악되며, 많은 인구와 상업활동의 수많은 교류작용으로 복잡한 사회활동이 이루어지면서 인간이 가장 편리하고 효과적인 생활을 누릴 수 있는 인공시설이 갖추어진 곳이 되었다.

5) 네트워크 중심지

오늘날 ICT·IoT의 발달로 가전제품, 정보통신, 의료 등 분야의 혁신적 변화가 나타나고 우리의 삶에도 큰 변화가 오고 있다. 이에 인공지능(AI)까지 결합되어 주거, 건물, 공장, 그리고 이들을 지원하는 전기, 상하수도, 교통 등 도시인프라 자체가 스마트화 내지 인텔리전트화 되어가고 있다. 자율주행차, 스마트교통 및 주차시스템 등이 운전과 주차의 어려움을 덜어 줄 것이며, 여행자들도 실시간 교통 및 여행정보를 스마트폰을 통해 얻고 예약할 것이다. 또한 전기, 상하수도, 그리고 다양한 행정·사회 서비스가 스마트화되어 이용편리하고 자원절약적으로 변모될 것인데, 앞으로는 '가상현실', '증강현실' 등이 결합되어 우리의 삶은 더욱 파격적인 '환타지 세계'를 이룰 것으로 본다. 스마트시티는 도시인프라, 에너지 공급, 혹은 공공서비스 부문에서의 편의성 및 효율성 제고, 재난방지 등을 위한 세부사업들, 공장에서의 스마트공정시스템, 개개인 가정이나 건물에서의 편의를 위한 가전시설과 건물시설들의 스마트화 등이 있을 수 있다. IoT, AI, 클라우드, 혹은 블록체인(block chain)을 바탕으로 한 스마트화 · 인텔리전트화된 주거, 건물, 인프라 등을 포함한 시설 및 서비스시스템들이 구축되는 지역이 될 것이다.

3. 도시의 기준

도시의 성격이 역사적인 흐름에 따라 변화됨으로써 도시의 기준을 단일화시켜 정의하기는 어렵다. 우선 도시 개념의 변천 과정을 통해 도시 현상에서 나타나는 몇 가지 특징을 보면 다음과 같다.

첫째, 도시는 일정한 지역에 인구가 대량 집중하는 정주(定住) 인구의 다대성(多大性)을 특징으로 한다.

둘째, 도시는 산업화되어 있어 1차 산업보다 2차, 3차, 4차(정보) 산업의 구성비율이 높다.

셋째, 도시는 분화된 기능이 집적되어 있으며, 이를 수행할 수 있는 행정적 · 물리적 · 인공적인 생활시설이 많이 있는 지역이다.

넷째, 도시는 도시사회의 구조적 특징들로서 이질성 · 개성화 · 익명성 등을 지니고 있다.

그러나 도시를 구체적으로 제시할 때 명확한 기준이 필요하다. 이런 도시의 기준은 도시의 역사적 변천 과정이나 도시의 특징이 제시하는 것처럼 다양한 기준이 있을 수 있다.

여기서는 도시의 판단 기준으로 경제적 · 정치적 · 물리적 · 사회적 · 인구 규모 · 사회문화적 · 법적 기준의 내용을 제시해 본다.

① 경제적 기준: 1차 산업이 절반 이하인 지역이다.

② 정치적 기준: 중앙정부의 행정 기능과 연계된 지역이다.

③ 물리적 기준: 도시기반시설(상하수도, 도로, 공공건물, 공원, 학교 등)이 어느 정도 갖추어진 지역이다.

④ 사회적 기준: 집단적인 생활이나 게젤샤프트(Gesellschaft)적 사회(이익지향적 사회)가 형성된 지역이다.

⑤ 인구 규모: 각 국가의 특성에 따라 인구 규모는 상이한 기준을 채택하고 있는데 덴마크는 250명 이상, 프랑스와 독일은 2,000명 이상, 미국은 2,500명 이상, 일본은 50,000명 이상, 그리스는 100,000명 이상, 한국은 20,000명 이상이며, UN은 20,000명 이상을 기준으로 하고 있다.

⑥ 사회문화적 기준: 인구가 밀집해서 생활함에 따라 도시 내에 익명성과 개인주의가 보장되는 지역이다.

⑦ 법적 기준: 법규에 의해 도시라고 지정한 지역이다.

현행 우리나라의 도시의 기준을 보면, 지방자치법에 법인격과 관할구역을 갖는 지방자치단체를 설치할 수 있도록 규정하고 있는데, 동법 제7조에는 도시형 지방자치단체인 시(市)가 되기 위한 요건으로 "그 대부분이 도시의 형태를 갖추고 인구 5만 명 이상이 되어야 한다"고 정하고 있다.[1] 동법 시행령 제7조에는 다시 "당해 지역의 시가지를 구성하는 지역 내에 거주하는 인구가 전체의 60% 이상일 것과 상업 · 공업, 기타 도시적 산업에 종사하는 가구의 비율이 전체의 60% 이상일 것"이라고 규정하고 있다.[2] 또한 법인격을 갖지는 않지만 그 형태면에서 소도시라고 할 수 있는 읍(邑)의 설치 요건으로 "그 대부분이 도시의 형태를 갖추고 인구 2만 명 이상이 되어야 한다. 다만 ① 군사무소 소재지의 면, ② 읍이 없는 도 · 농복합 형태의 시에서 그 면 중 1개 면의 어느 하나에 해당하면 인구 2만 명 미만인 경우에도 읍으로 할 수 있다."

1) 지방자치법 제2조는 광역지방자치단체의 성격을 갖는 '특별시'와 '광역시'와 '특별자치시'와 기초지방자치단체의 성격을 갖는 '시'를 설치할 수 있도록 하고 있다. 또한 동법 제7조 제2항에서는 '도 · 농 복합 형태의 시'를 설치할 수 있는 근거를 두고 있는 바, 해당 요건으로 ① 시와 군(郡)을 통합한 지역, ② 인구 5만 명 이상의 도시적 형태를 갖춘 지역이 있는 군, ③ 인구 2만 명 이상의 도시 형태를 갖춘 2개 이상의 지역의 인구가 5만 명 이상인 군, 이 경우 군의 인구가 15만 명 이상으로서 대통령령으로 정하는 요건을 갖추어야 한다. ④ 국가의 정책으로 인하여 도시가 형성되고, 원격지 주민의 편의와 특정 지역의 개발촉진을 위해 대통령령으로 정하는 바에 따라 지방자치단체의 조례로 출장소가 설치된 지역으로서 지역의 인구가 3만 명 이상이고, 인구 15만 명 이상의 도 · 농 복합형태의 시의 일부인 지역에 해당하는 조건들을 명시하고 있다.

2) 일본의 경우 시가 될 수 있는 보통공공단체로서 ① 인구 5만 명 이상이고, ② 보통지방공공단체의 중심시가지를 형성하고 있는 구역 내에 있는 호수(戶數)가 전 호수의 60% 이상이어야 하며, ③ 상공업 및 기타 도시적 업무에 종사하는 자와 그 자와 동일 세대에 속하는 자의 수가 전 인구의 60% 이상이어야 한다고 규정하고 있다.

4. 도시 성장의 요인

1) 도시의 발생 조건

문명을 자연의 도전에 대한 인간의 응전(應戰)의 역사로 파악한다면, 자연환경 속에서 인간이 안전하고 편리하게 살 수 있도록 인공시설을 조성해 가는 것, 즉 도시를 형성해 가는 것을 문명의 형성 과정이라고 볼 수 있다.

차일드(G. Childe)가 문명의 발산을 도시혁명이라고 했듯이, 문명은 city의 고어 civic에서 파생되었다는 점에서 문명과 도시는 같은 의미로 사용되어 왔다. 일반적으로 "도시의 발생은 정착성, 생태적 적합성, 사회적 잉여, 통치권과 사회조직의 조건이 갖추어져야 한다"고 본다. 정착성이란 부족의 생산 형태가 주로 농산물의 재배이어서 경작이 용이한 지역을 중심으로 집단취락을 형성하려는 경향을 말하는 것으로 유목생활에 의한 이동성이 강하지 않은 상태를 말한다.

생태적 적합성이란 정착에 적합한 기후, 지질, 지반, 물 등이 고루 갖추어져야 함을 말한다. 사회적 잉여란 정착한 부족들의 생활은 도구와 기술의 발달로 농업 생산성이 높아지고 잉여농산물이 생김에 따라 농업 생산의 대가로 인간 생활에 필요한 다른 서비스, 즉 정치 · 종교 · 문화 등을 제공할 수 있는 전문직업인이 나타나게 되었다. 이는 인간 사회의 분업과 계층의 발생을 초래했고, 사회조직화를 통한 권력의 존재를 가능케 했는데, 이와 같은 사회적 잉여물의 집합 장소로서 도시는 바로 문명의 온상이 되었다.

사회조직은 농업 생산에 불가피한 강 유역에서 홍수로 인한 엄청난 자연의 도전을 극복하기 위해 협동적 토목사업 등 사회협동 조직의 체계화를 바탕으로 이루어지는데, 이 과정에서 사회적 조직이 형성되었다. 이 조직을 관리할 구심적 힘인 통치권은 지배층이 담당했고, 이 통치권은 사람의 행동 공간이 광역화됨에 따라 이 광역화된 공간을 상호 연결시키는 역할을 수행했다.

2) 도시의 성장 요인

도시의 성장은 도시가 공간적으로 확대되고 인구 규모가 증대되는 양적 성장과 토지 이용도의 제고라든가, 기능의 성숙 등 주민의 생활의 질을 향상시키는 질적 성장으로 나눌 수 있다. 또한 도시의 공간적 확대는 외면적으로 도시의 영역을 확장하는 평면적 확장과 수직적으로 건축물이 높아지는 수직적 확장을 포함한다.

이런 도시 성장의 현상은 도시가 지니는 높은 고용 기회, 상업 및 제조업 부문의 높은 소득, 안정되고 지속적인 고용 형태, 도시의 높은 생활 수준, 교육 및 사회복지시설, 도시의 심리적 매력 등 다양한 요인에 의해 나타나는데, 그 요인들을 세부적으로 나누어 본다.

(1) 인구 증가

도시화 과정의 가장 큰 요인은 도시 인구의 자연 증가와 농촌지역으로부터의 인구 유입이다. 도시 인구가 증가함에 따라 인구를 수용하기 위해 저밀도 개발정책을 고밀도로 전환하여 동일한 면적에서도 많은 인구가 거주할 수 있도록 하게 된다.

주택 형태는 단독주택에서 복합주택으로 변화한다. 또한 도시 인구의 쾌적한 생활과 풍요로운 삶을 영위할 수 있고, 사회복지 행정수요를 충당할 수 있도록 대규모의 사회기반시설이 건설된다. 즉, 학교시설, 공원, 교통, 상하수도 시설 등의 확충이 필요하고, 이런 업무를 수행할 수 있는 재정 수요가 증가한다.

(2) 도시 경제구조의 변화

산업혁명을 통해 농업의 기계화가 이루어져 농촌의 유휴 인력이 도시로 유입하게 된다. 산업혁명은 에너지의 활용과 교통 수단의 발달을 가져와 해운 및 육상교통을 증대시켜 항만도시와 육상교통 도시를 발달시킨다. 기차 등의 교통 수단, 전기 · 전화 · 지하철 · 석유에 의한 자동화 · 고속화는 도시의 확산을 가져와 대도시를 탄생시킨다. 또한 정보혁명을 통해 새로운 산업이나 업종이 등장하여 도시의 경제구조를 변화시키고 도시구조를 첨단화시킨다.

(3) 교통 및 통신 수단의 발달

종래의 도시는 도시집중(concentration) 현상을 유지했으나, 교통 · 통신 수단이 발달함에 따라 도시분산(disperse)의 현상이 나타난다. 도시분산에 따른 대도시화는 도시의 교외화와 행정부처의 분산을 가져온다.

(4) 정치적인 안정

정치적으로 안정화됨으로써 경제적 · 사회적 발전이 이루어져 도시지역으로의 인구집중 현상이 나타난다.

(5) 과학기술의 발달

산업혁명 이후 지속적인 과학기술의 발달은 도시의 하부구조를 건설하는 데 새로운 접근이 나타났다. 건설되는 도시 형태와 구조 및 건물들이 20세기 중반 이후의 각종 기술혁신으로 조립식 기술이 활용되고 토지 이용상의 변화가 나타난다. 과학기술의 발달로 공장 입지는 지가가 싼 교외의 고속도로 연변에 위치하게 되고, 도시 내에서는 평면 확산 현상이 증가하여 대도시화 현상을 초래한다.

기술혁신은 고속 엘리베이터의 발달로 도시 건물의 고층화를 가져와 도시 형태에 영향을 미치고 도심은 업무 기능 위주의 고층빌딩이 집중하게 된다. 도시 간의 공장 유치 경쟁이 가속화됨에 따라 지역 간의 경제적 격차가 발생하고, 일부 지방도시들은 용도지역(zoning)을 설정하여 도시의 특화산업을 육성하기도 한다.

제 2 절 도시의 유형

1. 인구 규모별 분류

1) 소도시

인구 규모별로 다양한 인간 거주 형태 중에서 도시라고 이름할 만한 규모는 국가마다 조금씩 그 기준이 다르지만, 인구 1만 명 정도의 취락지역으로 농촌의 중심지 도시로 성장하기 위한 초기의 도시 형태를 갖춘 도시를 소도시(small town)라고 말하며, 우리나라의 경우 인구 2만 명 내외의 읍 규모를 말한다. 이 지역은 기존의 도시처럼 생활환경 시설이나 생산시설이 충분히 갖추어져 있지 않으나, 주변 지역에 대한 중심 상권(商圈)을 형성하고 있으며 국토의 균형 개발을 위한 최소 개발 단위 지역이다. 이 지역은 농공지구가 입지하기도 하여 산업구조가 2차, 3차 산업의 성격으로 점차 전환되어 간다.

2) 중도시

인구 5만~50만 명 정도의 규모를 가지는 도시로서 법정 도시 요건을 고루 갖추고 있고, 주로 단핵의 도심에 의한 공간구조를 형성하고 있다. 중도시(town or city)는 각 도시마다 독특한 도시 기능을 가지는 경우가 많으며, 도시의 성격에 따라 기능별 역할을 수행한다.

3) 대도시

도시의 계층구조면에서 거대도시와 중도시의 중간에 있는 도시로 인구 50만 명 이상의 도시를 대도시(large city)라고 한다. 인구 기준은 시대와 나라에 따라 다른데, 우리나라에서는 인구 50만 명 이상 되는 시에 대해 구(광역시가 아닌 경우 비자치구)를 설치하도록 규정하고 있고, 국토개발계획에서는 도시의 계층 구분으로 보아 부산, 대구, 광주, 대전, 인천, 울산을 대도시로 보고 있다. 이들 여섯 도시들은 각각 주변 지역에 대한 성장거점도시로서 국내 및 국제적 차원의 중추관리 기능을 담당하고 있다.

4) 거대도시

도시적 생활양식의 확대와 급격한 인구 증가는 전 세계를 통해서 다수의 거대도시(metropolis)를 형성한다. 이러한 도시에는 종래의 대도시란 단순한 호칭보다는 메트로폴리스(metropolis)란 용어를 많이 사용한다. 메트로폴리스는 일반적으로 500만 명 이상의 규모를 가진다. 이 메트로폴리스는 단순히 지방적 · 전국적으로 중요할 뿐만 아니라 세계적으로 중요성을 가진 지역으로 런던, 뉴욕, 파리가 대표적인 메트로폴리스의 예이다. 메트로폴리스는 성장하는 대도시권의 주변 지역에 대해 도시적 기능을 수행하며 주변에 위성도시가 형성되어 그 지역의 핵심 역할을 담당한다. 이런 대도시 지역화(metropolitanization) 과정을 거쳐 인근의 중소도시를 포함하는 거대도시를 형성한다.

5) 초거대도시

고트만(Jean Gottmann)에 의해 명명된 초거대도시(megalopolis)는 ① 수 개의 메트로폴리스가 연속하여 다핵적 구조를 가지는 거대한 도시지대를 이루고 있고, ② 다종다양한 도시적 활동이 집중하여 복합적 도시지대를 이루며, ③ 메트로폴리스에서 주택, 상공업 등이 확산하여 별무리 구조를 나타내며, ④ 전국에 대한 영향력이 강대한 지역을 말한다.

초거대도시의 성격을 가지는 도시의 성립 과정은 ① 시가지로서 도시가 형성되고, ② 이들이 발전하여 이 중 몇몇이 인구 500만 명을 넘는 거대도시(metropolis)가 되며, ③ 메트로폴리스를 중심으로 메트로폴리스 구역(metropolitan area)이 성립된 후, ④ 이러한 메트로폴리스 구역이 각각 확대되면 메트로폴리스 구역은 '쇠사슬'과 같이 서로 포개어 합쳐져 선상으로 배열되어 초거대도시가 성립된다.

6) 세계도시

독시아디스(C. A. Doxiadis)는 현대적인 대도시는 메트로폴리스형에서 메갈로폴리스형으로 이행하여, 언젠가는 그 다핵지대가 상호 간에 연락을 가지면서 국경을 벗어난 세계도시(ecumenopolis)로 발전하게 될 것이라고 전망했다. UN 빌딩은 뉴욕 시내에 있지만 그것은 법률적으로나 기능적으로 뉴욕은 물론 미국에서도 독립한 세계적인 지위를 가지며, 로마 시에 있는 바티칸 시도 로마나 이탈리아에는 전혀 속하지 않는 지위를 가지면서 전 세계에 영향을 미치고 있다. 전 세계까지는 아니지만 브뤼셀에 있는 유럽연합(Europian Union) 본부는 결코 브뤼셀의 지배 하에 있지 않고 범국가적인 지위를 가지고 있다.

이와 같이 세계 각국에 있는 세계적 기능을 가진 도시들은 일반도시와는 매우 다른 성격을 지니고 있다. 이런 현상은 세계의 대도시가 정도의 차이는 있지만 국제성을 점차 띠어가고 있고, 국제적인 통신 수단과 교통 수단이 발전함에 따라 증가하고 있다. 이런 도시 형태를 하나의 이념형으로 인간 거주의 최종 형태인 세계도시라고 부를 수 있을 것이다.

2. 공간구조에 의한 분류

1) 단핵도시

도시의 중추 기능을 하나의 중심부에 집중시키고 있는 도시로서 핵심도시라고도 한다. 도시의 중추 기능에는 행정 · 입법 · 사법 등의 활동이나 각종 사업활동과 함께, 그 도시에서 가장 수준 높은 문화활동이나 구매활동이 포함된다. 버제스(Ernest W. Burgess)의 동심원이론(concentric theory), 호이트(Homer Hoyt)의 선형이론(sector theory) 등은 단핵도시적 도시구조를 상정한 것이다. 단핵도시는 규모가 커짐에 따라 중심부 집중으로 인해 각종 도시화문제가 발생하게 된다.

2) 다핵도시

원래 다핵도시는 같은 규모의 근접된 몇 개의 도시가 자기 도시에 없는 기능을 다른 도시에서 충족시키기 위해 연합화된 복합체가 됨으로써 나타난다. 이때 각 도시들은 어느 정도 자립적이면서도 독자적인 기능을 수행하는 데 특징이 있다. 이런 형태의 다핵도시는 교통이 발달된 유럽이나 미국 중서부 등지에서 많이 나타난다.

다른 형태의 다핵도시는 단핵도시가 성장함에 따라 그 중심부가 조밀하게 되어 도시 성장을 방해하게 됨에 따라 이런 한계를 극복하기 위해서 나타나는 도시 형태이다. 이런 형태의 다핵도시가 나타나기 위해서는 인구가 밀집되어야 하고, 도시 기능이 다원화되어야 한다.

우리나라의 경우 첫 번째 형태의 다핵도시는 수도권이나 전주 · 익산 · 군산 등의 연담도시 지역에서 나타나며, 두 번째 형태의 다핵도시는 서울과 부산 등 대도시의 부도심 등이 이에 해당된다.

3) 대상도시

대상(帶狀)도시는 형태가 긴 띠처럼 연결되어 있으며 거대도시권까지 포함시킬 수 있으나, 구조적으로는 선상(線狀)과 대상(帶狀)의 도시만을 의미한다. 선상도시란 선처럼 뻗은 도시의 중심축에 주요 교통 노선과 도시의 중추 기능을 집중시킨 도시이고, 대상도시는 면적인 확대 속에 도시활동이 이루어지고 중심축에는 주요 교통 노선을 둔 도시를 말한다. 양자는 모두 발달된 교통시설의 축이 그 내부 또는 주변부를 관통하고 있다는 것이 공통적인 특색이자 필요 조건이기도 하다.

대상도시는 발달된 교통축을 전제로 어떤 위치에서나 지리적 조건이 평준화되어 있다는 이점이 있지만, 행동거리를 연장시킨다는 결점도 있다. 그리고 두 개의 대상도시가 교차되어 방사상이 되면 이 교차점이 핵이 되어 단핵도시로 될 가능성도 있다. 대상도시의 예로는 마드리드나 스탈린그라드, 우리나라의 부천시나 안양시 등이 있다.

3. 개발정책에 의한 분류

1) 전원도시

일반적으로 도시란 많은 사람들이 밀집되어 있지만 자연으로부터 고립되어 있다. 도시는 사회적 기회나 고용 기회가 많고 고임금도 보장되나, 지대와 물가가 비싸다. 한편 농촌은 자연의 미(美)와 전원의 낭만이 있다. 또한 맑은 공기와 깨끗한 물이 있고 지대와 임금이 싸다.

이런 도시와 농촌의 특성을 기초로 하워드(Ebenzer Howard)는 이상적인 성격을 지닌 전원도시(garden city)를 제시했다. 전원도시는 도시와 농촌의 장점을 따서 자연의 미, 사회적인 기회, 공원에의 접근성 · 저(低)주택비 · 저물가 · 고임금을 보장하는 이상도시를 만들자는 것이다. 전원에 둘러싸인 도시의 규모는 너무 커서는 안 되고, 토지는 공유이거나 신탁 소유로 한다는 것이다. 전원도시 운동은 1903

년에 회사가 창설되어 영국 레치워스(Letchworth)와 웰윈(Welwyn)에 실제로 건설되었다.

2) 뉴타운(신도시)

뉴타운(new town)은 모도시의 평면적 확산을 억제하기 위해 그린벨트를 지정하고, 그 외곽에다 5만 명 규모의 새로운 도시를 건설하여 모도시 내의 인구를 계획적으로 분산시키고 모도시와의 교통의 흐름을 억제하기 위해 그곳에서 자족적인 생활을 할 수 있도록 영국에서 건설되기 시작한 위성도시의 하나이다. 대런던 계획에 의해 마련되었던 이 뉴타운 안은 실제로 건설되었고, 그 후 각국에 뉴타운 붐을 일으켰다. 그러나 나라에 따라서 자족도시로서보다는 침상도시(bed town)적 뉴타운을 건설하는 경우가 많으며, 모도시와의 교통문제로 어려움에 봉착하고 있다. 미국 워싱턴 D.C. 주변에 있는 레스턴(Reston)이나 서울 주변의 일산 등도 모도시의 인구를 유치하기 위해 지속적인 도시를 목표로 건설되었지만 침상도시적 위성도시의 성격이 강하다.

뉴타운은 기성 시가지가 없는 곳에 계획적으로 신도시를 건설하는 경우가 있는데, 호주의 캔버라, 인도의 찬디가르, 브라질의 브라질리아는 기존 도시와 무관한 새로운 신도시로 건설되어 도시계획가들에 의해 이상적인 계획도시 건설이 이루어졌다.

3) 성장거점도시

대도시로 인구가 집중되는 것을 방지하고 전국에 균형적인 개발 효과를 파급시켜 인구 분산이 이루어지도록 주변부의 중심 지점을 거점지역으로 개발한 도시이다. 거점도시에 대한 집중적인 투자를 통해 ① 대도시로부터 기업을 유치하고, ② 과소지역으로부터 도시로 유출되는 인구를 억제하여 이들에게 직장과 생활의 터전을 제공하며, ③ 주변 지역의 주민들에게 고용 기회와 고도의 도시적 서비스를 제공할 수 있도록 하는 것이다. 우리나라 제2차 국토개발계획에서 채택된 지역개발방법의 하나로서, 대구 · 대전 · 광주를 제1차 성장거점도시로 선정하고, 남원 · 목포 · 순천 · 진주 · 제주 등을 제2차 성장거점도시로 지정했다. 전자는 대도시 생활권의 중심지로, 후자는 지방도시 생활권의 중심지로서의 역할을 담당한다.

4) 신산업도시

새로운 산업도시를 건설하기 위해 그 중심이 되는 도시 또는 구역을 법률로 지정하여 다각적인 산업 육성을 꾀할 수 있도록 한 도시이다. 신산업도시는 세 가지 유형으로 분류될 수 있는데, 첫째는 지역경제나 국가경제의 활성화를 위해 제철 · 기계 · 조선 · 정유 · 비철금속 · 화학 · 철강 등 중화학공업을 육성할 목적으로 신도시를 조성하거나, 둘째는 외국 투자업체를 유치하거나 특정 기업들을 유치하기 위해 관세법 · 수출검사법 · 외자도입법 등의 적용을 특별하게 처리하기 위해 수출자유지역이나 기업도시를 조성하거나, 셋째는 기술 중심의 첨단산업을 육성하기 위한 고도 기술집약단지, 테크노파크나 테크노폴리스를 건설하는 것이다.

5) 테크노폴리스

테크노폴리스(technopolis)는 신산업도시의 한 형태로 인구 약 15만 명 이상의 지방도시에 기술 중심의 기업군(企業群)과 학구적 연구시설이 집중된 도시로서, 고도기술 집약도시, 첨단산업도시, 첨단도시 등으로 불린다. 테크노폴리스는 공업발전이 뒤떨어진 지방에 산업 기능 · 연구 기능 및 쾌적한 주거환경 등을 거의 완벽하게 갖춘 소도시를 조성하여 고급 두뇌들이 쾌적한 환경 속에서 반도체 · 전자 · 신소재 · 정밀기계 · 바이오 · 융합산업과 같은 첨단과학 연구에 전념할 수 있도록 하고, 이들의 연구 성과를 자체 지역 내의 기업체에서 산업화함으로써 산업구조의 고도화와 지방도시의 균형적 발전을 도모하도록 한다. 테크노폴리스는 미국에 반도체 산업의 메카로 일컬어지는 실리콘밸리와 '하이테크 파크(hightech park)'로 불리는 연구소 · 대학 · 기업의 복합단지가 있고, 프랑스의 소피아앙티폴리스(Sophia Antipolis), 일본의 쓰쿠바(筑波)연구학원도시, 우리나라의 대덕연구단지 등이 있다.

6) 창조도시

최근 문화가 새로운 화두로 떠오르면서 많은 도시가 문화를 경제 발전의 신동력으로 활용하기 위해 문화·예술을 통한 도심 재생의 창조도시(creative city)를 추진하고 있다. 창조도시는 문화가 가진 다양성과 추상성을 지역 활성화의 성장 동력으로 삼기 위해 계획 수립 시 사전에 문화지도(cultural map)[3]를 작성하여 지역 문화 활성화, 관광객 유치, 지역경쟁력 강화를 추진하는 하는 도시이다. 유네스코는 사라져 가는 세계 문화 유산을 보호하고 효율적으로 관리하는 동시에 지역정체성을 확립할 수 있는 도시정부의 문화지도 작성을 지원하고 있으며, 캐나다는 창조도시 건설을 위해 문화계획(culture plan) 수립을 위한 기초 작업이자 분석 수단으로 문화지도 작성을 도시정부에 권장하고 있다(국토연구원, 2008).

7) 혁신도시

혁신도시는 공공기관 지방 이전을 기본으로 산·학·연·관이 긴밀히 협력할 수 있는 최적의 혁신 여건과 수준 높은 교육·주거·문화 등 정주환경을 갖춘 새로운 미래형 도시이다. 혁신도시는 한국 정부에서 지방도시의 활성화를 위해 추진했으며, 사이언스 파크, 혁신 클러스터, 신도시 건설의 개념이 포함되어 있다. 혁신도시 건설의 목적은 수도권과 지방 간 불균형 해소, 자립형 지방화, 그리고 혁신환경 조성에 있다. 혁신도시는 국가적 차원에서 수도권 소재 공공기관의 지방 이전을 계기로 혁신 주도형 경제의 지역거점을 형성함으로써 수도권과 지방 간의 불균형을 해소하고 지역의 특색 있는 발전을 촉진함을 목적으로 하며, 지역적 차원에서는 자립형 지방화의 거점, 차세대 신공간 조성, 혁신 창출이 용이한 환경을 조성하는 데 목적이 있고, 국지적 차원에서는 지역의 전략산업과 관련된 기업, 대학 및 연구기관 등을 유치하여 상호 학습하고 교류함으로써 높은 혁신을 창출하는 환경을 만드는 데 있다(국토연구원, 2006).

---

3) 문화지도는 주민참여를 통해 건축물, 지역 명소, 유명인사, 축제 등과 같이 지역정체성을 나타낼 수 있는 유·무형의 문화자원을 발굴·정리한 도면으로서 문화계획 수립과 문화자원 관리 등에 활용 가능하도록 한다.

4. 법제에 의한 분류

1) 특별시

일반도시와는 다른 특별한 지위를 인정하고 권한과 행정기구의 설치에 대해 특례를 인정하는 도시이다. 서울특별시의 경우는 서울특별시 행정특례에 관한 법률(제2조 지위)에 서울특별시는 정부의 직할 하에 두되, 이 법이 정하는 범위 안에서 수도로서의 특수한 지위를 가진다. 특별시는 일반적으로 정부나 다른 자치단체로부터 독립하여 법률상 특별한 지위를 갖는다. 우리나라의 서울특별시, 개정 전의 영국의 카운티 버러(county borough), 미국의 분리 방식(city separation) 등이 이에 속한다.

2) 광역시

수도의 지위와 구분하기 위해 우리나라에서 쓰고 있는 제도이다. 1963년에 부산을 직할시로 승격시킨 이후 1981년에 인구 100만 명이 넘는 대구와 인천을 각각 경상북도와 경기도에서 분리시켜 직할시로 승격시켰다. 이 경우 문제되는 것은 잔여 도부(rump county)의 존재이다. 당해 도에서 인구 규모나 재정 부담면에서 가장 큰 위치를 담당하는 지역이 직할시로 분리됨에 따라 나머지 지역만을 가지고는 도가 자립하기가 매우 어려워지기 때문이다. 직할시는 1995년 일부 인근 시·군 지역을 편입하여 확대된 후 광역시로 개칭되었다.

3) 지정도시

잔여 도부의 문제가 있어서 다른 도와 동격으로 승격시킬 수 없다는 현실적 문제와 대도시의 특수성을 살려야 한다는 이념적 문제를 놓고 절충 방안으로 일본에서 쓰고 있는 제도가 지정도시이다. 따라서 도로부터 분리되지 않고 특례 인정을 통해 일반시와는 달리 사무·권한·기구 등에 더 많은 권한을 주어 대도시의 특이성을 반영할 수 있도록 하는 제도이다.

4) 연합도시

도시가 발전함에 따라 주택과 공장이 기존의 행정구역을 넘어 확대되면서 단일 도시의 한정된 행정구역만의 시책으로는 이에 대처할 수 없게 된다. 이런 상황에서 주변 지역의 관계 지방자치단체가 연합해서 광역적 사무 또는 사업을 공동 처리하도록 특별자치단체를 설치하는 형태를 연합도시라고 한다.

5. 기능에 의한 분류

기능에 의한 분류는 도시의 어떤 측면을 대상으로 하는가에 따라 달라진다. 대표적인 도시 기능 분류로는 아로우소(M. Aurousseau)가 도시 성격별로 분류한 ① 군사도시, ② 상업도시, ③ 공업도시, ④ 문화도시, ⑤ 휴양도시, ⑥ 행정 및 정치도시가 있고, 해리스(C. Harris)가 도시의 경제 기반별로 분류한 ① 공업도시 1, ② 공업도시 2, ③ 소매도시, ④ 도매도시, ⑤ 교통도시, ⑥ 광업도시, ⑦ 학원도시, ⑧ 다양한 도시, ⑨ 휴양 및 관광도시가 있다. 여기서는 우리나라 도시의 대표적인 기능에 따라 ① 정치행정도시, ② 공업도시, ③ 상업도시, ④ 교육도시, ⑤ 문화도시, ⑥ 관광휴양도시, ⑦ 종합도시로 나눈다.

1) 정치행정도시

행정수도로서 국가의 정치적 중추 기능을 수행하거나 도청 소재지로서 지방정치와 지방행정의 중심 기능을 보유하는 도시로 서울시, 세종시, 광역시, 도청 소재지 등이 해당된다. 다만 정치의 중앙집권 체제가 고도화된 지역은 경제와 문화 등의 활동도 집중하게 된다.

2) 공업도시

광업이나 공업의 생산 기능을 수행하는 도시로 1960년대 이후 산업 근대화를 위해 집중적인 지원책에 따라 육성되었으며, 부천, 구미, 창원, 울산, 여천, 포항,

안산, 안양, 마산 등이 해당된다.

3) 상업도시

상업 기능을 수행하는 도시로 육·해로의 교통의 요지에 위치하면서 물자의 이동·저장·판매의 기능을 담당하는 도시로 부산, 인천, 목포, 대구, 익산 등이 해당된다.

4) 교육도시

도시가 학교를 중심으로 형성되거나 학생들이 인구의 많은 비중을 차지하는 경우로 진주, 청주, 경산 등이 해당된다. 일반적으로 고등교육기관이 사회문화적 환경 때문에 대도시에 위치하고 있는 경우가 많아 교육도시는 상대적으로 적다.

5) 문화도시

문화재를 많이 갖고 있는 역사적인 도시 또는 근대적 문화시설을 갖고 있는 도시로 경주, 제주, 김해, 충주, 부여 등이 해당된다. 관광휴양도시나 교육도시 중에는 문화도시가 상대적으로 많다.

6) 관광휴양도시

문화재나 명승지, 온천 등을 보유하고 있고 관광자원을 많이 보유한 경주, 부여, 제주, 태백 등의 관광도시이거나, 바다·산·온천 등 자연적 조건이 양호한 지역에 형성된 별장이나 콘도나 모델의 숙박 등을 토대로 하여 형성된 서귀포, 춘천, 가평, 강릉 등의 휴양도시이다.

7) 종합도시

권역의 중심으로서 지역의 모든 생활의 중추적 기능을 보유하고, 특정한 기능에 편중되지 않고 보편적 기능을 수행하는 도시이다. 행정 중심지의 기능과 함께 상공업 기능도 같이 수행하는 도시로 보통도시 또는 표준도시라 하며, 부산, 대구, 광주, 대전, 인천, 청주, 전주 등이 해당된다.

연구 과제

1. 현재 거주하는 도시가 어떤 기능으로 분류되는 도시인지를 분석해 보시오.
2. 정부가 추진하고 있는 행정복합도시인 세종시와 서울특별시를 도시의 성장 요인 차원에서 분석해 보시오
3. 정부에서 기업도시개발특별법을 제정하여 도시를 조성할 수 있도록 하였는데, 기업도시는 어떤 유형의 도시인지를 설명하시오.

제 2 장

도시행정의 공간 · 인구 · 활동

학습 목표

- 도시공간의 형성 요인과 도시 간의 공간구조와 도시 내의 공간구조를 이해한다.
- 도시 인구의 변화 요인과 분석 방법을 파악한다.
- 도시경제의 특성과 도시의 적정 규모를 파악한다.

사례 연구 인천시 송도 · 영종 · 청라 산업생태계 구축

우리나라 근대화 산업의 전진기지 역할을 수행해 왔던 인천시가 인천경제자유구역을 중심으로 동북아 물류 비즈니스 기반의 한반도 신성장동력 창출에 박차를 가하여 왔었다. 인천경제자유구역청은 송도 · 영종 · 청라 등 3곳의 경제자유구역에 대해 "지금까지 성공적인 개발사업 및 투자유치를 통해 발전을 이룩했으나 체계적인 산업육성을 통한 산업생태계 조성에는 한계를 보여 중장기적인 산업육성 정책 기초연구를 추진한다"고 밝혔다. 인천경제자유구역의 발전 패러다임이 종전 '개발사업' 중심에서 '산업육성'으로 바뀌게 된 것이다.

인천경제자유구역청이 IFEZ 내 산업육성 정책방향을 수립해 송도 · 영종 · 청라 3개 지역에 맞춤형 기업 유치활동에 나선다. 인천경제청은 6월 12일 '인천경제자유구역 산업육성 정책방향 수립을 위한 기초연구 보고'를 통해 이 같은 방안을 확정했다. 보고서는 IFEZ는 현재까지 진행된 개발사업 · 투자유치를 통한 발전을 이룩했으나, 체계적 산업육성에 따른 산업생태계 조성에 한계를 보이고 있다고 지적했다. 특히 장기적으로는 바다를 매립하는 개발사업 중심에서 산업육성 중심으로 발전 패러다임이 변화해야 한다며, IFEZ에 입주한 기업들의 순환적 산업생태계 조성을 유도하는 중장기 계획 수립이 필요하다고 제언했다. 송도지구의 경우 바이오와 반도체, 자동차전장부품 등 3개 산업을 중심으로 산업군집이 형성되었다. 특히 인접한 남동국가산업단지, 경기 반월 · 시화공단과의 높은 연계성을 강점으로 갖고 있다. 여기에 5개 대학캠퍼스, 6개 연구기관을 중심으로 한 지식생태계도 잘 갖춰진 것으로 평가된다. 그러나 앵커형 기업의 지역 내 가치사슬 형성과 입주기업들 간 산 · 학 · 연 협력이 취약한 것으로 분석되었다.

영종지구의 경우 대한민국의 관문인 인천국제공항을 앵커로 항공운송업과 물류서비스업 가치사슬이 발전한 것으로 평가되었다. 또 수상운송업, 반도체 산업 성장이 높은 것으로 분석된다. 그러나 항공산업을 특화해 지원할 수 있는 연구기관 · 교육기관이 부재하고 인천국제공항공사를 제외하면 항공산업을 촉진할 수 있는 기관이 없는 것으로 나타나 지식생태계 조성이 어려운 것으로 나타났다.

청라지구의 경우 군집 형태로 볼 수 있는 산업활동 집적이 거의 없고, 지식생산기관 역시 소수에 불과해 산업생태계가 형성되지 않은 것으로 분석되었다. 다만 로봇랜드 내 드론 제조업체 30곳이 입주한데다 항공안전기술원이 이전함에 따라 무인항공기 · 무인이동장치 제조업 클러스터 형성이 초기 단계에 이른 점은 눈여겨봐야 한다고 분석했다. 경제청의 한 관계자는 "이번 연구결과가 앞으로 인천경제자유구역 산업육성의 근거와 방향을 제시하게 될 것"이라고 말했다(서울경제, 2018.6.13; 경기일보, 2018.6.13).

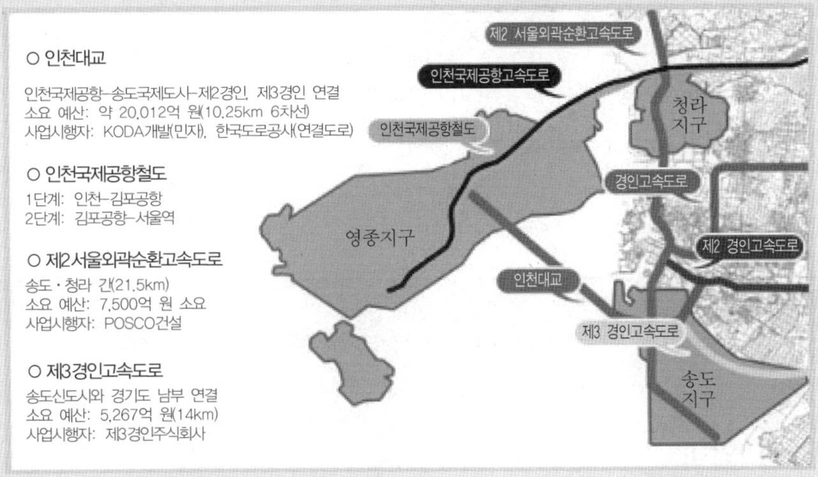

<생각해 볼 문제>

1. 인천경제자유구역과 서울특별시와 경기도와의 관계를 검토해 보고, 인천경제자유구역이 경제 발전에 기여할 수 있는 방안은 무엇이 있을까 알아보시오.
2. 인천경제자유구역의 공간구조는 어떻게 형성되고 있는지에 대해 의견을 제시해 보시오.

이 장은 도시공간의 의미와 형성 요인을 파악하고, 도시공간이 형성되는 형태를 도시 간 공간구조와 도시 내부의 공간구조를 구별하여 제시한다. 도시 간 공간구조는 크게 도시계층 체제이론과 중심지이론을 가지고 분석하고, 도시 내부의 공간구조는 결정 요인과 형태이론을 가지고 분석하며 현행 한국의 법령에서 제시하는 도시 내부의 공간구조의 종류를 파악한다. 도시에서 인구의 위치와 중요성을 파악하고, 도시 인구의 특성을 명확히 인식할 수 있도록 한다. 도시 인구의 변화 요인을 파악하고 이런 도시 인구의 변화 상태를 파악할 수 있는 분석 방법을 소개한다. 도시는 공간과 인간의 상호 결합을 통해 다양한 활동들이 발생하게 되는데, 다양한 도시의 경제, 문화, 관광, 교육활동들의 실태를 파악해 본다. 도시활동에서 가장 중요한 영역은 경제활동이다. 도시경제를 알기 위해 도시경제의 의미와 형성 요소들을 파악하고 도시경제를 분석하는 방법들을 고찰하고 도시경제를 발전시킬 수 있는 방안을 알도록 한다. 그리고 도시활동을 통해 형성된 도시가 어느 정도의 규모가 적정한지를 파악하기 위한 적정 규모의 이론들을 고찰하고, 지속가능한 도시를 만들기 위한 도시 성장관리의 의미와 압축도시, 신도시화(new urbanism), 스마트 성장, 도시마을(urban village)의 정책 방안을 소개한다.

제 1 절 도시의 공간

1. 공간의 의미

도시는 일정한 공간을 지니고 있으며, 그 공간은 일정한 기능을 발휘하기 위해 구조화된다. 도시 공간구조는 도시의 사회적 또는 물리적 요소의 입지, 배열 상태, 그리고 이들 요소 간의 상관관계를 포함한다. 일반적으로 도시 체계 속에서 기능과 구조의 문제는 동전의 앞뒷면과 같이 불가분의 관계를 갖는다. 도시의 구조란 도시 기능의 종류, 수준 및 기능 수행의 효율성이 공간적으로 반영된 결과이다. 따라서 도시 공간구조란 '각종 도시적 활동의 상호작용 및 입지 체계'를 의미한다.

도시 공간구조는 도시 간의 공간구조와 도시 내부의 공간구조로 분류되며, 두 분야의 공간구조는 상호 밀접한 관계를 갖고 있다. 도시 간 공간구조는 대도시와 중소도시와의 관계, 수위도시와 기타 도시와의 관계, 성장거점도시와 인근 지역과의 관계와 같이 도시 상호 간의 관계를 분석하는 데 중점을 둔다. 도시 간 공간구조는 공간구조의 결정 요인인 중심지이론과 도시 간 공간구조가 나타나는 도시계층 체계이론에 의해 규명되며, 이 요인들은 도시의 공간적인 전문성과 인간 활동의 분업적인 원칙에 의해 제시된다.

이에 반해 도시 내 공간구조는 일정한 도시지역 내에서 공간들이 어떻게 구성되는가를 파악하기 위한 것으로, 도시 내의 공간은 도시 내부 공간의 결정 요인과 도시 내부의 공간 형태 및 도시 내 공간의 구체적인 기능 분류로 나누어 볼 수 있다. 도시 내의 공간은 일반적으로 상업지역, 공업지역, 주택지역, 녹지지역 등의 여러 가지 기능지역으로 분류된다.

2. 도시 공간구조의 형성 요인

1) 지리적 · 공간적 특성

도시는 다른 지역과 유기적인 관계 속에서 형성된다. 도시는 독자적으로 형성될 수 있지만, 장기적으로는 다른 지역과 인적 · 물적 · 사회적 · 문화적 교류에 의해 변화되어 간다. 이런 교류 관계는 그 도시가 공간적으로 어떤 위치를 차지하고, 지리적으로 어떤 특성을 지니고 있는가에 따라 달라진다. 즉, 해안, 평야, 산지, 교통망, 강, 원료의 산지 등의 지형환경이나 수리, 위치 등의 자연적 요인에 따라 다양한 도시의 형태와 구조가 나타난다. 이런 점에서 도시의 공간구조는 자체적인 지리적 특성뿐만 아니라 주변 지역의 공간적 특성에 의해 달리 나타나게 된다.

2) 경제적 요인

도시 공간구조 형성에서 경제적 요소는 큰 비중을 차지한다. 도시는 집적이익, 규모의 경제, 외부효과 등 다양한 경제적 이점을 지니고 있기 때문에 대도시는 더욱 확대되는 현상이 나타난다. 도시 내부에는 업무기관이 도심부에 집중하고, 주택 · 학교 · 공장 등은 주변으로 확산하여 주택지구나 공업지구를 형성하게 되는데, 이것은 지가가 높은 도심부에서 영위할 수 있는 기능과 주변 지역의 저렴한 토지나 조용한 환경에 적합한 기능으로 나뉜다. 즉, 생활과 경제적 이익에 의해 분화가 진행되는 것으로 모든 도시에서 공통되는 요인이다. 도시 공간구조의 토지 이용 패턴은 경제적 이득과 경제적 지불 능력, 즉 투자의 수익과 지가(地價)와 지대(地代)에 의해 좌우된다. 일반적으로 지가의 형성은 ① 토지가 갖는 생산성, ② 교통망, ③ 접근성, ④ 세금, ⑤ 주변 지역의 토지 이용, ⑥ 운영 비용, ⑦ 공공시설 등 복합 요인에 의해 이루어진다.

3) 사회적 요인

도시 공간은 사회생태적 요인들의 상호관계에 의해서도 변화된다. 사회적 요인들 간의 응집(concentration), 분산(dispersion), 집중화(centralization), 분권화(decentralization), 전문화(specialization), 분리(segregation), 침입(invasion), 승계(succession), 흡수(absorption), 병합(annexation) 등에 의해 공간구조에 변화가 나타난다. 응집과 집권화, 분산과 분권화는 서로 상관되는 작용으로 도시가 대규모화될수록 인구와 상업활동이 더욱 응집하는 경향이 있고, 도시 내부 도심부로 업무기관 등이 집중화되는 현상이 나타난다. 그러나 도시 내부 도심부로 중심 업무들이 입주함에 따라, 이에 밀려서 주택이나 공장, 학원 등이 주변 지역으로 분산되거나 확산하게 된다. 또한 공간 구성이 분권화되어 중심 상가의 도매상처럼 의류, 구두, 가구, 전자제품 등의 유사한 도시 기능이 전문화하고 지역적으로 군집하게 된다. 이러한 과정에서 도시 공간의 활동들이 직업, 지위, 소득, 생활양식 등에 의해 분리되어 주거지역이 달라지게 된다. 도시 공간 속에서 주택가에 상가나 공장이 침투해 들어오거나, 또 유리한 기능을 가진 공간구조가 기존 지역을 승계하면서 다른 지역을 흡수, 병합하여 확장하는 현상 등이 나타나 도시 내의 공간구조가 변화하게 된다.

4) 기타 요인

도시의 공간 형성은 경제적 · 사회적 요인 외에 정치적 · 행정적 요인, 즉 주거, 상업, 준공업, 공업, 주거 전용, 교육, 녹지 등 각 지구의 지정이라든가 보건, 안전, 복지 등 공공복지를 위한 개발 기준의 설정 등에 의해 강력한 영향을 받고 있다. 그리고 우리나라 도시와 같이 오랜 역사를 지닌 도시에서는 구도심을 중심으로 공간이 형성되어 있기 때문에 역사적 · 문화적 요인 또한 도시 공간 형성의 중요한 요인이 된다.

3. 도시 간 공간구조

1) 도시 간 공간구조의 의의

도시 간 공간구조(도시 체계)는 도시의 인구 규모와 분포, 수행하는 기능 및 성격, 배후 지역의 규모 등에 따라 다양하게 나타난다. 도시 간 공간구조는 다수의 개별 도시가 각기 기능과 규모와 물리적인 속성들을 달리하지만, 전체로서 상호 긴밀한 연관성을 유지하면서 형성된 공간적 조직망이다. 도시 간 공간구조는 계층 체제와 도시 중심성에 의해 나타나며, 이 요인들은 인간 활동의 분업 원칙과 공간적인 전문성 및 지리적 구조에 의해 발생된다.

도시 상호 간의 공간구조의 질서를 밝히려는 도시 입지이론은 튀넨(Von Thünen)의 고립국이론, 웨버와 로쉬(A. Weber & A. Lösch)의 공업입지론, 윙고와 알론소(L. Wingo & W. Alonso)의 주거입지론, 핸서(P. Hanser)의 후기산업사회 도시론, 리처드슨과 론디넬리(H. Richardson & P. Rondinelli)의 도시계층 체계이론 및 크리스톨러(W. Christäller)의 중심지이론들에 의해 제시되었다. 여기서는 도시 간의 위계적인 상호관계를 나타내는 도시계층 체제이론과 도시가 다른 도시와 공간적으로 어떤 연계를 가지면서 형성되는가를 나타내는 중심지이론을 고찰한다.

2) 도시계층 체제의 이론

도시계층 체제는 한 국가 내에서 각기 다른 인구 규모를 갖는 도시가 수직적으로 분포되어 있는 위계적 상호관계를 의미한다. 이 도시계층 체계는 역사적으로 우연적으로 이루어진 것처럼 보여도, 한 나라의 도시 체제를 분석해 보면 공간구조상 일정한 내재적 법칙성을 지니고 있다. 이 도시 간의 계층 관계를 파악하기 위한 방법들로는 순위 규모 법칙(rank-size rule), 행정계층적 모형, 확률적(stochastic) 모형, 엔트로피(entropy) 극대화이론, 최저 노력이론, 비율적 성장이론 등이 있으며, 여기서는 순위 규모 법칙과 행정계층적 모형을 살펴본다.

(1) 순위 규모 법칙

싱거(H. W. Singer)와 지프(G. K. Zipf)가 제시한 법칙으로 도시 체계 속에서 도시가 어떤 규모로 분포되어 있는가를 설명하는 이론이다. 이 이론은 주어진 한 도시의 인구는 그 나라 수위도시 인구를 그 도시가 전체 도시 가운데서 점하는 도시 규모의 순위로 나눈 값과 동일하다는 것이다. 즉, 그 나라의 수위도시의 인구를 1로 본다면, 차위도시의 인구는 이것의 1/2이고, 제3의 도시는 1/3 순으로 나타난다는 것이다. 이 법칙은 한 나라의 도시 인구 규모가 수위도시를 정점으로 하여 분포 빈도가 커질수록 도시의 규모가 감소한다는 도시 인구와 순위 간의 실증적인 관계에 근거를 두고 있다.

이 순위 규모 법칙을 적용하는 데는 많은 문제점이 있다. 첫째로 적용 범위의 선정 시 방법론상 문제가 있고, 둘째로 나라별로 인구 추정에 차이가 있어 상호 비교에 한계가 있고, 셋째로 도시 규모의 수준이 특정한 국가의 여건이나 환경에 따라 차이가 있으며, 넷째로 도시화 형태가 다양하게 나타나고 도시개발이 불균형하다는 문제가 있고, 다섯째로 순위 규모 법칙을 통해 어떤 상태가 바람직한 상태이며, 측정된 상태가 얼마나 정상적인 상태에서 일탈되었는지를 알 수 없다는 해석상의 한계가 있다.

(2) 행정계층적 모형

도시의 행정 기능의 중요성에 따라 상호관계를 파악하는 방법으로 행정적 기능의 계층적 구조를 통해 지역이 공간적으로 조성되는 도시 체계모형이다. 리처드슨(H. Richardson)에 의하면, 행정 서비스 급부 수준에 따라 설정 가능한 행정계층적 도시 규모 분포는 두 가지 가정을 만족시키면 규칙성에 대한 판단이 가능하다는 것이다. 첫 번째 가정인 차상위 도시의 직접적인 통제 하에 있는 일정 수의 도시를 알고 있다는 것과, 두 번째 가정인 계층구조상 피통제지역 도시 인구와 통제지역 도시 인구의 구성 비율을 알고 있다는 가정이다. 크리스톨러(W. Christäller)와 로쉬(A. Lösch)도 도시계층 구조를 형성시키는 데 행정 기능의 중요성을 강조하고, 행정 기능에 의해 도시 간의 계층구조가 영향을 받는다고 보았다.

3) 중심지이론

(1) 중심지이론의 내용

도시는 지리적으로나 공간적으로 연계되어 있으며, 공간구조적으로 다른 도시와 긴밀한 연계 관계를 형성하고 있다. 18, 19세기의 교통·통신의 발달로 도시의 규모가 확대되어 감에 따라 상위 도시와 하위 도시가 상호 간 계층적으로 연계되어 있다는 주장이 제기되었다. 1933년 남부 독일의 농촌지역을 연구한 크리스톨러(W. Christäller)는 이 사실을 실증적으로 제시했고, 로쉬에 의해 더욱 체계화되었다.

중심지이론(central place theory)은 도시의 공간적 연계 기초를 파악하는 데 중점을 둔 이론으로 자연 조건이나 부존 자원에서 차이가 없는 동질적인 공간에서도 규모의 경제나 수송비 등에 의해 공간상에 인구밀도의 차이가 나게 된다는 것을 이론적으로 밝히고 있다.

중심지이론은 이론의 전개를 위해 세 가지 가정을 전제하고 있다. 첫째, 자연자원이 균일하게 분포된 평탄한 공간이 존재한다고 가정함으로써 운송 노선, 거주지, 주민의 입지 등에 영향을 미칠지 모르는 실질 세계의 자연 변화가 존재하지 않는다고 본다. 둘째, 동일 규모의 자족적인 농가와 인구가 평탄한 공간상에 균일하게 분포하고 있다고 가정함으로써 개개인은 구매력이 동일하고, 상업적 활동과 수요가 균등하게 분포하고 있다고 본다. 셋째, 모든 방면으로의 운송비용이 같고, 그 비용은 거리에 비례한다고 가정하고 있다.

이와 같은 가정 하에 중심지 이론은 첫째, 이들 농가 간에 거래가 발생하게 될 것인가? 또한 거래 조건은 어떠한가? 둘째, 만일 거래를 한다면 시장의 공간적 범위는 어디까지인가? 셋째, 그 시장의 중심에 중심지란 도시가 형성되는 과정이 어떠한가를 밝히는 것이다.

중심지이론은 이론 구성을 위해 기본 개념이 제시되고 있는데, 중심성은 기능적·공간적으로 중요한 지역을 의미하며, 중심 기능은 도매·소매·금융 등의 업무를 의미한다. 중심지이론의 세 가지 주요 개념은 첫째로 사람들이 통행하는 최대 거리를 중심으로 한 재화의 도달 범위, 둘째로 특정 기능을 유지시키기 위해 필요로 하는 최소 요구치인 최소한의 인구 수(수요 최저선), 셋째로 일정한 공간을 확보하기 위한 공간 경쟁의 개념을 포함하고 있고, 추가적으로 보조지역을 들고 있다.

이런 중심지이론의 개념과 가정 하에 중심지의 설정은 서비스나 상품에 대한 수요를 최대한 만족시키도록 하고, 소득이 가능한 최대가 되도록 하며, 구매자가 움직이는 거리가 최대한 가까워야 하고, 중심지의 숫자가 가능한 한 적도록 해야 한다.

중심지이론이 지닌 유용성은 이 이론을 통해 거주지의 입지가 선정되고, 도・소매업, 교통・행정・교육・기타 서비스업 등의 3차 산업이 입지하게 되는 근거를 파악할 수 있다. 또한 기본적 서비스를 제공하는 지역의 기능을 조사하여 중심 서비스 지역의 중심 기능을 파악할 수 있게 한다.

중심지이론을 통해 도시가 공간구조적으로 다른 도시와 연결되어 있다는 사실을 파악함으로써 도시 정주 공간의 효율적 이용과 국토의 종합적이고 균형적인 개발을 위한 접근을 시도하게 된다. 또한 중심지 구성의 원리를 파악하여 낙후지역의 개발 방안과 지역 간의 균형 발전 방안을 모색해 낼 수 있을 것이다.

중심지 연구에서 중심 기능의 변화는 초기에는 농업생산성의 원리에 의해 이루어졌으나, 산업구조의 변화로 상업, 공업, 행정기능, 교통망의 원리 등을 적용하게 되었다.

(2) 중심지이론의 중요 개념

① 중심지는 주변의 배후지 인구에 재화와 서비스를 제공하기 위해 존재하며, 도시는 재화와 서비스의 결절점이다.

② 전제 조건은 동질적인 평야지대이며 교통수단과 접근성이 동일하고 운송비는 중심지로부터의 거리에 비례하며 소비자는 경제인으로 행동한다.

③ 최소 요구치는 중심지 기능이 존립하기 위한 최소한의 수요이다.

④ 재화의 도달 범위는 상품의 시장권(市場圈)이나 저차(低次) 상품을 구입하기 위한 이동거리는 고차 상품의 구매를 위한 이동거리보다 짧다.

⑤ 육각형 배후지는 단일의 중심지일 경우 배후지는 원형이 되지만 삼각형의 꼭짓점에 중심지들이 배열되면 배후지는 육각형을 이룬다. 이것은 배후지가 외접하는 경우(A)나 중첩되는 경우(B)에 소비자는 가장 가까운 단일 중심지로만 이동한

다는 기본 가정에 따른 것이다.

⑥ 중심지 계층 구조에 영향을 주는 요인으로는 인구와 교통이 있다. 인구는 밀도가 증가함에 따라 중심지 밀도가 증가하고 일정한 수요에 해당되는 지역적 범위가 고밀도화된다. 교통은 교통비용(운송비)의 절감으로 재화의 도달 범위가 확대되면 저차 중심지가 고차 중심지에 포섭되고 저차 중심지가 쇠퇴하게 된다.

(3) 중심지이론의 구현 형태

지역의 공간구조는 A와 같은 서비스권이 형성되면 중심부에 서비스를 받지 못하는 지역이 나타나고, B와 같은 서비스권이 형성되면 중심지 간의 경쟁이 치열해진다. 따라서 경쟁을 최소화하면서 서비스를 적절히 제공할 수 있는 C와 같은 육각형의 공간구조가 나타나게 된다. 육각형 공간구조는 서비스 제공 범위에 따라 1차 중심지, 2차 중심지, 3차 중심지로 나뉘며, 중심지의 수준은 중심지의 수, 배후지 면적, 중심지 간 거리, 수행하는 기능, 소비자의 이용 빈도 등을 기준으로 저차 중심지와 고차 중심지로 나뉜다.

(4) 중심지이론의 평가

중심지이론이 도시 간의 관계를 규명하는 데 큰 기여를 했지만, 개념적인 모형에 입각하고 있기 때문에 많은 한계가 있다. 첫째는 실제 증거와 접근 방법이 적용

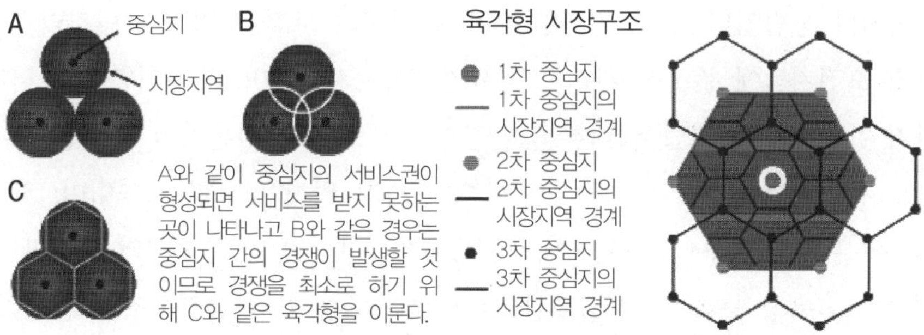

중심지 수준	중심지 수	배후지 면적	중심지 간 거리	수행하는 기능	소비자의 이용 빈도
저차 중심지	많다	좁다	가깝다	저급, 단순	높다
고차 중심지	적다	넓다	멀다	고급, 복잡	낮다

되는 과정에 한계가 있고, 둘째는 중심지 체계는 여러 가지 지역의 환경적 요인에 따라 변화하며, 셋째는 세력권이 육각형으로 이루어진다는 데 의문이 있고, 넷째는 실제 적용상 문제가 있다고 울만(E. L. Ullman)은 지적했고, 다섯째는 모든 지리적 요인, 자연자원의 분포, 편의성, 기후, 항만 등을 고려하지 않고 있다는 비판을 받고 있다.

이런 점에서 많은 한계를 갖고 있지만, 중심지이론은 종합적인 국토 개발과 도시 개발을 추진하는 데 유용한 근거 모형으로 사용될 수 있다. 중심지이론은 도시의 규모와 기능 및 배치 관계에 관한 분석을 통해, 중심지의 계층 체계가 그 지역의 자원을 관리하고 배치하는 데 효과적인 수단을 제공해 준다는 점에서 도시공간 개발정책에 중요한 개념적 틀을 제공해 준다.

4) 도시 간 공간구조의 구성

우리나라의 도시 간 공간구조는 '국토의 계획 및 이용에 관한 법률' 제6조(국토의 용도 구분)에 국토는 토지 이용 실태 및 특성, 장래의 토지 이용 방향, 지역 간 균형발전 등을 고려하여 도시지역, 관리지역, 농림지역, 자연환경 보전지역의 용도지역으로 구분하고 있다. 도시지역은 인구와 산업이 밀집되어 있거나 밀집이 예상되어 그 지역에 대해 체계적인 개발 · 정비 · 관리 · 보전 등이 필요한 지역이고, 관리지역은 도시지역의 인구와 산업을 수용하기 위해 도시지역에 준하여 체계적으로 관리하거나 농림업의 진흥, 자연환경 또는 산림의 보전을 위해 농림지역 또는 자연환경 보전지역에 준하여 관리할 필요가 있는 지역이며, 농림지역은 도시지역에 속하지 아니하는 '농지법'에 따른 농업진흥지역 또는 '산지관리법'에 따른 보전산지 등으로서 농림업을 진흥시키고 산림을 보전하기 위해 필요한 지역이며, 자연환경 보전지역은 자연환경 · 수자원 · 해안 · 생태계 · 상수원 및 문화재의 보전과 수산자원의 보고 · 육성 등을 위해 필요한 지역이다. 도시 간의 공간구조를 설정하기 위해 법 제10조(광역계획권의 지정)에 국토교통부 장관 또는 도지사는 둘 이상의 특별시 · 광역시 · 시 또는 군의 공간구조 및 기능을 상호 연계시키고 환경을 보전하며 광역시설을 체계적으로 정비하기 위해 필요한 경우에 광역계획권을 지정할 수 있도록 하고 있다.

4. 도시 내 공간구조

1) 도시 내 공간구조의 의미

도시 내부의 공간적 배열을 분석하여 여러 도시에 적용되는 공통된 패턴 혹은 규칙성을 규명하는 것이 도시 내부구조에 관한 이론이다. 이 이론은 도시 내부의 토지 이용 패턴을 분석하며, 상공업 발달과 주거 입지 배경이 되는 요소들의 입지 결정 차이를 규명한다.

도시 내부구조는 지리적 단위로서, 도시의 구성 부분을 형성하는 도시 내의 더 작은 균질적인 지역들의 배열이다. 이 내부지역은 도시의 사회적 · 기능적 · 경제적 성격에 따라 도시 내의 기능 분화와 지역 분화를 가져온다.

도시 내부의 기능 분화는 도심, 부도심, 상업지구, 주거지구, 공장지구로 분화되어 간다.

첫째, 도심 지역(중심 업무 지구: C.B.D)은 도시 활동의 핵심부로서 토지 이용이 집약적으로 이루어져 건물의 고층화와 과밀화가 나타나며, 중추 관리 기능과 고급 서비스 기능이 집적되면서 인구 공동화 현상이 나타난다.

둘째, 중간 지역(도심 주변부)은 주택 · 학교 · 공장이 지구에 위치하며, 도심에서 멀어질수록 주택지구, 공업지구가 차례로 나타난다.

셋째, 부심(부도심)은 도심과 주변 지역 사이의 교통의 결절점에 발달하며, 도시 기능의 일부를 분담하여 도심의 과밀화와 교통난을 해소한다.

넷째, 외곽 지역은 도시적 경관과 농촌적 경관이 혼재하며, 도시지역의 확대로 주택 · 공업단지 조성, 도시의 무질서한 팽창 억제 및 녹지 보전을 위해 개발 제한구역(green belt)이 설정된다.

다섯째, 도시권 확대는 인구 증가와 교통의 발달로 대도시 주변 농촌 지역의 교외화가 촉진되며 위성도시가 발달하고 대도시권이 형성된다.

그림 2-1 도시 내부의 분화

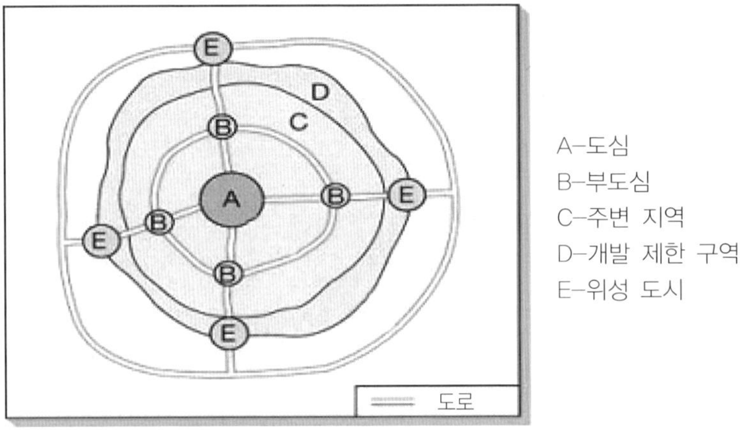

2) 도시 내 공간구조의 결정 요인

(1) 마찰 비용 최소화의 이론

1920년대 헤이그(R. M. Haig)가 제시한 이론으로, 도시가 갖는 공간적 구조와 조직은 개인, 가계, 기업이 공간적 마찰을 극복하기 위한 노력의 결과로 형성된 물리적 현상으로 파악한다. 이 이론은 도로(H. B. Dorou), 힌맨(H. B. Hinman), 엘리(R. T. Ely), 웨르와인(G. S. Wehrwein), 래트클리프(R. Y. Ratcliff)에 의해 계승되었고, 구텐베르크(A. Z. Guttenberg)에 의해 발전했다.

여기서 마찰 비용(cost of friction)은 교통 비용과 임대료로 나타나며, 튀넨(Von Thünen)과 허드(R. Hurd)의 이론인 도시 중심부에 가까울수록 시간과 노동력 절감의 이익 때문에 지대가 높아진다는 이론과 맥락을 같이한다.

헤이그는 특정 활동에 가장 적합한 최적 입지는 가능한 마찰 비용을 최소화시키면서 접근성을 최대화시켜 주는 곳으로 도시 토지시장은 도시 전체로 볼 때 총지대(總地代)를 최소화시키고 교통 비용을 최소화시키는 방향으로 나아간다고 강조한다.

이 이론을 바탕으로 도시행태론자들은 지가(地價, land value)뿐만 아니라 비경제적이거나 심리적인 요소들에 대해서도 논의 대상으로 삼아 분석하고 있다. 이론적 근거는 최대의 만족을 최소의 비용으로 얻으려는 동기를 바탕으로 하고 있다.

최근에 구덴베르크(A. Z. Guttenberg)는 접근성을 중심 개념으로 이용하여 인간의 상호 교류의 필요성 때문에 거리를 되도록 최소화하려는 욕구를 바탕으로 도시구조의 이론화를 시도하고 있다. 그러나 도시공간상에 입지를 결정하는 물리적 시설은 도시 전역에 흩어진 시설인 배분시설(distributed facilities)과 도시의 중심지 한 곳에 집중된 비배분시설(undistributed facilities)로 구성되어 있다. 이 두 시설은 상호 연결과 교류를 확보하기 위해 교통이라는 매체를 통해 이루어지며, 교통수단의 능률성이 도시 시설의 공간적 구조 형성과 조직에 결정적 역할을 담당한다.

(2) 결정분석이론

샤핀(Stuart Chapin Jr.)은 인간 가치를 반영한 행태적 특징을 기초로 하여 특정 도시의 공간적 구조를 규명했다. 그는 도시의 군집활동이 근본적으로 각종 생리적 · 경제적 · 사회적 욕구 충족을 위한 동기에서 나온다고 보고, 제반 욕구의 충족은 인간 상호 간에 부단한 교류와 접촉을 매개로 가치–행동–결과라는 3원적 과정을 통해 이루어진다고 보았다. 이런 상호 교류 과정 속에서 상호결집성 · 반복성 · 불변성을 지닌 행태적 변화가 나타나며, 이 행태적 변화가 도시의 공간구조를 형성한다. 행태적 변화는 공간상 군집성을 보이는 유형과 공간상 군집성을 보이지 않는 유형으로 나뉜다. 이 도시의 공간구조를 형성하는 행태적 영향 변수들은 도심지, 위락지대, 주거지, 학교 등의 장소적 영향 변수와 교통 혼잡과 같은 교통 · 통신과 관련된 영향 변수가 있다.

또한 도시공간을 구성하는 구조물의 입지 행태를 결정하는 주요 변수로는 1차적 변수로 주로 공공 부문에서 이루어지는 도로, 항만, 공항, 대규모 공공시설 등의 투자와 설치 결정이며, 2차적 변수로 주로 민간 부문에서 이루어지는 주택 건설, 소규모 토지 개발 등의 건설이 있다.

3) 도시 내 공간구조의 형태이론

(1) 동심원 구조설

1925년 시카고대학교 사회학 교수인 버제스(B. W. Burgess)는 도시의 구조를 분석한 결과 폭이 일정하지 않은 5개의 지대인 동심원 지대로 구성되어 있음을 발견했다. 그는 도시의 구조가 제1지대인 중심업무지구(central business district: C.B.D.)는 한 도시의 상업, 사회, 시민생활, 교통의 핵심지대를 구성하며, 제2지대인 전이지대(zone in transition)는 C.B.D.를 둘러싼 주택 퇴화지대를 형성하며 내측은 업무 및 경공업지대이고 외측은 퇴화지구가 위치하고 있다. 제3지대인 저소득지대(zone of low income housing)는 전이지대와 노동시장에 접근이 용이한 노동자들의 주택으로 구성되어 있다. 제4지대인 중급 주택지대(zone of middle income housing)는 경영자, 전문직 종사자, 판매원 등이 거주하며, 교통 요지인 업무 부심지로 발전해 나간다. 제5지대인 통근자지대(commutor's zone)는 도시 경계선 밖에서 주로 주택지로서의 성격을 갖는 위성 기능인 소도시로 형성된 환상형 도시이다.

동심원 구조설(concentric zone theory)에 대해서는 많은 비판이 있는데, 첫째로 시카고만을 대상으로 연구되어 많은 도시에 대한 공간구조의 일반화가 어렵고,

그림 2-2 동심원 구조의 모형

둘째로 도시 연구에 경사·배수·토양 등을 포함하는 대지의 역할을 충분히 고려하지 않고 있으며, 셋째로 배후지역 및 각 지대를 횡단하는 주요 교통 노선의 역할이 동심원형을 변형시킬 수 있다는 점을 고려하지 않았고, 넷째로 전이지대의 경공업 이외에는 공업지대가 인정되지 않아 중공업에 대한 고려가 미비하다는 점 등이다.

그러나 이 이론은 자동차 이전의 도시의 내부구조 분석에 매우 적합하여 산업화 초기 단계의 도시 공간구조의 성격을 규명하였고, 도시생태학자들의 연구에 기초를 제공했다는 점에서 그 가치를 인정받고 있다.

(2) 선형설

1939년 호이트(H. Hoyt)에 의해 142개의 미국 도시의 주택을 대상으로 자료를 수집하여 연구한 결과 개발된 모형이다. 선형설(sector theory)에 따르면, 도매업지구, 경공업지구, 저급 주택지구, 중급 주택지구, 고급 주택지구 등과 같이 각 지대가 중앙의 중심업무지구에서 교통 노선을 따라 밖으로 방사선이나 선형(線型)으로 확대 배치된다는 것이다.

이 모형은 도시지역 내에서 고임대와 저임대의 주거지대가 분리되어 형성된다는 것으로 고임대 주거지대가 그 도시의 토지 이용을 구성하는 매체가 되며, 이 지구 위치의 변화에는 자연적으로 승계(succession) 현상이 발생한다. 고급 주택지역의 발전 방향 및 패턴의 일반적 경향은, 첫째로 기존 교통로를 따라서 혹은 다른 건물이나 상업중심지와 같은 도시 주변부의 중심지 방향을 향해서 공간구조가 진행되며, 둘째로 공업용으로 이용되지 않는 호안(湖岸)·해안·하안(河岸) 등을 따라 확대되며, 셋째로 도시 바깥쪽의 자연적·인위적 장애물이 없는 곳에서 도시공간이 성장하며, 넷째로 사무소·은행·상점의 이용 경향은 고급 주택지역의 방향과 동일한 방향으로 발전하며, 다섯째로 고급 주택지는 가장 빠른 현존 교통로를 따라 발전하는 경향을 갖고 있고, 그 성장은 장기적으로 동일한 방향을 갖는다. 여섯째로 고급 주택지역은 구 주거지에 형성되어 있었으나 점차 도시가 확산됨에 따라 새 지역의 업무중심지역 가까이에 형성되며, 일곱째로 부동산 투기업자는 고급 주택지의 성장 방향을 바꿀 수도 있다.

그림 2-3 **선형설의 모형**

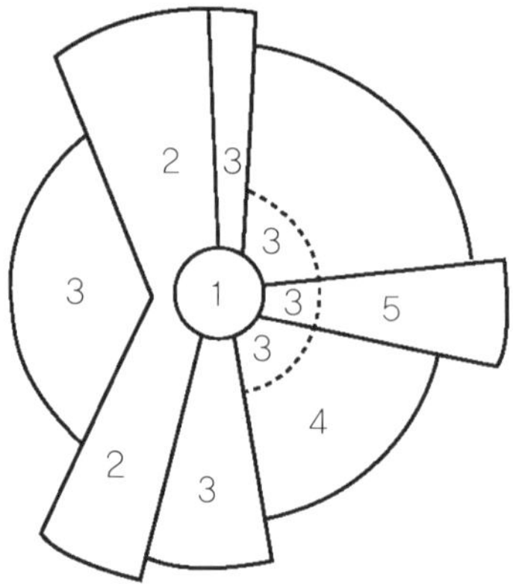

자료: http://blog.naver.com/ahe1117/140021873712

이런 형태로 이루어지는 선형설은 많은 비판을 받고 있다. 첫째로 도시가 선형으로 발달하는 것은 인정되나, 그 원인이 고급 주택지보다 상업지의 확대와 성장의 성격에 의해 더욱 큰 영향을 받으며, 둘째로 도시의 토지 이용 형태에서 교통로, 특히 간선도로와 고속도로의 중요성이 인정되나 교통로의 영향이 호이트(H. Hoyt)가 제시한 것처럼 도시의 토지 이용 구조를 형성하는 것과 일치되는 현상은 아니며, 셋째로 지역의 높낮이, 주변 입지, 기타 여러 인자들이 도시의 선형 패턴에 다양하게 영향을 미칠 때에는 일정한 분석틀로는 한계가 있으며, 넷째로 토지 이용이론이 도식적 접근에만 전적으로 의존하기에는 현대 도시의 구조적 성격이 너무나 다양하며, 다섯째로 토지 이용을 제약하는 요인인 문화·사회 제도의 역할에 대한 설명이 결여되어 있고, 여섯째로 자동차 교통의 융통성과 대중교통 체계의 확장으로 인해 발전하는 외곽지역에 적용하기에는 한계가 있다는 것이다.

이런 비판에도 불구하고 선형설은 중심업무지구에서 선형으로 뻗어 있는 간선도로를 가진 현대 도시의 토지 이용 형태에 적합하며, 선형설의 여러 요소들이 성장하는 대도시 국가들에 명백히 나타나는 특징을 갖고 있다는 점에서 평가받고 있다.

(3) 다핵심설

다핵심설(multiple nuclei theory)은 동심원 구조설과 선형설을 결합한 이론으로 1945년에 해리스(C. Harris)와 울만(E. Ullman)이 주장했다. 이 이론은 도시의 토지 이용 배치는 여섯 개의 핵심이 주위를 형성하는 것으로, 여기서 핵심이란 그 주변에서 발생하는 주거, 업무, 공업 등의 요인들을 흡인하는 견인적 요소를 지닌 지역을 말한다.

다핵심설에서의 여섯 개의 핵심은 첫째로 도시 내부의 교통기관이 모이는 지역에 초점을 두는 중심업무지구, 둘째로 도시 내부 가운데 시외 교통기관의 초점이 되는 곳에 입지하는 도매업지구와 경공업지구, 셋째로 도심 주변부였던 지역의 근처에 입지하는 중공업지구, 넷째로 배수가 양호한 고지대에 입지하여 소음·악취·매연으로부터 멀리 떨어진 지역에 입지한 고급 주택지구, 다섯째로 문화센터, 공원, 인근상업지구, 주변 업무지구 또는 작은 공업 중심지에 형성되는 소 핵심지구, 마지막으로 교외지구로 나뉜다.

이 여섯 가지의 핵심지구는 상호 분리와 분화의 과정을 나타내는데, 그 과정은 ① 어떤 도시 활동은 전문화된 편익이 필요하며, ② 동종의 유사한 도시 활동들은 응집하는 것이 유리하며, ③ 이질적인 도시 활동들을 집적함으로써 상호 혼합을 가져오며, ④ 어떤 활동들은 그것이 가장 원하는 위치라도 지가 관계 등의 문제로 입지하기 어려운 경우가 발생하는 상황의 네 가지 요인들의 조합을 통해 다양하게 나타난다.

다핵심설에 대한 비판은 동심원설이나 선형설보다 전체적인 구조에서 매우 비조직적이라는 비판을 받고 있다. 그러나 이 이론은 동심원설이나 선형설보다 단순하고 각 지구와 전 도시지역의 지역적 성장을 고려했다는 점에서 유동적인 현대의 도시 실정 — 어떤 특정 지구에 산발적 또는 행정적으로 구획된 토지를 이용하는 경우 등 — 에서 보면 분리된 도시 기능 분석에 적용하기 용이하다는 평가를 받고 있다.

그림 2-4 **다핵심설의 모형**

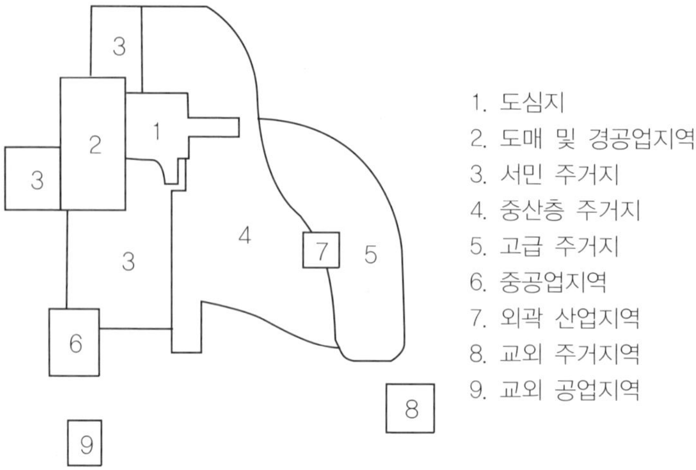

(4) 삼지대 구조론

1947년 디킨슨(R. Dickinson)이 유럽의 여러 도시를 연구한 결과 역사적으로 이루어진 도시 발전 과정과 지대구조를 결합한 이론으로, 도시 공간구조를 세 개로 구분하여 중앙지대, 중간지대, 외부지대로 나누어 분석했다는 데 그 특징이 있다.

중앙지대(central zone)는 가구밀도가 높고 수직적 팽창이 현저한 지구로 도시의 중심지나 중심적 위치를 필요로 하는 모든 서비스가 자리잡은 지역으로 상업, 경공업, 도매업이 위치한다. 중간지대(middle zone)는 중앙지대 밖에 위치한 주거지역으로 주로 주택지와 공장이 산재한다. 외부지대(outer zone)는 도시농촌경계(urbanrural fringe) 혹은 교외지(suburban zone)가 전차·자동차 등의 등장으로 발전하여 근교 농업지역으로 변화하며, 새로운 주택군과 공장군의 유입과 도시의 급속한 발전과 실질적인 도시 영역의 확대로 도시로의 흡수가 일어난다.

그림 2-5 삼지대 구조론의 모형

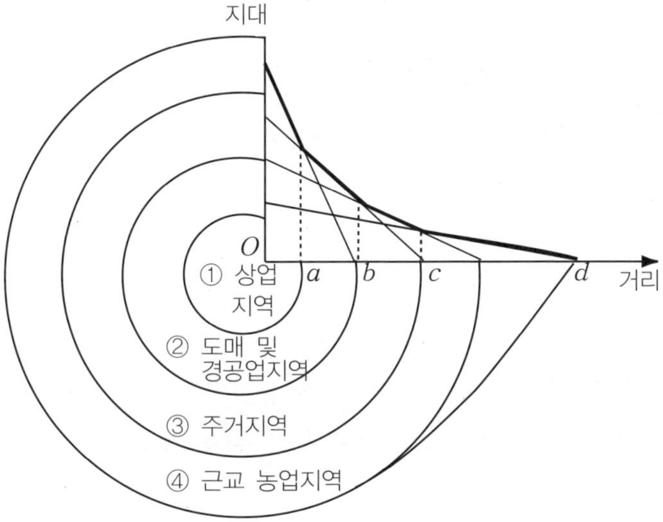

4) 도시 내 공간구조의 종류

도시 내 공간은 '국토의 계획 및 이용에 관한 법률' 제36조 제1항에 국토교통부장관 또는 시 · 도지사 또는 대도시 시장은 도시 · 군관리계획으로 도시지역, 관리지역, 농림지역, 자연환경보전지역을 용도지역으로 지정 또한 변경한다. 이 중 도시지역은 주거지역, 상업지역, 공업지역, 녹지지역의 하나로 구분하여 지정하며, 관리지역은 보전관리지역, 생산관리지역, 계획관리지역의 하나로 구분하여 지정한다.

용도지구로 경관지구, 미관지구, 고도지구, 방화지구, 방재지구, 보존지구, 시설보호지구, 취락지구, 개발진흥지구, 특정용도제한지구, 기타 대통령령으로 정하는 지구를 도시관리계획으로 결정하도록 하고 있다.

도시 내부는 용도지역에 의해 구분하여 상업지역, 주거지역, 공업지역, 녹지지역으로 구분한다. 상업지역은 상업이나 그 밖의 업무의 편익을 증진하기 위해 필요한 지역으로, 교통망의 발달로 도시가 거대화되고 주택지와 도심과의 거리가 확대되며, 터미널이나 전철, (고속)도로 교차점 등과 같은 교통 연결점들이 발달됨에 따라 부도심들이 형성된다. 이 상업지역에는 집중적인 상업, 서비스, 백화점이 위치하는 도심 상점가와, 도심 상점가에서 떨어져 위치하나 일상용품 및 일상 서비스를 제공하는 주변 상점가와, 항만이나 공장지대에 인접한 특수 상점가로 형성된다. 특히 상업지역 내에서도 도심지역은 도심상가와 회사와 은행이 위치한 업무지구, 관공서가 위치한 행정지구, 대규모 판매가 이루어지는 도매상가 등이 위치한다.

주거지역은 거주의 안녕과 건전한 생활환경의 보호를 위해 필요한 지역으로, 도시지역의 60%를 차지하며 상업지역의 외곽에서 거주공간을 제공해 준다.

공업지역은 공업의 편익을 증진하기 위해 필요한 지역으로, 도시에 일자리와 경제력을 제공하며 도시에서 필요로 하는 상품과 반출 상품들을 생산하는 지역이다. 도시의 규모 확대와 지가 상승으로 공업지역은 점차 외곽으로 빠져나가는 현상을 나타낸다.

녹지지역은 자연환경·농지 및 산림의 보호, 보건위생, 보안과 도시의 무질서한 확산을 방지하기 위해 녹지의 보전이 필요한 지역으로, 도시 내부의 공간적인 위치에 따라 적정하게 위치한다.

서울특별시의 내부구조를 분석하여 보면 첫째, 상업지역은 중심업무지구로 높은 땅값을 형성하고 있으며, 상주 인구의 감소로 인구 공동화 현상이 나타나는 종로, 을지로 일대의 도심과 서울특별시 도심 주변의 교통이 편리한 곳에 형성되어 있고, 도심의 기능을 일부 분담하는 청량리, 영등포 등과 같은 부도심지역으로 구성되어 있다.

둘째, 주거지역은 도심과 부도심의 외곽 지역에서 시민의 거주 안녕과 건전한 생활환경을 제공하기 위한 주거지나 학교지역 등으로 상계동 아파트단지, 목동 아파트단지 등이 있다.

셋째, 공업지역은 도시의 경제력을 제공하고 일자리를 창출하여 지역산업을 증진하는 지역으로 구로디지털단지, 성동테크노밸리 등이 있다.

넷째, 녹지지역은 도시의 무질서한 팽창을 막고 녹지공간을 보존하기 위한 목적으로 설정된 곳으로 현행 개발제한구역(그린벨트)이다.

그림 2-6 도시 내부 공간구조의 모형(전주시)

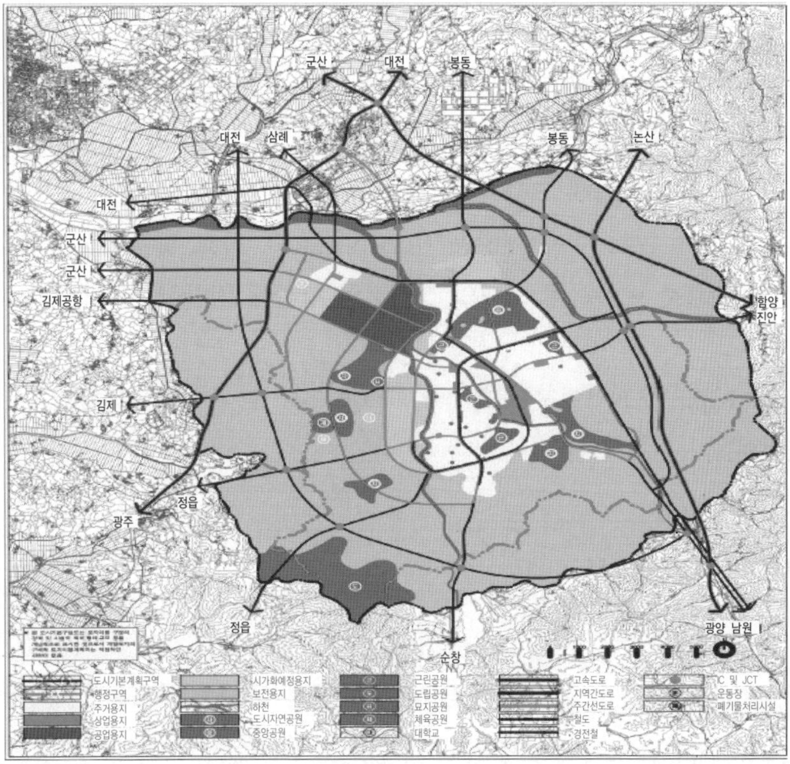

제 2 절 도시의 인구

1. 인구의 위치와 중요성

도시에 인구가 거주함에 따라 도시행정의 수요가 나타난다. 행정수요는 일반적으로 도시 인구의 수에 비례하여 나타나기 때문에 인구 규모와 장래의 인구 수를 정확하게 추계하는 것이 도시의 공간구조와 도시기반시설을 설계하는 데 중요한 위치를 차지한다.

도시 인구를 분석하기 위해서는 도시 인구의 수, 가구 형성, 소득 수준, 경제활동 등의 정보가 필요하며, 예상되는 인구의 총수, 인구의 성별 · 연령 · 업종 등의 변화 상태가 파악되어야 한다.

이렇게 분석된 자료들은 도시 내의 가용자원과 환경 규모 용량 및 목표 연도까지 변화할 인구의 추계를 통해 각종 도시계획 및 정책을 수립 · 실시하는 데 바탕이 된다. 인구 추계를 통해 도시 내의 각종 공급시설의 내용과 장래 규모들을 예측하고, 상하수도의 수요, 주택, 개방공간(open space), 학교, 교통시설, 위락시설 등 도시시설의 수요를 예측하여 도시의 장기적인 상황에 적합한 정책결정을 내릴 수 있게 한다.

샤핀(S. Chapin Jr.)은 인구 예측이 도시 내 각종 토지 이용을 위한 기초가 된다고 주장한다.

2. 도시 인구의 특성

도시지역의 인구는 농촌 인구에 비해 규모, 구성, 공간적 분포, 이동 성향 등에서 많은 차이점을 나타내므로, 그에 따라 도시정부가 해결해야 할 여러 가지 문제점이 뒤따르게 된다. 중요한 도시 인구의 특성들을 보면 인구의 집중, 과밀한 도시공간, 인구 구성의 복잡다양성, 강한 사회적 유동성, 비정형적인 인구 구성 등을 들 수 있다.

1) 인구의 집중

산업혁명을 기점으로 폭발적으로 증가하기 시작한 세계의 인구는 1920년대에 도시 인구 3억 6천만 명, 농촌 인구 15억 명 내에서, 1980년대 도시 인구 18억 7백만 명, 농촌 인구 25억 7천만 명으로, 2010년에는 도시 인구 34억 7천만 명, 농촌 인구 33억 3천만 명으로 90년 동안 도시 인구가 864% 증가한데 비해, 농촌 인구는 122%만 증가해 왔고, 2025년에는 전체 인구가 약 79억 명으로 증가하고 도시 인구는 45억 명에 도달할 것으로 예상되고 있다.

현재 우리나라의 거대도시인 서울에만 전 인구의 25%가 살고 있으며, 우리나라 도시화율은 2017년 기준 91.8%로 인구의 도시집중 현상이 심화되고 있다. 도시로의 인구 집중이 산업화에 따른 정상적인 도시화라면 문제가 없겠으나, 농촌의 빈곤에 따른 가도시화나 과잉도시화에 의한 것이라면 인구 집중이 도시의 빈곤과 실업문제, 그리고 그에 따르는 여러 가지 사회적 병리를 유발하는 직접적 원인이 되기 때문에 문제가 된다. 따라서 도시경제의 지속적인 발전을 통해 도시 인구를 부양할 수 있도록 지역경제의 활성화 방안과 산업구조의 적응적 변화 방안이 강구되어야 할 것이다.

2) 과밀한 도시공간

도시는 많은 인구가 한정된 공간에 밀집되어 있어 평균 인구밀도가 높으며, 또한 도시의 공간 기능이 분리되어 있어 도시 내의 토지 이용을 과밀하게 만든다. 특히 도심지역은 도시 전체 면적의 4~5%에 불과하지만, 주간 교통량의 70~80%가 이곳에서 발생한다. 이런 도심지역의 교통난은 교통혼잡, 환경오염 등 집적의 불이익을 발생시켜 막대한 사회적 비용을 초래하게 한다. 과밀한 도시공간을 효율적으로 활용하기 위해 입체적 토지 이용과 도시재개발계획이 불가피하다.

3) 인구 구성의 복잡다양성

도시 인구는 교육 수준, 직업, 종교, 소득 수준 등 다양한 사회계층이 복잡하게 얽혀 있어 각 계층별로 다양한 행정 서비스를 요구하고 있다. 또한 도시 인구 구성의 다양성은 대중사회의 전형적 특징인 개성화 · 이질화 · 원자화 · 다원화를 보임으로써, 1차 집단의 붕괴에서 나타나는 가치 체계나 신념의 혼란, 정서적 결핍, 심리적 불안감을 나타내는 경우가 많으므로 농촌지역보다 많은 사회적 문제를 야기하게 된다.

4) 사회적 유동성

도시 거주자는 농촌 거주자에 비해 사회적 이동을 많이 한다. 사회적 이동의 원인은 도시와 농촌의 실질적인 임금 격차와 도시에서 획득할 수 있는 기대소득과 농촌에서의 실질소득의 차가 가장 큰 원인으로 나타난다.

대체로 사회적 이동의 형태는 농촌에서 중소도시를 거쳐 대도시로 단계적 이동을 하거나, 그 반대적인 이동을 나타내기도 한다. 그러나 도·농 간의 지역 격차가 심한 상태에서는 이촌향도(離村向都)의 이동 형태가 일반적으로 강하게 나타난다. 이런 인구 이동은 도시 인구 규모의 급증을 초래해 다양한 도시문제를 발생시키며, 대도시로의 인구 유입이 한계에 도달하면 대도시의 주변 지역에 거주하면서 대도시로 출퇴근하는 도시 간 유동인구가 증가하게 된다. 이런 현상은 주야간 도시 인구 격차로 측정될 수 있다. 대도시 주변 지역의 인구가 증가하게 되면 주거의 교외화(suburbanization)로 주요 납세원이 대도시 외의 지방정부로 이전하는 반면, 주간에는 대도시 내 주요 시설을 그들이 이용함으로써 대도시정부는 막대한 시설의 유지 관리 및 개발을 위한 재원의 궁핍에 시달리게 된다. 도시 간의 시설 유지 및 관리에 대한 부담 문제의 발생은 광역행정과 같은 체계적인 도시관리의 필요성을 증대시키는 직접적인 동기가 된다.

5) 비정형적인 인구 구성

도시지역으로 유입하는 인구들은 주로 10대에서 30대의 생산성이 높은 연령집단으로, 젊은 연령층이 도시지역에 유입됨으로써 주택 수요와 문화 수요가 증대되어 다양한 공간구조와 도시시설이 상대적으로 많이 요청되게 된다. 이런 도시지역의 비정형적인 인구 형태는 도시지역의 주택과 위락공간시설의 만성적인 부족 현상을 심화시킨다. 또한 몇 세대가 지나면 도시지역으로 이동해 온 젊은 연령층이 노령화되어 이에 따른 다양한 도시공간 수요가 발생하게 된다. 도시의 노년 인구들은 농촌으로 돌아가고 싶어도 인적·경제적으로 형성된 축적 요소들 때문에 도시를 쉽게 떠날 수 없게 되어 이들에 대한 제반 시설 등의 건설 문제가 등장하게 될 것이다.

3. 도시 인구의 변화 요인

도시 내에서 인구가 변화하는 요인을 보면, 자연적 변화 요인과 인공적 변화 요인으로 나누어 볼 수 있다. 자연적 요인은 도시 내 자체 인구들의 출생과 사망과 같은 자연적인 현상 때문에 발생하는 인구 변화로 도시 외부적인 영향을 가장 적게 받는 요인이다. 이 자연적 요인은 그 시대의 사회적 규범이나 가치관 및 의료시설이나 식생활에 의해 간접적인 영향을 받는다.

인공적 요인은 도시 자체의 인구들과는 관계없이 나타나는 변화 요인으로 도시 내 · 외의 경제적 · 사회적 변화에 의해 나타나는 사회 이주 요인과 도시구역의 합병이나 통합에 의해 나타나는 기타 요인으로 구별된다.

1) 출생 요인

도시 내 가구들의 자연적인 출산에 의해 인구 변화가 나타나는 것으로, 출산은 그 시대의 사회적 규범이나 가치관 및 각 가구들의 자녀관과 같은 심리적 요인이나 소득 수준 등 경제적 요인에 의해 영향을 받는다. 출산율은 소득 수준과 교육수준이 높아짐에 따라 낮아지는 경향이 있다.

2) 사망 요인

도시 내 인구들의 사망에 의해 인구 변화가 나타나는 것으로, 사망에 영향을 미치는 요소는 위생시설, 의료시설, 예방의학 시설들이 있다. 오늘날 의학의 발달과 의료기술 장비의 개발로 사망률이 낮아지고 있으나, 이에 반해 교통사고 발생, 자살률 증대 및 미세먼지 등 도시 환경오염으로 인한 저항력의 약화로 암 발생이 증대하고 있으며, 계절별 조류들의 이동에 의한 조류독감 발생이나 해외 여행 확대에 따른 외국 전염별의 유입가능성이 확대하고 있다.

3) 사회 이주 요인

도시 외부와의 관계 속에서 인구 변동이 나타나는 것으로, 여기에는 경제적 요인과 사회적 요인이 있다. 경제적 요인은 도시 내의 고용 기회, 경제활동의 매력, 집적이익의 효과, 농촌경제의 악화 등이며, 사회적 요인은 도시 내의 교육 기회, 문화시설의 설치, 임대주택의 공급, 도시 환경오염의 상태 등의 요인들에 의해 도시 인구가 변동하는 것을 말한다.

4) 기타 요인

도시 내 인구의 사회적 · 경제적 요인에 의한 인구 변화와는 달리 법률의 제 · 개정, 도시구역의 통 · 폐합, 천재지변 등의 요인에 의해 도시 인구의 변화가 나타나는 것을 말한다.

4. 도시 인구의 분석

1) 도시 인구분석의 의미

도시 인구의 분석은 도시 인구의 양적 · 질적 구성 상태를 계량적으로 검토하는 것으로 분석지표로 쓰이는 변수는 주로 나이와 성별이며, 그 밖에도 산업별, 교육수준별, 종교별 구성 상태나 가구의 사회경제적 분포 상태를 사용하기도 한다. 인구의 구성 상태는 도시정부가 그 지역의 인구를 부양할 수 있는 지역산업 육성 방안을 모색하거나 도시 서비스를 제공할 수 있는 공공시설의 종류와 양을 추정하기 위해 필요한 정보이다. 또한 도시 인구의 공간적 분포 상태는 각 권역별로 공공서비스를 공급하기 위한 기본 자료가 된다.

인구분석은 현재의 도시 인구에 대한 실태분석도 중요하지만, 도시 인구의 미래 구성 상태에 대한 정확한 측정이 더욱 중요하다. 미래의 도시 인구에 대한 예측은 도시의 제반 기반시설과 공간 배치를 설계할 때 중요한 위치를 차지하기 때문이다. 도시의 제반 계획 및 정책에서 인구의 양적 · 질적 분포 상태는 도시의 상하수도, 주택, 도로, 녹지공간, 교육시설, 공업지역 등의 제반 도시 행정수요와 도시경제에 관한 계획과 직결되어 있기 때문이다. 따라서 현재의 도시 인구의 양적·질적 구성 상태에 대한 정확한 측정과 함께 미래 도시 인구의 다양한 구성 상태에 대한 신뢰성 있는 예측이 매우 중요하다.

2) 도시 인구분석의 유의점

도시정책의 결정 과정에서 현재의 인구 총규모와 목표 연도의 인구 총규모를 파악해야 할 뿐만 아니라, 이들 총규모 인구의 세부 구성 상태를 파악할 필요가 있다. 인구의 구성 상태를 세분해 보면, 연령별·성별·가구별·소득별·인종별·지역별 배분 상태 등에 관한 자료가 조사되어야 한다.

이 인구 구성 상태에 대한 분석을 통해 다양한 도시 행정수요를 파악할 수 있으며, 이 행정수요를 충족시켜 줄 수 있는 공공시설의 설치와 도시공간의 재배치 및 도시기반시설의 조성이 이루어지게 된다. 도시정책의 기초 정보를 제공하는 현재와 미래의 도시 인구 구성 상태를 분석하는 데 전제되어야 할 몇 가지 가정이 있다.

첫째, 과거의 추세에 대한 구체적인 가정이 필요하다. 미래의 상황은 많은 요인들에 의해 변화되기 때문에 미래 상황의 예측에는 많은 요인들의 변화 정도를 가정해야 한다. 그러나 모든 요인들을 개별적으로 가정하는 것은 분석에 어려움이 있으므로, 과거의 인구 변화 추세를 동일하다고 가정하고 분석하는 것이 현실적인 방안이다.

둘째, 미래의 인구 변화를 예측하는 데 사용되는 통계자료가 신뢰성을 갖추고 있어야 한다. 자료가 신뢰성이 없다면 이 자료를 가지고 분석한 인구의 추계나 예측은 타당성을 지니고 있지 못해 정책결정을 왜곡시킬 수 있다. 이런 점에서 인구분석에 사용되는 통계자료를 객관적인 기준에 입각하여 선정하고 엄밀하게 사용해야 한다.

셋째, 도시 인구의 추계나 예측을 할 때 지역의 범위를 명확하게 설정해야 한다. 일반적으로 지역의 범위는 분석이나 조사의 목적에 따라 변화될 수 있으며, 실제적으로 계획상의 구역과 행정상의 구역은 다른 경우가 많다. 따라서 인구분석을 실시하기에 앞서 분석 범위에 대한 명확한 설정과 계획구역 설정에 대한 의견을 구체적으로 합의해야 할 것이다.

3) 인구분석의 대상

도시계획의 가장 중요하고 우선적인 작업은 현재와 계획 목표 연도에 있어 도시 인구 수와 인구 구성 형태의 파악이다. 그러나 도시지역은 인구의 유동 성향이 강하고 상주 인구와 시설 이용 인구가 상이하기 때문에 이런 차이를 감안하여 인구분석을 실시해야 한다.

(1) 상주 인구 추계

도시구역 내에 상주하고 있는 인구를 추정하는 것으로, 다른 지역으로의 일시적인 이동이나 단기간의 업무상 방문과는 무관하게 항상 상주한다고 추정할 수 있는 인구 수를 추계한다.

(2) 시설 이용 인구 추계

시설 이용 인구는 도시의 공공시설을 이용하는 인구로서, 상주 인구와 주간활동을 위해 유입되는 1일 유입 인구의 합으로 산정된다. 따라서 시설 이용 인구는 상주 인구보다 많은 것이 일반적이고, 구역 밖으로부터 유입되는 활동 인구가 많을수록 더 많아진다.

4) 인구 추계 방법의 종류

인구 추계 방법에 대해 맥러린(B. McLoughlin)은 ① 수학적 및 곡선 방법, ② 고용 추계 방법, ③ 비율 및 배당식 방법, ④ 사회 이주 추계 방법, ⑤ 인구 생잔 방법, ⑥ 행렬조직 방법을 들고 있고, 샤핀(S. Chapin Jr.)은 ① 인구 생잔 방법, ② 전출입 및 자연 증가 추계 방법, ③ 광역구역 추계를 토대로 한 인구 산출 방법, ④ 고용 추계에 의한 인구 산출 방법, ⑤ 수학적 및 곡선 방법, ⑥ 인구 특징 및 지역 분포에 대한 추계를 들고 있다.

우리나라 통계청에서는 일반적인 인구 추계 방법으로 수학적 방법과 코호트요인법(Cohort component method)을 사용하고 있다. 수학적 방법은 장래 예상되는 인구의 특성 변화, 즉 성별 · 연령별 인구구조 등을 파악할 수 없기 때문에 총인구를 추계하는 데 주로 이용되고, 코호트요인법은 성별 · 연령별 · 인구구조 등 인구 특성을 파악할 수 있는 장점이 있어 대부분의 국가에서 코호트요인법을 사용하고 있다.

(1) 수학적 방법

수학적 방법에 의한 인구 추계 방법은 과거의 인구 증가율을 일정치로 잡고 추계하는 방법과 과거로부터의 추세 경향을 연장하는 방법이 있다. 이 방법의 구체적인 형태로는 ① 산술급수 증가 형태, ② 기하급수 증가 형태, ③ 최소자승법 형태, ④ 곡선 추계 형태가 있다.

수학적 방법은 인구 증가의 추세가 증감하는 것은 경향 곡선으로 표시하고, 이 경향 곡선을 등차 급수적 변화나, 등비 급수적 변화나, 지수적(logistic) 곡선 변화로 나타낼 수 있다고 가정한다. 이 방법은 인구 변화에 따라 정책적 효과가 어떻게 나타나는지를 파악하는 데 유용하다.

(2) 코호트요인법

코호트요인법(Cohort component method)은 특정 연도의 성 및 연령별 기준 인구에 인구 변동 요인인 출생률 · 사망률에 의한 자연적 변화 요인과 전입과 전출에 의한 순인구이동(net-migration)의 사회적 변화 요인 등 장래의 변동을 추정하여 이를 조합하는 방법이다. 코호트요인법에는 요인별 인구 조성 방법과 인구 생잔 방법이 있다.

① 요인별 인구 조성 방법

요인별 인구 조성 방법은 인구 증가를 출생, 사망, 전입, 전출의 몇 개 요인으로 구분하여, 각 요인별로의 인구 변화를 파악하여 인구를 추계하는 방법이다.

인구 변화 = 출생 요인 − 사망 요인 + 이주 요인

② 인구 생잔 방법

인구 생잔 방법은 인구의 변화 상태를 연령별, 성별 수준까지도 파악할 수 있도록 세분화한 방법으로, 구체적인 절차는 다음과 같다.

첫째, 인구의 변화 요인으로서 출생, 사망, 전입의 세 가지 요인별로 구분하여 출생률, 사망률, 전입률을 과거 자료를 바탕으로 추계한다.

둘째, 출생률, 사망률, 전입률을 연령별 · 성별로 다시 세분화하여 추계하되, 연령별 구분은 5년(나이) 간격의 시계열 분석을 할 수 있도록 한다.

셋째, 연령별 시계열상에서 나타날 인구의 변화를 생잔율로 잡고, 이를 5년 간 연령집단별로 생존율을 적용해 추계한다.

넷째, 추계된 생존율을 가지고 미래의 시점에서의 인구 수와 연령별 · 성별 분포 상태를 예측한다.

인구 생잔 방법은 요인별 인구 조성 방법과 근본적으로 동일하나, 그 방법을 적용하는 절차에서 약간의 차이를 나타낸다. 즉, 추계 과정에서 출생률, 사망률, 전입률의 세 가지 요인을 고려하는 점에서 양자가 유사하나, 연령별 · 성별 증가 상태를 파악할 수 있도록 했다는 점이 좀 더 정밀한 방법이다.

코호트요인법이 갖고 있는 단점은 첫째는 도시구역을 행정구역으로 국한시키고 있어 광역인구에 대한 추계를 하지 못한다. 둘째는 컴퓨터와 고도로 전문화된 인구전문가가 반드시 참여해야 하며 추계 과정이 복잡하고 비용이 많이 든다. 셋째는 각종 변수 가운데 인구 증가는 도시의 경제활동, 고용 기회, 도시주택 수요에 직접적인 영향을 미치기 때문에, 이런 점을 고려하여 상호 점검 피드백을 통해 지속적인 조정이 이루어져야 한다는 점이다.

제 3 절 도시의 활동

1. 도시 활동의 주요 내용

도시에서 시민들은 주거, 판매, 사회, 제조, 업무, 서비스, 체육, 위락, 문화 등의 다양한 활동을 수행한다. 지역이 지닌 자원의 부존 상태, 자연적 환경, 역사적 배경 및 사회적 역학 관계의 차이로 인해 도시 거주 행태와 인간 활동의 양상이 달리 나타나게 되며, 도시의 성장 패턴과 도시의 공간구조도 상이하게 나타난다.

도시공간 속에서 시민들의 다양한 활동들은 도시 기능으로 나타나며, 도시 기능의 분석을 통해 도시 활동의 특성을 파악할 수 있다. 도시 기능의 특성을 보면 첫째, 도시 기능은 도시를 구성하고 있는 모든 요소와 활동들의 함수라는 점이다. 도시는 인간 활동의 공간적 집합체라는 점에서 복잡성을 근간으로 하고 있으며, 도시의 공간적 역할도 이러한 복잡한 구성 요소의 상호관계에서 이해될 수 있다. 둘째, 도시 기능은 역사성을 지닌다는 점이다. 인간의 활동은 과학기술의 진전에 따라 변모되어 왔으며, 앞으로도 변화해 갈 것이기 때문에 도시의 기능도 시대적 상황에 따라 변화하고 그 양상을 달리하며, 공간적 역할 역시 변화를 겪지 않을 수 없다. 셋째, 도시 기능은 공간적 흐름을 생명으로 한다는 점이다. 생산의 공간적 불균형은 공간 흐름의 필요성을 낳고, 이를 매체로 생산활동의 집적이 도시마다 다른 형태로 나타난다. 공간 흐름에는 인구활동, 정보 이동, 자본 이동, 기술 이동 등이 있으며, 이들 흐름이 산업활동으로 표출된다. 산업활동이 공간 흐름을 자극하여 상호작용 관계가 나타난다.

도시 활동의 집합체인 도시 기능에 대한 분석은 초기에는 지정학적 위치나 물량적인 방법을 통해 이루어졌으나, 경제 기능이 중시됨에 따라 경제적 기반을 분석하는 방법을 통해 연구되고 있고, 최근에는 다변량 요인분석을 통해 도시 기능을 분석하고 있다. 도시의 기능분석은 도시의 성장·발전을 위해 투자 재원의 우선순위를 결정하기 위해 필요하며, 궁극적으로 도시에 따른 적절한 입지 설정과 도시 정주 체계를 발전시키게 된다. 그뿐만 아니라 도시 기능분석은 도시계획 및 정책의 형성 과정에 필요한 정보를 제공하는 역할을 할 수 있다.

2. 도시경제 활동의 분석

1) 도시경제의 의미

도시경제란 지역사회를 이루고 있는 도시공간 속에서 일어나는 유형·무형의 재화와 용역의 생산·분배·소비 등에 관계되는 제반 활동을 총칭하며, 지역성과 개방성을 지닌다.

도시경제는 경제활동 영역이 일정한 지역적 공간을 중심으로 이루어지나, 폐쇄된 국가경제 체제와는 달리 개방된 경제활동 체제로서 주변 지역과 연대성을 가지고 있다. 도시경제는 국가경제의 하위 체계인 지역경제를 담당하고 있으며, 지역경제 및 문화·사회 발전에 선도적 역할을 담당한다. 오늘날 현대의 교통과 통신 수단의 발달로 인해 도시 간의 거리가 축소되고 경제활동 영역이 확장됨에 따라 도시의 기능과 역할이 국가경제의 중요한 위치를 차지한다.

2) 도시경제의 형성

도시의 형성과 성장의 힘은 주로 상업, 정보산업 및 공업과 같은 비농업적인 경제활동이다. 도시경제 성장의 힘은 규모의 경제, 집적의 경제, 외부경제 및 기반경제를 통해 나타난다.

(1) 규모의 경제

규모의 경제(economy of size)는 사회간접자본이나 도시기반시설들이 기업의 대규모 생산을 가능하게 하여, 기업이 자본 투자를 확대할수록 더욱 이익이 증가하는 상태이다. 이로 인해 자본의 집중이 이루어지고, 생산비가 낮아짐에 따라 더욱 많은 자본과 기술의 투자가 이루어지게 된다. 일정한 물리적 공간인 도시 내부에 자본의 물적 시설과 기타 사회적 재화를 집중시키면 규모의 경제가 발생한다. 이 규모의 경제는 생산과 소비의 연계를 통한 공간적 근접성에 따라 산출량의 증가를 더욱 확대시키게 된다.

(2) 집적이익

집적이익(agglomeration)은 어느 특정한 생산자나 생산시설의 규모에서가 아니라, 도시 전체의 규모로부터 초래되는 이익, 즉 인간 활동의 공간적인 집중에 따라 나타나는 제반 이익이다. 집적이익은 민간 부문의 경제활동 외에 민간·공공의 혼합 부문, 교통·통신, 전기·전선과 같은 정부의 각종 지원이 이루어지는 부문, 교육·치안, 용수 공급과 폐수 처리 등과 같은 공공 부문 등 사회적 조직활동의 광범위한 영역에서 이루어진다. 집적이익의 요소들로는 ① 집적경제의 본질을 이루는 경제적 부분, ② 노동의 공급과 생산성의 상호 보완성, ③ 공간적 집중으로 새로운 사상, 창의, 상품 등 창조적이고 진보적인 가치들이 발생되는 쇄신성을 들 수 있다.

(3) 외부경제

외부경제는 도시에 투자된 사회간접 기반시설 및 교육문화시설 등이 도시에 입주한 기업이나 거주하는 사람들에게 긍정적인 효과를 제공해 줌으로써 금전적인 이익을 더욱 산출할 수 있도록 해 주는 현상이다. 외부경제는 도시의 경제를 자극·촉진·발전시킴으로써 도시적 요인인 산업, 인구, 사회자본의 집적·집중, 분

그림 2-7 집적이익의 구성 요소

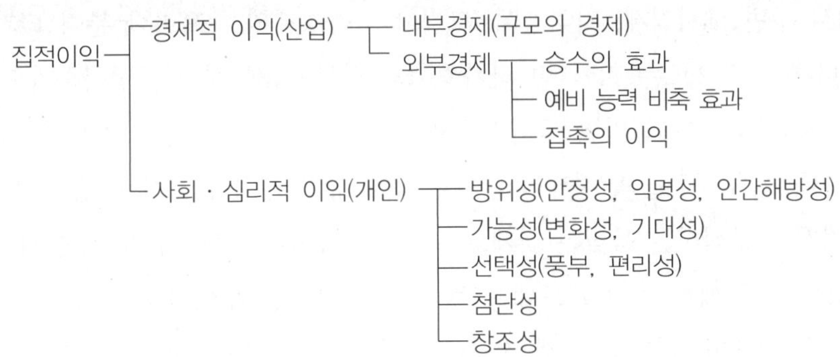

자료: 노춘희 · 김일태(2006: 23).

업, 시장, 교통의 발달 등에 대해 간접적인 경제적 효과를 제공해 준다.

(4) 비교우위성

도시 간의 비교우위성은 도시 내에 내재된 기술 수준, 노동력의 임금과 기술 수준, 자본의 가용성, 자연자원의 부존 상태 등에 따라 나타난다. 비교우위성을 지닌 요소들에 대한 집중적인 투자를 통해 도시경제를 활성화시킬 수 있다. 도시경제의 비교우위성의 구성 인자로는 토지(비옥도보다 배수, 경사도, 지표 등의 입지), 광물자원, 기후, 편익자원, 교통의 편리성 등을 들 수 있다.

(5) 기반경제

기반경제는 경제가 성장하고 주민 소득이 증대되기 위해서 도시 내의 생산제품이나 용역을 외부지역에 수출함으로써 도시의 경제를 성장시키고 고용과 소득을 증가시키는 도시의 중요 산업기반을 의미한다.

3) 도시경제의 분석 방법

(1) 도시경제 분석의 의미

도시경제의 분석은 도시 공간에 대한 수요를 전망할 수 있는 기틀을 제공하는 동시에 도시개발의 방향을 제시해 준다.

도시경제는 공간적으로 도시라는 일정 지역을 대상으로 하지만, 이것은 공간적인 면에서 주변 도시경제, 지역경제, 그리고 국가경제의 주요한 부분이 되기도 하고, 또 다른 한편으로는 지역 및 국가경제의 하부 경제 체계를 형성하기도 한다.

도시경제의 특징은 권역별 국가경제구조와 공간적으로 연결되어 있을 뿐 아니라, 도시 내 경제 주체들의 경제적 활동을 통해 상호 간의 유기적 관계를 형성한다.

도시경제를 분석하는 목적은 첫째로 도시를 성장 발전시킬 수 있는 힘의 정도를 알 수 있으며, 둘째로 이것을 토대로 토지 이용 계획을 수립할 수 있는 기초 자료를 얻을 수 있으며, 셋째로 경제 전망을 통해 인구, 고용, 소득 추계의 상호 조정 기능을 수행할 수 있다.

(2) 도시경제의 분석 방법

① 경제적 기반분석 방법

경제적 기반분석 방법(economic base method)은 도시경제를 구성하는 산업구조가 1차, 2차 및 3차 산업 가운데 어떤 산업이 경제의 주축인 기반을 형성하고 있는가를 분석하는 방법으로 티보(Charles Tiebout), 호이트(Homer Hoyt), 와이머(A. M. Weimer) 등에 의해 개발되고 체계화되었다. 이 모형은 지역의 경제구조와 성장의 건전성을 파악하는 방법으로 수출경제이론에 입각하여 도시경제를 분석한다.

도시경제 구조는 단순히 두 개 그룹의 활동으로 구성된다는 가정 하에 산업을 기반산업 또는 주종산업과 비기반산업으로 분류한다. 기반산업은 기반 활동으로 도시 성장에 기여하는 산업이고, 비기반산업은 비기반 활동으로 도시경제의 안정에 기여하는 산업이다. 기반산업은 도시 외부의 기업이나 개인들에게 수출하기 위해 재화와 용역을 생산하여 판매하는 활동을 수행하고, 비기반산업은 당해 도시 내에서 소비되는 재화와 용역을 생산하여 판매하는 활동을 수행한다. 도시의 두 경제활동 중에서 기반산업만이 도시 경제력을 확장시키는 역할을 담당하며 비기반 활동의 성장 및 도시 전체의 성장을 유도한다.

경제기반 분석 방법은 1차와 2차와 3차 산업 중에서 지역 외부로 재화와 서비스를 수출하는 산업을 기반 활동으로 분류하고, 그렇지 못한 산업을 비기반 활동으로 구분하여 양 활동 간의 비율을 계산하는 방법이다. 기반 활동과 비기반 활동을 계량화하는 데 사용되는 측정지표로는 ① 고용자 수, ② 부가가치 및 생산액, ③ 임금지불액, ④ 생산물의 물량 등을 사용한다.

분석 대상 도시경제의 건전성과 취약성을 규명하기 위해 B/N 비율을 사용하는데, 비율의 산정 방식은 측정지표를 고용자 수로 하는 경우 다음과 같다.

$$\text{B/N 비율} = \frac{\text{기반 활동(Basic activity)의 고용자 수}}{\text{비기반 활동(Non-basic activity)의 고용자 수}}$$

B/N 비율의 기능과 유용성은 첫째로 한 도시의 시점 간 비교를 통한 도시 및 지

역경제의 건전성을 측정할 수 있고, 둘째로 한 도시와 다른 도시와의 비교가 가능하며, 셋째로 한 도시나 지역 내에서 산업 간의 비교가 가능하다.

② 투입-산출 분석 방법

투입-산출 분석 방법(input-output analysis)은 레온티에프(W. W. Leontief)에 의해 본격적으로 연구된 분석으로 지역 내 또는 지역 간에 산업 간 재화와 용역의 이동 상태, 즉 산업 간 상호 의존 관계를 파악한다. 이 분석 방법은 한 산업 활동의 변화가 다른 산업 부문에 미치는 영향을 규명하는 분석 방법으로 산업 상호 간의 의존 관계를 숫자로 표시한 산업연관표를 작성한다. 투입-산출 분석 방법의 기본 가정은 첫째로 추계 기간 동안 투입 계수, 즉 한 산업이 다른 산업으로부터 받아들인 투입량을 그 산업의 총생산량으로 나눈 값은 일정하다고 본다. 즉, 추계 기간 동안에 기술 진보는 없다고 전제한다. 둘째로 모든 산업에서 각각의 산업은 각기 하나의 선형이면서 동질적인 생산함수를 가진다. 즉, 각 개별 산업의 생산물을 생산하기 위해서는 동일한 방법만을 사용한다. 셋째로 각 생산물은 하나의 전문산업 부문에 의해서만 생산된다. 즉, 한 산업은 한 종류의 상품만을 생산하며, 결합생산물은 생산되지 않는다.

지역 투입-산출 분석 방법은 첫 번째로 투입-산출표의 모형을 설정하고, 두 번째로 설정된 투입-산출표를 작성하기 위해 과거의 지역 내 또는 지역 간의 산업 간 재화와 용역 생산의 투입-산출 관계를 파악한다. 세 번째로 분석된 투입-산출 관계를 기초로 장래의 한 산업활동의 변화가 다른 산업 부문에 미칠 영향을 예측한다.

이 분석 방법의 장점은 통계적 시계열 분석법이 보여줄 수 없는 지역 간 및 지역 내의 산업 연관 관계를 파악하여 지역 간이나 지역 내의 재화와 서비스 이동 상태를 분석할 수 있고, 지역 산업 연관 관계를 특정 산업 내의 최종 수요 부문에서의 수요 증가가 중간 과정 부분의 수요 증가에 미치는 효과를 측정할 수 있게 한다. 반면에 이 분석 방법은 기술 진보가 빠른 현대 사회에서 투입 계수가 일정 불변하다는 가정에 근거하므로 수용되기 어렵고, 자료 수집에서 시간, 인력, 경비가 많이 소요되는 단점이 있다.

③ 입지 계수(location quotient: LQ)를 통한 업종별 산업집중도 분석

입지 계수 분석 방법은 분석 대상 도시의 산업구조를 전국의 그것과 비교하는 방법으로, 특정 도시의 일정 산업에 고용되어 있는 노동력이 그 산업에 대한 전국 평균 비율보다 높은 때는 전국 수준과 같은 선까지의 노동력은 도시 내부의 수요에 충당되고, 잉여분은 수출시장의 수요에 할당되는 것으로 산정한다. K도시의 u 산업에 대한 LQ값의 산정 방식은 다음과 같다.

$$\text{입지 계수}(LQ) = \frac{\dfrac{K\text{도시}\,u\text{산업 고용인구}}{K\text{도시 총고용인구}}}{\dfrac{\text{전국}\,u\text{산업 고용인구}}{\text{전국 총고용인구}}}$$

입지 계수의 값이 1을 초과하면 K도시는 u산업의 제품을 수출하는 반출지역이 되고, 입지 계수의 값이 1 미만이면 K도시의 u산업 제품은 다른 지역에서 반입되는 것을 나타낸다. 입지 계수의 값이 1이 되면 K도시는 u산업의 제품을 자급자족하는 것을 나타낸다. 입지 계수에 의한 산업집중도 분석은 특정 산업제품의 수요 패턴이 전국적으로 동일하다고 가정한다는 점에서 한계가 있지만, 가장 일반적으로 사용되는 분석 방법이다.

④ 변화-할당모형

변화-할당모형(shift-share model)은 도시경제 성장의 구조적 분석을 위해 개발된 이론으로 도시 산업 성장의 배후에 내재되어 있는 원인들을 효과적으로 파악할 수 있다.

변화-할당모형은 한 도시나 지역의 일정 기간의 산업 성장 및 변화를 전국 또는 다른 도시와의 관계에서 상대적인 위치로 파악하므로, 도시 간, 시점 간, 산업 간 비교를 용이하게 하여 장래 도시 산업정책 방향 설정에 유용한 준거틀을 제공하는 것이다.

변화-할당모형은 두 가지 가정을 가지고 있다. 첫 번째 가정은 전국적으로 빠른 성장을 보이는 산업의 구성비가 큰 도시는 그렇지 못한 도시보다 빨리 성장하

며, 전국적으로 저성장을 보이는 산업의 구성비가 큰 도시는 낮은 성장을 보일 것이라는 점이다. 두 번째 가정은 도시의 성장을 산업구조별 성장의 차이에서 나타나는 것으로 파악하고, 도시 및 지역산업의 성장은 ① 전국 경제성장 효과(national growth effect: Ng), ② 산업구조 효과(industrial mix effect: Im), ③ 지역할당 효과(regional share effect: Rs)의 세 요인으로 나누어 구분한다.

⑤ 지역경제 계량분석모형

지역경제 계량분석모형(quantitative analysis model of regional economy)은 지역경제에 미치는 다양한 변수들의 영향 정도를 조사하여 지역경제의 실태를 파악하는 방법이다. 이 방법은 계량적인 분석 방법을 사용하기 때문에 객관적이고 계량적인 자료가 있어야 하며, 분석 시에 지역경제에 영향을 미치는 제반 변수들이 명확하게 선별되어야 하고, 이 변수들과 지역경제와의 관계에 대한 분석모형이 구체적으로 설정되어야 한다.

4) 도시경제의 발전 방안

도시경제의 발전정책은 크게 객관적 조건과 주관적 조건 및 제도적 조건이 상호보완적으로 충족될 때 성공될 수 있으므로, 이 세 가지 조건의 동시적 충족이 요청된다. 즉, 지역 개발을 위해서는 세 가지 조건들을 유기적으로 연결시켜 전체적인 발전이 이루어지도록 해야 한다.

우선 지역 개발의 객관적 조건의 내용을 보면 크게 도시기반시설, 인적 자원, 산업구조, 자금 조달, 개발정책으로 나뉜다. 이 다섯 가지의 객관적 조건을 좀 더 세부적으로 나누어 보면, 첫째로 도시기반시설로서 지역경제의 활성화를 위한 구체적인 세부 내용으로는 ① 교통 수송 조건, ② 원료 · 부품 · 물품의 획득 여건, ③ 토지 이용 상태, ④ 용수 이용 상태, ⑤ 정보 · 기술의 입수 가능 여건, ⑥ 상품의 판매 여건을 들 수 있고, 둘째로 인적 자원은 ① 전문기술 인력의 획득 여건, ② 단순 기능 인력의 획득 여건을 들 수 있으며, 셋째로 산업구조로는 지역 내 산업간의 비율을 들 수 있고, 넷째로 자금 조달은 지역 내에서 획득할 수 있는 자금 여건을 들 수 있으며, 다섯째로 도시정부의 개발정책으로 지역의 경제활동을 지원하기 위한 도시정부의 활동을 들 수 있다.

지역 개발의 주관적 조건은 도시 내의 창업적인 기업가들의 존재와 시민들의 개발에 대한 의지와 기대를 들 수 있고, 지역 개발의 제도적 조건은 지역 개발을 지원할 수 있는 국가적 차원과 지방정부적 차원의 지원책으로, 그 방안으로 각종 법령, 조례, 규칙, 개발계획들을 들 수 있다.

이런 세 가지 조건들이 유기적인 관계 속에서 결합될 때 도시 발전이 이루어지게 될 것이다.

3. 도시의 적정 규모와 성장관리

1) 도시의 적정 규모

(1) 도시 적정 규모의 의미

도시의 적정 규모란 경제·사회적 활동이 영위되고 개인이 거주하는 장소로서의 도시가 효율적이거나 거주지로서의 매력을 유지하게 하는 한계 규모를 의미한다. 도시는 도시가 지닌 다양한 경제적 효과인 규모 경제, 외부효과 등으로 인해 지속적으로 성장하게 된다. 그러나 도시 성장은 도시 내에 교통난, 주택난, 환경오염 등의 각종 부작용을 가져와 도시민의 생활의 질을 악화시키게 된다. 이런 점 때문에 도시의 경제성과 쾌적성을 조화시킬 수 있는 적정 규모의 이론이 등장하게 된다.

도시의 적정 규모에 대한 연구는 첫째로 도시 배치를 하는 데 그 기초를 제공하는 자료로서 전 국토 공간에서 어느 규모의 도시를 어느 지역에 배치하여 육성하는 것이 지역경제적인 면에서 유리한가를 파악하는 중요한 기초가 되고, 둘째로 도시자치를 제고할 수 있는 최적의 공간 규모를 설정하기 위해 필요하다. 각 도시는 역사성, 문화성, 전통적인 배경 등을 토대로 구역을 획정하고 있는데, 지나치게 크거나 작은 도시 규모인 경우 도시관리와 행정에 비능률성이 나타나게 된다. 셋째로 적정 규모의 도시 연구를 통해 도시 공간배치와 도시관리의 과학적이고 합리적인 방법들을 개발하는 바탕이 된다.

도시의 적정 규모에 대한 학자들의 분석 기준은 경제적 효율성에 두고 있으며, 도시 인구가 도시의 경제적 효율성과 어떤 관계를 갖고 있는지를 분석하여 적정한 도시 인구의 규모를 추정하는 것이다. 물론 도시 인구는 토지 위에 수평적으로뿐만 아니라 수직적으로 거주하기 때문에 도시 인구의 수용 능력은 도시의 물리적 성격에 영향을 받는다.

도시 인구의 경제적 최적 인구 규모를 추정하기 위해 도시를 외부와의 교류가 없는 한정된 폐쇄적 공간으로 가정하고 분석하는 연구는 두 가지 방향으로 제시되고 있는데, 첫째는 공공 부문의 서비스 비용을 최소화시키는 도시 인구 규모를 추정하는 방법과, 둘째는 도시 내의 토지, 자원 및 기술적 조건이 구비된 상태에서 개인당 생산성을 최적화시키는 도시 인구 규모를 추정하는 방법이 있다.

(2) 공공서비스 비용의 최소화와 적정 도시 규모

도시 서비스 비용이 최소화되는 수준을 도시의 적정 규모로 파악하는 방법으로, 공공시설을 제공하는 데 소요되는 각종 비용을 인구 규모로 나누어서 가장 최소의 서비스 비용을 산출하는 도시 규모를 추정하는 것이다. 이 이론의 기초는 도시의 규모(인구, 면적)가 어떤 수준까지는 유지가 되어야 도시경제가 운영될 수 있다고 보았으며, 그 이유는 도시의 규모가 지나치게 적을 경우는 1인당 공공행정 서비스의 비용이 높고, 도시 규모가 너무 비대해지면 1인당 비용이 높아지게 되므로, 1인당 공공 비용이 가장 낮은 수준에 도달하는 도시 규모가 가장 적정한 도시 규모라고 보았다. 이런 적정 규모의 경제가 나타나는 이유는 도시의 규모가 어떤 수준에 이를 경우 집적이익에 의해 도시의 성장이 가속화되기 때문이다. 그러나 도시가 적정 규모의 수준을 넘어서게 되면 규모의 비경제가 나타나 도시 운영 시에 1인당 공공서비스 비용이 증대하게 된다.

이런 연구들은 도시의 적정 규모에 대한 객관적인 자료를 제공해 주지만 최소의 서비스 비용을 계산하는 데 많은 문제가 있다는 비판을 받고 있다.

첫째, 서비스 비용의 측정이 대부분 양적 측면의 서비스에 한정하고 있으며, 대도시의 서비스 비용이 높은 것은 서비스의 질적인 측면이 배제되어 있기 때문이라는 것이다.

둘째, 많은 대도시들이 주변의 중소도시의 시설 이용 인구를 위해 추가 부담을 하고 있기 때문에 반드시 도시 자체의 주민만을 위해 비용 부담을 하지 않고 있다는 점이다.

셋째, 몇몇 도시시설들은 지방자치단체의 비용으로 공급하지 않고, 중앙정부의 직접 투자에 의해 개발되는 경우가 있다는 점이다.

넷째, 공공서비스의 이용 비용은 서비스의 질에 비해 저렴하나, 대도시의 공공서비스의 공급 비용 — 인건비, 관리비 등 — 이 많이 들기 때문에 1인당 생산비가 높게 나타난다는 것이다.

(3) 도시의 생산성과 도시 규모

도시의 생산활동과 사회적 제반 이익 등 도시의 생산성이 가장 효율적으로 확보되는 상태가 최적의 도시 규모라는 입장으로, 이 견해는 도시의 무한적인 성장을 인정하는 견해와 일정한 한계를 인정하는 견해로 나뉜다. 도시 규모의 무한적인 성장을 인정하는 견해는 도시 규모가 증가함에 따라 집적경제 등의 외부경제가 발생하고 도시에는 대체로 규모의 이점이 있어 1인당 생산성이 향상하기 때문에 도시는 지속적으로 성장하게 된다는 것이다. 이 견해는 도시 규모와 도시가구의 소득이 정(正)의 상관관계를 갖고 있으며, 도시 규모가 증가함에 따라 전문성과 업종 간의 상호보완성이 증가하여 경쟁력을 추구하는 기업들이 도시지역에 입지하게 된다는 것이다. 도시지역은 집적의 효과와 외부경제가 발생하여 기업의 생산비가 감소하고 한계 이익분기점이 낮아져 기업 이윤이 증가하고, 또한 도시 내의 경쟁이 가속화되어 창의와 쇄신 및 새로운 개발과 연구를 위한 많은 투자가 이루어지게 된다.[1)]

---

1) 오그번과 던컨(W. F. Ogburn & O. D. Duncan)에 의하면, 도시 규모와 사회 변화의 관계로서 대도시일수록 쇄신의 횟수가 많으며 그 비율은 도시 규모가 700만 명의 뉴욕이 50만 명 내외의 중도시에 비해서 300배의 쇄신 횟수를 기록하고 있는 것으로 분석되었다. 톰슨(W. R. Thompson)의 연구에 의하면, 지방정부의 지출 규모를 분석한 결과 1인당 총지출은 인구가 일정 규모에 도달한 직후부터 증가하지만, 지방정부의 1인당 비용에 비해 1인당 도시 주민의 소득이 몇 배나 빨리 증가한다는 것이다. 또한 도시의 인구 규모와 시장활동과의 관계는 도시 규모가 클수록 전문적인 경제활동인 치과병원, 변리사 등의 전문 업종이 더 많이 나타나고 있고, 주민소득도 도시 규모의 크기에 따라 높은 현상을 나타내고 있는데, 그 비율은 대도시가 소도시에 비해 20% 이상

이 견해들은 도시 규모가 커질수록 도시의 경제적 능력이 향상된다고 보며, 도시 규모가 확대됨에 따라 경제적 불이익은 증가하지만 대도시의 계속적인 성장을 저지시킬 정도로 심각한 것은 아니라고 보고 있다. 만약 대도시의 입지가 개별 경제 주체들에게 불리한 효과를 가져온다면 당연히 개별 경제 주체는 대도시 입지를 기피할 것이며, 이로 인해 시장 원리에 따라 대도시 성장은 멈추게 될 것이다. 그러나 시장가격 체제와 민간경제 원리에 따라 대도시로의 경제활동과 인구의 집중은 개별 경제 주체에게 대도시가 이익을 가져다 주기 때문인 것이다.

이에 반해 도시 규모의 일정한 한계를 인정하는 견해는 도시 규모가 증대할수록 공공서비스 공급 비용의 증대, 각종 혼잡과 시설 부족의 심화, 서비스의 질적 저하와 경제적 비용과 부담 가중과 같은 현상이 나타나 도시의 규모이익이나 집적이익 및 상호 보완의 이익이 상대적으로 약화되고 도시의 입지상 불리함이 나타나게 된다. 이 견해는 도시화된 지역이 비록 소득이 높다고 해도 각종 사회간접자본 비용이 더 들기 때문에 결국 소득 증가를 상쇄시켜, 대도시 지역은 소득이 감소하게 된다는 것이다.

게블러(T. Gabler)는 특정 산출에 대한 한계생산성은 도시 규모가 일정 수준에 달하면 떨어진다는 주장을 제시하고 있다. 그는 현 세계의 대도시는 이미 경제적 효과성의 한계를 넘고 있으나, 대도시의 노동생산성이 높은 것은 대도시가 생산적 환경을 갖고 있기보다는 고도의 전문적 기술 인력을 확보하고 있기 때문이라고 주장하고 있다. 휴지스(J. M. Hughes)와 코즐로프스키(J. Kozlowski)는 도시 성장의 경제적 한계점은 각 나라의 기술 정도에 달려 있다고 주장하며, 예로서 도시 교통수단은 기술적 능력에 따라 도시 인구의 규모가 결정되며, 현 교통 수단의 기술적 능력은 인구 40만 명 전후에서 교통 체계가 잘 이루어진다고 보았다. 이와 같이 도시의 생산성은 도시 자체적인 기반시설과 기술 인력의 보유 정도 및 도시시설에 대한 기술 능력에 의해 좌우된다고 보았다.

높게 집계되고 있다. 우리나라의 경우도 1인당 소득 수준이 도시 규모 수준에 다소 영향을 받고 있는 것으로 분석되는데, 도시계층별로 보면 100만 명 이상의 대도시가 5~10만 명의 소도시들보다 30% 이상의 높은 소득 수준을 누리고 있는 것으로 분석된다.

(4) 도시 적정규모이론의 재검토

도시 적정규모이론은 도시의 발전모형을 작성할 때 활용할 수 있는 구체적인 기준이 될 수 있다. 그러나 도시 인구가 어느 수준일 때 가장 적합한 도시 규모인가에 대해서는 명확한 합의가 이루어지지 못하고 있다. 이런 점에서 적정 규모를 설정할 때 고려해야 할 요소들을 검토할 필요가 있다.

첫째, 도시는 경직화된 구조물이 아니라, 도시의 규모, 기능 및 성격이 시간의 흐름과 함께 도시 내의 사회경제적 · 과학적 · 공간적 요소들에 의해 변화해 나간다는 점이다. 따라서 도시의 적정 규모도 인구 규모나 도시의 평면적 규모의 상한선만을 주장하는 것은 매우 한정된 접근이다. 소득 수준의 향상은 도시민의 기호와 생활양식의 변화를 다양하게 만듦으로써 소규모 단위의 단조로운 도시보다 탐색, 경험, 자극 등을 제공해 줄 수 있는 다양한 시설을 갖춘 대도시를 원하게 한다. 또한 과학기술의 발달은 교통거리에 대한 인식의 변화를 가져와 접근도가 불량하더라도 주거환경이 좋은 지역을 선택하게 한다. 그리고 건축 양식의 변화는 도시의 과밀화를 수용할 수 있는 고층화를 가능하게 한다. 이런 점에서 도시의 공간구조를 로스앤젤레스처럼 평면 확산형으로 개발할 것이냐, 뉴욕처럼 밀집형으로 계획할 것이냐, 또는 어느 정도로 양자를 조화시킬 것이냐에 따라 인구밀도, 도로, 1인당 행정 서비스 비용 등의 비율이 달리 나타날 수 있다. 따라서 도시의 다양한 요소들을 고려하면서 적정 도시 규모를 설정해 나가야 할 것이며, 적정 규모는 그 나라의 습관, 의식구조, 가치관, 과학기술 등의 시대적 변화에 따른 상대적인 차이를 나타낸다.

둘째, 도시 규모의 적정성 기준을 공공서비스 비용의 최소화나 도시의 생산성 개념으로 파악하는 데는 많은 한계가 있다는 점이다. 도시 규모는 국방상의 목적, 경제 규모성, 능률성, 쾌적성, 편리성 등 다양한 기준으로 설정될 수 있다. 적정성을 어떤 기준을 가지고 측정하느냐에 따라 상이한 결과가 나타날 수 있다. 이런 점에서 적정 규모를 제시할 때 어떤 측면에 입각한 적정 규모인지를 명확히 밝혀야 할 것이다.

셋째, 도시 규모의 적정성이 지나치게 한정된 도시공간만을 대상으로 제시되고 있다는 점이다. 이런 접근은 도시가 주변 도시와 긴밀한 상호 의존관계를 가지고 형성되고 있고, 도시는 지역계획과 국토계획과의 관계에서 발전한다는 점이 고려되어야 한다. 단일적인 도시만의 적정성 분석은 도시의 유기적·동태적·복합적 성격을 고려할 때 쉽게 한계에 빠지게 될 것이다.

2) 도시의 성장관리

(1) 도시성장관리의 의미

도시성장관리는 원래 도시의 물리적 성장을 규제하는 개념으로 활용되었으나, 1970년대 중반부터는 도시의 성장으로 인한 물리적 영향을 비롯해 경제적·사회적·환경적 영향에 대한 종합적인 관리를 통해 성장의 정도와 시간을 조절하는 것으로 개념이 확대·발전되었다. 오늘날 도시성장관리는 일정한 도시공간 내에서 성장을 억제하는 것이 아니라, 과도한 성장과 무질서한 확산으로 인해 발생할 수 있는 경제·사회·환경적 부작용을 최소화하고, 도시 성장을 바람직한 방향으로 유도하고 조정하는 정책 수단으로 정의할 수 있다. 이런 맥락에서 도시성장관리의 목적은 개발과 보전 간의 동적인 균형, 성장에 따른 공공서비스 수요 증대와 소요 재정 조달 간의 균형, 성장과 형평성 간의 균형, 개발과 기반시설 제공 간의 균형 등을 유지하기 위한 수단이며, 궁극적으로 도시의 무질서한 확산을 방지하면서 적정 수준의 도시 성장을 공간상에 효율적으로 배치하여 도시민의 삶의 질을 향상시키고자 한다 . 도시성장관리는 지속가능한 발전, 도시경쟁력의 이점 활용, 분산화된 집중, 공공적 참여를 기본 방향으로 하고 있다.

(2) 도시성장관리의 정책

도시성장관리의 정책 수단은 전통적 토지 이용 규제 수단이 가진 경직성을 보완하기 위한 유연한 대응을 넘어서는 사회·경제·환경적 요소 등을 좀 더 포괄적으로 감안하여 진행적 균형 상태(ongoing equilibrium)를 추구하는 것이다. 지역·지구제(zoning)나 대지분할규제(subdivision regulation)와 같은 전통적 규제 수단 등은 미래에 일어날 토지 이용의 용도를 규정하는 역할을 하기 때문에 특정 시점의 개발 수요를 적절하게 유도하거나 조정할 수 있는 수단으로서의 한계가 크다. 이로 인한 폐단으로 농지 및 산림 등 자연자원의 훼손, 공공서비스의 질 저하, 교통의 혼잡 등 사회문제가 점차 대두되었다. 이를 극복하기 위해 신규 개발에 대한 적시적인 공공·기반시설의 공급의 유연한 대응은 지역지구제 등의 토지 이용 규제를 통해서 개발 수요와 관리의 '최종적인 균형 상태(ultimate equilibrium)'를 추구하는 대안적 정책 수단이지만 도시의 전체적인 요소나 동태적인 관리를 하지 못하는 한계가 있다.

미국의 도시성장관리정책은 광역행정 수단, 토지 이용 계획 수단, 토지 이용 규제 수단, 투자와 인센티브 수단으로 구분할 수 있다. 첫째, 주정부의 법령 제정, 지역계획의 수립, 커뮤니티 계획 지원을 통한 광역행정 체제의 구축이 있고, 둘째, 토지 이용 계획 수단으로서 종합계획의 수립, 도시재개발, 뉴 어버니즘 이론에 근거한 각종 설계기법, 계획 단위 개발(planned unit development) 등의 정책 수단과 기법이 있다. 셋째, 개선되고 변형된 조닝(zoning) 방식과 설계지침을 통한 토지 이용 규제 수단이 있고, 넷째, 투자우선지구(priority funding area)의 지정, 개발권 선매와 양도 제도 등 공공 투자와 인센티브를 통해 도시성장관리를 집행하고 있다(임은선, 2006: 22－23).

(3) 도시성장관리의 방안

① 압축도시

압축도시(compact city)는 평면적인 도시환경의 확산을 억제하고, 고밀도 개발을 통해 도시활동에 필요한 환경을 확보하는 동시에 공공공간과 개방공간(open space)을 확보한 지역이다. 압축도시는 정보통신망을 구축하여 물리적 교통을 전자적으로 대체하며, 도보나 자전거 이용을 활성화시켜 에너지 소비량을 감소시키며, 버스와 지하철과 같은 대중교통과 연계 개발하여 토지 이용의 절약화와 효율화 및 에너지 절약을 추진한다.

② 신도시화(new urbanism)와 대중교통 중심개발

신도시화는 도시공간의 평면적 확산(sprawl)을 억제하기 위해 가정·직장·교육 · 상업 · 여가시설 등의 도시 생활에 필요한 요소들을 압축하여 구성하고, 보행권 범위 내에 위치시키며, 복합 용도의 근린지역을 대중교통으로 연결하여 통합하는 도시개발 전략이다. 신도시화의 하나로 대중교통 지향형 개발(transit oriented development: TOD)은 전철역에 평균 600m의 보행거리 내에 있는 혼합적 토지 이용 형태의 지역사회를 구성하는 것이다.

③ 스마트 성장

스마트 성장(smart growth)은 도시성장관리 기법의 하나로 공기 · 물, 그리고 중요한 경관의 보전, 부적합한 토지 이용 영향의 최소화, 긍정적인 토지 이용 영향의 최대화, 공공적 재정 비용의 최소화(단위 개발 면적당 비용을 최소화), 사회적 형평성의 최대화(직장과 주거의 균형을 최대화)를 추구하는 도시계획 및 도시 개발 · 관리의 패러다임이다.

④ 어번 빌리지

어번 빌리지(urban village)는 도시에 마을과 같은 분위기와 친밀감을 회복하도록 하는 도시재생 사업으로 기본적으로 자동차를 이용하지 않고서도 모든 볼 일을 볼 수 있고, 다양한 계층의 사람들이 함께 거주하면서 다양한 용도의 시설이 혼재하는 커뮤니티를 형성하는 도시를 건설하는 것으로 계획 입안에서 주민참가를 전제로 하고 도시 설계도 주민의 의견을 존중하도록 요구하고 있다(김철수, 2008: 319-323).

연구 과제

1. 통계청의 홈페이지를 방문하여 1970년부터 현재까지의 도시 인구와 농어촌 인구 변화를 비교해 분석해 보시오.
2. 거주하는 도시의 지역경제를 분석하는 방안으로 어떤 방안을 시도할 수 있는 지를 제시해 보시오.
3. 다음 연구 과제 사례를 바탕으로 서울의 도시경쟁력을 향상시키기 위한 도시성장관리의 방안을 제시해 보시오.

도시경쟁력에 있어 서울의 인적 자원 경쟁력

서울의 도시 인적 자원 경쟁력이 지난해보다 8계단 상승해 전 세계 주요 114개 도시 가운데 10위에 올랐다. 서울의 인적 자원 경쟁력은 아시아 도시 중에서 가장 높았고, 아시아에 있는 도시로서는 유일하게 톱 10에 들었다. 서울은 특히 연구개발(R&D) 투자와 정보통신기술(ICT) 접근성에서 100점 만점을 기록했다. 그러나 삶의 질(52.2점)이나 환경의 질(35.7)에서는 저조한 평가를 받았다. 미국 워싱턴 D.C.가 전체 1위에 올랐고, 코펜하겐, 오슬로, 빈, 취리히, 헬싱키, 파리 등 유럽 선진국 주요 도시가 10위권 내에 포진했다. 미국은 보스턴과 뉴욕이 각각 6위와 8위를 차지해 총 3개 도시가 세계 최고 경쟁력을 보였다. 아시아 도시 중에서는 서울에 이어 타이베이(15위), 싱가포르(17위)가 뒤를 이었다. 도쿄와 베이징은 각각 19위, 58위에 머물렀다. 이날 조사 결과를 발표한 브루노 랑방 인시아드 GTCI 집행이사는 "인재 유치가 국가나 도시, 기업들의 주요 걱정거리가 되었다"며 "향후 도시가 점점 더 기업가 정신을 가진 인재들의 중심축 역할을 하게 될 것"이라고 내다봤다.

제 2 부

도시행정의 환경 변화

현대 도시와 행정의 체계적 분석틀

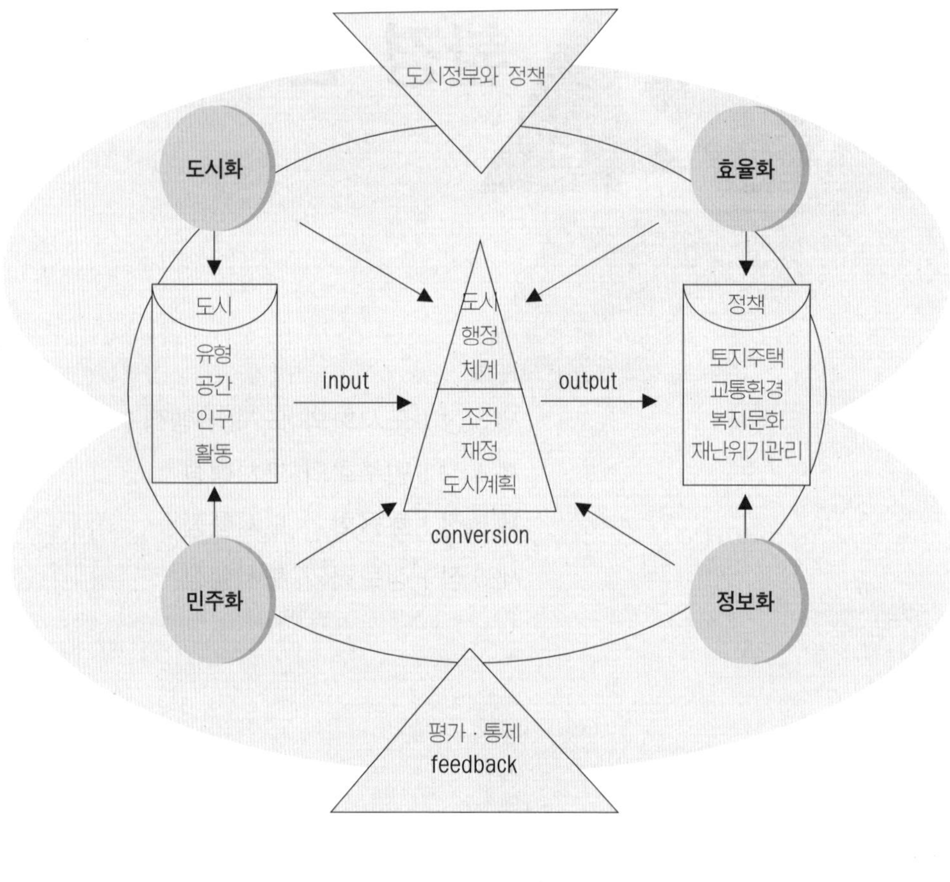

제 3 장

도시화와 도시의 행정수요

학습 목표

- 도시화의 지표를 알아보고, 도시화의 원인을 찾아본다.
- 도시화의 과정을 살펴보고, 각 단계에서 발생하는 도시문제를 도출한다.
- 우리나라 수도권 집중 현상이 가져온 긍정적 · 부정적 영향을 파악한다.

사례 연구 **30년 내에 사라질 농촌지역들**

전국 226개 지방자치단체 중 3분의 1 이상은 30년 후 없어질 수도 있다는 전망이 나왔다. 중앙일보가 단독 입수한 한국고용정보원의 '한국의 지방 소멸 2' 연구 결과다. 이에 따르면, 올해 7월 기준으로 소멸위험지수가 0.5 미만인 지방자치단체는 85곳에 이른다. 소멸위험지수는 고령 인구(65세 이상) 대비 20~39세 여성 인구의 비중을 말한다. 가임 여성의 90%가 분포하는 20~39세 여성 인구 비중에 주목한 지표다.

이 지수가 ▶1.5 이상이면 '소멸 저위험', ▶1.0 이상~1.5 미만이면 '정상', ▶0.5 이상~1.0 미만이면 '소멸 주의', ▶0.5 미만이면 '소멸 위험' 지역으로 본다. 특히 0.2 미만인 곳은 '소멸 고위험' 지역으로 분류한다. 한국고용정보원 이상호 부연구위원은 "소멸위험지수가 1.0 밑으로 떨어지면 해당 공동체가 인구학적으로 쇠퇴 단계에 접어들었다는 의미"라며 "소멸위험군에 속하는 지방자치단체는 극적인 전환의 계기가 없다면 30년 내 사라질 가능성이 크다"고 말했다.

226개 지방자치단체 중 소멸 위험 지역(0.5 미만)은 85개로 나타났다. 이 부연구위원은 "5년 전인 2012년 7월보다 15곳이나 늘어 증가 속도가 빠르다"고 말했다. 이젠 농어촌 낙후 지역뿐만 아니라 지방 대도시도 소멸 위험 지역이 되었다. 지난해 부산 동구(0.47)와 부산 영도구(0.46)가 소멸 위험 단계에 진입한 데 이어 올해는 경북 안동시(0.48)가 새로 포함되었다.

85곳 중 7곳은 소멸위험지수가 0.2 미만인 소멸 고위험 지역으로 나타났다. 경북 의성군(0.158)이 가장 낮았고, 전남 고흥군(0.167), 경북 군위군(0.174), 경남 합천군(0.174) 등이 뒤를 이었다(경향신문, 2019.1.24).

〈생각해 볼 문제〉

1. 넓은 국토를 가졌든 그렇지 않든 특정 지역으로 인구가 몰려가 사는 것은 어떤 이유일까?
2. 도시라는 특정 지역으로의 인구집중이 가져올 문제들은 어떤 것이 있을까?
3. 그 나라 인구의 대부분이 도시로 몰려가고 나면 그 밖의 지역들은 공동화가 진행되고 심각한 문제들이 발생할 텐데 어떤 문제들이 있을 것이고 그 해결책은 무엇일까?

오늘날 도시정부를 둘러싸고 일어나는 환경 변화의 주요 특징을 도시화, 민주화, 효율화, 정보화로 규정한다.

이들 중 도시화는 도시문제 발생의 근원으로서 도시환경 변화의 가장 중요한 특징으로 볼 수 있다. 여기서는 도시화의 개념, 유형, 요인, 과정, 실제의 순서로 주요 내용을 정리한다. 도시화의 실제에서는 세계 도시화와 한국의 도시화의 과정과 주요 내용을 기술한다.

도시화로 인해 많은 도시문제가 발생한다. 이러한 도시문제를 체계적으로 이해하기 위해 도시 행정수요를 측정하고 분석하는 것이 필요하다. 따라서 이 장에서 도시 행정수요의 개념과 특성, 유형, 측정 방법 등에 관해 분석한다.

제 1 절 도시화

1. 도시화의 의의

1) 개 념

도시화란 기계문명이 발달됨에 따라 진행되어 온 인구의 도시집중과 인구집중을 통해 일어나는 도시지역과 도시사회 내의 여러 가지 변화를 의미하는 것으로, 어떤 변화를 특별하게 주목하느냐에 따라 도시화의 내용과 범위가 달라진다. 인구학자들은 도시의 인구나 밀도의 변화에 초점을 두고, 사회학자들은 도시민의 의식구조나 사회계층 또는 생활양식의 변화에 따르는 인간관계의 변질에 주목한다. 지리학자들은 도시의 기능과 영향력이 지역에 어떤 변화를 가져오는가에 역점을 두고, 경제학자는 산업구조의 변화에 초점을 두어 도시화를 논한다.

따라서 도시화를 보는 입장에 따라 도시화의 지표가 달리 사용되는데, 중요한 도시화의 지표들을 보면 다음과 같다.

(1) 인구지표

도시화를 인구지표로서 파악하는 입장은 인구가 도시지역으로 집중하는 과정으로 본다.

인구 개념의 도시화는 도시 거주 인구가 전체 인구에서 차지하는 비율로서 이해하며, 한 나라의 인구 중 도시 인구는 농촌 인구와 단순한 함수 관계에 있다고 제시한다.

(2) 사회적 지표

도시화를 주로 사회학적인 관심 대상으로 파악하여 개인의 가치관이나 행태상의 변화로 이해하는 입장이다. 도시화의 중요한 사회적 지표는 의식구조, 생활양식 등이다. 즉, 이러한 입장에서 도시화로 나타나는 사회적인 변화는 지연적(地緣的)인 사회구조가 약화되고 이익집단이 등장하며, 사회적 인간관계가 이해관계 위주로 형식화 내지 제도화되고, 개인이 영위하는 사회적 관계는 익명성을 특징으로 한다.

(3) 경제적 지표

도시화를 경제적인 제반 조건의 변화로서 파악하는 입장이다. 이 입장에 의하면, 도시화는 사회의 주된 생산 수단의 변화, 즉 농업과 같은 채취산업이 비농경적 산업이나 공업 분야로 이전해 가는 과정이 그 핵심이다.

도시화의 생성과 진행 동기를 경제적인 요소로 파악하려는 입장은 현대 사회조직이 주로 경제적인 생활양식에 의해 형성되었을 뿐 아니라 경제 성장이 도시지역에서 대부분 이루어지는 생산활동에 의존하고 있다고 본다.

2) 유 형

도시화는 전개 과정에 따라 다음의 몇 가지 유형으로 구분할 수 있다.

(1) 집중적 도시화와 분산적 도시화

도시화 현상은 대도시를 중심으로 고찰할 때 도심부에의 집중과 교외에의 분산이 동시에 일어나기 마련이다. 기존 도시의 중심부를 핵으로 하여 중추관리 기능이 집중됨으로써 나타나는 도시화 형태가 집중적 도시화이다. 반면에 도심부에 집중되어 있는 기능이 분산됨으로써 나타나는 도시화 형태가 분산적 도시화이다.

(2) 팽창도시화와 성숙도시화

팽창도시화 단계에서는 농촌 인구의 도시 유입이 도시 성장의 주요인이며, 수도권과 주요 도시는 상당한 정도의 성장을 계속하며, 부문 간 · 지역 간에 경제 · 사회적인 이동에 제약이 따르나 소득과 경제면에서 선진국 수준에의 도달이 국가의 목표가 된다.

개발도상국에서 팽창도시화의 과정에는 가(假)도시화, 간접도시화, 종주(宗主)도시화[1]의 현상이 나타난다. 가도시화란 공업화보다 도시화가 먼저 진행되는 현상이다. 간접도시화란 농촌적 성격을 지니고 있는 지역이 도시의 행정구역으로 편입됨으로써 발생한다. 종주도시화는 도시 인구의 대부분이 대도시 또는 수위도시에 집중됨으로써 나타난다.

성숙도시화는 수도권과 최대 도시의 인구 성장이 중지되고 대도시권 인구의 지방 분산이 두드러지게 나타난다. 도 · 농 간 인구 이동은 사실상 정지되고 도시 간 인구 이동에 의해 도시 성장이 이루어지며, 산업과 서비스의 지역 간 이동에 따른 제약은 사라지고 환경의 쾌적성이 중시되며, 전국적으로 인구증가율은 낮고 평균연령은 높아진다. 성숙도시화 단계에서는 분산적 도시화(교외도시화), 거대도시화, 쇠퇴적 도시화(역도시화)의 현상이 발생한다.

---

1) 도시 인구의 대부분이 그 나라의 최대 도시에 집중되어 있는 경우, 이 대도시를 종주도시(primate city)라 하는데, 종주성(primacy)을 측정하는 방법에는 세 가지가 있다.
① 최대 도시집중도=종주도시 인구/전체 도시 인구
② 종주화 지수=종주도시 인구/종주도시 다음 하위 3대 도시 인구의 합계
③ 수위도=종주도시 인구/2위의 대도시 인구

(3) 연담적 도시화와 확산적 도시화

분산적 도시화 현상에는 기존 시가지가 접속하여 옆으로 연담되는 외연적 도시화인 연담적 도시화가 있고, 모도시의 교외지에 새로운 주변 도시를 발전시켜 시가지가 확산되는 확산적 도시화가 있다. 연담적 도시화는 주로 교통 체계의 발전에서 야기되는 현상인 반면, 확산적 도시화는 교외지역의 발전과 위성도시의 개발에서 야기되는 현상으로서, 특히 모도시의 인구 유출에 의한 결과로 교통의 발달뿐만 아니라 도시 발전의 지리적 조건 등이 충족되어야 한다.

(4) 거대도시의 도시화와 지방도시의 도시화

거대도시의 도시화는 기존 대도시 시가지의 광역화와 대도시 권역의 확대에 의해 대도시와 주변 도시 간에 인구와 도시 기능이 적절히 분산됨으로써 다원화가 이루어지는 도시화 형태이다. 한편, 지방도시의 도시화는 인구나 지역 규모의 제한에 따라 도심 부도심의 구별이 없고, 지리적 기능 분산이 나타나지 않는 국지적 도시화이다.

2. 도시화의 요인

도시화란 어떤 결과를 뜻하는 것이 아니고 진행 중의 과정과 이에 부수되는 현상을 말하기 때문에 이 과정은 여러 가지 요인과 양상으로 나타난다. 산업의 도시집중과 이에 따른 인구의 이동, 도시의 과밀화와 지역 규모의 확대, 도시 내의 여러 가지 물리적 변화 등의 연쇄작용과 상관관계로 나타나는 다면적인 현상이다.

도시화의 요인을 도시적 요인, 농촌적 요인, 환경적 요인으로 나누어 주요 내용을 살펴보면 다음과 같다.

1) 도시적 요인(직접 요인: pulling factor)

(1) 시장 기능의 발달과 고용 기회의 증대

시장의 발달은 사람과 물자를 이합집산시키고 금융권을 형성하여 상품생산을 가능케 함으로써 이로 인한 인구의 도시집중이 발생한다. 그뿐만 아니라 도시에 건설되어 있는 다양한 산업시설은 다양한 인력을 필요로 하며, 이는 비도시지역으로부터 노동력이 도시로 몰려들게 하는 강력한 흡입 요인이 된다.

(2) 교육문화적 욕구의 충족과 다양한 선택의 기회 제공

도시지역은 절대적으로 교육 · 문화 등에서 더 많은 선택의 기회를 제공하고 다양한 욕구를 충족시킬 수 있는 시설과 프로그램이 있기 때문에 도시로 인구가 집중하게 된다.

(3) 중추관리 기능의 집중으로 인한 편리성

일상생활에 필요한 각종 행정 인 · 허가, 금융 서비스, 사회복지 프로그램 등의 중추적 기능이 도시에 집중되어 있어, 주민은 이러한 서비스를 좀 더 가까이 편리하게 제공받기를 원하므로 도시로 인구가 집중하게 된다.

(4) 집적의 이익: 규모의 경제와 집적의 경제

집적의 이익이란 도시와 같이 시설이나 생산 요소가 한곳에 모여 있음으로써 발생하는 이익을 의미한다. 집적의 이익에는 규모의 경제와 집적의 경제로 나누어 볼 수 있다.

도시에서의 규모의 경제는 대규모 생산에 따른 경제적인 제반 이익이다. 이러한 규모의 경제 때문에 인간의 제반 활동이 도시에 공간적으로 집중케 된다. 공장 내부에서 생산시설을 연속적으로 배치하거나 집중시키면 규모의 경제가 형성되는 것처럼 일정한 물리적 공간인 도시 내부에서 자본인 물적 시설과 기타 사회적 재화를 집중시키면 규모의 경제가 발생하게 된다.

도시에서 집적의 경제란 어느 특정한 생산자나 생산시설의 규모에서가 아니라 특정 지역에 사람이 집중함으로써 발생하는 제반 이익을 의미한다. 집적의 경제는 다시 지역 특화의 경제와 도시화의 경제로 구분해 볼 수 있다. 지역 특화의 경제란 동일 산업에 속하는 다수 기업이 특정 지역에 집중함으로써 원료 조달의 편리, 부품산업의 발달, 전문화가 진행됨으로써 발생하는 이익을 말한다.

반면 도시화의 경제란 서로 다른 업종의 다수의 기업이 특정 지역에 집중함으로써 발생되는 이익을 의미한다. 발생되는 이익의 예로는 접촉으로 인한 상호 정보교환, 생산이나 노동 공급면에서의 상호 보완 관계의 유지로 불안정성의 흡수, 다양한 시설의 집중으로 인한 도시 내의 쾌적성 확보 등이 있다.

2) 농촌적 요인(간접 요인: pushing factor)

(1) 농촌 인구의 과다와 농촌의 상대적 빈곤성

도시와 농촌 간의 개발 불균형과 심한 소득 격차는 더 높은 소득을 위해 농촌을 떠나야겠다는 심리적 충동을 받게 되고, 한편으로 농촌에서 비교적 부(富)를 축적할 수 있었던 지주나 상류계급에서도 좀 더 살기 좋은 도시에 정착하고 싶은 심리적 자극을 받게 됨으로써 도시화가 급속히 진행되어 왔다.

(2) 농업의 과학화와 기계화에 의한 잉여노동력 발생

농업의 기계화는 막대한 시간과 노동력의 잉여를 가능케 했고, 소단위 영농이 대단위 기계농업으로의 전환을 가져왔다. 이와 같이 농업 생산의 증대, 농촌의 여러 가지 물리적인 변화와 경제력의 향상 등은 많은 토착 인력을 불필요하게 했고, 이들 잉여인력은 도시로 집중하게 되었다.

(3) 농촌 생활환경의 열악성

복지사회로 접어들면서 주민들은 삶의 질과 생활의 편리성에 대한 욕구가 증가하면서 주거 · 교통 · 복지 등에서 상대적으로 열악한 농촌을 떠나 도시로의 이동이 발생했다.

(4) 가족주의 전통의 쇠퇴와 가치관의 변화

농촌에서의 가족주의 전통의 쇠퇴, 가치관의 변화에 따른 농촌사회에 대한 매력 상실, 매스컴의 자극과 도시생활에 대한 동경 등은 농촌 인구의 도시로의 이동을 초래했다.

3) 환경적 요인

(1) 교통망과 정보통신의 발달

교통·통신의 발달은 지역 간의 거리를 단축하여 도시의 인근 농업지역까지 흡수하는 방대한 시장과 판로의 개척이 용이하게 되어 결과적으로 도시화를 촉진시켰다.

(2) 급속한 경제 성장과 과학기술의 발달

과학기술의 발달은 도시화의 가장 직접적인 원인이 된다. 과학기술의 발달은 대규모 공장의 출현을 가능케 했고, 급속한 경제 성장은 기계화 농업에 의한 유휴노동력을 도시로 집중되게 했다.

3. 도시화의 과정

1) 데이비스의 S-curve 이론

데이비스(Kingsley Davis)는 도시화의 과정을 [그림 3-1]과 같이 3단계를 거친다고 보고, 이것을 S-curve의 형태로 나타내어 각 단계의 특징을 설명하고 있다.

그림 3-1 도시화의 과정

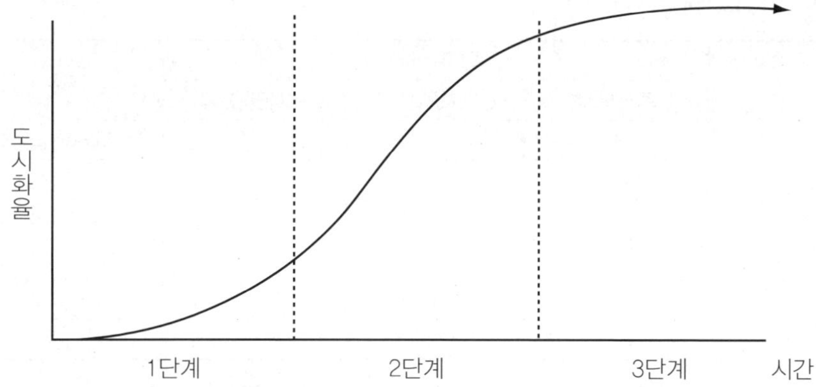

1단계가 농촌사회이며, 2단계가 과도기 사회이며, 3단계가 되어야 비로소 도시사회가 된다. [그림 3-1]에 표시되지는 않았지만 다음 단계를 예측해 보면, 4단계는 대도시 집중화의 단계이고, 5단계는 분산적 도시화의 단계이며, 6단계는 역도시화의 단계로 진행되는 것이 대부분 국가의 보편적인 현상이다. 이러한 도시 발전의 단계는 한 국가 내의 발전 과정으로 볼 수 있으며, 국가의 능력에 따라 S-curve는 바뀔 수도 있다.

2) 클라센의 도시화 3단계 이론

클라센(Leo Klaassen) 교수는 근대의 도시화의 과정을 <표 3-1>에서 보는 것처럼 도시화, 교외화, 역도시화의 3단계로 나누어 파악하고 있다.

(1) 협의의 도시화-집중적 도시화

근대의 도시화는 산업혁명의 결과로 공장이 입지하는 지역에 인구가 유입되고 그곳에 도시가 형성되었다. 그러나 교통수단이 불충분하고 비교적 좁은 지역에 인구가 집중하여 주거환경이 불량할 뿐 아니라 도시기반시설이 불충분한 상태의 도시화를 의미한다.

그러나 개발도상국의 경우 구미 국가들과는 달리 도시화가 산업혁명과 더불어

표 3-1 도시화 과정과 인구 변화

구분 / 도시화	인구 변화			도시화의 특징
	중심도시	교 외	도시권 전체	
협의의 도시화 (집중적 도시화)	+	−	+	절대적 집중화
	+ +	+	+ +	상대적 집중화
교외화 (분산적 도시화)	+	+ +	+ +	절대적 집중화
	−	+	+	상대적 집중화
역도시화	−	+	−	도시의 쇠퇴
	− −	−	− −	

* +는 인구 증가, ++는 대폭적인 인구 증가, −는 인구 감소, − −는 대폭적인 인구 감소.
자료: Klaassen(1980: 188).

시작된 것이 아니라 농촌 인구의 도시 유입은 도시의 공업화와 전혀 무관한 농촌 사회의 불안과 같은 요인으로 이루어졌다. 이러한 도시화를 소위 가도시화현상이라고 한다.

(2) 교외화-분산적 도시화

도시집중이 계속됨에 따라 비좁은 시가지에 인구나 산업을 수용할 수 없게 되고, 도시의 주변부에 인구나 산업이 확산되어 결국 경제활동의 분산화 과정이 시작되는 분산적 도시화 현상이 나타났다. 그 결과 종래의 중심도시와 도시화된 교외의 양자는 사회적·경제적 일체성을 갖게 되어 대도시권을 형성한다. 이러한 과정에 박차를 가한 것이 교통망의 발달과 도심환경의 악화이다.

(3) 역도시화-도시의 쇠퇴

더욱 광역적인 인구의 분산이 시작되어 도시로 유입되는 인구보다 유출되는 인구가 많아지게 되면, 중심부와 교외를 포함한 대도시권 전체의 인구가 감소하기 시작하는 단계가 오는데 이 단계가 역도시화 단계이다. 인구 감소 현상은 인구의 노령화를 진행시키고, 인구 유출은 고소득층부터 진행되므로 저소득층의 비율이 높아지고 도시중심부에 슬럼(slum)이나 게토(ghetto)가 형성되기 쉽다.

4. 도시화의 실제

1) 도시화의 특징

(1) 세계 도시화의 특징

세계 도시화의 특징을 살펴보면 다음과 같다.

① 세계의 도시 인구는 그동안 급격히 증가했고, 2000년대 이후에는 농촌 인구보다 도시 인구가 더 많아질 것으로 보인다.

② 선진국의 도시 인구는 계속 증가하고 있으나 농촌 인구는 감소되었고(1920~1980년), 2000년대에 들어 와서는 더욱 감소되고 있다.

③ 개발도상국의 도시 인구는 계속 증가되었고(1920~1980년), 농촌 인구도 계속 증가하고 있다. 이와 같이 개발도상국의 농촌 인구가 증가하는 원인은 자연증가율이 높기 때문이다.[2)]

④ 도시화의 수준은 지역적으로 차이가 있다. 북미 · 유럽 · 호주 및 뉴질랜드 · 라틴아메리카 지역은 도시화의 수준이 높고, 아프리카 및 아시아 지역은 낮다.

⑤ 인구 규모별 도시 성장 추세를 보면 인구 2만 명 이상의 도시에 거주하는 인구는 계속 증가하고 있다. 그러나 인구 2만 명 이상 100만 명 이하의 도시에 거주하는 인구는 감소되고 있는 반면, 100만 명 이상의 대도시 인구는 계속 증가하여 대도시 혹은 거대도시의 성장이 촉진되고 있다.

⑥ 대도시의 성장은 선진국보다 개발도상국에서 현저하다. 특히 2000년대에는 인구 규모가 500만 명 이상이 되는 세계 30개 대도시의 70%를 개발도상국이 차지할 것으로 보인다.

(2) 개발도상국 도시화의 특징

세계 인구의 대다수가 살고 있고, 정치 · 경제 · 사회적 변화가 가장 극심하게 일어나는 개발도상국의 도시화는 다음과 같은 몇 가지 특징을 가지고 있다.

① 선진국에 비해 도시화율이 매우 급속하고, 인구 구성에서 젊은 연령층의 구성 비율이 높다. 선진 공업국가에서는 도시 인구가 증가하는 비율이 그 나라 전체 인구 증가 비율과 비슷하나, 후진국에서는 도시화의 진행 속도가 선진국 공업화 초기에 경험한 것보다 더 높은 것이 특징이다.

② 도시 인구 자체가 급격히 늘어나지만, 농촌 인구가 또한 급격히 증가하기 때문에 국가 전체로서 본 도시화는 그다지 높지 않다. 개발도상국에서는 도시 인구 팽창의 주요한 원인이 인구의 자연증가분에 있는 이유는 출생률이 19세기 유럽 여러 나라에서 볼 수 있었던 것보다 높을 뿐 아니라 평균수명도 당시보다 훨씬 길어졌기 때문이다.

③ 도시 인구 규모의 분포가 그 나라의 경제 발전의 정도나 도시화의 정도와는 밀접한 상관성이 없다. 후진국의 도시 가운데는 세계 최고 혹은 최신의 도시를 포

---

2) 자연증가율＝출생률－사망률, 사회적 증가＝전입－전출.

함해서 도시 성장 형태는 극히 다양하다. 나라에 따라(예: 인도) 중소도시가 다른 부류의 도시보다 성장이 빠른 경우도 있고, 중소도시보다 대도시가 더 빠른 성장을 보이는 나라도 있다.

④ 수도나 수위도시가 그 다음 규모의 도시보다 월등히 크고 심지어는 수 배씩 규모가 커 종주도시화 현상이 심화되고 있다는 것이다. 이러한 종주화 경향이 현저한 국가는 전반적으로 국가경제 발전의 정도가 낮고, 국토 면적이 협소하여 인구밀도가 높고, 국가경제는 농업적 경제 기반을 중심으로 이루어져 있고, 역사적으로 식민지 통치의 경험을 갖고 있는 경우가 많다.

⑤ 산업화와 관계없이 도시화가 이루어지고 있다. 많은 노동자들이 도시로 집중하는 것은 도시가 직업을 제공하기 때문이 아니고 농촌의 과잉인구가 몰려들었기 때문이다. 농촌의 빈곤이 산업화 또는 경제 발전과 무관하게 도시화를 촉진시킨다. 따라서 도시로 집중한 인구는 주로 도시의 비공식 부문[3]에 고용됨으로써 소득 수준이 낮아 도시 주변 지역에 스쿼터, 슬럼, 게토[4]와 같은 도시 불량주거지역을 형성하게 되는 경우가 많다.

⑥ 가도시화 현상이 나타난다. 가도시화란 산업화 또는 공업화에 선행되어 진행되는 도시화로서 개발도상국에서 도시경제가 도시에 거주하는 인구를 수용할 수 없는 상태에서 농촌 인구가 도시로 집중하게 되면, 실업자가 증가하게 되고 도시가 필요로 하는 사회간접자본을 적절한 수준으로 유지할 수 없게 되는 현상을 말한다.

⑦ 간접도시화 현상이 나타난다. 개발도상국에서 나타나는 간접도시화란 행정구역 개편이 용이하여 농촌지역이 도시행정구역에 포함되어 도시구역 내에서 농촌인구의 비율이 높고 그 속에서 거주하는 사람들의 의식구조나 생활양식과 관계없이 도시 인구로 간주되어 진행되는 도시화를 의미한다.

---

3) 예로서, 노점상, 공식적으로 훈련된 인력이 요구되지 않는 소규모 기업 등을 들 수 있다.

4) 스쿼터(squatter)는 개발도상국의 도시 변두리 지역의 야산, 하천 공유지, 공원용지, 개인 사유지에 불법주택지를 형성한 것으로서 무허가 주택지구로 불린다. 슬럼(slum)은 산업화 과정에서 도심 지역의 건물 자체가 처음에는 건전한 건물이었으나 점차로 낙후되어 도시 하부구조 시설이 정비되지 않아 도시 기능을 제대로 수행하지 못하는 쇠퇴화된 지역을 말한다. 이는 주로 선진국의 대도시 도심 지역에 형성된다. 게토(ghetto)는 유대인들이 집단으로 거주한 불량지역을 의미한다.

2) 한국의 도시화

(1) 한국 도시화의 과정

아시아의 다른 나라와 마찬가지로 우리나라의 도시화 현상은 비교적 역사가 짧다. 인구의 도시집중은 주로 수도권으로 몰리는 양상을 띠어 왔다. 이런 점에서 우리나라의 도시화는 수도 서울의 거대화 현상으로 요약할 수 있다.

일반적으로 한국의 도시화는 일본의 지배 하에 있었던 식민지 통치 시대부터 시작되었다고 보는 견해가 지배적인 것 같다. 따라서 여기서는 일제 시대의 도시화, 해방 직후의 도시화, 근대적 도시화로 나누어 도시화의 추세를 살펴보기로 한다.

① 일제 시대의 도시화(1910~1945년)

일제 시대의 도시화는 개항기 시대의 일본인들에 의해 설치·발달된 무역항으로서의 해안도시의 계속적인 성장, 신설된 철도 연변의 요충지에 일본인들이 설치한 신시가지, 지방정부의 이전을 통해 새로운 행정 중심지가 된 도시, 군사기지나 어업기지 또는 공업입지를 통해 부각된 신흥도시들을 중심으로 진행되었다.

이 시기의 도시화는 자생적으로 이루어지기보다는 식민지 정책의 수탈적인 방법에 의해 이루어졌다. 이 때문에 근대 시민사회적인 상공도시의 성장과는 그 경로와 성격이 판이하게 달랐다. 도시의 성장은 종주국의 국내적인 필요에 의한 물자의 공급기지화, 종주국과의 해상 통로, 병참기지화 등에 의했고, 이러한 요건에 맞추어 도시가 수탈적으로 개발된 것이다. 예컨대, 해안 항구의 새로운 개항(목포, 신의주, 청진 등)이나 기존 개항장의 보강(부산, 인천, 마산 등)을 통해 식민지 수탈과 이를 지원하기 위한 인적·물적 체계를 갖추어 도시화를 진행시켰고, 철도 부설을 통해 교통의 접근성이 나빴던 전통 있는 우리 도시(공주, 상주, 영변, 안동, 원주, 충주 등)들을 쇠퇴시켜 가며 철로변 요충지(대전)의 도시화를 촉진시켰다. 그런가 하면 서울, 평양, 대구, 전주, 광주, 함흥 등지와 같이 지방정부 소재지라는 유서 깊고 역사적인 배경을 가진 도시들에 대해서는 기존 한국인 시가지에 새로운 일본인 시가지를 형성하여 각종 관서, 상가, 편의시설 등을 일인가(日人街)에 유리하게 설치함으로써 일본인들에 유리한 정책을 써 왔다. 어쨌든 이러한 경로로 일제가 패망할 시기에는 전국적으로 130여 개의 시와 읍이 성장하여 우리나라의 도시화율이 14%에 이르게 되었다.

② 해방 직후의 도시화(1945~1960년)

해방 이후부터 6 · 25 전쟁 발발까지의 5년 간의 도시화는 일본인들의 철수에도 불구하고 월남 동포, 해외 귀향 동포들의 도시 정착과 사상적 혼란에서 오는 농촌사회의 불안 또는 독립된 조국에 봉사하거나 식민지 시대에 못 이루었던 꿈의 실현을 위해 이촌향도(離村向都)해 온 많은 사람들로 도시 인구는 급증했는데, 도시 경제가 유입해 온 도시 인구를 지탱할 수 없어 가도시화 현상이 극심한 시기였다.

대체로 1950년의 도시 인구가 전 인구에서 차지하는 비율은 18.4%로 되어 있고 읍의 인구까지 도시 인구로 보는 경우 도시화율은 26%에 이르렀다. 1950년부터 1960년까지의 전란 및 전재복구기의 도시화는 전시 피난을 통한 이향(離鄕) 경험과 군복무를 통한 도시생활의 동경 및 한 · 수해로 인한 이재민들의 이농 등의 요인이 복합적으로 작용하여 급진전되었다. 1949년의 시 · 읍 인구가 전체 인구에서 차지하는 비중은 26%였으나 휴전 이후 전재복구가 시작된 1955년에는 이미 33.9%에 이르러 7.9%가 늘어나고(시 인구만은 24.4%), 1960년까지에는 35.8%(시 인구만은 28.0%)에 이르게 되었다.

③ 근대적 도시화(1960년 이후~현재)

우리나라의 도시화는 1960년대에 들어와 본격적으로 진행되었다. 정부가 추진한 경제개발계획에 따른 공업화 시책은 각 도시의 공업 생산을 확대시켰고, 전재복구를 통한 주택, 상하수도, 교통 · 통신 수단 등 생활환경의 정비도 도시 인구의 증가를 촉진하게 되었다. 특히 온갖 수도권 진입 규제에도 불구하고 수도권으로의 인구집중 현상은 심화되고 있다. 국토의 11.8%를 차지하는 수도권에 인구의 약 50%가 거주하여 외국에 비해 매우 과도하게 집중되어 있는 셈이다.

더구나 수도권의 재정자립도는 70%가 넘는 반면, 지방은 20~30% 수준에 불과하다.

(2) 한국 도시화의 특징

한국 도시화의 특징은 대부분 앞서 기술한 개발도상국의 도시화의 특징과 유사

하나, 다른 점은 농촌인구가 계속 감소하여 2040년에는 군지역 40%가 사라질 위기에 처해 있다는 사실이며, 특징적인 현상은 종주도시화와 인구의 고밀도화, 편향적 도시 체계 등으로 요약할 수 있다.

5. 도시화의 문제

① 이촌향도 현상, 도시의 무질서한 팽창(sprawl 현상), 녹지 잠식 등으로 주거 공간이 열악해지고, 도시 인구의 급증은 주택의 부족, 불량주택 문제, 불량주택지역(슬럼) 형성 및 지가 상승을 유발하여 주거 수준의 악화를 가져온다.

② 대도시로의 사람과 물자의 증가는 도로의 부족, 도심지역의 교통 체증과 교통 혼잡 등이 발생시켜 교통문제를 악화시키고 공공서비스, 각종 시설 부족 등으로 삶의 질이 악화된다.

③ 인구 증가로 심각한 대기오염과 수질 오염, 소음, 악취, 진동, 쓰레기 문제 등 환경오염 문제가 심각해진다.

④ 인구의 밀집으로 실업, 범죄 증가, 빈부 격차 심화, 계층 간의 갈등 등 사회문제가 발생된다.

⑤ 도시에 거주하는 시민들에게 충분한 주거, 교통, 문화, 경제환경을 제공해 주지 못하는 과잉도시화 현상이 나타난다.

⑥ 대도시 성장 가속화, 지방 중소도시의 정체, 낙후지역과의 격차 심화, 도시체계의 불균형 등 인구와 경제활동이 대도시지역에 집중됨에 따라 국토 공간의 불균형을 초래한다.

⑦ 선진국은 도심의 기능 쇠퇴로 인해 불량주택지역(슬럼)의 증가, 인구공동화 현상의 심화 등 도시문제가 나타나며, 개발도상국은 각종 공공 수용 시설의 부족, 주택·교통난, 무질서한 토지 이용, 투자 자본의 부족으로 도시의 모습이 잘 정비된 시가지와 빈민촌이 등장하는 이중적인 구조를 가진다.

제 2 절 도시의 행정수요

1. 도시의 행정수요 의의와 특성

1) 개 념

일반적으로 행정수요란 행정에 의해 해결되기를 바라는 국민의 기대와 요구를 뜻한다. 따라서 행정수요는 구체적으로 표출된 국민의 요구뿐만 아니라, 국민의 마음속에서 행정에 의해 해결되거나 처리되기를 기대하고 있는 잠재적 욕구까지도 포함하는 개념으로 보아야 할 것이다. 그뿐만 아니라 행정수요는 국민의 단순한 요구나 기대가 아니라 공익에 합치되어야 하는 공공성을 띤 사회적 요구와 기대로서 국민의 각계각층에 걸친 요구와 기대를 국가적 입장에서 파악한 것이라고 할 수 있다.

2) 특 성

사회환경의 변화에 따라 대두되는 행정수요의 특성은 다각적으로 파악될 수 있겠지만 오늘날 우리 사회의 도시의 행정수요 특성을 다음과 같이 요약할 수 있다.

(1) 팽창성과 다양성

과학기술 및 교통·통신의 발달과 경제적 부(富)의 증대는 사회를 구조적으로 다원화시키고 기능적으로 복잡화·전문화시킴으로써 그에 상응하는 새로운 요구가 끊임없이 쏟아지고 있다. 주민들의 교육생활 보호에서부터 복지 및 사회 보장에 이르기까지 실직자들의 고용에의 요구에서부터 소음·진동 등의 공해 방지의 요구에 이르기까지 주민생활의 모든 영역에서 다양하고 복잡한 요구가 늘어나고 있다.

(2) 전문성과 다원성

도시정부의 행정수요를 처리·해결하기 위해서는 고도의 기술성과 전문적 지식을 요하는 것이 늘어나고 있으며, 하나의 수요를 해결하기 위해서는 중앙과 지방, 지방 상호 간, 그리고 여러 행정기관이 서로 협력해야 하는 일이 많아지고 있다. 환경행정·교통행정·상하수도 행정이 그러하고 사회간접자본 시설의 수요가 그러하다. 교통·통신의 발달과 함께 광역적인 도시수요가 증대될수록 이러한 성격을 지닌 행정수요는 계속 늘어날 것이다.

(3) 비용 유발성과 고가성

도시정부의 행정수요가 처리·해결되기 위해서는 거의 대분이 재정지출을 수반한다. 그리고 이러한 행정수요는 대부분 고가의 비용을 투입하지 않으면 해결될 수 없는 것들이 많다. 공원과 지하철의 건설, 도로의 확장과 포장 등 그 어느 하나도 재원을 필요로 하지 않는 것이 없다. 그리고 과학기술의 발달과 혁신의 확산은 그것에 부응하기 위한 행정의 엄청난 재원 지출을 요구하고 있다.

(4) 수요의 부대 수요 유발성

한 수요의 해결은 또 다른 수요를 불러일으킨다. 도시경제의 활성화를 위한 지역 내 산업체의 유치는 인구의 도시집중을 초래하고 그로 인한 주택·도로·교통·식수 등의 수요가 야기되고, 산업쓰레기·수질오염·대기오염 등의 부대적 수요를 유발하고 있다. 이처럼 오늘날의 도시의 행정수요는 하나의 수요가 또 다른 행정수요를 야기하는 경우가 허다하다.

(5) 수요의 잠재성

오늘날 도시행정에서 주민의 욕구가 요구화되지 못한 상태에 있는 잠재적 수요가 많다고 볼 수 있다. 이러한 잠재적 수요가 많은 이유는 그동안 우리 사회에 널리 퍼진 권위주의적·중앙집권적 행정문화에 기인한다고 볼 수 있다.

(6) 수요의 변동성

행정의 수요는 시간과 장소에 따라 변동되는 것이다. 행정수요가 시간과 장소에 따라 다른 것은 각 시대와 각 지역에 따라 전통문화·관습·가치관·의식구조가 다르며, 정치·경제·사회 등의 발전 정도가 다르고 과학기술의 수준이 다르기 때문일 것이다. 그뿐만 아니라 시간의 흐름에 따라 자동적으로 해결되는 행정수요도 많다.

2. 도시의 행정수요 유형과 측정

1) 유 형

학자들이 제시한 도시의 행정수요 유형을 정리하면 다음과 같다.

(1) 현재적 행정수요와 잠재적 행정수요

행정수요는 구체적으로 표출된 개인 또는 집단의 요구를 통해 형성되는 현재적(顯在的) 행정수요와 외부 세계에 표출되지는 않았지만, 행정에 의해 해결되기를 기대하거나 바라고 있는 욕구를 뜻하는 잠재적 행정수요로 나눌 수 있다.

따라서 현재적 행정수요는 모든 개인 및 집단의 요구와 기대가 그대로 구체적인 행정수요로 반영되는 것이 아니고, 경쟁적인 사회 속에서 다양한 요구 및 기대가 대립과 협상 등 복잡한 과정을 거쳐서 최종적인 행정수요가 된다. 잠재적 행정수요도 국민들의 잠재적 욕구가 모두 행정수요로 된다고는 볼 수 없으며, 국민 일반이나 행정당국의 입장에서 해결되는 것이 공익에 합치된다고 판단하는 것만이 행정수요가 될 것이다.

(2) 객관적 수요와 주관적 수요

객관적 수요는 규범적 수요와 표출된 수요로 나눌 수 있다. 규범적 수요는 경제·사회·환경적 측면에서 일반적인 도시사회가 그 해결을 바라는 것이다. 이는 전문가나 행정인들에 의해 설정된 수요 지표의 관점에서 이용되고 있다. 표출된 수요는 시민의 요구에서 나타나는 수요로서 민원이나 접촉을 통해 행정기관에 요구하는 수요 형태로서 현재성이 강하게 작용하는 특성이 있다.

주관적 수요와 객관적 수요의 접합적 사회 요구인 절충적 수요는 실질적으로 행정수요를 평가하는 데 중요한 기준이 된다. 도시행정이 최소한 수용할 수 있는 행정수요는 시민이 인지하는 개별적 요구가 집합해서 시민들이 선호하는 사회적 수요로 객관화되어 나타나는 절충적 수요이다.

(3) 상주형 수요와 비상주형 수요

이것은 상주 인구에 착안할 것인가 아니면 비상주 인구에 착안할 것인가라는 상주 또는 비상주 인구 개념에서 도시의 행정수요를 파악하려는 것이다.

(4) 생활활동형 수요와 경제활동형 수요

전자는 도시의 행정수요를 시민의 생활면에서 파악하는 것이고, 후자는 기업의 경제활동면에서 파악하는 것으로서 도시의 행정수요 성질에 착안한 분류 방법이다.

(5) 야간형 수요와 주간형 수요

전자는 야간 인구의 소비와 생활에 기인하는 수요이다. 후자는 주간 인구의 활동에 기인하는 수요와 기업의 생산활동에 기인하는 수요를 포괄한다. 주간형 수요는 당해 도시에서 거주하고 생산활동에 종사하는 인구로부터 발생되는 거주자 관련 수요와 당해 도시 이외에서 거주하면서 당해 도시 내의 주간형 활동과 관련하고 있는 비거주자 관련 수요로 나누어 볼 수 있다.

2) 측 정

행정수요의 본질을 정확하게 파악하고 이를 측정하기 위해서는 그 전제로서 사회적 문제의 발생과 근거를 확인하고 사회적 요구를 평가하는 것이 필요하다.

(1) 사회적 문제의 발생과 근거의 확인

행정수요의 파악은 도시민들이 공동으로 관심을 가지고 있는 광의의 사회적 문제를 확인하는 데서 출발한다. 여기서 사회적 문제는 시민들이 만족하게 여기지 않는 생활 조건과 환경 등을 통칭하는 것이다. 그러나 현실적으로 시민들의 모든 문제를 도시행정에서 전부 수용할 수 없기 때문에 시민들이 공동으로 인지하는 사회적 문제 중에서 최소의 수준에서 공공 합의로 결정된 것만이 행정수요화되어야 할 것이다. 따라서 도시행정에서 최소 수준의 요구는 개인의 기본 욕구의 출현에서 비롯되며, 기본적 · 사회적 요구는 특정의 서비스를 바라는 시민들의 잠재 욕구와 그것이 도시행정의 대상으로 현재화될 수 있는 요구를 동시에 포함한다.

(2) 사회적 요구의 평가

사회적 문제의 개념화와 밀접한 관계가 있는 사회적 요구가 올바르게 평가되는 것은 매우 중요하다.

사회적 문제의 분석과 사회적 요구의 평가는 상호 의존 내지 상호 보완 관계에 있기 때문에 사회적 요구의 수준과 유형을 규명하는 것은 행정수요의 측정 기준이 된다.

(3) 측정 과정

행정수요는 시대적 배경과 국민소득 수준에 따라 양적으로나 질적으로 변화하고 있기 때문에 행정수요의 수준을 측정하기란 매우 어렵다.

일반적으로 기준 수요 수준에서 행정공급 수준을 뺀 것이 행정수요의 수준이다. 장래의 기준 수요 수준은 목표 연도, 계획의 지표인 인구 수 등을 감안하여 설정한다. 예컨대, 인구 수는 가구 수, 고용자 수, 기술혁신, 생활양식의 변화, 가치관의 변화 등을 고려해서 설정된다. 한편 기준 수요 수준은 행정수요의 측정 대상별로 시간 개념을 감안하여 지표를 만들고, 부문별로 최적 수준, 최고 수준, 최저 수준, 평균 수준, 계획 수준 등으로 나타난다.

연구 과제

1. 도시와 농촌의 생활양식을 비교, 논의해 보시오.
2. 인류사에서 도시의 기원과 성격 변화 과정을 토론해 보시오.
3. 수도권과 비수도권의 격차를 좁힐 수 있는 방안을 찾아보시오.
4. 21세기의 도시문제를 예측해 보고 해결 방안을 논의해 보시오.

제 4 장

민주화와 도시행정

학습 목표

- 지방자치는 분권과 참여를 통해 민주화를 달성하고자 하는 제도임을 이해한다.
- 지방자치를 실시하는 과정에서 참여하는 주체와 그 정치적 역학 관계를 파악한다.
- 중앙정부와 지방정부의 권력 관계를 파악하고 바람직한 관계 정립 방안을 모색한다.

사례 연구　행정구역 개편, 뜨거운 감자

한반도선진화재단의 '광역분권화' 구상은 현재 '중앙정부→16개 시·도(광역단체)→230개 시·군·구(기초단체)'로 이뤄진 지방행정 체제를 '중앙정부→4~5개의 광역지방정부→100여 개 시·군·구(기초단체)'로 바꾸는 것이다. 정치권의 '70개 광역시(市)안'과 다른 것은 외교·국방 등을 제외한 중앙정부의 기능을 대폭 축소하고, 재정·행정·교육·치안 등 중앙정부의 주요 기능을 광역화된 지방정부에 이양하자는 것이다.

재정과 경쟁력을 갖춘 광역지방정부가 일본 도쿄(東京)나 중국 상하이(上海) 등 외국의 광역도시권과 경쟁을 하고, 이들 광역 단위가 국가 발전의 중심축이 되는 시스템으로 미국식 연방제를 상기시키는 체제이다.

일본과 프랑스 등 선진국들도 지방행정 체제 개편을 논의하고 있다. 주된 방향은 기존의 광역자치단체를 더 광역화(廣域化)해서 지방자치단체 하나하나가 국가에 맞먹을 정도의 대외 경쟁력을 갖도록 하자는 것이다.

일본의 경우 현행 중앙정부와 47개 도도부현(都道府縣)으로 이루어진 지방행정 체제를 10개 안팎의 도(道)와 주(州)로 재정비하는 '지역주권형 도주제(道州制)'를 추진 중이다.

일본이 검토 중인 도주제는 외교와 국방 등 전 국가적 대응이 필요한 기능만 중앙정부가 갖고 그 외의 행정·교육·치안 등은 1,000만 명 규모의 '도주(道州)'에 준다는 것이다. 사실상 미국의 연방제와 비슷한 체제이다.

전통적으로 중앙집권제의 전통이 강했던 유럽의 프랑스도 비슷한 방안이 논의되고 있다. 현재 22개로 나뉜 지방행정 단위를 동부권, 남동부권, 남서부권, 서부권, 북부권, 파리권 등 6개의 대지역으로 통합하자는 것이다.

이 같은 지방광역화 방안을 주장하는 이들은 아일랜드나 덴마크 같은 북유럽 '강소국(强小國)'의 강점을 내세운다. 인구 500만~1,000만 명 정도가 노·사·정의 합의를 이루기도 좋고, 변화에 신속하게 적응할 수 있으며, 중요 정책결정도 투명하고 빠르게 이뤄질 수 있다는 것이다. 20년 내에 농촌지역의 40%가 사라질 위기 속에서 광역화 방안과 주민자치의 실질화를 어떻게 조화시킬지가 큰 과제이다.

<생각해 볼 문제>

1. 지방재정이 열악하고 공동화되어 가는 상황에서 그 해결 방안으로 제시되고 있는 행정 체제 개편을 어떻게 생각하는가?
2. 행정 체제의 개편에 대한 반대 논리는 광역화에 따른 민주성의 훼손을 들고 있는데 이를 보완할 수 있는 개편 방안은 무엇인가?

도시행정이 추구하는 최고의 가치는 민주성이어야 한다. 이때 민주성이란 도시공동체의 실질적 주인인 주민의 의사를 도시행정에 반영하고, 주민을 위한 행정을 펼쳐가는 것이다.

도시행정의 민주성을 확보하기 위해서는 ① 분권화, ② 도시행정 결정 과정에서의 주민참여 보장, ③ 도시행정의 책임성 확보, ④ 공개행정, ⑤ 행정윤리의 확립, ⑥ 행정구제 제도의 확립, ⑦ 도시행정 기구의 민주적 편성 등이 전제되어야 한다.

따라서 도시행정의 민주화를 위해서는 지방자치 제도가 정착되어 분권화를 통한 중앙과 지방의 바람직한 관계를 구축하고 주민참여의 활성화를 꾀해야 하며, 이를 위해 민주시민교육의 중요성과 방향을 이해해야 한다.

제 1 절 지방자치: 본질과 구성 요소

1. 지방자치의 본질

지방자치란 "일정한 지방의 주민들이 그 지방의 공공사무를 그들 스스로의 의사와 책임 하에 처리하는 것"이라고 말할 수 있다. 이러한 지방자치는 분권을 촉진하고 참여를 증대시킴으로써 행정 서비스의 질을 향상시킨다.

첫째, 지방자치는 지방 수준에서의 정치의 민주화를 의미한다. 지방자치의 가장 중요한 가치는 권력을 수직적으로 분산하여 권력의 남용과 부패를 방지하는 제도적 장치라는 점이다. 지방자치의 실시는 분권적이며 개방적인 행정 체제로의 전환을 야기한다. 그러므로 지방자치제는 지역주민들이 스스로 주인이 되어 자신들의 문제에 대해 머리를 맞대고 논의하고 결정하며 그 결과에 책임을 지게 되는 정치 제도인 것이다. 그래서 지방자치제는 민주주의의 학교요 훈련장이라고 일컬어진다.

둘째, 지방자치는 주민참여의 기회와 가능성을 현저히 증대시킨다. 지방자치는 지방행정을 주민생활의 일부로 자리잡게 만든다. 사실 중앙집권 체제에서는 동원은 있어도 참여는 없다. 참여의 행정은 국민주권주의를 기본으로 하는 민주주의에서 그 요체이다. 참여를 통해 주민들은 그들의 권리와 의무를 확인하고 이해관계가 있거나 관심을 갖는 모든 문제의 결정에 스스로 영향력을 미치게 된다. 참여의 행정은 주민을 신바람나게 만들고 공동체 의식을 살찌운다. 참여를 통한 이해의 대립 속에서 관용과 타협도 배운다. 지방자치제를 통한 참여는 주민들로 하여금 인간의 고급 욕구인 자아실현감을 맛보게 할 뿐 아니라 성숙한 인간으로의 변신과 주인 의식을 함양시켜 준다.

셋째, 분권과 참여라는 지방자치의 본질적 가치의 구현을 통해 행정 서비스의 질은 향상되게 마련이다. 중앙보다는 지방에서의 정책개발이 가능한 분권구조에서는 지역의 특성을 고려하고 지역주민의 의사를 수렴하려는 지방공무원의 노력과 주민의 참여를 통해 행정 서비스의 질과 주민의 만족도가 향상될 수 있다.

그러나 이러한 본질적 가치가 구현되기 위해서는 여러 전제 조건이 필요하다. 우선 중앙정부는 지방정부가 필요로 하는 권한과 재원을 충분히 배분해 주어야 한다. 즉, 지방정부가 맡은 바 임무를 충실히 수행해 낼 수 있도록 지방자치와 관련한 관계 법규 및 지방재정 수요에 대응하기 위한 충분한 재정 확보 방안을 마련해 주어야 한다. 또한 중앙정부의 지방자치 정착을 위한 의지가 중요하다. 지방자치란 어디까지나 주권을 갖고 있는 중앙정부의 창조물로서 중앙정부의 이해와 협조 없이는 지방자치가 성공할 수 없다. 그런 의미에서 중앙집권 체제에서와 같은 중앙정부의 과도한 통제와 규제를 과감히 줄여 나가야 한다. 이와 마찬가지로 지방자치의 정착과 발전을 위해서는 지방 수준에서도 이에 상응하는 노력이 뒷받침되어야 한다.

2. 지방자치의 유형

오늘날 지방자치의 개념 속에는 두 가지 측면이 복합적으로 내포되어 있다. 하나는 일정한 지역 내의 주민들이 자신들이 구성한 지방정부(지방자치단체)와 주민들 자신과의 관계이며, 다른 하나는 중앙정부가 위임한 지방자치권에 의해 구성된 지방정부와 국가와의 관계라는 두 측면이 그것이다.

전자를 주민자치라고 하고 후자를 단체자치라고 한다. 전자는 영국을 중심으로 발달되어 왔으며, 후자는 유럽 대륙의 독일과 프랑스를 중심으로 발달되어 온 지방자치 제도이다. 오늘날의 지방자치 제도는 영국형의 주민자치와 독일이나 프랑스형의 단체자치가 적절히 가미되고, 여기에 각국의 정치문화와 역사적 유산 및 전통 규범이 복합적으로 영향을 미쳐 나름대로의 독특한 형태를 이루고 있다. [그림 4-1]은 이러한 오늘날의 지방자치가 주민자치와 단체자치의 결합에 의해 이루어져 있는 내용을 나타내 준다.

그림 4-1 지방자치의 개념 구조

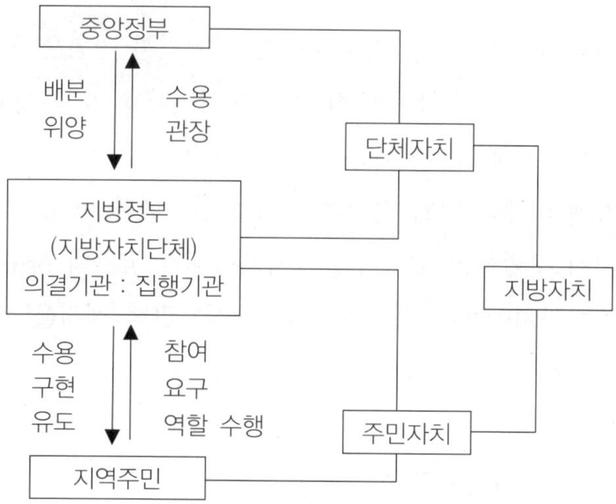

1) 주민자치

주민자치란 지역주민의 의사와 책임 하에 스스로 또는 주민이 선출한 대표자를 통해 그 지역의 공공사무를 처리하는 것을 뜻한다. 영국에서는 일찍이 자치의 관념이 주민들 속에 널리 퍼져 있었다. 이러한 영국 사람의 자치의식은 그들의 오랜 역사와 함께 함양된 것으로서, 그들은 지방을 통치할 때 지역주민의 의사와는 다른 별도의 국가(중앙정부)에 의한 지방행정이란 존재할 수 없다고 생각했다. 따라서 지방자치를 기초로 민주정치가 생성·발전되었던 영국에서는 국가 이익을 대표하는 중앙정부와 지방 이익을 대표하는 지방정부가 대립한다는 것은 있을 수 없었다. 또한 지방에서의 모든 행정사무는 직·간접적인 주민의 참여 하에 지방정부가 처리하는 것을 당연한 것으로 여겼다.

2) 단체자치

단체자치란 국가와는 별개의 법인격을 가진 지방자치단체가 국가로부터 상대적으로 독립된 지위와 권한을 부여받아 일정한 범위 내에서 중앙정부의 통제를 받지 않고 독자적으로 지방의 정치행정사무를 처리하는 제도이다. 유럽 대륙에서의 지방자치는 중앙집권적인 것으로서, 지방자치에 대한 기본 관념은 국가 권력 하에서 국가의 목표 달성을 위해 필요한 수단적 성격을 지녔다고 볼 수 있다. 그리고 지방자치단체의 자치권의 본질을 파악하는 시각도, 그것을 주민이 향유하는 당연한 권리가 아니라 국가에 의해 수여된 전래적 권리로 인식했다. 또한 국가의 사무와 지방의 사무를 엄격히 구별하고 있으며 지방자치단체가 국가의 사무를 위임받아 처리할 경우, 그 지방자치단체는 국가의 하급 행정기관적 성격을 지니게 됨으로써 이중적 성격을 갖도록 하고 있다.

3) 현대 지방자치의 개념 구성

앞에서 살펴본 바와 같이 주민자치와 단체자치는 역사적 발달 배경이나 기본 관념을 전혀 달리하고 있다. 그러나 그것은 근대적 지방자치 제도의 발달 과정에서 상호 대조적인 두 개의 모형이라고 할 수 있는 영국형과 대륙형의 특징을 내포하고 있으며, 오늘날에 와서는 지방자치의 개념을 규정하고 특정 국가의 지방자치의 특성을 밝히는 하나의 준거 기준이 되고 있다. 특히 이들 두 제도는 이론상 전혀 관련이 없거나 상호 모순적인 것이 아니라, 오히려 긴밀한 상호 관련성을 가지는 보완적인 요소가 많다. 현실적으로 볼 때도 오늘날 모든 국가의 지방자치 제도는 이 두 가지 유형의 자치 제도가 상호 접근·보완되어 그 성격이나 내용들이 혼합되어 있다.

이처럼 오늘날의 지방자치 제도는 세계 어느 나라를 막론하고 주민자치와 단체자치가 적절히 결합되어 거기에 각국의 개별적인 제도가 가미되어 있다.

3. 지방자치의 구성 요소

이 책은 지방자치 제도를 "일정한 지역과 그 지역 내의 주민을 기초로 하는 지방자치단체가, 지역 내의 공공사무를 자기의 사무로 하여 국가로부터 수여받은 자치단체 자신의 권한과 책임 하에, 주민이 선출한 자신의 기관(의결기관과 집행기관)을 통해, 주민이 부담한 자주적 재원을 주축으로 처리하는 제도"라고 본다. 따라서 지방자치 제도의 주요 구성 요소로 '지방자치단체', '자치권', '지역과 주민', '지방의 공공사무', '주민들의 정치행정 참여', '자주재원' 등을 들 수 있다고 본다. 이들 각각에 대해 간략하게 검토해 보면 다음과 같다.

1) 지방자치단체

지방자치 제도의 중요한 구성 요소 중의 하나인 지방자치단체는 국가로부터 자치권을 부여받은 일정한 지방의 주민들이 구성하게 된다. 지방자치단체는 국가로부터 독립된 법인격을 가지는 것이 보통이나 영국과 같이 법인격을 갖지 않는 경우도 있다. 지방자치단체는 의결기관과 집행기관으로 구성되고, 이들 양 기관은 주민들의 선거에 의해 선출된 지역주민의 대표자들로 구성된다. 의결기관과 집행기관은 나라에 따라서 서로 독립시키는 경우도 있고, 통합시키는 경우도 있다. 우리나라의 지방자치단체는 법인격을 가지며(法人), 기관분립형을 채택하고 있고, 그 종류로는 광역자치단체인 특별시·광역시 및 도와 기초자치단체인 시, 군, 자치구가 있어 계층구조상으로는 2층제를 취하고 있다. 우리나라의 지방자치단체로서 군은 1961년 5월 16일 지방자치가 중단되고 난 이후에 제정된 '지방자치에 관한 임시조치법'에 의해 법률상 지방자치단체가 되었으나, 실제 제도로서 실시되기는 1991년이 처음이다.

또한 자치구란 특별시 및 광역시의 구를 의미하며 특별시·광역시가 아닌 일반시의 구는 자치구가 아니다. 자치구는 지방자치단체이면서도 같은 기초자치단체인 시나 군과는 달리 그 권한이나 기능면에서 상당한 제약을 받고 있다.

(1) 의결기관(지방의회)

지방자치단체의 의결기관이란 곧 지방의회를 말하는데, 지방의회는 주민에 의해 선출된 주민의 정치적 대표인 지방의원을 구성원으로 하는 합의제 의사결정기관이다. 지방의회는 그 권한의 범위 내에서 공공사무에 관한 지방자치단체의 의사를 결정함으로써 지방자치 운영의 주체적 역할을 한다. 이러한 지방의회의 지위는 나라마다 다를 수 있으며, 지방자치단체의 기관 구성 방법에 따라서도 다를 수 있다. 현재 우리나라 지방의회의 지위는 주민대표기관으로서의 지위, 의결기관으로서의 지위, 입법기관으로서의 지위, 집행기관에 대한 감시통제기관으로서의 지위 등을 가지며, 지방의회의 권한으로는 각종의 의결권, 행정사무 감사 및 조사권, 선거권, 청원의 수리 및 심사권, 의회의 자율권(내부조직권, 의사자율권, 의원신분 사정권, 원내경찰권), 질문 답변 요구권, 의견제출권, 자료제출 요구권, 자치단체장의 선결처분에 대한 사후승인권 등을 갖는다. 그리고 지방의회의 조직으로는 의장단과 위원회(상임위원회 및 특별위원회), 그리고 사무처(국, 과)와 전문위원을 두고 있다(지방자치법 제5장).

(2) 집행기관(지방자치단체의 장)

지방자치단체의 집행기관이란 지방자치단체의 장을 뜻하며, 의사결정기관인 지방의회가 결정한 바에 따라 지방자치단체의 목적을 구체적이고도 적극적으로 실현해 나가는 행정관청을 말한다. 다시 말해, 집행기관이라고 하면 법률상으로는 자치단체장을 의미하나 사실상은 자치단체장을 보조하고 있는 보조기관이나 소속 행정기관, 그리고 하부 행정기관 등을 총칭하는 의미로 사용된다.

이러한 지방자치단체의 집행기관도 주민들의 보통·평등·직접·비밀선거에 의해 선출되도록 하고 있다. 또한 지방자치단체의 집행기관은 당해 지방자치단체의 사무(고유사무와 단체위임사무)뿐만 아니라 국가 또는 상급 자치단체의 위임사무(기관위임사무)도 처리하고 있다. 따라서 집행기관은 당해 지방자치단체의 수장으로서의 지위와 국가 및 상급 자치단체의 하급 행정기관으로서의 지위 등 이중적 지위를 가진다.

지방자치단체장의 권한은 자치단체의 대표권 및 사무통할권, 사무의 관리·집행권, 소속 행정관청과 관할 자치단체에 대한 지도 감독권, 소속 직원에 대한 임면 및 지휘 감독권, 지방의회에서의 출석발언권, 규칙제정권, 지방의회에 대한 각종 권한 등을 갖는다.

2) 자치권

지방자치 제도의 핵심적인 구성 요소는 자치를 할 수 있도록 해 주는 자치권이라고 하겠다. 자치권이란 일정한 지역의 주민들이 국가로부터 상대적으로 독립하여 중앙정부의 감독과 통제를 받지 않고, 지역 내의 공공사무를 주민의 뜻에 따라 처리할 수 있도록 한 권한이다. 따라서 주민에 의해 구성된 지방자치단체는 지역 내 공공사무를 처리할 때에는 언제나 주민들의 의사를 기초로 해야 하며, 주민 의사에 대한 우월적 지위를 보장해 주어야 하는 것이다. 자치권의 종류에는 자치입법권(조례 및 규칙 제정권), 자치조직권, 자치행정권, 자주재정권 등이 있다.

3) 지역(구역)과 주민

지방자치는 일정한 지역과 주민을 불가결의 요소로 하고 있다. 따라서 지방자치단체와 같이 법인격을 가진 지방의 공공단체라고는 하지만 단순한 인적 결합체인 공공조합(예: 농지개량조합)이나 인적·물적 결합체인 영조물법인(예: 지방공사,

대한석탄공사) 등과는 다르다. 다시 말해, 지방자치단체는 국가 아래에서 국가 영토의 일부를 그 구역으로 하고 있으며, 국민의 일부를 그 주민으로 하고 있는 것이다. 특히 지방자치 제도의 구성 요소로서의 주민은 그 지역 자치권의 주체이며, 권리 의무의 대상, 지방자치단체의 기관(의결기관과 집행기관) 구성에 직접 관여하는 자치단체의 최고 선임기관으로서의 지위를 갖는다. 우리나라 지방자치단체의 지역적 범위인 자치구역은 행정구역과 동일한데, 이는 일제 시대 이후 굳어진 구역으로서 오늘날에 와서는 주민들의 경제·사회 생활권역과는 상당한 차이를 나타내고 있다.

4) 지방의 공공사무

지방자치는 일정한 지역에서의 공공사무를 그 지역주민들의 의사와 책임 하에 처리하는 제도이므로 지역의 공공사무를 그 구성 요소로 하고 있다. 여기서 공공사무란 특정한 개인이나 집단의 문제 해결을 위한 사무가 아니라, 불특정 다수 주민의 일반 이익을 위한 사무를 의미한다.

이러한 지방자치단체의 사무에는 단체 자신의 고유사무인 자치사무와 국가나 상급 자치단체로부터 위임받아 처리하는 위임사무가 있고, 이 위임사무는 다시 자치단체에 위임된 단체위임사무와 집행기관의 장에게 위임된 기관위임사무로 나뉜다. 그리고 이 기관위임사무의 처리에 대해서는 지방의회는 의견 제시권만 가질 뿐 간섭할 수 없다. 그러나 자치단체의 사무를 이렇게 자치사무와 위임사무로 구별하는 것은 이론적으로나 실제적으로 양자의 한계를 명확하게 구분하기 어렵고, 그로 인해 오히려 지방의회와 집행기관 간에 마찰만 야기하는 요인이 되고 있으므로 입법론상 재고되어야 할 문제이기도 하다.

5) 주민들의 정치행정 참여

지방자치는 지역주민들의 정치 및 행정 참여를 불가결의 요소로 한다. 지방자치의 개념 속에 내포된 "…… 주민들은 (스스로 혹은) 자신들이 선출 및 구성한 자신의 기관을 통하여"라는 표현이 이를 의미하는 것이다. 주민들 스스로가 처리한다는 것은 주민의 직접 참여를 의미하며, 주민들이 선출한 기관을 통해서 처리한다는 것은 주민들의 간접 참여를 의미한다. 그러나 현대와 같이 인구가 늘어나고 지역적 범위가 확대된 시점에서는 주민의 대표자들에 의한 간접참여제를 주축으로 하고 있으며, 이러한 제도를 우리는 대의정치 제도라 한다. 이처럼 선거와 정치활동을 통한 기관 구성이나 의회활동의 참여를 정치참여라고 한다면, 집행기관의 정책결정과 집행에 참여하는 것을 행정참여라고 한다. 지방자치는 이처럼 주민들이 지방정치는 물론 지방행정에도 적극적으로 참여할 것을 전제로 하고 있는 제도인 것이다.

6) 자주재원

지방자치는 그것을 위해 소요되는 비용을 원칙적으로는 주민이 부담한 세금으로 처리할 것을 전제로 하고 있다. 지방자치의 개념에서 "…… 주민이 부담한 자주적 재원을 주축으로"라는 표현이 바로 이것을 의미하고 있다. 사실 지방자치 제도가 아무리 완벽하게 정비되어 있다고 하더라도 지역 내 공공사무를 처리할 만한 자주재원이 마련되지 못한다면 지방자치는 한낱 이상으로 그칠지도 모른다. 그렇기 때문에 자주재원은 지방자치의 성패를 좌우할 만큼 중요한 요소인 것이다. 따라서 각 지방자치단체는 지방재정의 확충을 위한 노력이 절대적으로 요구된다.

제 2 절 분권화: 중앙정부와 지방정부의 관계

1. 중앙집권과 지방분권

1) 의 의

집권과 분권은 중앙정부와 지방단체 사이, 같은 정부 안의 상·하 행정기관 사이 또는 같은 기관 안의 상·하 행정계층 사이의 권한 배분 관계를 기준으로 한 개념이다. 이를 중앙정부와 지방단체 사이의 권한 배분 관계를 중심으로 볼 때에 중앙집권과 지방분권의 개념이 도출된다.

중앙집권은 권한이 중앙정부에 체계적이고 일관성 있게 집중되어 지방단체의 자주성이 제약되어 있는 경우를 말하고, 지방분권은 권한이 지방단체에 체계적이고 일관성 있게 분산되어 지방단체의 자주성이 높은 경우를 말한다.

중앙집권과 지방분권에서 집중 또는 분산되는 권한의 성격 여하에 따라 그 분권을 통치상의 분권과 행정상의 분권으로 나눌 수 있다.

이 가운데 전자를 자치적 분권(autonomous decentralization)이라 하고, 후자를 행정적 분권(administrative decentralization)이라 한다. 넓은 의미의 지방분권 개념에는 행정적 분권도 포함되나, 좁은 의미의 지방분권 개념에는 자치적 분권만 포함된다.

이상과 같은 중앙집권과 지방분권의 개념을 관치행정 방식, 위임행정 방식 및 자치행정 방식과 결부시켜 그 관계를 정리해 보면 관치행정 방식이 전형적인 중앙집권의 경우에 해당되고, 자치행정 방식이 전형적인 지방분권의 경우에 해당되는 것은 명백하다. 그러나 위임행정 방식을 지방분권의 한 현상으로 볼 것이냐, 반대로 중앙집권의 한 현상으로 보아야 할 것이냐에 관해 이견이 있을 수 있다. 위임행정 방식에도 자치단체 자체에 위임하는 단체위임 방식과 자치단체의 집행기관에 위임하는 기관위임 방식의 두 가지 경우가 있는 바, 단체위임 방식은 지방분권의 한 현상, 즉 행정적 분권 현상으로 볼 수 있는데 비해, 기관위임 방식의 경우는 그 위임기관이 중앙정부의 하급기관적인 지위에서 그 중앙정부의 구체적인 지휘·감독 아래 업무를 처리하는 것이므로 중앙집권에 가까운 현상이라고 볼 수 있다. 다만 기관위임 행정의 경우에도 그 수임기관이 중앙정부 직속의 일선기관이 아니라 독립적인 지방자치단체의 기관이고, 관치행정의 경우와는 달리 상당한 권한의 분산이 부수되는 것이 일반적이므로 이를 행정분산에 해당된다고 볼 수 있는 경우가 많다.

2) 중앙집권과 지방분권의 장 · 단점

어떠한 나라에서든 완벽한 중앙집권이나 지방분권만을 채택하지 않으며, 양자의 적절한 배합 위에서 지방행정을 수행해 나가고 있고, 그 배합 위에 나타나고 있는 중앙집권과 지방분권의 장·단점도 각 나라의 특수한 여건이나 운영 여하에 따라 각양각색이다. 그뿐만 아니라 일정한 사실이나 사항은 그 자체가 장점인 동시에 단점도 되므로 이를 장점 또는 단점 중 어느 쪽이라고 단정할 수 없는 경우가 많다.

중앙집권과 지방분권은 이율배반적인 개념으로서 중앙집권의 장점은 지방분권의 단점을 의미하고, 지방분권의 장점은 중앙집권의 단점을 의미한다. 따라서 여기에서는 중앙집권과 지방분권의 각 장점만을 살펴보기로 하겠다.

(1) 중앙집권의 장점

첫째, 중앙집권은 전국적인 통일성이 요구되는 행정사무(근로 기준, 징병 연령, 도량형 등)에 적합하여 행정의 통일성을 확보할 수 있다.

둘째, 규모의 경제를 통해 행정의 경제적 능률을 증진시킬 수 있다.

셋째, 국가가 어떤 위기(외국의 침략, 오일 쇼크 등)에 처했을 때 이에 신속하게 대처할 수 있다.

넷째, 중앙집권은 인사나 예산 분야의 전문가를 양성하여 행정관리의 전문화를 꾀할 수 있다.

다섯째, 광역적인 행정수요가 급증하고 있는 오늘의 상황에서는 전국적 광역적 규모의 사업(고속도로 건설, 환경오염 등)을 처리하는 데 적합하다.

(2) 지방분권의 장점

첫째, 지역의 실정에 맞는 정책을 개발하고 집행할 수 있다.

둘째, 민주적인 절차를 포함하는 능률을 추구함으로써 사회적 능률을 증진할 수 있다.

셋째, 주민과 가까운 곳에서 지방정치와 행정을 펼침으로써 지방정치와 행정에 대한 민중의 통제를 강화할 수 있다.

넷째, 주민참여를 통해 주민의 참신한 아이디어와 정책 개발에 주민의 협력을 얻을 수 있다.

다섯째, 지방분권은 지방정부가 자치입법권과 자치행정권을 가지므로 지방공무원들이 정책결정과 집행에 직접 참여하여 풍부한 경험을 쌓음으로써 행정 능력의 향상을 가져올 수 있다.

여섯째, 자기 지방의 발전과 운명을 스스로 설계하여 관리해 나가기 때문에 지방의 행정기관과 주민들의 사기가 높아지며, 지방행정의 활성화가 이루어질 수 있다.

이처럼 중앙집권은 행정의 능률화에 더욱 기여할 수 있는데 비해, 지방분권은 행정의 민주화에 더욱 기여할 수 있다.

3) 중앙집권과 지방분권의 조화

오늘날과 같이 국가의 영토와 인구가 확대되고, 인간의 생활과 사회 · 경제구조가 복잡해져서 통치 · 행정 기능이 극도로 확대되고 복잡해진 시대에는 중앙정부가 전 국토 안의 모든 통치 · 행정 기능을 일괄해서 단독으로 관장 · 처리해 나간다는 것은 불가능해지고 있다. 그리하여 통치 · 행정상의 지방분권화가 필요해진다. 그러나 각 지역의 복잡다기한 통치 · 행정을 국민사회의 전체적 입장에서 종합하고 조정하여 국가의 통일성과 안정성을 확보해 나가는 것도 중요하다 아니할 수 없다. 그리하여 중앙집권화의 필요성도 커져가고 있는 것이다. 오늘날에는 전 세계적으로 지방분권화와 중앙집권화의 요청이 동시에 커지고 있고, 이에 따라 중앙집권과 지방분권의 이상적인 균형점 내지는 조화점이 모색되고 있다.

2. 지방분권의 유형

지방자치단체는 국가의 정치적 통일성을 유지하는 범위 안에서 자치행정을 독자적으로 처리해 나가는 지위에 있다고 할 수 있다. 이러한 지방자치단체의 지위는 결국 국가와의 관계에서, 한편으로는 자율성을 가지면서, 다른 한편으로는 중앙정부로부터 일정한 지도와 감독을 받는 복합적인 것이라고 할 수 있다.

이러한 지방자치단체의 국가와의 관계는 중앙집권과 지방분권의 조류와 맞물려 있다. 즉, 중앙집권화의 조류 속에서는 중앙통제가 강화되어 지방자치단체의 자율성이 약화되게 되고, 지방분권화의 조류 속에서는 지방자치단체의 자율성이 강화되어 중앙통제가 약화되는 상관관계를 보이는 것이다. 그러나 중앙집권화든 지방분권화든 어떠한 경우에도 지방자치단체의 자율성이 전적으로 도외시되거나 중앙통제가 전적으로 부인될 수는 없는 것이고, 항상 양자의 조화가 강구되게 마련이다. 어쨌든 지방분권에는 통치 권력과 행정 기능을 누구에게 배분하느냐에 따라 자치단체에 대한 분권과 기타 기관별 분권으로 구별되며, 전자는 다시 포괄적 수권형, 개별적 수권형, 혼합형, 계약형 등으로 나뉜다.

포괄적 수권형이란 법률이 특히 금지한 사항이나 중앙정부가 반드시 처리해야 할 사항을 제외하고는 지방자치단체가 그 주민의 일반적 이익을 위한 어떠한 사무라도 처리할 수 있도록 헌법이나 법률에 일괄적으로 권한을 부여하는 규정을 두는 유형을 말한다.

개별적 수권형이란 지방자치단체가 처리할 수 있는 권한 사항을 국가의 특별법에 의해 개별적으로 위탁하는 유형을 말한다. 따라서 지방자치단체의 권한을 자치단체별, 사무 분야별로 필요에 따라 특별법으로 부여하는 것을 그 특징으로 한다.

혼합형은 자치단체가 처리할 수 있는 권한과 행정 사항을 법률에 포괄적으로 규정해 놓고 그 권한과 기능을 수행할 수 있는 기준에 도달한 자치단체에 대해 별도로 법규 명령을 발함으로써 개별적으로 권한을 부여하는 유형을 의미한다.

계약형은 중앙정부와 지방정부 간, 또는 지방정부 상호 간의 계약(정식계약 및 비공식 협정을 포함)에 의해 한 정부(갑)가 다른 정부(을)에게 그(갑) 관할구역 내 주민들에 대한 일정한 사무처리를 위탁하고 그 대가를 지불하는 유형을 말한다.

그리고 위에 언급한 지역적 분권 외에 기관별 분권이 있는데, 이 유형은 일정한 공공기관에 법인격을 부여함으로써 일정한 자치권을 행사하도록 하는 방식이다. 예를 들어, 특수한 행정사무를 처리하거나 또는 행정사무의 공동 처리를 위해 특별지방자치단체를 설치하는 것이다.

한편 중앙 · 지방을 통한 통치 유형에 따라 지도 · 감독 관계의 내용이 서로 다를 수 있는데, 중앙 · 지방의 통치 유형을 분립형과 계층제형, 그리고 통합형으로 나누어 볼 수 있다.

3. 우리나라의 중앙-지방 관계

우리나라의 중앙－지방을 통한 통치 유형은 계층제형에 속한다. 따라서 시・도와 시・군・자치구 간에는 다음과 같은 상・하의 관계가 존재한다.

첫째, 시・군 및 자치구의 조례나 시장・군수・자치구청장이 제정하는 규칙은 시・도의 조례나 시・도지사가 제정하는 규칙에 위반될 수 없도록 되어 있다.

둘째, 시・도지사는 조례가 정하는 바에 의해 그 권한에 속하는 사무의 일부를 그 관할구역 내에 있는 지방자치단체나 그 장(시장・군수・자치구청장)에게 위임할 수 있게 했다.

셋째, 부시장・부군수・부구청장의 직급은 대통령령으로 정하게 되어 있다.

넷째, 시・군・자치구의 행정사무를 분장하기 위해 필요한 행정기구를 두되, 시・도지사의 승인을 얻어 당해 시・군・자치구의 조례로 정하게 되어 있다.

다섯째, 시・도지사와 시장・군수・자치구청장은 자치사무를 집행하는 동시에 국가의 기관으로서 국가의 사무를 시행하므로, 후자의 경우에는 시장・군수 자치구청장은 시・군・자치구의 구역을 포괄하는 광역 국가기관인 시・도지사의 감독을 받아야 한다.

여섯째, 시・도는 시・군・자치구가 처리하는 자치사무에 대해서도 법령이 정한 범위 내에서 각종의 감독권을 행사하고 있다.

제 3 절 주민참여: 도시정부와 주민의 관계

1. 주민참여의 본질과 한계

앨먼드(G. A. Almond)가 1960년대에 언급하기를 “세계에서 진행되고 있는 정치혁명이라고 부를 수 있는 것이 있다면, 그것은 참여의 폭발 현상"이라고 지적한 이래 주민참여에 대한 요구는 계속 증대되어 왔다. 주민참여의 성난 파도는 확실히 역사의 전환기적 사건이며 큰 물결인 것이다. 이처럼 세계 도처에서 분출하고 있는 주민참여는 대표자의 선출을 통한 대의정치에 대한 불신이 그 바탕에 깔려 있다. 그래서 주민들은 자신들의 일상생활과 밀착된 공공서비스의 생산 및 공급의 전 과정에 주민이 직접 참여하고자 하는 강한 지향성을 가지고 있다.

사실 대의민주제는 문제 해결 과정에 주민참여를 증가시킴으로써 고양되는 것이다. 우리 시대의 문제들은 문제 자체나 혹은 문제와 관련된 것들을 이해하기가 매우 어렵다. 더구나 다양한 지역, 계급, 이익집단과 이웃의 욕구를 충족시키는 해결책을 개발하는 일은 관련된 집단의 직접적인 개입이 없이는 불가능할 것으로 보인다. 그러한 개입들은 의견의 범위를 확장하고 실현 가능한 해결책을 발견할 수 있는 가능성을 증가시킨다. 아울러 문제 해결 과정에 인간적으로 참여한 사람들은 공동체의 요구를 실현하기 위한 해결책을 탐구하고 있는 그들의 신분에서 보람을 느끼게 된다.

주민참여는 제도가 중요한 것이 아니라 참여하는 주민과 이를 받아들이는 관료의 인간에 대한 평가가 어떠하냐에 따라 주민참여를 바라보는 시각이 긍정적일 수도 있고 회의적일 수도 있는 것이다. 사실 오늘날 주민참여가 빈껍데기로 전락해 가고 있는 것은 관료의 시민성에 대한 불신에서 비롯되고 있다는 것을 제대로 인식할 필요가 있다. 이때 우리는 주민참여에 대한 가치를 포기하지 않고 이의 진정한 실현을 위한 시민성 함양의 노력을 기울이게 되는 것이다. 바로 국민주권 시대에 걸맞은 민주시민교육이 체계적으로 이루어져야 할 것이다.

2. 주민참여제도의 유형

주민참여에는 크게 비공식적 참여와 공식적 참여가 있다. 공식적 참여의 기회가 적어질수록 행정기관과 주민 사이의 의사소통이 원활하지 못하게 되기 때문에 비공식적 참여의 욕구가 그만큼 증대된다. 대체로 공식적 참여는 행정기관의 발의에 의해 이루어지며, 비공식적 참여는 주민의 의사에 의해 이루어진다. 일반적으로 전자는 제도적 참여에 해당하고, 후자는 비제도(주민운동)적 참여에 해당한다.

1) 비제도적 참여

비제도적 참여에는 여러 가지가 있으나 그 가운데 주민운동을 통한 참여가 중요한 지위를 차지한다.

주민운동은 일반적으로 개별적 · 구체적 · 국지적인 쟁점을 둘러싸고 전개되는 것이기 때문에 너무 다양하고 무정형적이다. 따라서 이를 일의적으로 규정하기가 어려울 뿐만 아니라 그것이 끊임없이 생성하고 분열하며 소멸하는 것이기 때문에 이를 통계적으로 파악하는 것조차도 힘들다. 그러나 주민운동이 현대 사회에 미치는 충격이 심각한 경우가 많기 때문에 주민운동을 어느 정도 유형화하여 그 동향의 특징을 밝혀내는 것은 매우 필요하고도 중대하다.

주민의 행정참여를 내용으로 하는 주민운동을 일정한 기준에 따라 분류해 보면 다음과 같다.

(1) 행위저지적 참여와 행위요구적 참여

주민운동의 쟁점을 기준으로 하여 참여를 분류한 것으로서, 전자는 도시계획 · 건설 · 시책 등으로 인해 권리 및 재산을 침해당하거나 생활 조건의 악화를 초래당하는 이해 당사자에 대해 행정기관이 그러한 작위를 하지 못하도록 저지하고자 행해지는 주민운동에서 발생하고, 후자는 공공시설 · 보호 · 특혜 · 구제 등 행정지관이 일정한 시행적 작위를 하도록 이를 적극적으로 요구하는 주민운동에서 발생한다.

(2) 저항적 참여와 촉진적 참여

주민운동의 행정기관과의 관계를 기준으로 참여를 분류한 것으로서, 전자는 행정당국의 어떠한 작위에 대해 저항 내지 대결하는 주민운동에서 발생하고, 후자는 행정기관의 작위를 스스로 기대하고 유도하는 주민운동에서 발생한다. 대체로 보아 전술한 행위저지적 참여가 여기에서의 저항적 참여에, 또한 전술한 행위요구적 참여가 여기에서의 촉진적 참여에 관련된다.

주민운동의 발전 과정을 보면 일반적으로 처음에는 저항적 운동에서 출발하여 점차 촉진적 운동으로 발전하며, 이 촉진적 운동이 더 발전하여 교섭의 단계에 이른다. 그리고 저항적 운동은 처음에는 대증요법적 운동에서 시작하여 점차 예방투쟁적 운동으로 발전한다.

(3) 주민조직을 통한 참여와 직능단체를 통한 참여

주민운동의 주체를 기준으로 참여를 분류한 것으로서, 전자는 반상회 · 부락회 등의 지역적 주민조직을 통해 주민참여가 행해지는 것을 말하고, 후자는 농업협동조합 · 어업협동조합 · 상인회 · 의사회 · 약사회 · 문화단체 · 예술단체 · 종교단체 등을 통해 주민참여가 행해지는 것을 말한다. 주민조직과 직능단체를 통한 참여는 기존 조직을 통해서 이루어질 수도 있고, 또한 새로이 임의단체를 조직하여 이루어질 수도 있다.

2) 제도적 참여

(1) 제도적 참여 유형의 분류

지방행정당국은 급격히 분출하고 있는 주민참여의 요구에 직면하여, 그 요구를 수렴하고 그에 대응하기 위해 주민참여에 관한 여러 가지의 제도화를 도모한다. 그러나 실제적인 주민참여의 정도는 경우에 따라 다양한데, 주민참여의 정도에 관해 많은 학자가 여러 가지로 구분을 시도하고 있다. 그 중에서도 미국 아른스타인(S. R. Arnstein)의 [그림 4−2]와 같은 8단계 구분이 가장 유명하다.

아른스타인의 주민참여 8단계 구분은 미국의 각 지방자치단체의 도시재개발사업, 시범도시사업, 빈곤퇴치사업에 대한 연방정부의 보조사업 집행에 대한 시민 참여의 구체적인 사례를 토대로 구분된 것으로서, 그 대상 사업이 연방정부의 보조사업이고, 그 영향력의 주체가 시민이며, 그 구분이 여러 가지 사실의 단순화에 불과하지만 주민의 자치행정에의 참여의 단계를 구분하는 데에 많은 도움을 준다.

그림 4-2 주민참여의 단계

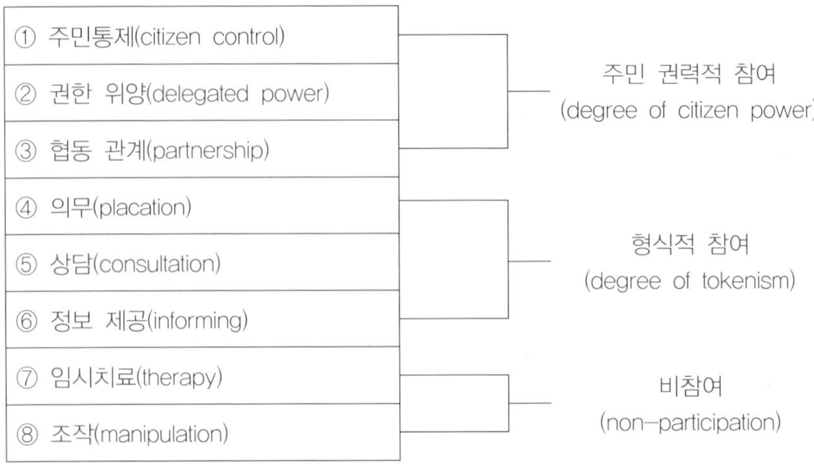

자료: Arnstein(1969: 217).

(2) 각 제도적 참여 유형의 특징

이상의 아른스타인의 주민참여의 8단계를 3단계로 통합하여 ① 비참여의 단계, ② 형식적 참여의 단계, ③ 주민 권력적 참여의 단계로 대별할 수 있는데, 각 단계별 참여의 특징은 다음과 같다.

① 비참여

주민참여의 제1 단계는 행정기관이 일정한 결정 사실의 조화에 노력하며 행정과 주민 사이의 갈등이나 오해를 최소화할 뿐 결정 과정에의 주민참여가 허용되지도 않고 주민이 결정의 수정이나 변경을 실현할 능력을 가지고 있지도 않기 때문에 주민참여는 단순히 주민 포섭에 머무르고 있는 단계이다. 전술한 아른스타인의 조작, 임시치료 등의 단계가 여기에 속한다.

② 형식적 참여

주민참여의 제2 단계는 행정의 일정한 단계에 주민 의사를 적극적으로 반영하는 데 초점을 두는 단계로, 각계각층의 대표가 참여하는 심의회·위원회, 지역 주민과의 대담, 주민운동단체와의 교섭 등이 제도적으로 보장되는 단계이다. 전술한 아른스타인의 정보 제공, 상담, 의무 등의 단계가 여기에 속한다.

③ 주민 권력적 참여

주민참여의 제3 단계는 정책의 결정 과정에만 주민을 참여시키는 것이 아니고 결정 후의 관리·운영의 권한도 지역주민에게 이양하는 단계로, 행정기관이 일정한 범위의 권한을 주민에게 이양하여 주민(또는 그 대표기관)이 그 범위 안에서 완전한 자주적인 관리를 행하는 단계이다. 전술한 제2 단계에서는 정책결정 과정에의 부분 참여에 의해 권한과 책임이 공동 분담되는 데 비해, 제3 단계에서는 일정한 권한과 책임이 주민(또는 그 대표기관)에게 맡겨져 주민에 의해 그 범위 안에서의 자치적인 운영이 행해지는 것이다.

미국에서 시범지역의 주민대표기관에 교육위원회의 행정 권한의 일부를 위임한 것, 주식회사 형식의 커뮤니티조합(community cooperation)을 결성한 것, 그리고 흑인 등 소수집단의 참여 의욕의 앙양과 새로운 질서 형성을 내용으로 하는 시민적 훈련의 장기적 프로그램을 실시한 것 등이 주민의 자주관리의 좋은 예가 된다. 전술한 아른스타인의 협동 관계, 권한 위양과 주민통제의 단계가 여기에 속한다.

3. 민주시민교육

1) 민주시민교육의 필요성

광화문 촛불은 국민이 이 나라의 주인이라는 사실을 일깨워 주는 역사적 계기였다. 그동안 정부가 온갖 조작을 일삼아도 정부가 무너지면 나라를 잃는다는 뼈아픈 경험 때문에 어떤 정부들은 정직하지 못했지만 믿고 따라왔다. 개를 돼지라 하면 돼지로 믿고 돼지를 개라 해도 믿고 순응해 왔다. 그 길만이 분단상황에서 이 나라와 국민의 안전을 도모하는 일이었기 때문이다. 드디어 정의롭지 못한 박근혜 정부는 권력을 남용하고 거짓과 조작을 일삼으며 국민을 능멸하는 지경에 이르고 말았다. 이제는 더 이상 지켜만 볼 수 없었던 국민들이 그동안 유보해 왔던 주권을 돌려달라고 외친 것이다. 바야흐로 국민주권 시대가 열리게 된 것이다. 그러나 모처럼 되찾은 주권을 제대로 행사하기 위해서는 시민의 역할과 책임이 뒷받침되어야 한다. 적어도 깨어 있는 시민이라면 공동체의 신뢰를 구축하고 공평한 사회를 만들기 위해 부단히 노력해야 한다. 바로 민주시민교육이 필요한 이유다.

2) 민주시민교육의 내용

우리 사회가 신뢰할 수 있고 공평한 사회로 가기 위해서 시민들이 갖추어야 할 시민정신의 내용은 무엇인가? 일반적으로 많은 학자들은 일반 시민성에 대한 조작적 정의로 권한공유의식(주인의식, 적극적 참여), 공동체지향성(공동체 의식, 협조적 자세), 공공문제지향성(지역사회 문제인식, 지속성), 자율능력(독자적 처리능력, 법규, 의무준수)을 제시하였다. 또 어떤 학자는 시민사회의 구성원들이 지녀야 할 덕목으로 자율정신, 준법정신, 관용정신, 근검정신을 들고 있기도 하다.

이처럼 시민정신의 내용 내지는 구성 요소에 대해 시민적 합의가 이루진다면 이를 어떻게 기를 것인가가 다음의 문제이다. 물론 시민정신교육은 학교의 정규교육과정에서 길러지고 가정교육을 통해 보완되어야 마땅하다. 그러나 대학입시 위주의 성적지상주의에 매몰된 학교교육에서 시민의 덕목이 길러지기를 기대하는 것은 연목구어나 다름없다. 아울러 가정교육에서 시민정신이 결여된 부모들로부터 시민정신을 교육받는다는 것도 기대할 수 없다. 따라서 지역사회를 변화시키는 시민리더십은 평생교육 차원에서 이루어질 수밖에 없다. 평생학습도시 사업은 국가에 따라 다양한 특성을 갖고 사업 추진이 이루어지고 있다. 이는 평생학습도시 사업은 사업이 추진되는 맥락에 따라 다양한 목적으로 사업추진이 이루어지기 때문이다. 즉, 어떤 지역은 지역주민의 직업교육과 고용능력 증진을 위하여 사업이 추진되고 있으며, 어떤 지역에서는 지역의 지방자치 활성화를 위하여 사업이 추진되고 있고, 어떤 지역에서는 지역주민의 공동체적 결속을 위하여 사업이 추진되고 있다. 그리고 각각의 경우에 사업추진 방식이 각기 다르게 나타나고 있다. 지역에 따라 사업의 목적과 사업추진 방식이 다름에도 불구하고 평생학습도시 사업이 공동적으로 강조하고 있는 것은 지역 변화의 전제 조건으로서의 시민과 주민의 변화이다. 즉, 학습활동을 통하여 지역의 시민과 주민의 변화가 나타나고, 이를 통하여 지역주민의 역량과 태도가 변화함으로써 지역의 발전과 활성화가 가능한 것이다.

연구 과제

1. 지방분권을 확보하기 위한 중앙 권한의 지방이양 사업을 평가하고 발전 방안을 논의해 보시오.
2. 소규모 지방자치단체의 효율성을 제고하기 위한 행정구역 개편안에 대해 토론해 보시오.
3. 주민소환제 등 주민참여의 실질화를 위한 역대 정부의 노력을 평가해 보시오.
4. 민주시민교육의 선진국 사례를 살펴보고, 우리나라에 적합한 민주시민교육 방안을 논의해 보시오.

제 5 장

효율화와 도시행정

학습 목표

- 도시정부 간 협력체제 구성을 위한 광역행정의 방식을 학습한다.
- 도시정부와 중앙정부 간 관계 유형을 이해한다.
- 도시정부 공공서비스의 제공 방법의 특성을 학습한다.
- 공공서비스의 효율성을 높이기 위한 제도개선 방안을 살펴본다.

사례 연구 수도권 광역교통청

경기도가 수도권 광역교통청 설립에 적극 나서고 있다. 광역교통청은 말 그대로 수도권의 교통을 총괄하는 기구다. 이 기구를 통해 수도권 광역교통 체계 확립과 제반 문제에 대해 중앙과 지방이 공동 대응할 수 있다. 이를 위해 도는 이달부터 경기연구원을 통해 연구를 진행하고 상반기 중에 서울시와 인천시, 도내 국회의원, 행정안전부, 국토교통부, 교통 분야 전문가들이 참여하는 대규모 정책토론회를 열 계획이다.

광역교통청이 설립되면 국토교통부 산하기구로 되고 독립적인 인·허가권을 갖게 되어 수도권 지역의 교통정책을 일원화하는 체계를 마련할 수 있다. 경기－서울－인천은 행정구역은 다르지만 고도의 광역 교통망이 연결되어 있어 이미 하나의 거대 도시권을 형성하고 있다. 극심한 교통체증 현상을 보이고 도로와 교통수단 이용자들의 스트레스를 유발하고 있다. 경제적 손실도 만만치 않다. 2005년 이 같은 문제점을 해결하기 위한 수도권교통본부가 설립되었으나 이는 '지방자치단체조합'으로서 법적권한에 제약을 받았다.

교통난 해소를 위한 정책도 각 지방자치단체별로 달랐다. 일례를 들자면, 도와 인천은 서울행 광역버스를 증편하려 하나 서울은 환경오염 등을 이유로 광역버스 진입량을 감소시키겠다는 입장이다. 따라서 중앙정부 차원에서 실질적 대응책을 마련해야 한다는 주장이 설득력을 갖는다. 2018년 10월 정병국 의원 등 국회의원 22명이 적극 나섰다. 수도권 광역교통 체계의 실질적 계획을 수립하고 집행할 수 있는 수도권 광역교통청을 국토교통부 장관 소속으로 설립하는 정부조직법 일부개정안을 발의했다. 광역교통청을 국토교통부 장관 소속으로 두고 청장을 임명해 수도권 광역교통인 대중교통, 철도, 도로 등에 대한 업무를 국토교통부로부터 이관받아 총괄토록 한다는 내용이다. 이에 앞서 2018년 9월 도와 도의회는 '경기도 민생연합정치 합의문'을 통해 '수도권 교통청 설립'을 추진 과제로 선정, 국토교통부에 건의했다. 수도권 교통문제 해결은 '전체 인구 절반이 달하는 수도권 주민들에 대한 복지이자 국가경쟁력을 높이는 일'이란 정병국 의원의 주장에 적극 동의하면서 수도권 광역교통청 설립을 촉구한다(경기신문 사설, 2019.1.22).

<생각해 볼 문제>

1. 광역행정조직으로서 수도권 교통본부와 수도권 광역교통청의 조직의 특성을 비교하고, 수도권 교통문제 해결을 위해 현재 수도권교통본부가 아닌 수도권 광역교통청이 되어야 하는 이유를 밝히시오.
2. 서울시, 인천시, 경기도 간 교통 관련 조직의 협력으로 수도권 교통문제를 해결하기 어려운 이유를 설명하시오. 새로운 조직을 만들지 않고 기존의 조직으로 광역교통문제를 해결할 수는 없을까?

이 절에서는 도시행정의 광역화에 따른 도시정부 간 협력 방식과 도시정부와 중앙정부 간 관계를 살펴보고자 한다.

제 1 절 광역행정과 정부 간 관계

1. 광역행정의 의의

1) 개 념

오늘날 대도시 지역의 발전은 자치단체 행정구역을 넘어서 이루어지는 것이 보통이어서 도시 발전과 관할권이 일치하지 못하는 문제가 발생하고 있다. 이러한 문제에 효과적으로 대처하기 위해서는 지방자치단체 간 상호 협력에 의한 행정 방식이 필요하다.

광역행정이란 지방자치단체의 행정구역을 넘어서 상호 인접된 몇 개의 지방자치단체가 공동으로 지역의 행정수요에 대처하여 행정의 민주성과 능률성을 높이는 행정 방식이다. 따라서 광역행정은 기존의 작은 행정구역을 초월하여 발생하는 행정수요에 대응하는 제도이며, 개별 지방자치단체의 행정구역보다 넓은 지역을 대상으로 하는 행정이다.

2) 필요성

교통과 통신이 발달하고 도시화가 진행됨에 따라 도시문제는 양적으로 증가되고 질적으로 다양해지고 있다. 따라서 도시문제를 해결하기 위해 특정한 행정구역 내에 국한하여 문제를 해결할 경우 능률적인 행정을 할 수 없거나 행정 목적을 달성할 수 없게 된다. 이런 경우, 인접 지방자치단체와 협조·계약·공동 처리 또는 법령 등에 의한 광역행정 방식의 채택이 불가피해진다. 광역행정의 필요성을 정리해 보면 다음과 같다.

첫째, 사회·경제권역의 확대이다. 현대 사회에서 교통과 통신의 발달로 지역주민의 경제권 및 생활권이 확대되고 공간적 이동 범위도 확대되었다. 사회·경제권이 행정권을 넘어서 확대되고, 행정수요도 광역화됨에 따라 서로 괴리된 생활권·경제권·교통권·행정권 등을 조정하여 행정의 효율성을 높이고 주민편의의 증진을 위해 광역행정 방식이 필요하다.

둘째, 급속한 도시화에 대한 대응이다. 도시화가 급속하게 진전됨에 따라 대도시는 위성도시 및 교외지역을 흡수하여 도시집합을 이룸으로써 광역도시권의 형성이 보편화되고 있다. 광역도시권은 도시 주변부의 도시화로부터 시작하여 근교 지역의 주거지 개발에 따른 주거지의 확산, 배후지역 인구의 도시집중에 따른 도시 과밀화와 도시권의 확대 등으로 나타난다. 이에 따른 주변 지역의 주택난, 도심의 과밀과 생활환경의 악화, 이로 인한 위성도시의 발전과 상권과 교통권의 확대 등이 진행된다. 광역도시권 내에서 사회·경제적 기능은 상호 의존적이기 때문에 도시문제를 바람직하게 해결하기 위해서는 지역 전체를 대상으로 문제 해결 방안을 찾아야 한다.

셋째, 균형 있는 도시개발의 촉진이다. 도시 간 격차를 해소하고 개발을 촉진시키는 데 중요한 것은 도시별 기능을 합리적으로 분담하는 것이다. 도시 간 기능이 합리적으로 분산되고 재배치되어야 국가 전체의 균형 있는 개발이 가능하다. 도시개발을 위한 권역은 기존 행정구역보다 방대하고, 권역을 중심으로 국가 발전을 추진하고자 할 경우에는 도시정부 간 이해관계를 조정할 광역행정 방식이 필요하다.

넷째, 도시와 농촌 간 재정과 행정 서비스의 불균등 해소이다. 도시지역과 농촌

지역 간 행·재정력의 격차가 심해 농촌지역 주민의 지역개발과 복지, 문화 등의 행정 서비스의 평준화에 대한 요구가 증대되고 있다. 농촌지역을 도시지역에 통합함으로써 재정 능력의 부족, 세원의 빈곤, 주민의 담세 능력의 한계, 인적 자원 및 행정관리 기술의 부족 문제를 해결하고, 도시와 농촌 지역 간 행정 서비스의 격차 해소에 기여할 수 있다.

다섯째, 개발행정과 계획행정의 요청이다. 대규모 개발 사업이 기존의 행정구역을 초월하여 이루어지고 있다. 수자원의 개발, 주요 도로의 정비, 공업용지의 확보와 같은 사업은 행정구역을 초월하여 광역적으로 시행되고 있다. 이러한 사업에서 현재의 행정구역을 초월하여 광역적으로 행정문제를 처리하는 새로운 행정 방식이 요구된다.

2. 광역행정의 방식

광역행정은 나라와 시대, 그리고 자치단체의 유형에 따라 그 방식이 다양하다. 그 본질을 정확히 이해하기 위해서는 우선 광역행정의 대상이 되는 사무의 성질과 종류를 알아야 하고, 역사적으로 발전되어 온 각국의 광역행정을 담당하는 행정주체, 사무가 처리되는 지리적 범위, 그리고 사무가 수행되는 행정 방식을 검토할 필요가 있다.

광역행정을 행정계층에 따라 기초자치단체의 광역행정, 광역자치단체의 광역행정, 국가의 하급 행정기관에 의한 광역행정으로 분류가 가능하다. 또한 지리적으로 기존의 구역을 중심으로 하는가, 신규의 구역을 설정하는가를 기준으로도 유형화가 가능하며, 행정 방식 또는 협력 방식으로 보아 비교적 단순하고 국지적이며 점진적인 접근인가, 아니면 조직이나 기구의 개편 등 종합적이고 구조적인 접근인지에 따른 분류도 있으며, 행정 서비스가 전달되는 방식, 즉 처리 방식에 의한 분류도 있으며, 광역행정이 관련 지방자치단체의 의사보다는 국가 또는 상급기관의 의사에 의해 실시되는 강제성에 의한 분류 등이 있다(정세욱, 2005; 최봉기 외, 2015).

이상의 광역행정의 방식을 여기서는 주로 도시정부 간 합의로 이루어지는 협조 방식과 단일정부 방식, 그리고 주로 중앙정부나 상급기관의 지시에 의해 이루어지는 특별기관 설치 방식으로 분류해서 살펴본다.

1) 협조 방식

협조 방식의 광역행정 체제는 우리나라의 도시권 행정협의회, 일본의 수도권 정비위원회, 미국의 시와 카운티 간의 행정협정 등에서 볼 수 있는 것처럼 행정구역 단위의 변경 없이 광역행정을 처리하는 방식이다.

(1) 행정협의회

도시정부가 사무의 일부를 공동으로 처리하거나 사무에 대한 연락·조정 등을 도모하고 광역적인 계획을 공동으로 수립하기 위해 관계되는 도시정부 간 협의에 의해 규약을 정하고 행정협의회를 설치할 수 있다. 행정협의회는 협력 대상 사무의 제한이 없어 활용도가 계속 증가될 것으로 예상되지만, 제도 자체가 가지는 분쟁 해결 능력과 실무적 집행력의 부족이 문제점으로 제기되고 있다. 특히 행정협의회는 도시정부 간 사전 협의보다는 사후적인 갈등 해결을 담당하므로, 지방분쟁조정위원회 제도와 차별화가 어려울 수 있다(강인성·박치성, 2008).

협의회 방식의 예로는 미국의 지방정부 간 협정과 독일의 공법상의 협정 등이 있다. 일본에서 이 협의회가 담당하는 사무의 종류로는 직원 연수·결핵 예방·진료소·화장실 등과 같은 특정 사무에 관한 것뿐만 아니라, 지역적인 종합 개발이나 광범위한 광역행정의 여러 분야에 걸쳐 있다.

(2) 행정협정

광역행정권 내에 있는 도시정부들이 법적인 구속력이 있는 행정협정을 맺고, 이를 통해 공공서비스와 시설물들의 제공에 효율적으로 대처하고자 하는 방식이다. 개별 도시정부의 자주성을 침해하지 않고 대도시권의 행정 서비스 수요와 문제점에 대해 간편하면서도 즉시적인 대응을 할 수 있다는 장점이 있다. 그리고 재원이나 기술이 부족한 특정 도시정부가 고속도로 건설·보건·공원·도서관·상하수도·분뇨처리·경찰·소방 등의 업무에서 인접 도시정부와 협조하는 협정을 맺음으로써 서비스의 질 향상과 예산 절감 등의 행정효율성을 높일 수 있다.

로스앤젤레스 도시권은 도시권에서 제기되는 광역행정 문제를 행정협정이라는 방법으로 해결하고 있는 대표적인 사례 지역이다. 즉, 로스앤젤레스 도시권을 둘러싸고 있는 로스앤젤레스 군이 로스앤젤레스 시 및 기타 자치단체들과 행정협정을 맺어 행정사무의 전달을 일원화하고 있다.

(3) 사무위탁

사무의 위탁은 도시정부가 다른 도시정부, 기타 공공단체 또는 그 기관이나 법인단체에 특정한 사무를 위임하여 처리하는 방식이다. 사무위탁은 행정협정 방식의 일환이면서 행정응원의 주요 수단이 된다는 점에서 다른 사무의 공동 처리 방식과 구분되며, 수탁단체가 위탁단체를 대신하여 주민에게 행정 서비스를 제공하는 방식이기 때문에, 사무의 처리에 소요되는 경비는 위탁단체가 부담한다.

(4) 행정응원

도시정부 간 한 자치단체가 사무를 처리하는 데 필요한 특정한 행위 또는 공무원의 파견근무, 기타의 협력을 다른 도시정부에게 요구하는 경우가 있다. 이러한 원조의 요구는 자치행정이 공익의 실현을 지향한다는 지도 이념의 당연한 요청으로서 법령에 명문의 근거가 없더라도 가능하다. 그러나 법에 근거 규정을 둘 때에는 원조 요청을 받은 도시정부는 이를 거부할 수 없다. 이러한 행정응원 또는 상호원조는 미국에서 많이 이용되고 있는데, 대표적인 예로는 오래전부터 실시되고 있는 소방활동에 관한 상호 응원을 들 수 있다. 그 밖에 경찰활동, 상수도 사업 등이 상호 응원의 대상이 되고 있다. 우리나라에도 소방 응원, 경찰 응원 등이 법에 규정되어 있다.

2) 단일정부 방식

(1) 도시합병

도시합병(annexation)은 법인격을 갖춘 다수의 도시정부 가운데 규모가 영세한 주변 도시정부가 모정부에 흡수되어 하나의 법인격을 가진 도시정부가 신설되는 방식이다. 합병에 의하면, 독립된 중심도시와 주변도시가 동일한 지위에서 모두 다 법인격이 소멸되고 새로운 법인체가 형성된다. 이 경우 이전의 도시정부 가운데 인구 규모나 도시 세력이 큰 기관의 행정조직과 건물, 행정요원과 장비들이 새로이 형성된 도시정부의 기반을 이루게 된다.

이러한 도시정부의 합병 방식은 일본에서 가장 많이 채택되고 있는데, 그 내용은 시·정·촌(市町村) 합병과 시·군 합병이 있다. 지방자치의 민주화와 능률화를 도모하기 위해 기초적 자치단체인 시·정·촌 우선의 원칙과 능률의 원칙을 조화시키는 방향으로 시·정·촌 합병의 필요성이 강조되었다. 시·군 합병 방식은 대도시와 그 주변 지역을 합병하는 방식이다. 도쿄시(東京市)와 그 주변 지역인 도쿄부(東京府)를 합병하여 도쿄도(東京都)를 만들었던 방법이다.

그러나 도시합병 방식은 합병 후의 도시 규모가 합리적이라면 광역행정을 잘 수행할 수 있지만, 합병 후에 도시 규모가 너무 크면 많은 인구를 떠맡게 되어 오히려 거대도시의 문제를 발생시키게 된다. 따라서 이 방식은 자치의 입장에서 지역사회의 특수성을 저해한다는 비난을 받을 수 있다.

(2) 도시연합

도시연합(federation)은 대도시 내의 기존 행정조직 외에 상급단체를 새로이 창설하여 행정사무를 이원적으로 처리하는 방식이다. 즉, 수 개의 도시정부가 독립적 법인격을 가지면서 법률이 정하는 바에 따라 연합정부를 구성하여 광역사무와 지방적 사무를 구분 처리하는 방식이다. 도시연합은 상급정부가 정책결정권, 과세권과 사업의 집행 능력을 가지고 지역 특성에 맞게 행정을 수행하지만, 기존 도시정부의 기능과 권한을 존중하기 때문에 지방자치의 정신을 살리면서 광역행정의 수요에 대응하는 장점이 있다. 이 방식의 사례는 캐나다 토론토 도시연합 방식(The Municipality of Metropolitan Toronto), 영국의 대 런던회의(Great London Council), 프랑스의 도시공동체(Les Comunaute's Urbaines), 파리권역, 파리광역구 등이 있다.

도시연합이 가장 먼저 성공한 사례가 캐나다의 토론토의 경우이다. 토론토의 경우 도시 인구의 증가와 더불어 외곽지역도 급성장을 이루어 상하수도, 쓰레기 처리, 교육 · 의료 · 교통, 기타 서비스 등에서 광역행정수요가 급격히 증가하여, 한정된 재정으로는 그 수요를 충족할 여력이 없었다. 그 해결책으로 온타리오 주정부는 1953년 토론토는 광역자치법을 제정하여 토론토 광역자치단체를 발족하고 이원적 지방정부 체제를 탄생시키게 되었다. 새로운 자치제는 13개 지역을 포함했으며, 약 220만 명의 인구를 가진 6개의 광역 자치정부로 구성했다.

(3) 구역 변경

부적절한 기존 행정구역을 합리적으로 재조정하여 적정 구역화하는 방식이다. 구역 변경은 기존 도시정부의 조직 변경 없이 실제 도시화 지역에 적합한 행정 단위를 갖추게 한다는 점에서 도시정부의 소멸이나 조직의 구조적 변경을 가져오는 합병이나 편입과 구별된다. 구역 변경은 중심도시와 경제 · 사회적 통합성을 갖는 주변 도시를 편입하여 새로운 구역을 설정한다. 구역 변경은 종합적인 개발계획과 정책의 수립 및 효과적인 토지 이용계획 등의 광역행정 운영에 적합하다.

3) 특별기관 설치 방식

(1) 지방자치단체조합

도시정부가 그 사무의 일부를 공동으로 처리하기 위해 둘 이상의 도시정부의 합의에 의해 규약을 정하고 새로운 법인인 조합을 설치하는 방식을 의미한다. 지방자치단체조합은 특별자치단체로서 법인격을 가지고, 고유의 직원을 두며, 독자의 재산을 보유할 수 있고, 조례를 제정할 수 있다. 또한 조합의 명의로 공동사무를 처리할 수 있으므로, 이 점이 협의회 등 다른 협조 방식에 비해 장점이 되고 있다. 한편 사무조합은 주민을 갖고 있지 않기 때문에 직접 청구는 할 수 없다는 점이 보통지방자치단체와 다른 점이다. 외국에서와 달리 우리나라에서 이 제도의 활용이 부진한 이유는 조합의 설립 및 운영과 관련하여 도시정부의 자율성이 매우 제한되어 있기 때문이다.

지방자치단체조합의 대표적인 예는 프랑스의 시 · 읍 · 면 조합(Les Syndicats de

Communes)이다. 1890년 시·읍·면 조합을 설치할 수 있게 된 이래 시·읍·면은 상호 협력할 수 있게 되었다. 조합의 목적은 매우 한정된 특수성을 의미하는 단일한 공공서비스로 엄격히 제한되어 있으며, 시·읍·면 간 이익이 되는 사업에만 조합을 설립할 수 있다. 1959년 개혁으로 시·읍·면은 한 가지 공공서비스를 담당하는 조합 이외에 복합적 공공서비스를 담당하는 조합도 설립할 수 있게 되었다. 한편 독일에는 상하수도의 설치 운영, 교통사업, 쓰레기 수거처분, 소방대의 설치, 문화재 보호 등의 사무 처리를 목적으로 하는 사무조합이 많이 설립되어 있다.

(2) 특별구

대도시 내에 특별자치단체를 설치하거나 활용하여 광역행정을 처리하는 방식이다. 특별자치단체는 대도시 지역 전체를 관할하는 단일 지역으로 설정할 수도 있고, 지역의 일부 또는 다른 지역과 중복되는 구역을 관할하는 조직으로도 설립할 수 있다. 나아가 특정의 단일 기능을 수행하기 위한 단일 목적의 특별자치단체를 설립할 수 있고, 둘 이상의 기능을 아울러 처리하기 위한 복합특별단체도 설립할 수 있다. 특별자치단체가 수행할 수 있는 사무 범위는 매우 광범위하여 대도시 대중교통시설의 운영·폐수 처리·상하수도·공공주택·병원운영·도서관·공항·항만·대기오염 관리·공원관리 등 열거하기 어려울 정도로 많다.

미국의 특별구의 기능을 보면 교육·소방·교통·의료 등 특수한 사무를 처리하기 위해 설치되며, 직접 주민에 의해 구성된 행정기관과 과세권도 가지고 있다. 그 밖의 예로 런던의 수도경찰구와 상수도 특별구, 일본의 행정구, 프랑스의 도시구 등이 있다.

(3) 광역의회

도시정부의 지방의원들이 광역의회를 구성하고, 여기에서 광역적 행정 사항을 토의하여 의결하는 제도이다. 이 방식에 의하면, 관련되는 도시정부의 의원들이 각 지역의 대표로서 광역의회에 참석하므로 민주적 요청에 부합된다.

표 5-1 광역행정의 방식

구 분	주요 제도
협조 방식	행정협의회, 행정협정, 사무위탁, 행정응원
단일정부 방식	도시합병, 도시연합, 구역 변경
특별기관 설치 방식	지방자치단체조합, 특별구, 광역의회, 특별지방행정기관

(4) 특별지방행정기관

이는 특정한 광역행정사무를 처리하기 위해 국가가 자치단체와는 별도로 특정 기능만을 수행하는 하급 행정기관을 지역에 설치하는 방식을 의미한다. 현대의 행정 기능이 양적으로 팽창하고 지리적으로 광역화하고 있을 뿐 아니라 질적으로 전문화와 다양화되고 있어, 특별지방행정기관은 광역적이고 전문성이 높은 분야의 행정을 효율적이고 통일적으로 수행하는 역할을 할 수 있다. 이상의 내용을 정리하면 <표 5-1>과 같다.

3. 광역행정의 문제점과 방향

1) 광역행정의 문제점

광역행정의 문제점은 광역행정이 행해지는 장소나 구체적인 방식에 따라 다르므로 일반론으로 설명하기가 어렵다. 그러나 다음 사항이 대체로 광역행정의 문제점이라 할 수 있다.

(1) 편익과 책임의 불일치

도시권 내에서 정부 간 동등한 권리와 의무를 확립하기가 어렵다. 특정 행정 서비스에 대한 재정적인 부담과 편익 발생 간 불일치가 발생하게 되면 행정 서비스의 형평성 문제가 발생한다. 즉, 교육비와 복지비나 개발비용을 부담하는 시민과 이로 인해 편익을 얻게 되는 시민 간 생기는 행정 서비스 수혜와 비용 부담의 불일치가 문제가 된다.

(2) 일상적 행정수요의 경시

광역정부가 다루는 광역적인 행정문제는 대부분 시민들이 정부로부터 기대하는 일상적 성격의 공공서비스와는 다른 경우가 많다. 일상적인 도시문제는 광역권 행정수요의 부차적인 것으로 간주되어 기초적 도시 수요를 희생시키고 광역권 수요에 초점을 맞추는 행정을 펴기 쉽다. 이러한 경향은 광역정부가 시민들로부터 유리된 존재일 경우 더욱 커지고 있어 행정 우선순위의 조정이 어렵다는 문제점이 있다.

(3) 지방자치의 저해

광역행정은 본질적으로 자원과 기술을 통합하고자 하는 중앙집권적 행정 방식의 일종으로 볼 수 있다. 이 점에서 기초자치단체의 권한이나 기능을 잠식하거나 도시정부에 대한 통제나 감독 기능을 강화시킬 수 있다는 문제점이 있다. 또 광역정부는 도시의 환경과 행정수요에 대한 지식이 부족하여, 도시 주민이 원하는 서비스를 적절하게 제공할 수 없을 수 있다. 광역행정은 지방자치의 국가화라는 신중앙집권를 촉진시켜 유권자의 영향력과 책임성을 감소시키고 지방자치를 저해할 수 있다.

2) 광역행정의 방향

앞서 지적한 바와 같이 광역행정에 의한 신중앙집권화는 자칫하면 행정의 능률성을 지나치게 강조한 나머지 자치행정 내지 지방자치의 정착을 저해할 수 있다. 따라서 중앙과 지방을 협조적 수평 관계로 파악하고 나아가 중앙집권과 지방분권이 조화와 균형을 이룩함으로써 행정의 능률성과 민주성을 보장하는 방향으로 광역행정을 실시해야 할 것이다. 이를 위해서는 구체적으로 다음과 같은 방향으로 나아가야 할 것이다.

첫째, 우리나라는 아직도 행정권의 중앙집권화 정도가 상대적으로 높기 때문에, 실질적인 지방분권화를 우선 실현한 후에 광역행정을 통한 행·재정의 효율화를 도모해야 한다.

둘째, 중앙정부 · 광역자치단체 · 기초자치단체 간 기능과 권한 및 책임의 분담을 명확히 하고, 국가의 통제는 필요한 최소한도에 그치도록 해야 한다.

셋째, 광역행정은 도시정부의 자치권을 가능한 침해해서는 안 되며, 도시행정의 민주성 · 능률성 · 지역적 특수성을 향상시킬 수 있도록 해야 한다. 즉, 중앙집권은 행정의 능률성을 높여 주는 반면, 지방분권은 행정의 민주성을 실현하므로 광역행정을 통해 중앙집권과 지방분권을 조화시킴으로써 양자의 동시 실현을 위해 노력해야 한다.

제 2 절 도시정부와 중앙정부 간 관계

1. 관계 유형

도시정부는 국가와 유리된 별개의 존재가 아니라 국가의 통치 체계의 일부를 이루는 국가 내부적 존재이다. 도시정부가 갖는 자치적 역량과 행정권한은 국가의 명시적 법규와 정책의 범위 내에서 인정되며, 도시정부는 국가와 공공 목표의 실현에 상호 협조하고 역할을 분담한다. 중앙정부와 도시정부는 상호 유기적인 관계를 형성하기 때문에 양자 간의 관계의 유형은 여러 학자들에 의해 다양하게 분류되고 있다. 각 유형을 중앙정부의 권한 정도, 통제 방식, 지방자치단체에 대한 법적 · 정치적 지위, 자율성의 정도가 유사한 것끼리 연계시켜 정리해 보면 <표 5-2>와 같다.

표 5-2 중앙정부와 도시정부 간 관계 유형

구 분	라이트(Wright)	무라마쓰(村松岐夫)	그리피스(Griffith)
권력관계형	내포형(inclusive)	수직적 행정통제모형	규제형(regulatory)
대응관계형	분리형(seperated)	수평적 정치경쟁모형	자유방임형(laisses-faire)
평등관계형	중복형(overlapping)	상호의존모형	장려형(promotional)

이상의 관계 유형은 상호 배타적으로 단절되어 존재하는 것이 아니라 국가적 상황과 시대적 환경 변동에 따라 그 형태가 부단히 변경되는 연속선상의 동태적인 것이어서 상호 간 혼합된 형태를 보여준다. 현실적으로는 중앙정부가 도시정부에 대한 통제로서 감독, 지도, 지시 등 하향적이고 수직적인 일방적 관계로서 상의하달형(上意下達型)과, 도시정부가 자신의 의사를 실현하기 위해 중앙정부에 대해 영향력을 행사하는 하의상달형(下意上達型)의 두 가지로 관계 유형을 구분할 수 있다. 물론 이 두 유형도 상호 단절되어 개별적으로 발생하는 것이 아니라 상호 관련성을 가지고 동시에 수행된다.

2. 중앙정부와 도시정부 간 기능 배분

1) 기능 배분의 원칙

중앙정부와 도시정부 간 기능 배분에서 고려해야 할 일반적인 원칙은 다음과 같다.

(1) 행정책임성의 원칙

중앙과 지방 간 기능 배분에서 먼저 행정책임성을 명확히 함으로써 업무의 효율성을 높일 수 있어야 한다. 따라서 업무의 성격이 유사하거나 유기적으로 연관된 업무를 인위적으로 분할하든가, 일의 원활한 흐름을 해치면서까지 무리한 기능 배분을 하는 사례가 없도록 해야 하며, 역할 모호성과 책임 회피를 유발할 수 있는 책임과 권한을 괴리시키는 기능 배분은 없어야 한다. 또한 기능 배분이 복합 민원을 유발하거나 기타 주민의 편익을 해쳐서도 안 된다.

(2) 현지성의 원칙

기능 배분은 행정의 현지성과 민주성을 높일 수 있어야 한다. 집행적 성격을 지닌 행정 업무는 최대한 지역에 이관하여 행정 서비스의 상황적응성을 높여야 한다. 행정의 현지성과 민주성을 높이기 위해서는 도시행정의 집행 기능뿐만 아니라 계획 및 정책 기능도 강화해야 한다. 정책개발·사업계획 등의 기능이 중앙에만 너무 편중되어서는 안 되며, 지역의 특수성을 감안한 도시정부의 자율적 정책 개발 능력을 함양하는 것이 필요하다.

(3) 종합성의 원칙

행정사무는 행정의 종합 조정 기능을 발휘할 수 있도록 가능한 한 서울특별시, 광역시, 도·시·군에 배분해야 한다. 이런 점에서 국가의 일선기관은 일반적 기능을 담당해서는 안 되며, 국가의 시·군 간 연결 조정 기능은 도에 배분해야 한다. 따라서 도시행정에서 기초자치단체를 중심으로 지역 발전을 도모하고 도시행정의 종합성을 보장할 수 있도록 해야 한다.

(4) 규모의 경제 원칙

중앙과 지방 간 기능 배분 시에 행정의 전국적 통합성과 규모의 이익을 고려해야 한다. 지방행정의 자율성 강화가 요청되고 있지만 이와 같은 요청의 충족이 지방행정 단위들의 분리나 전국적인 행정 체제의 와해를 초래해서는 안 된다. 중앙행정은 전국적 행정의 통합·조정 기능을 보유해야 하며, 외교·국방 등 국가의 고유 기능과 체제의 통합 및 지역 간 형평성 유지에 필요한 기능을 직접 수행해야 한다. 사업의 규모로 보아 국가적인 관여가 필요한 것은 중앙정부가 맡을 수밖에 없다. 중앙정부의 관여를 통해 규모의 경제에 따른 편익을 얻을 수 있는 경우에도 계획에 도시정부의 참여를 허용해야 한다.

2) 기능 배분의 기준

(1) 중앙정부의 행정 기능

중앙정부의 기능은 정부조직법과 중앙행정기관의 직제에 상세히 규정되어 있지만, 중앙정부가 어떠한 기능을 구체적으로 담당하는지에 대해서는 명확하지 않다. 지방자치법 제11조에서 지방자치단체가 원칙적으로 처리할 수 없는 국가사무를 열거해 놓음으로써 중앙정부의 기능을 간접적으로 규정하고 있다. 지방자치법에는 지방자치단체가 법률에 특별한 규정이 없는 한 다음의 사무를 처리할 수 없다고 규정하고 있다.

- 외교, 국방, 사법, 국세 등 국가의 존립에 필요한 사무
- 물가정책, 금융정책, 수출입정책 등 전국적으로 통일적 처리를 요하는 사무
- 농산물 · 임산물 · 축산물 · 수산물 및 양곡의 수급 조절과 수출입 등 전국적 규모의 사무
- 국가종합경제개발계획, 국가하천, 국유림, 국토종합개발계획, 지정항만, 고속국도 · 일반국도, 국립공원 등 전국적 규모나 이와 비슷한 규모의 사무
- 근로 기준, 측량 단위 등 전국적으로 기준을 통일하고 조정해야 할 필요가 있는 사무
- 우편, 철도 등 전국적 규모나 이와 비슷한 규모의 사무
- 고도의 기술을 요하는 검사 · 시험 · 연구, 항공관리, 기상행정, 원자력개발 등 지방자치단체의 기술과 재정 능력으로 감당하기 어려운 사무

(2) 지방자치단체의 행정 기능

현행 지방자치법 제9조에서 지방자치단체가 수행할 수 있는 행정 기능을 다음과 같이 예시하고 있다.

- 지방자치단체의 구역, 조직 및 행정관리 등에 관한 사무
- 주민의 복지 증진에 관한 사무
- 농림 · 상공업 등 산업 진흥에 관한 사무
- 지역개발 및 주민의 생활환경 시설의 설치 · 관리에 관한 사무
- 교육 · 체육 · 문화 예술의 진흥에 관한 사무
- 지역 민방위 및 소방에 관한 사무

지방자치법시행령은 이들을 다시 구체화하여 자치단체의 종류별로 구체적으로 지방정부의 기능을 제시하고 있다. 상대적으로 광역적 · 통일적 · 집행적 사무는 광역자치단체의 사무로 하고, 주민생활과 밀접한 관련이 더 많은 사무나 순수한 집행적 사무는 기초자치단체의 사무로 하여 그 내용을 예시하고 있다.

3. 광역자치단체와 기초자치단체 간 기능 배분

1) 광역자치단체와 기초자치단체 간 기능 배분

여기서는 지방자치단체의 기능 중 어떠한 기능이 광역자치단체와 기초자치단체에 배분되어야 할 것인가에 대해 기술하고자 한다.

(1) 광역자치단체의 기능

광역자치단체는 다음의 기능을 담당하고 그 밖의 기능은 모두 기초자치단체에 배분해야 한다.

① 광역행정 기능: 광역행정 기능이란 두 개 이상의 자치단체의 구역에 걸치는 광역적 사무를 계획하고 집행하는 기능을 의미한다. 예컨대, 지방도로의 건설, 지방하천의 관리, 제방, 치산, 치수, 운수, 관광 개발 등의 기능을 들 수 있다.

② 보완·대행 기능: 보완·대행 기능이란 기초자치단체의 능력으로는 적절히 처리할 수 없거나 곤란한 사무, 또는 기초자치단체가 처리하는 것이 비능률적이거나 행정의 질을 저하시킬 우려가 있는 사무를 의미한다. 예컨대, 병원, 연구소, 시험장, 식품검사시설, 직업안정소와 같은 사회복지에 관한 기능을 들 수 있다.

③ 연락·조정 기능: 연락·조정 기능이란 중앙정부와 기초자치단체 간 의사소통을 원활히 하고, 기초자치단체 간 정책의 상충을 해소하며 행·재정의 불균형을 시정하는 기능을 의미한다. 예컨대, 중앙정부의 명령과 지시의 이첩, 기초자치단체로부터 보고의 접수 및 중앙에의 보고, 두 개 이상의 자치단체에 걸치는 개발계획과 정책의 조정에 관한 사무를 들 수 있다.

④ 지휘감독 기능: 광역자치단체와 기초자치단체는 넓은 의미에서 국가 행정조직의 일부분으로서 계층 관계에 있다. 양자는 한편으로 법률상 대등한 관계에 있으면서 다른 한편으로는 상하 관계에 있는 것이다. 법률이 기초자치단체에 대한 광역자치단체의 지도감독권을 인정하는 경우란 바로 양자가 상하 관계에 놓일 때에 한한다.

(2) 기초자치단체의 기능

기초자치단체가 해야 할 기능으로는 일반적으로 광역자치단체에서 처리해야 할 사무들을 제외한 모든 사무라 할 수 있다. 이들은 기초자치단체의 조직·재정·자치입법에 관한 사무와 지역 주민생활과 밀접한 봉사 업무, 그리고 기능 수행 결과가 해당 자치단체에만 미치는 집행적 사무 등이 여기에 속한다.

4. 도시정부와 중앙정부의 관계: 중앙정부의 관여와 도시정부의 대응

중앙정부와 도시정부 간 관계는 영·미 국가와 대륙 국가에서 상이한 유형으로 발전해 왔다. 영·미형은 주민자치의 정신과 권력 분산의 정치풍토가 존중되었기 때문에, 중앙정부가 도시정부에 대해 갖는 태도는 비권력적 성격이 강하였다. 대륙형 자치 제도 하에서는 중앙정부가 항상 우월한 지위를 배경으로 도시정부에 대해 강력한 통제를 했다. 따라서 중앙정부와 도시정부 간 관계가, 영·미형은 비권력적·협조적·쌍무적 관계이고, 대륙형은 권력적·일방적·편협적 관계라 할 수 있다.

행정의 신중앙집권적 현상을 지양하면서 중앙정부의 도시정부에 대한 권력적 통제에 대한 회의적인 입장을 견지하고 있다. 도시정부는 권리 의무의 주체이기 때문에 중앙정부의 권력에 복종만 하거나, 법률이 정하는 테두리 안에서 협력에 응하는 기관이 아니고, 중앙정부에 대항하면서 기관의 이익과 권한을 주장할 수 있는 법인격을 가진 독립된 주체이다. 따라서 중앙정부와 도시정부는 상호 영역을 존중하면서 기능적 협조 관계가 이루어질 수 있도록 해야 한다.

이러한 관점에서 중앙정부와 도시정부 간 관계의 주요 내용을 살펴보면 다음과 같다.

1) 중앙정부의 관여

(1) 의 의

국가는 헌법과 지방자치법에 의해 법인격이 부여된 도시정부가 그 권능을 행사할 때 어떤 특정한 도시정부의 정책 방향이나 그 행정 수준이 국가 이익이나 발전 목표에 부합되는지의 여부를 판단해야 할 책임과 권리가 있다. 이런 과정에서 나타나는 여러 가지 접촉 · 교섭 · 조정 · 지도 · 원조 · 감독 · 협력 등 일체의 활동을 국가의 지방자치단체에 대한 관여[1)]라 한다.

산업 발전의 지역적 불균형으로 인한 도시정부 간 재정적 격차의 심화는 국가로 하여금 재정 지원 또는 지방재정의 조정을 통한 관여를 불가피하게 한다. 그뿐만 아니라 현대 행정의 질적 복잡화는 기술 지원을 위한 국가 관여를 촉진시켰으며, 교통 통신 수단의 발달로 도시사무 또는 지역적 이해관계가 국가사무 또는 전국적 이해관계에 밀접히 관련된다.

요컨대, 국가 관여는 도시정부의 독자성을 인정하면서 도시행정에 대한 일정한 방향을 제시하고 각 도시정부 상호 간 불균형을 조정하면서 국가 전체의 행정 발전을 추구하는 데 목적이 있다.

(2) 방 법

중앙정부가 도시정부에 관여하는 방식은 크게 나누어 입법적 관여와 사법적 관여, 그리고 행정적 관여로 구분된다. 민주주의가 발달하고 지방자치에 대한 가치를 전통적으로 존중해 왔던 영국에서는 도시정부에 대한 중앙정부의 입법적 관여와 사법적 관여가 주로 이루어졌고, 이와는 달리 관료주의의 중앙집권화의 경향이 강했던 프랑스에서는 행정적 관여가 주류를 이루어 왔다.

① 입법적 관여

입법적 관여는 중앙정부의 도시정부에 대한 관여의 기본적인 방법이다. 이는 중앙정부가 도시정부의 조직 운영 · 사무의 내용과 준칙을 법률로 정하고 이를 위반하는 경우 통제를 가하는 방법이다. 도시정부에 의회가 있다 하더라도 입법 사항은 중앙정부의 전권 사항인 경우가 많다. 도시정부의 조직 운영 및 사무의 내용과 범위가 국회의 법률에 의해 결정된다.

---

1) 관여는 통제 · 감독이라는 권력적이고 제도적 · 공식적인 것뿐 아니라 비권력적인 지도와 비공식적인 작용까지 포함하는 개념으로 본다(김병준, 2015).

도시정부에 관계되는 법률의 제정 형태는 각국의 정치·행정 행위에 따라 차이가 있으나, 개별 열거주의와 포괄주의로 구분할 수 있다. 도시정부에 대한 권한 부여 방식이 개별적 열거주의에 입각하고 있는 국가의 중앙관여의 기본 방식이 입법적 관여이다. 영국의 경우 도시정부의 활동은 법률이 허용한 한도 내에서만 유효하며, 법률의 명시적 또는 묵시적 허용 범위를 넘는 행위는 무효가 된다. 도시정부가 이러한 행위를 피하기 위해 법규 내에서만 행정을 수행하려고 하면 소극적 행정행위가 되기 쉽다. 그렇지 않고 자치단체가 필요한 권한을 부여받기 위해서는 별도의 입법 조치를 청구해야 한다.

② 사법적 관여

이는 사법기관이 행하는 관여로서 지방공무원의 행위에 위법·부정·비위 사실이 있는 경우, 사용료 등의 부과·징수에 대한 이의 신청이 있는 경우, 위법·부당한 명령·처분의 취소 또는 정지의 제정을 요구하는 경우, 지방의회의 재의결에 의한 불복 기소의 경우 법률상 소송 절차에 의해 시정·처벌하는 사법적 통제를 의미한다.

사법적 관여의 방식은 국가에 따라 차이가 있다. 영국의 사법통제는 자치사무 종류, 불법행위의 내용 및 소송의 형태에 따라 다양한 양태를 갖추고 있으나 다른 통제력에 비해 극히 약하다. 미국의 사법통제는 주 법원에 의해 대부분 이루어지는데 자치단체 행위에 대한 주민의 제소가 중요한 비중을 차지하지만, 사법통제에 내재하는 취약성 때문에 통제력이 점차 감소되고 있다.

앞서 살펴본 입법적 관여가 도시행정 행위의 준칙을 정하는 데 반해, 사법적 관여는 행정활동에 대한 사후적 관여로서 행정행위에 대한 합법성과 공공성을 보장하기 위한 것이며, 도시정부가 국회에서 법제화된 준칙을 위반하는 경우에 그것을 시정하기 위해 취해지는 조치를 말한다. 따라서 사법적 관여와 입법적 관여는 상호 보완 관계에 있다고 할 수 있다.

③ 행정적 관여

이는 행정기관이 행하는 관여로서 오늘날 중앙 관여 가운데 가장 광범하고 중요한 방식이 되었다. 행정적 관여는 입법적 관여처럼 일반적·추상적 관여가 아니고,

사법적 관여처럼 개별적 판정에 의한 관여도 아닌 도시정부의 정책결정과 그 집행 과정에 구체적이며 직접적으로 영향을 미치는 관여이다. 행정적 관여의 유형과 내용은 다음과 같다.

- 행정입법에 의한 관여: 오늘날 행정국가에서 입법부는 점점 골격 입법만 하게 되고 구체적이고 세부적이며 전문적인 것은 행정부의 입법, 즉 대통령령으로 규정하도록 위임입법을 하고 있다.
- 권력적 관여: 이는 중앙정부가 도시정부에 대해 명령, 감사, 인사통제, 사전 승인 등의 방법에 의해 관여하는 것을 말한다. 권력적 관여의 내용으로는 보고·승인·심사·감사·인사감독·재정감독 등 다양하다.
- 비권력적 관여: 이것은 중앙정부가 도시정부에 대해 지도·지원·권고와 같은 비권력적 수단에 의해 바람직한 관계를 수립하는 것을 의미한다. 일반적으로 중앙정부는 조직·경험·재정 면에서 도시정부보다 우월하며, 이러한 우월성이 도시정부의 독립성과 창의성을 저해하지 않고 국가 발전의 목적을 달성하기 위해서는 비권력적 수단에 의존하는 것이 바람직할 수 있다.

2) 도시정부의 대응

(1) 의 의

기존의 중앙정부와 도시정부 간 관계는 대부분 수직적·종속관계 이론에 근거하여 설정되었다. 이러한 관점은 현실적으로 도시정부가 중앙정부에 대해 제도적·비공식적으로 영향력을 행사하고 있음에도 불구하고 이를 분석 대상에서 제외하고 있다. 중앙정부와 도시정부 간 관계를 새롭게 조명하여 양자가 필요에 따라 상호 협력하고 연대하는 상호의존 관계론과, 양자가 대등하고 평등한 입장에서 상호 영향력을 행사하기 위해 정치사회적 자원을 동원하는 수평경쟁 관계론이 대두되고 있다.

(2) 방 법

지방자치단체가 중앙에 대해 영향력을 행사하는 방법에는 내부 행정 계통을 통한 방법과 도시정부가 외부 조직을 활용하여 중앙에 영향력을 행사하는 방법으로 구분할 수 있다.

① 행정 계통에 의한 방법

- 건의 · 요청: 이는 도시 차원에서 해결될 수 없는 문제가 존재함으로 인해 문제 해결의 결정권을 장악하고 있는 중앙에 대해 일정한 조치, 즉 제도 혹은 운영의 개선, 각종 지원 등을 호소하는 것이다.
- 보고: 도시행정에 대한 정보를 중앙에 제공한다는 측면에서 보고는 중앙정부가 도시정부를 통제하기 위한 수단인 동시에 도시정부가 영향력을 행사하기 위한 수단이 된다.
- 중앙정부의 정책에의 제도적 참여: 지역의 이해와 관련되는 중앙정부의 정책결정 과정에 도시정부의 참여를 제도적으로 보장하는 경우가 있다. 이 경우 참여의 형태는 의견을 표시하거나, 일정한 자료 제출을 의무화하거나, 협의 당사자로서 협의케 하거나, 도시정부의 동의를 받도록 하는 경우 등이 있다.
- 중앙정부의 정책에의 비제도적 참여: 이는 중앙정부의 지역 관련 정책결정에 도시정부가 영향력을 행사하기 위해 제도적으로 보장된 경로를 이용하는 것이 아니라, 비공식적인 로비활동으로 이루어진다.
- 지역 특수 정보의 제공: 도시정부가 중앙정부의 정책결정에 필요한 정보를 제공함으로써 중앙정부에 영향력을 행사할 수 있다.

② 외부적 방법

- 정당을 통한 방법: 전국적이고 강력한 조직을 가진 정당 제도에서는 정당이 중앙에 대한 억제 기능과 동시에 도시정부의 영향력을 행사하는 통로가 된다.
- 지방의회: 지방의회가 중앙정부에 대해 영향력을 행사하는 경우는 많지 않으나 전국적인 지방의원 연합을 조직하여 중앙정부의 결정에 영향을 미치기도 한다.
- 시민운동: 시민운동은 주민이 집단으로 정치적 의사결정에 대해 영향을 미치려는 행위로서 제도적 · 공식적인 영향력이 미약한 경우 발생하게 된다.
- 이익단체: 지역의 이익단체는 지역의 이익 옹호를 위해 중앙정부에 대해 활발

한 로비활동을 펼치면서 영향력을 행사한다.

제 3 절 공공서비스 전달체계의 효율화[2)]

사례 연구 **공공서비스 전달 운영의 효율화 노력**

앞으로 경영효율에 따라 공기업의 운명이 바뀌게 되었다. 공기업도 고객은 당연히 국민이다. 국민에 대한 서비스의 질과 경영의 효율화만이 지속가능한 경영을 보장하게 되었다. 그동안 '세금 먹는 하마'로 불리며 국민의 세금을 이자로 탕진하던 공기업은 조만간 사라지게 될 전망이다.

행정안전부는 지난 21일 부실한 지방공기업을 퇴출할 수 있는 지방공기업법 시행령 개정안을 입법예고했다. 앞으로 부채비율이 400%를 넘거나 완전 자본잠식 또는 2회계연도 연속 50% 이상 자본잠식상태에 있는 지방공기업은 정책위원회 심의를 거쳐 행정안전부 장관이 해산요구할 수 있게 되었다.

부채상환 능력이 없는 공기업에 대해 지방공기업정책위원회에서 사업전망이 없고, 설립목적 달성이 어렵다고 심의하면 행정안전부 장관은 해당 기관의 해산을 요구하게 된다. 해산요구를 받은 지방자치단체장, 지방공사의 사장 및 지방공단의 이사장은 정당한 사유가 없으면 지체 없이 이에 따라야 한다는 것이 지방공기업법 개정안의 골자다. 개정안이 시행되면 지방재정의 큰 부담으로 작용해온 부실 지방공기업의 신속한 정리가 가능해 질 것으로 기대된다. 반면 경영성과가 좋은 공기업은 경영평가 등급에 따른 성과급을 받고 있다. 향후 공기업의 경영은 혁신에 초점이 맞춰질 전망이다. 지속가능한 경영혁신시스템 구축이 우선되며, 급변하는 환경에 능동적으로 대처하는 조직의 경쟁력 강화가 관건이다.

최근에는 민간기업뿐만 아니라 정부 및 공공기관도 책임성과 투명성을 위해 국민에게 행정 · 경영정보를 공개하고 있다. 지하철 · 택지개발 · 공공시설운영 등 주민생활서비스 제공에 중요한 비중을 차지하고 있는 지방공기업 또한 개별기업

2) 한국행정연구원 연구보고서(2005), 『행정서비스 품질 제고를 위한 방안』의 제4장 일부를 인용, 보완한 것임.

의 경영정보를 통합해 공시한다. 지방공기업이 경쟁력을 갖추고 본연의 역할을 충실히 수행하도록 자극하는 역할도 하고 있다.

공기업은 사회공공의 복지를 증진하기 위해 정부가 직·간접적으로 투자해 소유권을 갖거나 통제권을 행사하는 기업이다. 공공성이 중요시 되던 공기업도 사기업과 마찬가지로 대국민 서비스를 통한 수익성을 우선하게 되었다. 2016년에도 공기업의 생존을 건 경영혁신 사례가 이어질 것으로 예상된다(중앙일보, 2015. 12.23).

〈생각해 볼 문제〉

1. 공공서비스의 효율화를 위해서 해야 할 중요한 것들은 무엇일까?
2. 정부의 공공서비스를 제공하는 정부 및 공기업들의 서비스 전달체계에서의 문제점들은 무엇일까?

1. 공공서비스 전달체계의 대두 배경

공공서비스의 전달체계는 공공서비스를 필요로 하는 사람에게 공급하고 전달하는 조직을 의미(신무섭 외, 1999)하기도 하고, 도시정부 수준에서 공공서비스의 제공자, 공급자, 배분자 간 또는 서비스 공급자와 해당 서비스를 공급받는 자(서비스 소비자) 간의 조직적 배열을 의미하는 것이다(Gilbert & Specht, 1974). 즉, 공공서비스 전달체계는 공공서비스의 생산과 공급에 대한 전반적인 체계를 의미하는 것이라 볼 수 있다.

도시정부는 행정 목적을 달성하기 위해서 행정관료제를 수단으로 사용하고, 공무원들은 조직이 정하고 있는 목적 달성을 위해 업무를 수행한다. 하지만 정부는 사회 내에서 행정의 역할이 제대로 수행되지 못하고 있다는 비판을 받고 있다. 특히 공공서비스의 생산·공급에서의 비효율성과 공공서비스의 소비자인 주민들의 만족을 이끌어 내지 못하는 것 등이 지적되고 있다. 이에 대해서 1970년대 중반 이후 행정의 가치중립에 대한 비판과 더불어 행정의 공공서비스 공급에 대한 배분과 재배분을 강조하는 신행정학적 접근이 제시되었고(Frederickson, 1980), 1980년대 중반부터는 행정에 대한 시장 중심 접근을 강조하는 흐름이 제기되면서 행정에 개혁적 변화가 요구되었다(Osborne & Gaebler, 1992). 이를 통해서 공공서비스 전달체계의 효율성과 효과성을 극대화시킴으로써 종국적으로는 공공서비스의 소비자인 주민들의 만족을 이끄는 공공서비스 전달체계에 대한 논의가 활발하게 진행되게 되었다.

우리나라는 1960년대부터 1980년대까지 국가 발전을 위한 정부 주도의 경제개발계획에 초점을 맞추었고, 1980년대 후반부터는 사회의 발전과 더불어 복지국가화에 대한 정책적 초점으로 변화하기 시작하였다. 거기에 더불어 지방자치제의 도입을 시작으로 정치·행정의 개혁을 추진하였으며, 지방정부에 대한 쇄신의 주장이 강하게 대두되기 시작했다. 특히 지방자치제의 실시는 공공서비스의 생산과 공급에서 큰 변화를 가져왔다. 지방자치제의 실시는 공공서비스가 중앙정부 중심에서 지방정부 중심의 서비스 공급체계로 바뀌는 큰 계기가 되었다. 지방자치제라는 정치적 변화와 더불어 시기적으로 도시정부 운영에 있어서도 시장경제 개념이 도입되면서 기존의 정부운영 방식에서 탈피하고자 하는 경향을 나타내고 있다. 공공서비스의 전달체계에서도 공공서비스의 소비자인 주민들이 서비스 수혜자 입장에서 서비스 소비자 혹은 고객의 입장으로 바뀐 중요한 계기가 되었다. 또한 더욱 증가된 국가 경제 규모의 변화로 인해 주민들의 공공서비스에 대한 요구와 수요가 엄청나게 촉발했고, 공공서비스의 공급 주체인 지방정부는 지역주민들의 필요와 요구를 충족시키기 위해 더 효율적이고 효과적인 공공서비스 전달체계에 대해서 관심을 가지게 되었다. 이와 같은 행정의 변화는 그동안 우리나라의 정부관료제가 보여주었던 비민주적이고 행정편의주의 행정행태에 대한 반성과 행정 효율성에 대한 새로운 시각을 가져오게 하는 것과 동시에 행정 본연의 자세를 가져오게 되는 기회가 된 것으로 볼 수 있다. 즉, 정부 중심이 아닌 주민과 고객의 필요와 요구를 충족시킴으로써 그들의 서비스 만족을 증대시키고자 하는 행정의 새로운 변화를 가져오게 한 것이다. 따라서 이러한 경향은 도시정부의 공공서비스에 대한 양질의 향상을 강조하게 되었고, 공공서비스의 다양한 공급 방법을 연구하게 된 것이라 할 수 있다.

2. 공공서비스 전달체계의 의의

공공서비스 전달체계란 주로 지방정부의 수준에서 제공자(혹은, 공급자, 배분자)들 간 또는 공급자와 그 서비스의 수혜자인 소비자 간의 조직적 배열을 의미한다(Gilbert & Specht, 1974). 여기에서 공공서비스의 공급자는 서비스의 분야가 어떤 것이냐에 따라 전문가, 전문가집단, 공공 및 민간기관, 자발적 조직 등을 포함할 수 있으나 일반적인 경우에는 공공기관을 의미한다.

공공서비스 전달체계의 구성 요소로는 공공서비스를 산출하기 위한 투입 요소와 그것을 구체적인 산출로 전환시키기 위한 여러 가지의 노력인 전환(conversion), 그런 전환 과정을 거쳐 구체적으로 주민에게 제공되는 서비스인 산출, 그리고 이런 과정에 영향을 미치는 환경 요소를 들 수 있다. 이러한 공공서비스 전달체계에서 서비스의 최종 목표라 할 수 있는 주민의 만족도 및 삶의 질을 증진시키기 위한 여러 가지 기준이나 규칙이 있다. 그중 가장 많이 논의되고 있는 것이 효율성과 형평성이다. 다시 말해서, 공공서비스의 전달이 얼마나 효율적이고 형평성 있게 이루어지느냐에 따라 주민의 만족도 및 삶의 질이 좌우된다는 것이다. 공공서비스 분야에서는 주민의 만족도를 높이기 위해 다양한 전달체계를 구상하고 있는데, 서비스를 제공하기로 결정한 정부, 그 서비스를 생산하고 제공하는 공급 주체(supplier), 그리고 서비스 공급 방식에 따라서, 정부가 직접 생산·공급하는 체제, 민간에게 위탁하여 생산·공급하는 체제, 그리고 민간과 정부가 공동으로 생산·공급하는 체계가 있다(Savas, 1977). 이러한 공공서비스 전달체계가 제대로 기능을 했느냐의 여부는 최종적으로 서비스 사용자의 평가, 즉 주민의 공공서비스에 대한 만족도 및 삶의 질에 의해서 판단된다고 하겠다.

3. 공공서비스 전달체계의 유형

도시정부의 공공서비스 전달체계의 유형은 공공서비스의 제공 방식에 따라서 일반적으로 크게 공공서비스를 누가 공급하는가(공급자)와 어떻게 전달하는가(전달 방법)에 따라 나누어 볼 수 있다(신무섭 외, 1999).

1) 공공서비스 공급 주체에 따른 분류

공공서비스의 공급 주체에 따른 공공서비스의 전달 유형을 크게 나누면 ① 공공 부문 공급, ② 공공 부문과 민간 부문 합동 공급, ③ 민간 공급 등으로 구분될 수 있다.

(1) 공공 부문의 공급

공공서비스 공급 주체로서의 공공 부문은 도시정부를 비롯한 공공 부문에서 공공서비스를 직접 공급하는 것으로, 도시정부 또는 공기업이 공공서비스의 비용 부담과 공급 주체가 되어서 국민이나 지역주민들에게 그들이 필요로 요구하는 서비스를 제공하는 방법이다.

이러한 공공서비스 공급은 정책적 상황, 규제, 형평성 확보, 사회적 차별이나 착취의 억제, 공공서비스의 계속성과 안정성 확보, 사회적 단결의 도모 등을 목적으로 하는 공공서비스 전달이나 제공에 적합하다고 볼 수 있다(Osborn & Gaebler, 1992). 이러한 공공 부문 공급에는 도시정부의 직접 공급, 지방공기업에 의한 공급이 있다.

① 도시정부의 직접 공급

전통적으로 공공서비스는 정부에 의해 직접 지역주민에게 공급하는 것이 일반적이다. 이러한 정부의 공공서비스 직접 공급은 공익성이 매우 강하고 기업성이 상대적으로 약한 공공서비스가 주종을 이루기 때문에 민간 부문에 위임하는 것이 곤란한 서비스들이라고 할 수 있다. 정부가 직접 공급하는 공공서비스는 중앙정부가 담당하는 것과 지방정부가 담당하는 것으로 규정되어 있으나 현실적으로 정부간의 공공서비스 공급에서 명백하게 구분되어 시행되어 오고 있는 것은 아니다. 중앙정부 차원의 공공서비스는 주로 국방, 치안 등 국가안보와 국민의 안전과 관련된 서비스와 국가 전체의 경제 및 사회복지 서비스가 주종을 이루고 있다. 반면에 지방정부 차원에서는 지역주민과 관련된 일반 행정, 건설 및 지역개발 서비스, 지역사회복지, 지역산업경제, 환경보전 및 보존, 문화 · 체육, 그리고 지역방범 등의 지역 차원의 공공서비스가 주종을 이루고 있다.

하지만 정부 주도의 공공서비스 공급이 시장경제에서 공급되는 서비스에 비해 매우 비효율적이고 비효과적이라는 비판이 있다. 또한 정부의 공공서비스에 대한 직접 공급이 시장경제를 침해함으로써 민간 부문을 위축시킬 수 있다는 문제가 제기되면서 공공서비스 공급에서 정부의 역할을 최소화하고 민간 부문과의 협력이나 민간 부문이 공공서비스를 공급하는 것이 더 효율적이고 효과적이라는 논의를 하게 되었다. 이것은 사회 변화와 더불어 행정환경도 함께 변화하고 있는 상황에서 환경 변화에 잘 대응하기 위한 방안들이 제시되고 있다는 것을 의미한다. 특히 주민들의 공공서비스에 대한 필요와 요구가 매우 다양해지고 질적·양적으로 향상된 서비스를 원하고 있는 상황에서는 도시정부의 직접적인 공공서비스 공급이 가지는 한계를 보일 수밖에 없는 것이 현실이다. 따라서 도시정부의 공공서비스 직접 공급의 한계를 극복하기 위한 대안으로 민간 부문의 활용, 공공 부문과 민간 부문의 협력에 의한 공급 등이 제시되고 있다.

② 지방공기업에 의한 공급

공기업은 조직 운영상에서 정부조직과 다르게 조직의 특성이 공익성과 기업성을 동시에 가지고 있으면서 도시정부와 함께 공공서비스의 공급에서 일정 부분을 담당하고 있다. 지방공기업은 도시정부를 대신하여 경영적 측면에서 도시정부보다 효율적이고 양질의 공공서비스를 제공하기 위해 설립된 조직이다. 지방공기업은 주민들의 일상적 생활과 매우 밀접하지만 수익성이 매우 낮은 까닭에 민간 부문이 참여를 꺼리거나 참여를 하지 않는 특정한 공공서비스의 공급을 주로 담당하고 있다. 그리고 민간 부문의 참여가 있는 공공서비스라 할지라도 좀 더 저렴한 가격으로 국민들에게 제공할 필요가 있는 공공서비스의 공급 주체 역할을 하고 있다. 그리고 공공서비스 공급을 위한 초기 투자비용이 많이 들어가는 까닭에 민간 부문의 참여가 잘되지 않고, 민간 부문이 투자를 꺼리는 경우에 도시정부가 사업 목적에 맞는 공기업을 설립하여 공공서비스를 생산하고 제공하는 것이라 할 수 있다. 특히 공공성이 많이 강조되는 공공서비스이지만 도시정부가 직접 공급하기에는 여러 문제가 있는 서비스를 제공하고자 할 때 공기업을 설립하여 공공서비스를 제공하고 있다.

공기업의 종류는 매우 다양하여 공기업의 소유 주체에 따라서 국가공기업과 지방공기업으로 나누고, 공기업의 형태, 도시정부 지분율, 경영 형태 등에 따라서도 구분하고 있다. 공기업이 공공서비스의 공급을 담당하는 근본적인 이유는 국가경제에서 민간 부문의 자본과 역량이 미약했을 때 도시정부의 공공서비스 공급의 한 부분을 맡는 역할을 했던 것이다. 하지만 국가경제가 발달함에 따라서 경제 규모가 커지고 따라서 민간 부문의 역량이 커진 현재에는 과거보다 공공서비스의 생산 역할이 많이 약해진 것이 사실이다. 하지만 모든 부분의 공공서비스 공급에서 민간 부문의 참여가 활성화되지는 않기 때문에 여전히 공기업의 공공서비스 공급 역할은 존재한다. 하지만 사회의 환경변화에 의한 사회발전에 따른 공공서비스의 수요와 공급 변화에 대응하기 위해서는 공기업도 공공서비스의 소비자인 주민들의 필요와 요구를 충족시키기 위한 발전적 변화가 필요하다 할 수 있다.

(2) 공공 부문과 민간 부문의 합동 공급

공공 부문과 민간 부문이 합동으로 공공서비스를 공급하는 유형으로는 공동생산(coproduction)과 민·관 파트너십(public-private partnership) 혹은 제3섹터(the third sector) 구성 등의 방법이 있다. 공공 부문과 민간 부문의 공공서비스 합동 공급을 하게 되는 경우에는 몇 가지가 있다. 첫째는 이윤이 거의 없는 서비스의 경우, 둘째는 타인에 대해 특별히 인간적인 동정, 사명감이 필요로 하는 서비스의 경우, 셋째는 생산에서 종합적이고 총체적 접근이 필요한 서비스의 경우, 넷째는 서비스의 고객이나 요구자에 대한 깊은 신뢰가 필요한 경우, 다섯째는 자발적 노동이 필요한 서비스의 경우, 마지막으로는 실천적이고 개별적인 주의를 필요로 하는 경우의 서비스 등을 제공할 때 맞는 서비스 공급 형태라 할 수 있다(Osborn & Gaebler, 1992; 신무섭 외, 1999 재인용). 이 유형의 대표적인 서비스 생산 방식은 공공 부문과 민간 부문의 공동생산과 제3섹터 구성을 통한 방법이 있다.

① 공동생산

공공서비스의 공동생산에 대한 일반적인 개념적 의미는 서비스의 생산·전달 과정에서 주민들의 적극적인 참여가 포함되고 있는 서비스 전달 방식이다. 공공서비스의 공동생산은 도시정부를 비롯한 공공 부문이 주민과 함께 공공서비스를 생산하는 것 혹은 공공서비스의 전문가인 공무원과 주민이 공공서비스 전달체계 내에 직접 참여하는 과정을 의미하는 것이다. 또는 공공서비스의 생산에 대한 주민들의 능동적인 관여이거나 공공서비스를 생산하고 전달하기 위한 도시정부와 주민과의 협조적 관계로 보고 있다.

그러나 공공서비스의 공동생산 방식은 서비스에 대한 책임성 문제에서는 약간의 혼란이 따른다. 즉, 전통적으로는 정부가 공공서비스의 전달체계에서 최종적인 책임을 가지고 있지만, 공공서비스의 공동생산 방법에서는 서비스의 생산과정에 대한 책임을 양자가 공동으로 가지게 된다. 또한 전통적 관점과는 다르게 생산자와 소비자의 관계였던 정부와 주민이 가지고 있었던 관계가 모호해질 수도 있다. 그리고 서비스 생산에 참여하는 주민들의 서비스 생산 관련 전문성의 부족으로 인한 문제가 생길 수도 있다. 또한 주민들 간의 차이에 의한 지역 간 차이가 동일 공공서비스 생산에 차이가 생길 수도 있다(Sundeen, 1988). 반면 정부와 주민 간의 서비스 공동생산은 주민들의 서비스 공급 전달 과정의 참여를 통해 공공서비스에 대한 필요와 요구가 투입될 수 있고, 도시정부의 주민에 대한 대응성이 높아지며, 도시정부와 주민 간의 협력적 관계를 증대시킴으로써 공공서비스 공급의 좀 더 효율적이고 효과적인 결과를 가져올 수 있는 서비스 생산 방식이라 할 수 있다. 하지만 공공서비스의 공동생산은 전문적인 지식과 기술을 필요로 하는 치안, 소방 등과 같은 서비스보다는 주민참여가 용이한 복지, 교육 등과 같은 서비스의 생산에 더 적합한 것으로 볼 수 있다.

② 제3섹터

제3섹터(The 3rd Sector)를 통한 공공서비스의 생산은 이 부문에 대한 개념적 의미의 차이에 따라서 약간의 차이를 보이고 있다. 즉, 제3섹터를 어떻게 볼 것인가 하는 것이다. 제3섹터를 미국을 중심으로 한 서구 국가에서는 공공 부문과 민간 부문 중 어느 쪽에도 속하지 않은 독립된 제3의 부문을 제3섹터의 개념적 의미로 파악하고 있다. 따라서 제3섹터에 속하는 조직에는 교회, 우호조직, 노동조합, 자원봉사 조직 등이 포함된다. 이들 조직들은 정부 부문과 민간 부문 누구도 하지 못하거나 효율적으로 처리하지 못하는 일들을 법적 허용 범위 내에서 대신 수행하는 자발적 지원자들에 의해서 생겨난 조직이라 할 수 있다. 따라서 제3섹터는 비영리 조직이자 비정부 조직이라는 포괄적 범위의 개념을 가지고 있다. 반면 일본의 경우에는 제3섹터에 대한 개념을 공공 부문과 민간 부문의 장점을 살리기 위해 양자의 특성을 합치거나 절충한 형태의 조직으로 파악하고 있다. 결국 일본의 제3섹터는 공공 부문과 민간 부문이 공통의 목적을 달성하기 위해 교섭과 협력 등 상호 협력하는 과정을 통해 상호 이익을 추구하는 것이라 할 수 있다.

우리나라는 1990년대 중반부터 제3섹터에 대한 논의를 본격적으로 시작했다. 우리나라에서는 공공 부문과 민간 부문 공동으로 출자하고 운영에 참여하는 단체 혹은 조직을 모두 제3섹터로 보고 있다. 또한 공공 부문과 민간 부문의 합동 참여를 통한 공공개발사업을 위한 조직으로 보기도 하며, 정부와 민간의 파트너십 형성으로 보기도 하고, 공공 부문과 민간 부문의 협력 사업을 위해서 구성된 조직으로도 파악하고 있다(박재희, 1996). 우리나라에서의 제3섹터는 지역경제 활성화, 효율적 서비스 생산, 민간경쟁 체제 도입, 민간 부문의 자본과 기술 및 창의력 활용 통한 공공서비스 제공, 지방재정 확충 등에 주력하기 위한 방안으로 활용하고 있다.

(3) 민간 부문에 의한 공급

공공서비스를 민간 부문이 공급한다는 것은 공급의 책임이 공공 부문에 있는 것으로 인식하지만 그것의 생산 혹은 제공이 민간 부문에 의해 이루어지는 것을 말한다. 이 서비스 공급 방식은 공공서비스의 생산에 관한 결정은 도시정부가 하지만 이에 대한 생산은 도시정부의 위탁을 받은 민간 부문에서 담당하고 있는 공공서비스 공급 유형이다. 이러한 공공서비스의 생산 유형에는 도시정부와 민간 부문 간의 계약(contracting-out), 도시정부의 민간 부문에 대한 공공서비스의 생산 허가, 즉 프랜차이즈(franchises), 민간 부문의 공공서비스 생산에 대한 도시정부의 보조금 지급(granting), 구입증서에 의한 공급, 시장 기능에 의한 공급, 자발적 서비스, 그리고 자급자족 등이 있다.

현대 사회의 민간 부문에 의한 공공서비스 생산에서 가장 많이 활용되는 것은 정부의 민간 부문에 대한 서비스 생산 위임계약(contracting-out)으로, 특히 지방정부 수준에서의 가장 적절하게 활용 가능한 대안으로 제시되고 있다(Miranda & Anderson, 1994). 프랜차이즈(franchises)는 도시정부가 민간 부문의 개인이나 단체 혹은 기업에게 공공서비스의 생산을 할 수 있게 하는 허가를 통한 서비스 생산 방식이다. 공공서비스의 생산에서 보조금(granting) 지급은 공공서비스를 생산하는 민간 부문에게 공공서비스의 생산을 계속할 수 있도록 도시정부가 생산에 대한 보조금을 지급하는 방식이다. 우리나라에서도 많은 공공서비스가 민간위탁을 통해서 국민이나 주민들에게 공급되고 있는데, 특히 지방정부 차원에서는 양질의 공공서비스를 지역주민들에게 공급하기 위해 주민생활과 아주 밀접한 공공서비스에 대해서 주로 민간위탁의 서비스 공급을 주로 하고 있다. 그 대표적인 사례가 쓰레기 수거, 가스 공급, 고속도로를 포함한 도로 건설 등이다.

공공서비스의 민간 부문 공급은 민간 부문이 정부에 비해 복잡한 업무 수행이나 조직발전을 위한 다른 조직의 성공 벤치마킹, 환경 변화에 대한 신속한 조정을 필요로 하는 서비스의 전달, 아주 다양한 인구 구성에 대한 서비스 전달, 아주 빠르게 쇠퇴되어 가고 있는 서비스 등의 전달에서 장점을 갖고 있다는 것이 가장 의미 있는 것이라 하겠다(Osborne & Gaebler, 1992; 신무섭 외, 1998 재인용).

2) 공공서비스의 전달 방법에 의한 분류

공공서비스의 공급 방식에 따른 유형 분류는 여러 가지로 나누어서 설명할 수 있다. 사바스(Savas, 1987)의 경우에는 공공서비스의 생산과정과 제공과정을 구분하여 공공서비스 전달 방법을 설명하고 있다. 공공서비스의 생산과 제공의 서비스 전달 방법으로는 앞서 언급한 바와 같이 정부 부문의 ① 정부의 직접 서비스 전달, ② 정부의 판매를 통한 서비스 전달, ③ 정부 간 또는 기관 간 위탁·협정을 통한 전달, ④ 계약(contract), ⑤ 프랜차이즈(franchises), ⑥ 보조금 지급(subsidy), ⑦ 서비스 구입권 지급(voucher), ⑧ 시장(market), ⑨ 자발적 봉사로 나눌 수 있다.

(1) 정부의 직접 전달

공공서비스를 제공하는 가장 전통적인 방법이라고 할 수 있는 도시정부의 직접적인 서비스 전달은 정부기관이 서비스를 서비스 이용자에게 직접 공급하는 것을 말한다. 이 관점에서 도시정부는 공공서비스의 생산자이자 제공자의 역할을 하고, 서비스 이용자는 서비스 이용 요금을 비스에 대한 사용자 요금을 도시정부에 직접 납부한다. 대부분의 도시정부 서비스는 불특정 다수의 국민들을 위한 서비스에 치중하는 경향이 있고 조세를 재원으로 하고 있기 때문에 이용 요금의 부과에는 그다지 큰 의미가 있다고 볼 수 없다(박종화, 2009).

(2) 정부 판매

공공서비스의 정부 판매란 정부 부문과 민간 부문이 공공서비스의 공급에서 경쟁 체제의 환경 속에 정부가 공공서비스를 생산·공급하는 것을 의미한다. 공공서비스의 정부 판매의 경우에는 공공서비스의 소비자인 개인이나 조직이 서비스의 생산자를 결정하게 된다. 이것은 동일의 서비스를 민간 부문이나 공공 부문 어느 한 곳에 의뢰하여 소비자가 서비스 공급자를 선택하는 것이다. 예를 들면, 치안서비스의 경우 사설경비업체 혹은 경찰에 서비스를 의뢰하여 서비스를 받고 그 대가를 지불하는 것을 말한다. 또는 쓰레기 수거의 경우도 공공 부문이나 민간 부문에게 쓰레기 수거 서비스를 의뢰하여 서비스를 받는 것이다. 즉, 공공서비스의 정부판매는 일반적으로 정부가 서비스 제공의 대가로 서비스 소비자에게 요금을 부과하는 것과는 달리 서비스 소비자가 서비스 제공자에게 서비스를 요구하고 그 대가를 지불하는 것으로, 서비스 소비자가 서비스의 생산 주체를 결정하는 특이점을 가지고 있다(신무섭 외, 1999).

(3) 정부 간 위탁·협정

정부 간 위탁이나 협정을 통한 공공서비스 공급은 어떤 정부가 공공서비스를 공급하기 위해 다른 정부에 생산을 위탁하고 그 비용을 지불하는 방법을 말한다. 지방정부들 간의 위탁과 협상을 통한 공공서비스의 제공 방식은 각 자치단체들이 동일의 공공서비스를 제공하는 데 많은 어려움이 존재하기 때문으로 보인다. 공공서비스의 정부 간 위탁이나 협정에 의한 전달 방식은 이미 서구 선진 사회에서는 보편화되어 있는 서비스 전달 방식으로 주로 상하수도 공급이나 처리, 쓰레기 매립 및 소각, 도서관, 경찰·소방·통신 등 공공서비스의 여러 분야에서 이루어지고 있다. 우리나라의 경우도 지방정부 간 협약에 의해 공공서비스를 제공하는 사례가 점차 늘고 있는 추세이다. 우리나라의 경우에는 주로 쓰레기와 관련한 것으로 쓰레기 수거 및 매립장 공동 이용 등이 제일 많고 대부분이다. 하지만 우리나라의 지방정부들 간에도 정부 간 위탁과 협정을 통한 공공서비스 전달 방식의 범위를 점차적으로 늘려가고 있는 중이다.

공공서비스 공급에서 정부가 가지고 있는 어려움으로는 재정적인 압박, 공공서비스 생산과 공급에서의 비용 절감, 서비스 공급을 위한 다양한 대안의 이용 가능성, 그리고 정치적 고려 등을 들고 있다(Ferris, 1986; Morgan & Hirlinger, 1991). 특히 정부 간 협약을 통한 공공서비스의 위탁 공급은 자기 자치단체보다 다른 자치단체가 특정 공공서비스의 생산에서 경제적 우위를 보일 때 규모 경제의 실현을 통한 비용 절감 효과를 가져 올 수 있고, 다른 정부로부터 공공서비스를 제공받을 경우 해당 정부는 고용 감축 등을 통한 지출예산의 절감 효과를 기대할 수 있기 때문이다. 또한 규모가 작은 자치단체의 경우에는 공공서비스에 대한 직접 생산보다는 다른 자치단체나 민간 부문과의 계약을 통해서 공공서비스 제공의 다양한 공급 대안을 찾을 수 있기 때문이다. 그리고 공공서비스 생산 중에서도 쓰레기 매립과 소각장과 같은 생산시설 기피 경향이 높은 경우에는 인접해 있는 자치단체의 시설물을 활용함으로써 지역주민들의 저항을 최소화하면서 공공서비스를 제공할 수 있는 장점이 있다(Morgan & Hirlinger, 1991).

(4) 민간기업과의 계약

정부는 공공서비스의 생산과 공급에서 좀 더 양질의 공공서비스를 주민들에게 전달하기 위해 다른 정부만이 아니라 민간 부문의 기업과의 계약을 통한 전달하는 방식도 채택하고 있다. 민간기업은 공공서비스의 생산자 역할을 담당하고 정부는 공공서비스에 대한 대가를 지불하는 방식을 택하게 된다. 이러한 서비스 전달 방식을 채택하는 가장 큰 이유는 민간기업이 가지고 있는 생산의 효율성을 통한 비용 절감과 질적 제품의 생산을 통해 전반적으로 공공서비스의 질을 향상시킬 수 있다는 것이다. 이러한 전제는 민간기업이 정부 부문보다 서비스의 생산에서 경쟁력을 가지고 있음으로써 공공 부문에서 공공서비스를 공급하는 것보다 능률적이라는 것이다.

민간 부문의 서비스 생산에서의 좀 더 축적된 전문적인 지식과 기술을 활용, 대규모 자본 지출과 새로운 서비스 제공을 초기 비용의 절감 효과, 서비스의 수요에 따른 서비스 제공 규모의 신축적 대응, 그리고 새로운 서비스 요구에 대해서 신속하게 대응할 수 있다는 점을 들고 있다(Morgan & Hirlinger, 1995). 하지만 민간기업에 의한 공공서비스의 생산과 제공은 민간기업 본래의 이윤 극대화에 따른 서비스 공급의 실패와 공공서비스에 대한 민간기업의 책임성 확보 문제, 그리고 민간기업의 공공서비스 생산활동을 감시 감독하기 위한 추가 비용 발생 등을 문제점으로 들 수 있다. 따라서 민간기업과 협약을 통한 공공서비스의 생산과 제공 시에는 법적 타당성과 민간 공급자의 생산 능력, 정부조직 내의 저항 등을 고려한 공공서비스 전달 방식을 선택하는 것이 고려되어야 할 것으로 보인다.

(5) 프랜차이즈

공공서비스의 생산 · 공급에서 프랜차이즈(franchise)란 공공서비스에 대해 설정된 일정한 공급 권한을 민간 부문에게 부여하여 서비스를 생산 · 공급하고 전달하는 방식을 말한다. 프랜차이즈의 종류에는 배타적 프랜차이즈(exclusive franchise)와 비배타적 프랜차이즈(non−exclusive franchise)가 있는데, 전자는 도시정부가 특정한 서비스의 공급권을 민간기업에 부여하고 도시정부가 서비스의 수준, 질, 가격에 대해 규제를 하는 형태를 말하고, 비배타적 프랜차이즈는 공공서비스 생산 제공에 대한 사업 허가를 내주는 것을 말한다(배용수, 2000: 25). 프랜차이즈 방식의 공공서비스 전달방식이 채택될 때는 도시정부 부문과 계약을 맺은 민간 부문이 서비스 생산자 역할을 하고 도시정부는 서비스 공급자 역할이 되는 것이다. 프랜차이즈 방식의 서비스 전달은 요금제를 적용하는 서비스에 더 적합한 것으로 주로 전기 공급과 가스 공급 등의 공익시설 검침 및 사용료 부과, 여가 활용 장소의 시설 운영, 그리고 긴급 의료서비스 등이 이에 포함된다(박종화, 2009).

(6) 보조금 지급

공공서비스 생산 공급을 위한 보조금(subsidy) 지급을 통한 서비스 전달 방안은 특정한 서비스의 소비 권장될 필요가 있는 요금제 적용이 서비스 혹은 민간 부문에서 생산하는 서비스의 소비를 촉진하기 위해서 도시정부가 생산자에게 생산 보조금을 지급하는 것을 의미한다. 이러한 서비스 전달 방안은 도시정부가 서비스 생산자에게 직접 현금이나 세금 면제, 생산을 위한 다른 방식의 편익을 제공하거나 생산이나 운영에 필요한 자금의 저리 대출, 대출 보증 등의 방법을 이용한다. 특히 서비스 생산·공급에 대한 보조금 지급은 주민들에게 제공되는 특별한 서비스의 가격이 높을 경우나 서비스의 질을 높이고 서비스의 양을 확대하고자 할 때 주로 이용된다. 서비스 생산·공급에 대한 보조금 지급의 경우 민간기업은 생산자 역할을 하고 도시정부와 서비스 소비자는 서비스 공급자가 된다. 도시정부는 서비스 생산·공급을 위한 보조금을 지급받을 생산자를 결정하고, 서비스 소비자는 비용을 부담할 특정한 생산자를 선택할 수 있다. 우리나라의 경우 공공서비스의 생산과 공급에서 보조급 지급의 방식을 많이 채택하고 있는데, 예를 들면 농산물 생산자에게 대한 보조금 지급이나 저소득층 주민들의 주택자금 지원금, 사회복지시설의 건축, 운영 및 관리를 위한 보조금 등이 대표적이다(박재희, 1998).

(7) 서비스 구입권 지급

공공서비스의 서비스 구입권(voucher) 지급은 서비스 소비자들을 보조하여 그들이 직접 시장에서 자유롭게 서비스를 선택하여 구매할 수 있는 방법의 서비스 전달 방식이다. 이것도 역시 서비스 생산자에게 주는 보조금과 같이 사회적으로 소비가 촉진될 필요가 있는 서비스의 소비 장려를 위한 서비스 전달 방안의 하나이다. 일반적으로 서비스 구입권은 서비스 소비자가 서비스를 받을 때 도시정부가 그 지불을 보증하는 것이다. 이러한 방법의 서비스 전달 방식은 일반적으로 특정 계층에서 특정한 서비스의 소비를 장려하기 위한 것에 목적을 가지고 있다. 하지만 서비스 구입권을 통한 서비스 전달에 관한 것은 도시정부가 어떠한 계층에게 어떠한 서비스를 이용하게 할 것인가의 결정에 따라 달라질 수 있다.

서비스 구입권의 지급을 통한 서비스 전달이 효과적으로 진행될 수 있기 위해서는 몇 가지 전제 조건이 있다(박재희, 1998). 첫째는 동일 서비스 분야에서 경쟁할 수 있는 다수의 업체가 존재하고, 둘째는 도시정부의 서비스 공급 프로그램 수혜 대상자들의 취향과 선호도가 다양해야 하며, 셋째는 해당 서비스와 수혜 대상자에 대한 구별을 명확히 할 수 있어야 하며, 넷째는 서비스 질에 대한 측정이 비교적 쉽고 측정이 가능해야 하고, 다섯째는 해당 서비스의 가격이 비교적 저렴하여 서비스 이용자가 부담 없이 자주 구매할 수 있어야 하며, 마지막으로는 서비스 이용자들이 서비스 선택에 대한 능력과 정보를 가지고 있을 때 등이 이러한 서비스 전달 방식의 효과가 있다. 아직 우리나라에서는 이 방식을 시행하고 있지 않지만 이의 대표적인 예는 미국의 저소득층을 위한 식품구매권(food stamp) 제도가 있다.

(8) 시 장

시장(market)에 의한 서비스 전달 방식은 공공서비스와 민간서비스 등 주민들에게 제공되는 거의 모든 서비스의 생산·공급 방식에서 가장 보편적이고 공통적으로 사용되고 있는 것이다. 특히 공공서비스의 전달에서는 주로 요금제가 적용되는 서비스가 대부분 이 방식으로 서비스를 전달하고 있다. 이러한 서비스 전달 방식은 서비스 소비자가 원하는 서비스의 종류와 생산자를 선택할 수 있고, 이때 도시정부는 서비스의 질을 규정하고 서비스의 생산·공급을 감독하는 것 등의 제한적인 역할을 수행하고 서비스의 전달 과정이나 거래 과정에는 개입하지 않는 것이 보통이다. 이 방식에 의한 공공서비스 전달은 주로 주민들에게 필수적으로 필요한 서비스의 공급에 적용되고 있다. 예로 들어, 음식, 물, 전기, 주택, 보건, 교육, 교통, 노인들의 안전 등 필수적인 재화와 서비스를 공급하는 데 널리 사용된다(신무섭 외, 1999). 하지만 이러한 서비스들은 주민들의 생활과 밀접한 관련을 가지고 있기 때문에 서비스 품질이나 생산에 대한 도시정부의 통제가 강력하게 요구된다.

(9) 자발적 봉사

자발적 봉사(voluntary service)에 의한 공공서비스 전달은 주로 자선단체, 종교단체, 그리고 시민단체 등과 같은 자원봉사 조직에 의한 그들의 자발적 봉사를 통해서 특정한 서비스나 도움을 필요로 하는 사람들에게 행하는 인적 서비스의 제공을 의미한다. 특이한 것은 자발적 봉사를 하는 자원봉사 조직은 서비스 제공자로서의 역할을 수행할 뿐만 아니라 조직 구성원들을 위한 서비스 생산도 할 수 있다는 것이다. 특히 현대 사회에서 도시정부의 역할 수행이 많은 어려움과 한계를 나타내고 있는 상황에서는 이러한 자발적 봉사를 통한 서비스 전달이 공공서비스 분야에서 담당하는 역할은 매우 크다고 할 수 있다.

선진 외국의 경우에는 자원봉사 조직을 통한 공공서비스의 생산과 공급이 정부의 역할을 크게 대신하고 있다. 자발적 봉사에 의한 서비스 전달의 주요 활동 범위는 전통적으로 소방, 공공도서관, 박물관, 공원시설 관리 등의 서비스에서 활용된다. 우리나라의 경우에도 정부의 직접적 서비스 전달이 미흡한 곳을 중심으로 이루어지고 있는데, 대표적인 사례가 자율소방대로서 주민들의 자발적 참여와 봉사에 의해 조직되고 지역주민들에게 소방서비스를 제공하고 있다. 근래에는 우리나라에서도 자원봉사자 중심의 자발적 봉사에 의한 서비스 생산과 제공이 활발하게 많아지고 있으며 주민들의 적극적인 인식이 확산되고 있다.

그림 5-1 공공서비스의 전달 방법

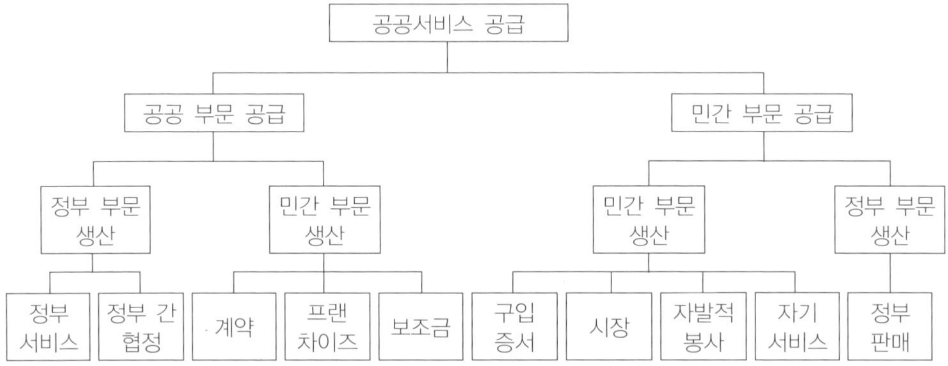

자료: Savas(1987).

연구 과제

1. 국무조정실 홈페이지에 접속해서 최근 1년 간 우리나라 도시정부를 중심으로 한 정책갈등 사례를 조사해 보고, 갈등조정을 위해 어떤 정책이 수행되었는지 기술하시오.
2. 태백산 산불화재에 대응하기 위해 지방자치단체 간의 협력관계를 광역행정의 측면에서 제시해 보시오.
3. 도서관 서비스와 쓰레기 수거서비스가 공공서비스 전달 방식에 있어 어떤 차이가 있는지를 제시해 보시오.

제 6 장

정보화와 도시행정

학습 목표

- 지식정보화의 의미와 성격을 이해한다.
- 지능정보 사회의 특성을 이해한다.
- 지능정보 사회의 영역들을 파악한다.

사례 연구	지식정보화 사회의 도시행정의 모습

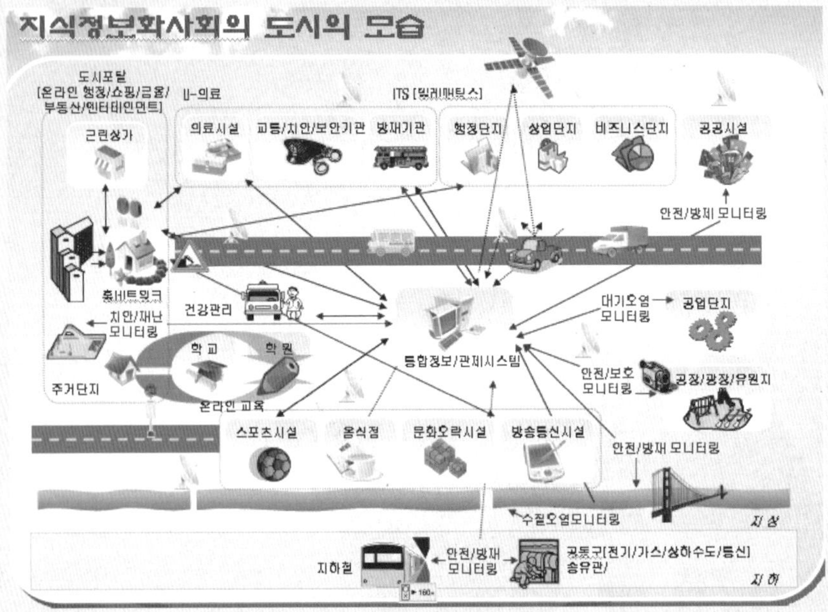

지식정보 사회는 인터넷 이용의 보편화, 국가사회 전반으로의 정보화 등 사회환경 변화에 따라 정보화 패러다임 및 트렌드가 변화하고 있다. 지식정보화에 따라 도시의 모습은 사회적·경제적·정치적 측면에서 다양하게 변화하고 도시정부의 기능과 역할도 과거와 달리 많은 변화가 나타나게 된다. 이와 같은 변화를 나타낸 것이 위의 그림이다.

<생각해 볼 문제>

1. 지식정보화 사회가 개인의 사회적·경제적 측면에 가져올 수 있는 장점과 단점을 분석해 보고 단점을 극복할 수 있는 방안들을 제시해 보시오.
2. 유비쿼터스 도시(u-City)를 건설하는 데 우선적으로 고려해야 할 영역들을 제시해 보시오.

이 장에서는 지식정보 사회의 특성과 도시공간의 성격을 이해하고 제4차 산업혁명에 따라 나타나는 지능정보 사회의 내용을 파악하며 지능정보 사회 대상 영역들의 변화방향을 고찰한다.

제 1 절 지식정보 사회와 도시

1. 지식정보 사회의 등장

1) 정보사회의 성숙

1990년대 컴퓨터와 통신기술의 급속한 발달은 인터넷으로 대변되는 정보통신 혁명을 가져와 전 세계를 하나로 묶고 있다. 정보통신기술의 발달은 정보의 확산과 산출을 증대시키고 있고, 정치 · 경제 · 사회 · 문화 · 행정 등 모든 분야에 새로운 변화와 혁신을 가져오고 있다.

과거 대량생산과 대량소비의 산업사회는 규격화 · 동시화 · 집중화 · 극대화의 생산구조를 통해 물질적 풍요를 향유하도록 했지만, 실시간 네트워크의 정보사회는 다양화 · 차별화 · 분산화 · 적정화의 특성을 통해 지적 정신적 능력을 확대할 수 있도록 하고 있다.

정보사회는 정보가 중요한 자원이 되는 사회로 정보의 생산 · 저장 · 분배가 사회활동의 중요한 요소가 된다. 정보사회는 ① 핵심 기술이 증기기관(힘과 에너지)에서 컴퓨터(기억, 계산, 통제)로, ② 기본 능력이 육체적 노동력의 강화 · 대체에서 정신적 노동력의 강화 · 대체로, ③ 생산력이 물질 생산력(개인 생산력의 증대)에서 정보 생산력(개인 활동 및 선택 능력)으로, ④ 경제구조가 제조업 중심의 상품경제에서 정보산업 중심의 시너지경제로, ⑤ 사회 형태가 계급사회(집권화)에서 기능사회(분권화)로, ⑥ 정치 형태가 의회민주주의에서 참여민주주의로, ⑦ 시대정신이 인간 해방, 자연 개발 이용에서 세계주의, 인간과 자연의 공존으로 변화한 사회이다.

정부는 정보사회를 구축하기 위해 1987년 국가기간전산망사업을 시작으로, 1995년 초고속정보통신 기반 구축, 1996년 제1차 정보화촉진기본계획, 1999년 제2차 정보화촉진기본계획(Cyber Korea 21), 2002년 제3차 정보화촉진기본계획(e-KOREA VISION 2006), 2003년 제3차 정보화촉진기본계획 수정계획(Broadband IT KOREA), 2006년 제3차 정보화촉진기본계획 수정계획 연동계획(u-KOREA 기본계획), 2008년 제4차 정보화기본계획(창의와 신뢰의 선진지식정보사회), 2013년 제5차 국가정보화기본계획(국민 행복을 위한 디지털 창조한국 실현)을 추진하여 왔고, 2018년 지능정보 사회구현을 위한 제6차 국가정보화기본계획(2018~2022)을 수립하여 추진하고 있다.

2) 지식정보 사회의 성격

(1) 지식정보 사회의 개념

21세기는 지식과 정보가 가치 창조와 경쟁력 향상의 핵심으로 자리잡은 지식정보 사회 또는 지식기반 사회(knowledge-based society)이다. 지식정보 사회는 디지털 혁명과 통신혁명의 정보기술 기반 위에서 지식을 생산하고 창조하는 사회로서, 지식정보에 의해 개인과 조직의 주요한 의사결정이 주도되는 사회이다. 지식정보 사회에서는 종래 산업생산에서 중심적 역할을 해 온 토지와 자본, 노동과 같은 유형의 자원 대신에 지식이나 정보와 같은 무형의 자원이 그 자리를 차지하게 된다. 지식정보 사회에서는 정보통신기술이 중요한 의미를 갖지만, "단순한 정보기술만이 아니라 지식정보의 상대적인 가치가 높아지고, 그것에 의해 사회적 지위와 경제적 성공이 결정되는 새로운 사회"이므로 지식사회(knowledge society)라고 표현되기도 한다.

지식기반 사회에서는 개인의 사회적·경제적 행위와 사회에서의 지위 확보를 위한 전제 조건으로서 '지식'이 중심 요소가 되므로, 여러 가지 단편적인 정보들이 생산·교환·확산·재구성·사용될 때 지식으로서의 가치를 지니게 된다. 이런 지식을 통해 창출되는 생산적 힘과 사회적 가치가 우리의 삶을 풍요롭게 만들게 된다.

(2) 지식정보 사회의 특징

지식정보 사회의 바탕이 되는 지식의 특성을 보면, 첫째, 지식은 필요한 사람에 의해 가공되고 활용될 때 가치를 발휘하게 된다. 다른 사람에게 전달받은 지식은 아직 하나의 '정보'에 불과하다. 그것이 명실상부한 지식이 되기 위해서는 전달받은 사람에 의해 가공되어야 한다. 그것이 얼마나 유용하게 가공되는가는 그 사람의 고유한 능력에 의해 좌우된다. 현대 사회에서 개인이 인터넷 등에 의해 접할 수 있는 정보량은 많지만, 그것을 취사선택하여 자기에게 필요한 지식으로 가공할 수 있는 능력은 각자 다르다.

둘째, 지식은 단지 정보 차원에 머물지 않고 각 개인별로 다양한 가치를 산출한다. 지식은 개별적인 가치를 갖고 있으므로 각자의 고유한 시각으로 해석되고 활용되어야 한다. 그것은 하나의 기성품으로서의 지식이기보다는 요소들로 분해되어 새롭게 조립될 수 있어야 한다.

셋째, 지식정보 사회에서 지식은 결과적 지식이기보다는 배우는 방법과 같은 과정적 지식(process knowledge)이 중요하다. 지식기반 사회에서는 지식의 '명제적 속성'보다는 '방법적 속성'이 더 비중을 갖게 된다. 무언가 현실에 변화를 줄 수 있는 지식, 경제적으로든 문화적으로든 새로운 것을 창조하는 데 도움을 줄 수 있는 지식이 요구된다. 이런 지식의 성격은 지식의 실용성을 강조하게 된다.

넷째, 지식은 쉽게 확산될 수 있다는 점에서 국경이 없으며, 누구나 손쉽게 습득할 수 있는 생산 수단이라는 특성을 가지고 있다. 이로 인해 개인이든 조직이든 치열한 경쟁의 와중에 놓이게 되며, 인터넷의 보급은 전 지구적 차원에서 지식을 생성, 가공, 활용할 수 있는 경쟁력을 갖춘 개인이나 조직을 요청하고 있다.

지식의 특성에 의해 구축된 지식정보 사회는 자본이나 자원 등의 물리적 자원이 핵심 요소인 산업사회와 달리, 물리적 자원을 사용하면서 그것의 활용가치를 극대화시킬 수 있는 지식의 활용을 중요시한다. 즉, 지식기반 사회에서는 개인이나 사회가 가지고 있는 지식의 양과 질이 치열한 경쟁 체제에서 성패를 결정하는 요인이다. 지식정보화 사회의 특징을 보면 ① 기술혁신에 기여하는 이론적 지식이 사

표 6-1 전산화 · 정보화 · 지식정보화 사회의 패러다임 변화

구 분	전산화	정보화	지식정보화
대상	요소(element)	정보 흐름	지식 수준(stock, level)
목표	단일성	관계성	체계성
환경	폐쇄성	개방성	투명성
도구	컴퓨터 전산 시스템	네트워크 (경영관리 시스템: MIS)	시스템 (지식관리 시스템: KMS)
성과	자동화(automation)	융합화(convergence)	학습화(learning)
주요 분야	정형화된 업무	통신 · 방송 · 언론 · 영화	경영, 교육, R&D
기준	효율성(처리 속도)	연결성(탐색 범위)	창조성(파급 효과)
경제 원리	가격의 경제	네트워크 경제	지식기반 경제
관리 방식	시테크(just in time)	고객 지향(client oriented)	지식 공유 (knowledge ment sharing)

회에서 중심적 역할을 하고, ② 재화 중심의 사회가 서비스 중심의 사회로 변화하고, ③ 새로운 '지적 기술'을 창조하며, ④ 직업 분포에서 전문직과 기술직이 계층의 우위를 차지하고, ⑤ 기술의 성장을 계획하고 관리하는 특징을 보인다. 이와 같은 특성을 지닌 지식정보 사회의 기반이 되는 전산화, 정보화, 지식정보화 사회의 패러다임을 대상, 목표, 환경, 도구, 성과, 주요 분야, 기준, 경제 원리, 관리 방식에 의해 구별하면 <표 6-1>과 같다(서순복, 2002).

2. 지식정보 사회와 도시공간

1) 도시공간의 변천

지식정보 사회의 도래로 도시공간이 사이버(cyber) 공간과 유비쿼터스(ubiquitous) 공간으로까지 확대되고 있다. 과학기술의 발달에 따라 도시 기능을 지원하는 기반시설이 변화하게 되었고, 도시기반시설의 변화는 도시공간의 변화를 가져오게 한다. 고대 · 중세의 도시에서는 정치, 군사, 상업 기능을 수행하기 위한 수로 등이 중요한 도시의 기반시설이었으나, 근대 도시에서는 생산, 소비, 교역

그림 6-1 도시 인프라의 변천

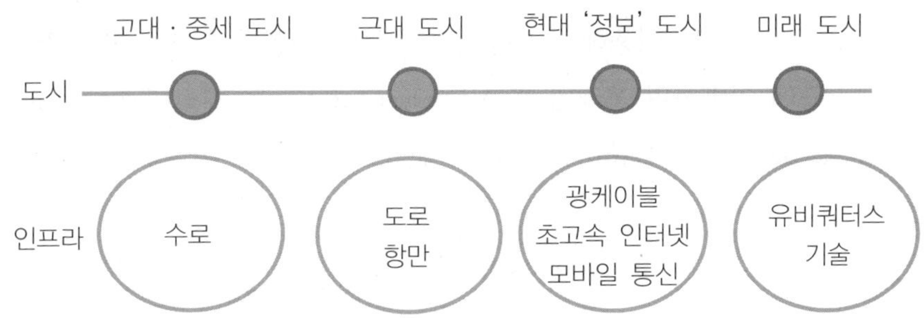

자료: 한국전산원(2005b).

기능을 수행하기 위한 도로, 항만 등이 중요한 도시의 기반시설이었다. 그러나 오늘날 정보통신기술과 결합된 광케이블 통신, 모바일 통신 등이 도시의 주요 기반시설이 되고 있으며, 미래 도시에서는 정보통신기술의 결정체인 유비쿼터스 기술이 도시의 새로운 기반시설로 등장하게 되어 도시의 기능이 가상공간으로 확대되고 있다.

2) 물리적 공간

정보화 이전의 도시는 건물, 거리, 도로 등 물리적 공간에 기반하고 있으며, 현실 공간인 도시를 통해 모든 업무들이 이루어진다. 물리적 공간은 생활의 기반이며, 사회활동의 바탕이다. 수로, 도로, 항만 등 물리적 공간에 근거한 도시는 일정한 공간적 영역(territory)에 기초하며 고정성(fixity)과 실제적(embodied), 물질적(material), 가시적(visible), 유형적(tangible), 실제적(actual)인 성격을 지니고 있다.

3) 사이버 공간

정보기술의 발달은 대용량의 컴퓨터 기술의 개발과 초고속 통신망을 통한 인터넷의 이용 등을 통해 물리적 시 · 공간의 압축을 가져오고 있을 뿐만 아니라 현실세계의 물리적 공간을 벗어나서 가상세계 속에서 새로운 사이버 공간을 창출하고 있다. 정보사회는 현실의 물리적 공간을 넘어서 컴퓨터 속에 새로운 가상공간을 구축하며 지속적으로 확대되고 있다. 논리적(logical) 접근에 기초한 사이버 공간은 컴퓨터 소프트웨어를 이용해 정보통신망 내부에 건설된다. 사이버 공간은 네트워크(network)에 기반하며 움직임/흐름(motion/flux), 비실체적(disembodied), 비물질적(immaterial), 비가시적(invisible), 무형적(intangible), 추상적(virtual/abstract) 성격을 지닌다.

4) 유비쿼터스 공간

정보통신 및 컴퓨팅 기술의 급속한 발전과 대용량의 위성통신을 이용한 무선통신 기기들의 활용 등은 사이버 공간을 다시 물리적 공간과 결합시킨 유비쿼터스 공간을 산출한다. 라틴어에서 유래한 유비쿼터스(ubiquitous)라는 용어는 '언제 어디서나 존재한다'라는 뜻으로, 일반적으로 물이나 공기처럼 도처에 편재해 있는 자연자원이나 종교적으로는 사람의 눈에 보이지 않지만 신이 언제, 어디서나 시・공간을 초월하여 도처에 존재한다는 뜻이다. 따라서 유비쿼터스 공간이란 사람이 살고 있는 현실 세계의 물리적 공간 도처에 눈에 보이지 않는 컴퓨터가 존재하고 사람들이 의식할 필요 없이 이를 활용할 수 있는 환경을 의미한다.

유비쿼터스 공간의 구성 원칙은 ① 언제, 어디서나, 어떤 단말기를 이용해서, 어떤 네트워크든지 접속이 가능해야 한다는 접속가능성의 원칙, ② 의식하지 않고도 조용하고 편안하게 접속하고 이용이 가능해야 한다는 편리성의 원칙, ③ 어떤 상황 하에서도 단절이 없는 다차원화를 실현해야 한다는 통합성의 원칙 등이 전제된다.

유비쿼터스 컴퓨팅 기술에 기초하여 물리적 공간과 가상적 공간의 상호 연계로 구축되는 새로운 유비쿼터스 공간은 다음과 같은 특성을 갖고 있다(최남희, 2004).

첫째, 사물－컴퓨터－사람이 항상 연결되어 있는 네트워크화 차원이다. 사물－컴퓨터－사람의 네트워크화는 물리적 공간(사물)에 심어져 있는 센서, 칩, 태그들이 전자공간상의 어플리케이션이나 서비스를 수행하는 컴퓨터(정보 시스템) 및 사람이 들고 다니는 단말기와 언제, 어디서나 네트워크로 연결되어 있다.

둘째, 물질적 속성의 인식 차원이다. 물리적 공간의 사물 속에 심어져 있는 센서, 칩, 태그와 구동체(actuator)들은 전자공간에서의 어플리케이션이나 서비스 수행에 필요한 물적 속성(ID, 위치, 속도, 온도, 압력 등)을 지각, 추적, 감시, 조작, 커뮤니케이션할 수 있다.

셋째, 물적 속성과 가상적 속성 간의 연계 차원이다. 물리적 공간에서의 물적 속성과 전자공간에서의 가상적 속성 간에는 상호작용이 가능하다는 것이다. 즉, 물적 속성들은 그 대상체인 가상적 속성에 인과적으로 영향을 미칠 수 있으며, 반대의 경우도 성립할 수 있다. 이와 같은 물리적 공간, 가상적 공간, 유비쿼터스 공간의 특징을 위치, 공간 원소, 공간 지각, 공간 형식, 공간 구성, 공간 위상, 기능 형성, 컴퓨터 활용, 공간 접속, 기반 네트워크, 공간 개발기술, 공간 경제원리, 산업경제, 발전과제, 발전정책의 맥락에서 구분해 보면 <표 6-2>와 같다.

표 6-2 물리적 공간, 가상적 공간, 유비쿼터스 공간의 특성 비교

구 분	물리적 공간 (physical space)	가상적 공간 (cyber-space)	유비쿼터스 공간 (ubiquitous space)
위치	건물, 거리, 도로 등 도시의 물리적 공간에 기반함.	컴퓨터 소프트웨어를 이용한 정보통신망 내부에서 건설됨.	컴퓨터 네트워크와 무선통신망을 통해 시·공간적으로 동시적으로 이루어짐.
공간 원소	원자(atoms)	비트(bits)	원자 + 비트
공간 지각	만질 수 있는 공간	만질 수 없는 공간	만지지 않아도 알 수 있는 공간
공간 형식	유클리드 공간, 실제공간	논리적 공간, 가상공간	지능적 공간, 증강된 현실공간
공간 구성	토지 + 사물	인터넷 + 웹	유비쿼터스 네트워크 + 지능화된 환경과 사물
공간 위상	주소/번지 수	고정 IPv4(Internet Protocol version 4)[1)]	모바일 IPv6 + Global position
기능 형성	공간에 심어진 사물	컴퓨터에 심어진 가상의 사물	사물에 심어진 컴퓨터
컴퓨터 활용	메인프레임(하나의 컴퓨터를 여러 사람이 사용)	PC(한 사람이 하나의 컴퓨터를 사용)	유비쿼터스-편재적-일회적 컴퓨팅(한 사람이 많은 컴퓨터 사용)
공간 접속	한 사람이 한곳에 접근	여러 사람들이 여러 곳에 접속	사람이 없는 상태에서 모든 곳에 접속

기반 네트워크	도로망, 철도망	PC와 PC를 연결하는 인터넷	사물과 사물을 연결하는 인터넷
공간 개발기술	토목, 건축	IT(컴퓨터 + 통신 + 방송 융합)	IT + NT + BT 융합
공간 경제원리	규모와 직접 원리	네트워크 외부성 원리	공명성과 공진화 원리
산업경제	유형의 1, 2, 3차 산업 (부동산, 제조업 등)	무형의 디지털 경계 (ISP, 포털, 사이버뱅킹 등)	모든 환경과 사물의 창조 및 이동을 식별-감식-추적-최적화하는 새로운 전방위 공간 비즈니스/산업 창출
발전과제	기간산업 육성과 지역 간 격차 해소	네트워크 기반과 이용자 확산, 디지털 격차 해소	모든 네트워크 간 융합과 컴퓨터의 저가격화, 전자-물리공간 간의 기능 연계와 재배치
발전정책	국토종합개발계획, 도시계획	사이버 코리아 (cyber-Korea), e-Korea	전자공간과 물리공간 간 최적 연계 통합 u-Korea, u-City 계획

자료: 최남희 · 김선경(2004: 55-73) 재구성.

제 2 절 지능정보 사회의 등장

1. 제4차 산업혁명과 지능정보 사회[2]

1) 제4차 산업혁명의 물결

세계 경제 포럼 창시자 겸 집행위원장인 클라우스 슈밥(Klaus Schwab)은 저서 『제4차 산업혁명』에서 기술 발전에 의해 특징지어졌던 이전의 세 가지 혁명과 근본적으로 다른 네 번째 혁명의 성격을 제시하고 있다. 제4차 산업혁명은 ICBM(사

1) 현재 IP주소는 버전4(IPv4)로 네 토막으로 나눠진 최대 12자리의 번호(210.113. 239.224)로 이루어져 있다. 이 32비트로 이뤄진 IPv4는 최대 약 40억 개의 서로 다른 주소를 부여할 수 있다. IPv6 주소는 128비트 체계로 구성되어 있으며, 그 표현 방법은 128비트를 16비트씩 8부분으로 나누어 각 부분을 콜론으로 구분하여 표현하며, 각 구분은 16진수로 표현한다. 128비트 주소 체계인 IPv6는 최대 1조 개 이상의 주소를 마련할 수 있는 점이 특징이다.

2) 제6차 국가정보화기본계획(2018~2022)은 제4차 산업혁명 시대에 대응하기 위한 국가정보화 사업의 패러다임으로 초연결 지능화 패러다임인 지능정보 사회로의 전환을 제시되었다.

물인터넷 · 클라우드 · 빅데이터 · 모바일)의 기술을 통해 수십억 명의 사람들을 동시에 웹으로 연결하고 비즈니스 및 조직의 효율성을 획기적으로 향상시키며 더 나은 자원 관리를 통해 자연 환경을 재생산할 수 있는 커다란 잠재력을 발휘하게 된다. 즉, 제4차 산업혁명은 연결, 탈중앙화/분권, 공유/개방을 통한 맞춤 시대의 지능화 세계를 특징으로 한다.

제4차 산업혁명의 기술은 물리적 시설과 사회체제의 운영시스템뿐만 아니라 인간의 신체에도 내장되는 디지털 혁명에 기초하고 있다. 로봇 공학, 인공지능, 생명공학, 나노 기술, 양자 컴퓨팅, IoT, 3D 인쇄 및 자율차량을 비롯한 여러 분야에서 제4차 산업혁명의 새로운 기술혁신이 나타나고 있다.

제4차 산업혁명 시대를 맞이하여 사회생활과 산업경제적 패러다임에 커다란 변화가 나타나고, 지능정보 기술 및 관련 산업들이 크게 성장하며, 매체 환경도 급변하게 된다. 사회 전반에 IoT · 클라우드 · 빅데이터 · AI 등 지능정보 기술 활용이 가속화되면서 이를 뒷받침하는 새로운 정보화 전략이 요청된다. 즉, 지능정보 기술이 사회 전반에 확산되면서 제4차 산업혁명 등 새로운 산업구조 변화와 도시정부 운영이나 의사결정 방식의 변화에도 큰 영향을 미치게 된다.

2) 지능정보 사회의 등장과 핵심 동력

제4차 산업혁명의 물결은 산업, 경제, 사회 모든 영역에 지능정보 기술을 확산시키면서 우리 사회를 지능정보 사회로 이끌고 있다. 지능정보 사회는 기계와 기계, 기계와 인간 등 모든 사물과 객체를 연결함으로써 정보교류 및 데이터 수집이 가능해지고 빅데이터와 인공지능의 분석 능력에 힘입어 사회 전체의 지능화로 새로운 가치를 창출하는 사회이다.

지능정보 사회는 고도화된 정보통신기술 인프라를 통해 생성, 수집, 축적된 데이터와 인공지능이 결합한 지능정보 기술이 경제, 사회, 삶 모든 분야에 보편적으로 활용됨으로써 새로운 가치가 창출되고 발전하는 사회이다.

지능정보 사회는 '지능이 극대화되어 국가사회 전반이 혁신되고 새로운 가치가 창출되는 사회'로 정의되고 있다. 한국 정부는 지능정보 사회를 '고도화된 정보통신기술 인프라를 통해 생성·수집·축적된 데이터와 인공지능이 결합한 지능정보 기술이 경제·사회·삶 모든 분야에서 보편적으로 활용됨으로써 새로운 가치가 창출되고 발전하는 사회'로 정의하고 있다(관계부처합동, 2018).

지능정보 사회 실현의 핵심동력이 되는 것이 바로 지능정보 기술이다. 지능정보 기술은 사람의 학습·추론·지각 능력 등 고차원적인 정보처리 활동을 연구하여 이를 실제로 구현 가능하게 만드는 인공지능과 사물인터넷, 빅데이터, 클라우드 등의 대표적 기술들을 말한다. 이들 대표 기술은 AI(인공지능)로 구현되는 '지능'과 ICBM에 기반하는 '정보/데이터'가 결합된 형태로 융합과 진화를 거듭해 나갈 것이다. 지능정보 사회의 모습은 초연결사회로 나타난다.

제3절 지능정보 사회의 도시 변화[3)]

1. 스마트시티의 구축

1) 스마트시티의 성격

제4차 산업혁명은 도시의 물리적 시설과 인적·사회적 요소들을 연결시킨 초연결 사회의 스마트시티를 구현할 수 있게 한다. ICT 융합에 의한 스마트시티의 구축은 인프라·에너지 부족, 교통난, 생활비용 증가 등의 도시문제 해결과 미래사회를 준비하기 위한 도시경쟁력 향상의 열쇠로 등장하고 있다. 도시 취약계층 증가, 고령화 등 인구사회학적 변화와 급속한 도시화에 따른 범죄, 교통, 안전, 에너지, 환경, 복지 등 다방면에서 도시문제가 심화되고 있다. 도시문제들의 효율적 해결을 위한 새로운 방안으로 ICBM(IoT/Cloud/Big Data/Mobile) 기반의 스마트시티 신(新)공공서비스 모델 개발 및 보급·확산이 필요한 상황이다.

---

3) 한국정보화진흥원의 4차산업혁명, 대한민국의 미래를 찾다(2018.3), 지능정보사회의 새로운 과제와 대응 방안(2017.1), 지식정보사회의 국가발전전략연구(2015.12)의 내용을 인용함.

2) 국내 · 외 스마트시티 구축사례

세계 각국은 ICT 융합 기술에 기반한 대규모 도시 프로젝트를 가동하고 있으며, 도시경쟁력을 적극적으로 강화하고 나아가 해외 진출을 통한 국가경쟁력 향상을 도모하고 있다. 스마트시티가 도시문제 해결 및 새로운 미래도시 모델로 부상함에 따라 EU · 미국 · 일본 · 중국 등 전 세계적으로 스마트시티 프로젝트를 추진하고 있다.

인도 · 중국 등 신흥국은 급속한 도시화로 인한 주택 · 교통 · 공해 · 에너지 등 도시문제가 증가하고 있으며, 이에 대한 해결책으로 스마트시티를 주목하고 있다. 신흥국은 농촌 인구가 많고 인구가 지속적으로 증가하고 있어 국민 삶의 질 개선과 고용창출 등을 위해 도시화를 확산하고 있다. 그러나 신흥국의 급속한 도시화는 실업, 범죄, 교통난, 에너지 부족 등 다양한 도시문제를 야기하고 있기도 했다. 반면, 유럽 · 북미 등 선진국들은 노후 도시들의 경쟁력 제고와 경기활성화를 위해 스마트시티를 구축함으로써 지속적인 도시환경 개선을 시도하고 있다. 선진국의 도시들은 인프라 또는 도심이 노후화된 곳이 많아 경쟁력 제고와 경기 활성화를 위해 도시 재생사업이 필수적이다. 선진국의 경우 국민 대부분이 도시에 거주하고 있어 전반적인 국민 삶의 질을 향상시키기 위해서도 도시환경의 지속적인 개선이 필요하다.

이에 따라 세계 각국은 IoT, 빅데이터 등 국가 첨단기술의 적용을 위한 테스트 베드로써 스마트시티의 역할에 주목하고 있다. 미국의 사례에서와 같이 스마트시티 이니셔티브는 IoT, 클라우드, 빅데이터 등 최첨단 IT 기술의 시범 적용과 상용화 이슈 점검을 위한 장으로써 활용이 가능하다. 따라서 스마트시티 프로젝트는 신기술 연구 개발과 새로운 비즈니스 모델 발굴 측면을 함께 고려한 도시 프로젝트로 발전이 가능하다고 할 수 있다.

우리나라의 스마트시티 추진은 지방자치단체별로 당면한 다양한 도시문제 해결을 위해 산발적이고 폐쇄적인 형태로 추진되고 있는 실정이다. 지자체별로 도시문제 유형별 솔루션을 폐쇄형으로 각자 구축하고 있어, 개발비용이 많이 소요될 뿐 아니라 도시 관련 IoT 산업 발달에도 애로사항이 있다. 특히 112, 119 등 기존의

표 6-3 국가별 주요 스마트시티 프로젝트 현황

국 가	주요 추진 내용
미국	• 교통, 범죄, 지역경제 성장 등 지역 문제 해결과 서비스 개선을 위한 방안으로 스마트시티 연구개발 및 시스템 구축 지원을 위한 '스마트시티 이니셔티브' 개시
	• 산타크루즈 경찰청은 과거의 범죄 정보를 분석하고, 지역 및 시간대별 범죄확률을 예측하여 대응하는 과학적 치안전략 수립
	• 샌프란시스코 내 탄력적 요금제 기반 주차시스템(Sfpark) 도입. 2012년 이후 로스앤젤레스를 비롯 캘리포니아 오클랜드, 롱비치, 시애틀 등지로 유사 프로젝트 지속 확산
	• 캔자스 시는 시스코와 10년 계획 하에 미국 최대 규모의 스마트시티 사업 추진
브라질	• 리우데자네이루 시는 자연재해, 교통문제 등의 도시문제 해결을 위해 긴급 상황 데이터를 통합 분석하기 위한 관제 센터 구축
일본	• 빅데이터를 활용한 소셜시티 프로젝트인 '소셜시티 도쿄'가 2020년을 목표로 구축될 예정
	• 도요타 시는 교통문제 해결을 위한 효율적 교통관리 시스템(Traffic Data Management System: TDMS)을 시범운영
	• 총무성 주도 하에 재해 복구 관련 U-City 사업 추진
인도	• 2022년까지 GIS 기반 스마트시티 건설
	• 구자라트 주 GIF TCity 프로젝트를 스마트시티로 승계
UAE	• 2021년까지 스마트시티 프로젝트 추진으로 에너지 절감형 스마트홈 의무화
영국	• 브리스톨 시에서 소프트웨어정의네트워크(SDN) 기반 스마트시티 프로젝트 추진
	• 2013년 글래스고 이후 런던, 버밍엄, 선덜랜드 등지로 스마트시티 사업 확대
네덜란드	• CO_2 배출량 및 에너지 사용량 절감을 위해 10억(1조 4천억 원) 규모의 스마트시티 프로젝트를 추진

서비스는 정보시스템의 연계 없이 각각 운영되고 있어 기관 간 협업이 어렵고 효율성 저하 문제가 발생하고 있다.

우리나라의 스마트시티 사업은 소방, 경찰, 지방자치단체 등이 각각 운영해 온 정보시스템들을 U-City 플랫폼으로 연계하여 기관 간 정보공유와 자원 공동 활용, 협업을 촉진할 필요성도 증대하고 있다. 또한 기존의 산발적, 폐쇄적 개발을 자제하고 향후 개방형 스마트시티 플랫폼을 기술기반으로 채택함으로써 민간 자생적 생태계 활성화를 유도할 필요도 있다.

2. 지능정보 사회의 분야별 구현

1) 스마트 에너지

도시의 에너지 수요는 지속적으로 증가할 것으로 예상되며 사용량 증가에 따른 비용 부담, 온실가스 배출 감축을 위한 규제 강화와 전력공급 부족 사태 등으로 인해 에너지 절약과 현명한 소비에 대한 관심도 증대하고 있다.

에너지-ICT 융합정책 추진을 위해 전력 생산자와 소비자 간 상호작용, 재해 및 정전 등 비상상황 대처 능력이 탁월한 스마트 그리드를 통해 전력 네트워크의 경쟁력을 강화되고 있고, 에너지-ICT 융합 신기술 개발 적용과 스마트 그리드 및 에너지 수요관리 등과 연계한 지능형 에너지 인프라 보급을 확산하고 있다.

미래 에너지 수요에 대응하고 ICT-에너지 융합산업 활성화를 위해 EMS(Energy Management System, 에너지관리시스템)와 같은 ICT 인프라 기반의 에너지관리 효율화를 추진하고, 아파트 단지 등 에너지관리 사각지대를 중심으로 ICT-에너지 융합기술을 활용한 맞춤형 에너지 관리체계를 적용하고 있다.

2) 스마트 교통

교통은 거의 모든 시민이 공통으로 활용하는 인프라로 시민의 삶의 질에 직접적인 영향을 미치는 중요한 생활환경 요소 중 하나이다. 따라서 심각한 교통 체증은 선진국과 개발도상국에서 GDP의 1~3%에 달하는 수준의 경제적 낭비로 추정되고 있다(IBM, 2008.2). 따라서 인구 증가로 인한 교통 체증의 증가, 안전 문제, 교통 인프라의 노후화, 필요 예산의 증가, 환경 문제 등의 해결을 위한 노력도 강화되고 있는 추세다.

이에 따라 주요 선진국들은 도시의 인구 집중으로 인한 교통 혼잡, 교통사고 등의 문제 해결을 위한 수단으로 교통체계와 ICT와의 융합을 적극적으로 추진하고 있다. IoT 인프라, 위치기반 서비스 등 기술 인프라가 개선됨에 따라 각 국가별로 제도, 법규 및 사회적 틀에서 입증된 기술들을 순차적으로 확대 적용 중이다. 주요 선진국에서는 교통관리최적화, 교통정보유통활성화, 여행자 정보고급화, 대중교통

활성화, 화물운송효율화, 차량 및 도로 첨단화 분야와 관련된 다양한 서비스들이 보급 단계에 있다.

3) 스마트 의료

인구 고령화, 소득 수준의 향상, 정책·국제 환경 변화, 산업 간 융·복합 등 거시 환경의 변화는 전통적 의료 산업과 서비스에 대한 새로운 시각을 요구하고 있다.

인구 고령화에 따른 의료비 급등 등의 문제를 해결하고자 치료 중심에서 예방 중심으로의 의료서비스 패러다임 변화는 전 세계적인 추세라고 할 수 있다. ICT 기술에 기반을 둔 스마트 의료는 의료비 절감과 사회경제적 비용 감소 등의 경제·산업적 파급 효과뿐만 아니라 공공의료 서비스, 예방관리 보건, 의료서비스의 질 제고 등 사회·정책적 효과를 기대할 수 있는 효과적인 대안으로서 주목받고 있다.

국경 없는 의료(Cross Border), 치료 분야의 평생관리(Cross Function), 산업 간 융·복합(Cross Over)은 최근 의료 산업계의 메가트렌드로 부상하고 있다. IoT 기반의 헬스케어 서비스는 IoT 융합 관련 서비스의 핵심으로 성장하고 있으며, 치열한 글로벌 경쟁 속에서 미래 정보통신산업의 판도를 좌우할 요인이 되고 있고, 웨어러블 디바이스 등 디지털 헬스케어 관련 기기 및 서비스 시장의 꾸준한 성장과 함께 주요 선진국의 디지털 헬스케어 투자 역시 급격히 증가하는 상황이다.

4) 스마트 관광

국제연합 세계관광기구(UNWTO)에 따르면, 지난 60여 년 동안 관광산업은 세계경제의 한 축으로서 지속적인 성장을 이루며 가장 빠르게 발전하고 있다. 1950년 2,500백만 명에 불과했던 세계 관광객 수는 2012년에는 10억 3,500백만 명으로 급격하게 증가했다. 여행·관광 관련 산업은 직·간접적으로 세계 GDP의 9%를 차지하며 11명 중 한 명은 관련 직업에 종사하는 등 일자리 창출과 경제 인프라 향상에도 영향을 미치고 있다.

이와 함께 무선 서비스 환경 개선, 빅데이터, 증강현실 및 홀로그램 등 ICT 기술 적용 확대는 문화·관광 분야에서의 신규 콘텐츠 및 서비스 개발에 대한 수요를 창출하고 있다. 모바일, 빅데이터, 3D, 증강현실 등 ICT 신기술을 활용한 스마트 관광 서비스를 통해 여가 문화 개선, 관광산업 활성화, 관광산업 경쟁력 강화가 가능하고, 관광객의 흥미를 유발하고 관광수요로 연계될 수 있는 콘텐츠와 서비스 개발을 통해 새로운 관광경제 부가가치 창출이 가능하기 때문이다. 노르웨이 관광청의 경우 공식사이트(www.visitnorway.com)를 통해 가상현실(virtual reality) 기술 기반의 관광지 사전 체험 서비스를 운영하여 여행상품 예약 유도 및 홍보를 추진하고 있다. 증강현실, 홀로그램 등 첨단 ICT 기술을 활용하여 실제와 같은 상황을 경험할 수 있는 체험형 콘텐츠는 차세대 관광산업 경쟁력을 위한 차별화 요인을 부여하기 때문에 현재의 문화·관광 서비스는 음성·영상 등을 통한 정보전달·안내 서비스가 주로 제공되고 있으나, 점차 오감 중심의 체험 서비스로 수요가 변화할 전망이다.

5) 스마트 교육

저출산·고령화 가속화에 따른 학령인구의 감소, 다문화가정 자녀·고령인구 등 새로운 학습자 유형 증가 등은 차별화된 교육·학습시스템 전환을 필요로 하고 있으며, 저성장 경제·산업 위기에 따른 높은 청년실업률, 베이비부머세대의 소득하락, 취업·창업 등 경제활동을 위한 교육수요도 증가하고 있다. 아울러 사회 전반에 내재된 ICT 융합은 학습자·교사는 물론, 국민의 일상생활과 학습태도, 교육서비스·시스템 등 교육환경의 변화를 주도하고 있으며, 소셜 네트워크 시스템과 클라우드컴퓨팅 등 ICT 기술 발전 및 스마트기기의 급속한 확산 등으로 개인 맞춤형의 창의적 학습 수요 또한 증가하고 있다.

이런 사회적 여건 변화에 대응하여 ICT 기술 발전과 클라우드 환경의 확산은 교육용 콘텐츠의 교수자-학생 간 소통 방식을 근본적으로 변화시키며 새로운 형태의 교육 패러다임을 생성하고 있다. 2018년 글로벌 이러닝 시장규모는 751억 달러로 전망, 향후 4년 간 연평균 17%씩 성장할 것으로 예측하고 있다. ICT 신기술과 유무선 초고속 인터넷의 확산은 교육용 기기, 콘텐츠, 이러닝 솔루션 등의 디지털화를 통해 교육 기회 확대와 새로운 시장 기회를 창출할 것으로 전망하고 있다.

연구 과제

1. 제4차 산업혁명 시대에 따른 다음 연구 과제 사례의 도시의 변화 추세를 파악하고, 스마트시티에 있어 도시생활의 모습을 제시해 보시오.

> 오늘날 ICT·IoT의 발달로 가전제품, 정보통신, 의료 분야 등에서 혁신적 변화가 나타나고 우리의 삶에도 큰 변화가 오고 있다. 더 나아가 인공지능(AI)까지 결합되어 주거, 건물, 공장, 그리고 이들을 지원하는 전기, 상하수도, 교통 등 도시인프라 자체가 스마트화 내지 인텔리전트화되어 가고 있다. 이로 인해 우리 삶의 질 향상에, 그리고 도시의 기능과 형태에 큰 혁명이 오고 있다. 냉난방이 쉽게 조절되고, 부엌, 화장실, 목욕시설 등도 편리하다. 인터넷과 와이파이도 잘되고, 클래식과 팝뮤직, 그리고 각종 영화를 듣고 감상할 수 있는 대형 TV와 스테레오도 잘 갖추어져 있다. 서울이나 로스앤젤레스에 있는 가족들과도 하루에 몇 번이라도 영상통화가 가능하다. 지금도 전자기기 및 주거시설의 리모트 조정 기능이 스마트폰에 일부 장착될 수 있다지만, 앞으로는 더욱 발전하여 출타 시 난방조절, 조명조절, 출입구 잠금 등에 노심초사할 필요가 없을 것이다. 자율주행차, 스마트 교통 및 주차시스템 등이 운전과 주차의 어려움을 덜어 줄 것이며, 여행자들도 실시간 교통 및 여행정보를 스마트폰을 통해 얻고 예약할 것이다. 또한 전기, 상하수도, 그리고 다양한 행정·사회 서비스가 스마트화되어 이용편리하고 자원절약적으로 변모될 것인데, 앞으로는 '가상현실', '증강현실' 등이 결합되어 우리의 삶은 더욱 파격적인 '환타지 세계'를 이룰 것으로 본다.
>
> 스마트시티 사업은 도시인프라, 에너지공급, 혹은 공공서비스 부분에서의 편의성 및 효율성 제고, 재난방지 등을 위한 세부사업들, 공장에서의 스마트공정시스템, 개개인 가정이나 건물에서의 편의를 위한 가전시설과 건물시설들의 스마트화 등을 조성할 것이다. IoT, AI, 클라우드, 혹은 블록체인을 바탕으로 한 스마트화·인텔리전트화된 주거, 건물, 인프라 등을 포함한 시설 및 서비스시스템들은 대부분 사람들이 원하게 되므로 장차 모든 도시들이 그렇게 변모될 것이다. 그러나 스마트시티를 이루기 위해서는 자본이 필요하고 기술이 필요한 것이나, 모든 도시와 국가가 이를 갖추고 있는 것은 아니다(대경일보, 2018.6.24).

2. 지능정보 사회에서 행정 업무와 기능의 변화 방향을 무엇인지를 제시해 보시오.
3. 지능정보 사회의 문제점이나 역기능으로는 어떤 것이 있으며, 이에 대한 해결 방안은 어떤 것이 있는지 대책을 마련해 보시오.

제 3 부 도시행정 체계

제 7 장 | 도시정부의 조직구성

제 8 장 | 도시정부의 재정

제 9 장 | 도시정부의 도시계획

현대 도시와 행정의 체계적 분석틀

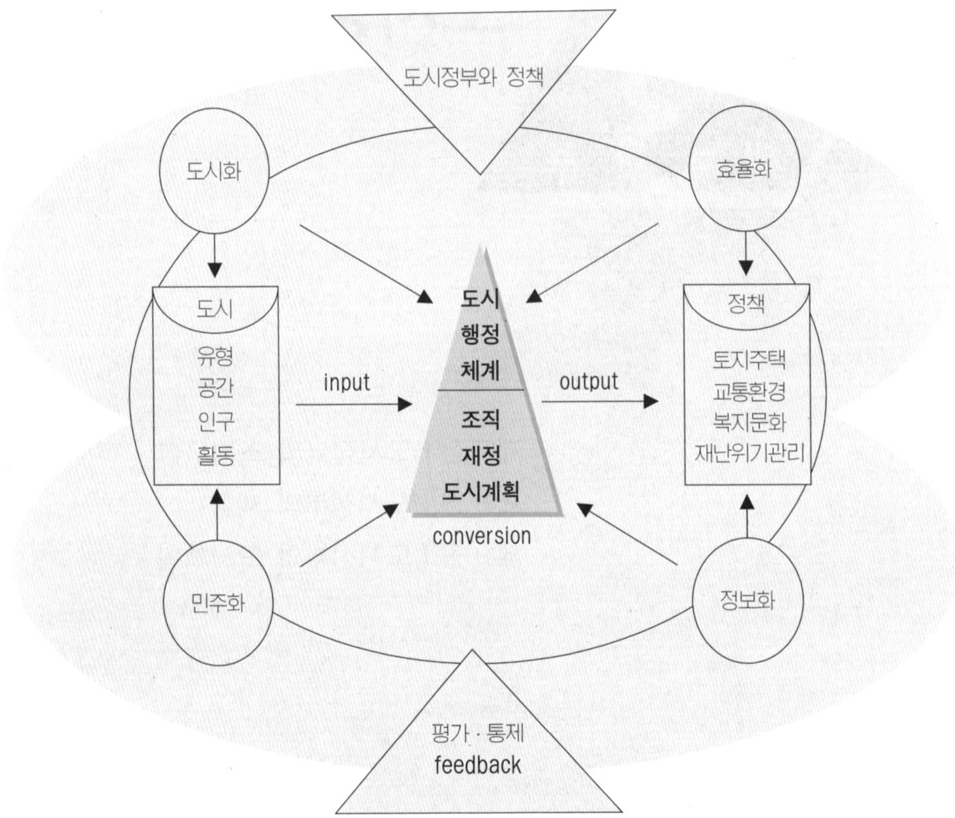

제 7 장

도시정부의 조직구성

학습 목표

- 도시정부 행정조직의 구성 방식과 기능을 살펴본다.
- 도시정부의 조직구성의 다른 시각들을 비교하고 분석한다.
- 도시정부의 의회의 기능과 역할을 학습한다.
- 도시정부의 의회와 집행기관 간 관계를 살펴본다.

사례 연구　기초의회 의원의 자질향상?

기초의회 의원들의 일탈과 추태, 파행이 지역주민들을 부끄럽게 한다. 해외연수 과정에서 예천군의회 의원들의 가이드 폭행과 접대부 요구에 이어 구미시의원들은 해외연수 이후 다른 기초의회의 보고서를 그대로 베꼈다는 의혹을 사고 있다. 의원들의 기본 자질을 의심케 하는 행태가 기초의회 무용론과 폐지론까지 초래하고 있다. 일부 의원의 개인적인 비위나 제도 부재로 빚어진 기초의회의 일그러진 모습을 빌미로 기초의회의 존재 자체를 부정하는 건 지방자치의 근간을 송두리째 부정하는 일로 바람직하지 못하다. 이러한 불신을 자초한 대구・경북 기초의회가 지금까지 드러난 문제점들을 근본적으로 교정할 개선안을 스스로 내놓아야 마땅하다.

직업윤리의 확립 문제가 시급한 과제다. 폭행이든 보고서 베끼기든, 아니면 논문 표절이든 그 어떤 비위도 용서되어서는 안 된다. 지금까지는 수준 이하의 행위가 버젓이 저질러져 왔고 응당한 책임 또한 관행이란 이름으로 방치되어 왔거나 스스로 면죄부를 발부했다. 의원들의 개인적・조직적 파행을 규제하고 처벌할 도덕적・제도적인 기준이 미흡했기 때문이다. 해외연수 보고서만 하더라도 의원들이 직접 작성하는 경우는 드물고 동행한 공무원들이 대신하는 사례는 비일비재하다. 의원연수에 끼인 공무원들은 숫제 가방 심부름꾼과 음식 수발꾼으로 전락하기 일쑤다.

기초의회 의원들의 자질을 높이기 위한 법과 제도의 마련도 중요하다. 국회의원들에 의해 좌지우지되어 온 기초의회 의원들에 대한 정당공천을 폐지해야 한다. 기초의원들의 자질보다 국회의원과 친소 관계가 기준이 되는 현행 공천제도가 문제이다. 정당공천이 유지하더라도 잘못된 공천에 대해 지역구 국회의원에게 연대책임을 물어야 한다. 기초의회 의원의 일탈과 비위가 비단 대구・경북만의 일은 아니다. 전 국민의 질타와 논란을 촉발시킨 지역의 기초의원들이 셀프 쇄신안이라도 내놓아야 자존감이나마 회복되는 단초가 될 수 있다(영남일보 사설, 2019.1.22).

〈생각해 볼 문제〉

1. 기초의회 의원의 자질과 전문성 향상을 위한 제도 개선 방안을 논하시오.
2. 기초의회 의원의 정당공천 찬반론에 대한 자신의 견해를 밝히고, 정당공천을 폐지하면, 위 사례에 나타난 문제점이 어느 정도 해소될 수 있을까?

이 장에서는 도시정부 내 행정조직의 구성 방식과 구조를 살펴보고자 한다. 조직구성 방식에서는 구역과 계층 및 집행기관과 지방의회와의 관계를 논의한다. 그리고 도시정부를 구성하는 주요 행정조직으로는 지방의회와 집행기관을 들 수 있다. 또한 주로 도시정부 조직의 기구와 사무의 내용을 분석하고 바람직한 행정조직의 구성 방식에 대해 알아보고자 한다.

제 1 절 도시정부의 조직구성 방식과 기능

1. 도시정부 조직의 의의

도시정부의 조직은 광의로는 한 국가의 도시제도 전반, 즉 자치단체의 종류, 행정 계층구조, 중앙과 지방과의 관계, 행정구역, 행정기관과 주민과의 관계, 지방의회와 집행기관 등을 포괄하는 의미를 지닌다. 반면 협의로는 지방자치단체의 내부조직(기구, 기능)만을 의미하게 된다. 여기서는 도시행정 조직을 기구와 기능 및 행정계층과 행정구역을 중심으로 살펴보고자 한다.

2. 도시정부의 조직구성 방식

1) 구 역

(1) 구역의 의의

도시행정의 구역이란 지리적 개념인 동시에 법적인 개념이다. 일반적으로는 일정한 목적을 달성하기 위해 정해진 기준에 따라 국토 공간을 구분해 놓은 지리적 한계를 말하며, 법적으로는 공공기관의 통치권 또는 자치권이 미치는 일정한 지역적 범위를 의미한다. 이와 같은 구역은 도시정부의 권한을 지역적으로 한정시키는 법적 효과를 가짐으로써 그 경계를 넘어서는 자치권이 미치지 못하게 되는 반면,

그 구역 안에 주소를 가진 주민에게는 당연히 그 도시정부의 구성원이 되게 하고, 다른 자치단체의 통치를 인정하지 않는 배타적 통치권으로서의 역할을 한다.

일단 설정된 구역은 시간의 지나면서 주민생활과 밀접한 관계를 가지고, 주민의 애착의 대상이 되며, 구역과 주민이 결속되면서 점차 고정화되어 간다. 따라서 구역은 정치·행정적으로뿐만 아니라 정신·문화·사회·경제적으로 중요한 의미를 가진다.

구역은 그 법적 성격에 따라 자치구역과 행정구역으로 구분한다. 자치구역은 지방자치단체의 자치권이 미치는 지역적 범위로서, 자연부락과 같은 공동사회를 토대로 형성된다. 반면 행정구역은 국가가 행정상의 편의를 위해 인위적으로 설정한 지역적 단위를 의미한다. 이처럼 구역은 자치구역과 행정구역으로 개념적 구분이 가능하고, 지방자치가 정착한 선진국에서는 양자의 차이를 인정하여 달리 적용하기도 한다. 그러나 우리나라에서는 전통적으로 중앙집권 체제를 유지해 왔기 때문에 개념적 구별이 없었고, 특히 해방 이후 자치구역을 행정구역에 일치시켜 왔다. 즉, 도·시·군 지방자치단체는 국가의 지방행정기관의 지위에 있으면서 관할구역은 자치구역과 행정구역의 의미를 동시에 가지고 있다. 따라서 우리나라에서 양자 구별의 실익은 적다고 볼 수 있다.

(2) 구역 개편의 기준

구역 개편의 기준은 국가나 사회의 역사적 전통, 경제·사회적 특수성 및 정치·행정 발전의 정도 등 여러 조건에 따라 다르겠지만, 기초자치단체와 광역자치단체로 구분하여 이에 관한 일반적인 원칙을 몇 가지 소개하면 다음과 같다.

① 기초자치단체의 구역 개편 기준

첫째는 가능한 한 주민 간 지연적 공동체 의식을 토대로 하는 공동사회권 및 생활권과 일치하도록 구역을 개편해야 한다. 왜냐하면 공동사회권역은 오랜 세월 동안 형성된 역사적 산물이므로 구역을 개편할 경우 가급적 공동사회권과 맞추어야만 주민 간 애향심, 상부상조정신이 발휘될 수 있기 때문이다.

반면, 오늘날 교통·통신 수단이 발달하여 주민의 공동생활권이 점차 확대되고 행정구역 역시 확장되는 추세이다. 주민들 간 지연적 연대의식도 약화되어 공동사회권도 종래의 지연적 공동체 의식을 토대로 한 생활권에서 오늘날에는 경제적·사회적 생활권으로 변화고 있다. 따라서 전통적 공동사회권과 경제적·사회적 생활권의 확대라는 두 가지 기준에 입각하여 행정구역을 개편해야 할 필요성이 증대되고 있다.

둘째는 민주성과 능률성의 요구가 적절히 조화되는 지역적 범위로 구역을 개편해야 한다. 본질적으로 지방자치란 주민이 지방정치와 행정에 참여하는 것을 전제로 한다. 따라서 지방정치 및 지방행정에 대한 주민참여와 주민통제에 유리한 지리적 범위가 되도록 하려면 구역을 좁혀야 한다. 구역이 지나치게 넓으면 주민들의 공동체 의식이 희박해져 자치에 대한 주민의 관심이 낮아지고, 주민참여 및 주민통제가 약화되어 행정 독주의 우려가 있기 때문이다. 구역을 너무 좁히면 행정경비가 증대되어 시·군의 재정건전성이 낮아진다. 소규모 구역을 설치해야 할 특별한 사유가 없는 한 행정 기능을 가장 능률적으로 수행할 수 있도록 구역을 넓히는 것이 바람직하다. 이와 같이 상반되는 민주성과 능률성을 동시에 충족시킬 수 있는 기초자치단체 구역 설정이 앞으로의 과제라 할 수 있다.

셋째는 주민의 편의를 극대화하면서 아울러 행정편의를 도모할 수 있는 지역적 범위로 구역을 설정해야 한다. 자치행정이란 주민의 생활행정이고 주민에게 더 많은 생활 편익을 제공해야 하기 때문에 구역은 주민의 행정 접근이 용이하도록 확정되어야 한다. 한편 지방행정은 지역개발 정책을 수립·집행하고 교통·통신의 발달에 따른 행정의 광역화 추세에 효율적으로 대응할 수 있도록 시·군의 구역을 적절히 확대해야 한다. 이러한 점을 고려하여 행정과 주민의 편의를 적절히 조화시키는 선에서 구역을 확정해야 할 것이다.

② 광역자치단체의 구역 개편 기준

광역자치단체의 특유한 구역 설정 기준은 다음과 같다.

첫째, 기초자치단체의 행정 기능을 가장 효과적으로 조정할 수 있는 지역적 범위를 구역으로 설정해야 한다. 기초자치단체는 지역적 특수성을 강조하는 과정에서 자치단체 간의 갈등과 이해의 대립이 발생할 가능성이 있으므로, 이와 같은 문제를 중앙정부가 조정하기 전에 일차적으로 광역자치단체에서 조정할 필요가 있다.

둘째, 효율적인 지역 개발을 추진할 수 있는 지역적 범위에 근사해야 한다. 따라서 행정구역보다는 경제권 내지 개발권을 고려하여 광역자치단체의 구역을 설정함이 바람직하다.

셋째, 도시행정 기능과 농촌행정 기능을 동시에 수행할 수 있는 규모로 구역을 설정해야 한다. 광역자치단체의 구역 내에 시의 수가 많으면 광역자치단체는 도시 위주의 행정을 하여 농촌행정을 소홀히 하기 쉽다. 반대로 광역자치단체 내에 농촌이 많을 때에는 농촌 위주의 행정을 하게 되어 도시의 발전을 저해하게 된다. 따라서 도시와 농촌을 균형 잡히게 발전시킬 수 있는 지역적 범위를 구역으로 설정해야 할 것이다.

넷째, 기초자치단체의 행정 기능을 보완하는 데 가장 적절한 규모로 구역을 설정해야 한다. 보완 기능의 수행이란 기초자치단체의 능력으로 처리할 수 없거나 처리가 곤란한 사무 또는 기초자치단체가 처리하면 행정의 질이 저하될 우려가 있는 사무를 광역자치단체가 보완적으로 처리함을 의미한다.

2) 행정계층

행정계층이란 일정한 지역에 지위를 달리하는 행정 단위나 통치관할권이 설정된 형태를 의미하는데, 지방자치단체의 계층으로는 단층제 또는 중층제 내지 다층제로 나타난다. 단층제라 함은 일정한 지역 내의 모든 사무를 종합적으로 처리하는 제일선의 지방자치단체가 국가와 바로 연결된 경우를 말하고, 중층제라 함은 그러한 제일선의 지방자치단체와 국가 사이에 또 다른 층의 지방자치단체가 존재하는 경우를 말한다. 그리고 다층제란 동일한 지역 내의 여러 개의 자치단체가 존재하여 관할이 중첩되는 현상을 말한다.

일반적으로 지방자치가 발달한 영·미계 국가나 스칸디나비아계 국가에서는 중층제 중에서도 2층제 구조를 많이 이루고 있다. 또 한편으로 국가에 따라서는 3층제 또는 6층제(미얀마, 에티오피아)까지 채택하기도 한다.

표 7-1	지방자치단체의 계층구조별 장 · 단점
중층제의 장점(단층제의 단점)	**중층제의 단점(단층제의 장점)**
• 광역적인 대규모 사업 및 사무 처리에 능률적 • 기초자치단체의 기능보완 및 감독 • 국가와 기초자치단체 간 원활한 의사 전달을 위한 효과적인 중재 역할	• 행정의 중첩 현상으로 낭비와 지연 요소 많음. • 광역자치단체 내 성격이 다른 지역의 특수성 희생 • 국가와 기초자치단체 간의 의사전달 지연 및 왜곡

지방자치단체의 계층구조별 장 · 단점을 살펴보면 다음 <표 7-1>과 같다(임승빈, 2018).

3) 도시정부의 통치구조: 기관통합형, 기관대립형, 절충형

오늘날 도시정부의 기관은 도시정부의 의사를 결정하는 의결기관인 의회와 결정된 의사를 집행하는 집행기관의 자치단체장으로 구성되는 것이 일반적이다. 도시정부의 구성 방법이나 형태는 나라마다 다르며, 역사적 전통과 지역 특성에 따라 다양한 형태로 나타나고 있다.

이 중 가장 일반적으로 채택하고 있는 통치구조는, 도시정부의 의사결정 기능과 집행 기능을 단일의 기관에 귀속시키느냐 아니면 각각 분담시키느냐에 따른 기관통합형과 기관대립형이 있고, 이 두 가지의 절충형이 있다.

(1) 기관통합형

기관통합형은 의회주의의 의원내각제로 불리는 조직구조로서 권력통합주의 원칙에 의거하여 지방자치단체의 의결 기능과 집행 기능을 단일기관에 귀속시키는 형태를 말한다. 이 구조에서는 의원 중 다수를 점한 정당이 행정책임을 지며, 의회의 각 위원회가 행정 각 부문의 집행기관으로서의 역할을 할 수도 있다. 대표적인 예로는 영국의 의회형과 미국의 위원회형, 그리고 최근 프랑스의 의회의장형을 들 수 있다.

영국의 의회형이란 영국의 지방의회가 의결기관인 동시에 집행기관이기 때문에 지방의회에 대립되는 집행기관이 따로 없다. 따라서 카운티(county)와 디스트릭트

(district)에는 그 자치단체를 대표하는 장이 없으며, 다만 도시권지역과 런던의 버러(borough) 등 일부 자치단체에만 시장이 있을 뿐이다. 그러나 시장의 지위는 당해 지방자치단체의 사무를 실질적으로 총괄하는 수장(首長)으로서가 아니라 지방자치단체를 대표하는 상징적인 존재에 불과하고, 실질적인 행정권은 지방의회의 각 분과위원회가 관장하고 있다. 즉, 지방의회의 전체회의에서 원칙적인 문제와 정책적인 사항이 결정되고, 현실적인 집행은 의회의 각 분과위원회의 책임 아래 각 사무국이 담당하고 있다. 행정사무를 실제로 처리하는 각 사무국은 위원회 조직에 일치되도록 편성되어 있으며, 사무국의 중간계층은 분야별 전문가로 충원되어 있다.

미국의 위원회형은 주민에 의해 선출된 위원으로 구성된 위원회가 지방자치단체의 정책과 의사를 결정하고, 동시에 각 위원으로 하여금 집행부의 사무를 관장케 함으로써 지방자치단체의 모든 기능과 책임을 의회에 집중시키게 되는 조직 형태이다. 통상 3~5명으로 구성된 위원회가 입법기관임과 동시에 지방자치단체의 주요한 정책을 담당하는 행정 책임을 맡고 있다. 위원회가 입법적·행정적 기능을 수행하고 기업경영 방식을 행정에 도입함으로써 효율적인 정부 운영이 가능하다. 또한 유능한 지도자급 시민들이 위원회 위원으로 봉사하려 하기 때문에 위원들에 대한 주민의 기대 수준이 높고 위원의 자질이 향상될 수 있다. 이 정부 형태의 활동 내용은 시민들이 쉽게 이해할 수 있고, 주민 발의, 소환 등의 직접 민주정치의 장치가 활용되기 때문에 시민의 정부통제도 활발한 편이다. 그러나 이와 같은 통치구조는 권력 분립의 결여와 정책결정과 집행 기능 사이에 구분이 없으므로, 권력 남용 및 담합, 그리고 유능한 인사의 발굴이 어려울 수 있다. 각 위원들은 입법가로서, 그리고 행정가로서의 이중적 자격을 구비해야 하고, 위원들 중 한 명이 시장의 역할을 수행하긴 하지만 다른 위원들보다 우월한 지위에 있지 않기 때문에 시정부 전체를 위한 일반적인 리더십, 행정의 전문성을 발휘하기란 쉽지 않다. 또한 책임이 위원이 아닌 위원회 전체로 부여되기 때문에 위원 개인에 대한 시민의 통제는 제한되어 그에 따른 문제점이 발생되기도 한다. 이와 같은 폐단이 지적되어 위원회형은 이 제도가 탄생한 미국에서조차 제2차 세계대전 이후 급격히 줄어들고 있는 추세이다(임승빈, 2018).

프랑스의 의회의장형은 지방의회의 의장이 집행기관의 장으로서 지위를 겸하고

표 7-2 기관통합형의 장 · 단점

장 점	단 점
• 민주정치와 책임행정 구현 지방행정의 권한과 책임이 주민의 대표기관인 의회에 집중 • 행정의 안정성과 능률성 도모 의결기관과 집행기관 간 갈등과 대립 없음. • 공정하고 신중한 운영 집행기관도 주민의 의해 선출된 위원으로 구성되어 자치행정을 주민의사에 따라 수행 • 정책효과의 극대화 정책의 결정과 집행 간 유기적인 연관성 확보로 정책의 효과를 극대화함.	• 행정의 종합성, 통일성 저하 지방행정을 총괄적으로 조정할 단일 지도자의 부재 • 견제와 균형 결여, 권력 남용 우려 하나의 기관이 정책의 형성 · 집행 · 평가를 모두 담당 • 행정의 전문성 경시 위원이 행정 업무를 담당하므로 전문성 부족, 대부분 겸업으로 인해 시간제 근무

그 의장 밑에 집행의 사무 보직을 두고 있는 유형이다. 프랑스에서는 종래에 중간자치단체에 임명직 지사가 있어 자치단체의 수장으로서의 직무와 국가의 대표기관으로서의 직무를 수행했는데, 지방제도 개혁에서 중간자치단체 지사를 폐지하고 그가 관장하던 자치단체의 수장으로서의 직무를 의회의장으로 하여금 처리하게 했으며, 이와 같은 조직 형태를 광역자치단체에도 적용하고 있다.

(2) 기관대립형

기관대립형은 권력 분립의 원칙에 따라 지방자치단체의 정책결정 기능을 담당하는 지방의회와 집행 기능을 담당하는 자치단체의 장을 각각 분립시킴으로써 상호 견제와 균형의 원리에 입각하여 행정을 운영하는 기관 구성 형태이다. 기관대립형은 견제와 균형을 통한 권력 남용의 방지, 집행 기능 전담기관을 통한 행정의 전문화, 단일의 지도자를 통한 행정 책임의 명확화를 기할 수 있는 장점이 있는 반면, 기관 사이의 대립의 심화, 주민대표기관에의 책임 귀속의 약화, 단일 지도자의 편견적 의사결정 가능성 등의 단점이 있다(박수영 외, 2004).

기관대립형은 집행기관의 구성 방법을 기준으로 하여 임명형과 선거형으로, 선거형은 다시 직선형과 간선형으로 나눌 수 있다.

① 집행기관 임명형

이 유형에는 중앙정부에 의해서 수장을 임명하는 형태와 의회에서 행정전문가를 행정관리관으로 임명하는 형태가 있다.

중앙정부에 의한 임명형은 의결기관과 집행기관을 분리시키되, 지방의회의 의원은 주민이 직접 선출하고 집행기관의 장은 중앙정부가 임명하는 제도로서, 지방행정에서 민주성보다는 능률성을 더 중시한다.

의회에 의한 임명형을 일명 의회-관리관형(council-manager form)으로 풍부한 경험을 가진 행정관인 시관리관(city manager)이 시의 사무에 관한 일체의 감독 책임을 맡는다. 시관리관은 시의회에 의해 임명되고 시의회에 대해 책임을 진다. 그러나 시 관리관은 행정적 사항에 관해서만 최종적 권한을 가지며, 의회는 이에 관여하지 않는다. 시관리관의 지위는 비정치적이며 행정전문가로서 지방의회에서 정책결정으로부터 크게 영향을 받지 않는다. 시장은 행정적 권한을 행사하지 않고 시관리관의 행정사무 처리에 관여하지도 않으며, 대외적인 업무를 담당하고 회의를 주재하는 의전 책임자 내지 정치적 지도자에 불과하다.

② 집행기관 선거형

집행기관 선거형은 직선 형태와 간선 형태로 나뉘는데, 집행기관 직선형에서는 집행기관의 장을 주민이 직접 선출하는 제도로서 대표적인 것은 미국의 시장-시의회형과 서독·일본의 집행기관장-의회형이 있다.

미국 건국 초기의 도시에서는 영국 식민 지배 시대에 경험했던 강력한 행정가에 대한 두려움과 반발에 의해 의회정부 형태로 복수의 시의회 구성원에게 대부분의 권력이 집중되었다. 시간이 경과함에 따라 이들의 권한이 점차 감소되고 또 그들이 가진 권한이 시장에게 옮겨감에 따라 시장-시의회형의 도시정부 형태를 띠게 되었다(박종화 외, 2018).

시장-시의회형은 집행기관인 시장과 의결기관인 시의회를 분립시키고 이들을 주민이 직접 선거하는 데 있다. 이러한 시장-시의회 형태는 미국의 도시정부가 채택한 형태 중 가장 오래되고도 가장 보편적인 형태인데, 의결기관과 집행기관의 구성 방법·상호관계 및 권한 등에 따라 다시 '약시장-시의회'형과 '강시장-시의회'형, '시정관리관 제도의 강시장-시의회형'으로 나눌 수 있다.

ㄱ. 약시장—시의회 형태

약시장—시의회 정부 형태는 의회 우월주의에 입각하여 집행기관인 시장보다 의결기관인 의회에 우월적인 권한을 인정하는 시정부 형태이다. 이는 미국 건국이념과 관련된 것으로 당시의 시정부 기능이 단순하였고, 또한 강한 행정에 대한 시민의 두려움이 만연했던 영국 식민 지배의 경험에서 생겨난 잭슨적 이념(약한 행정부)을 반영한 형태이다(박종화 외, 2018).

시장은 명목상 지방자치단체의 책임자일 뿐 한정된 행정 권한만이 부여되고 시의회와의 관계에서도 의결 사항에 대해 제한적 거부권조차도 가지고 있지 못하다. 약시장은 시공무원을 임명할 수 없으며 약간의 지방공무원만 임명할 수 있을 뿐인데, 이 임명에 시의회의 동의를 요하기도 한다. 시예산은 시의회에 의하여 편성되며 예산관리의 책임도 대체로 시의회에 부여된다. 일부 시에서는 시의회가 의원들을 여러 행정위원회에 배속시켜 시의 국·과의 운영 책임을 맡게 하기 때문에 시장의 집행권은 더욱 약화되기도 한다. 이러한 형태는 미국의 남북전쟁 전 소도시나 읍에서 보편적으로 적용되었으며 아직도 일부 도시정부에서 사용되고 있다.

ㄴ. 강시장—시의회 형태

19세기에 접어들면서 미국의 대도시들은 해결해야 할 여러 가지 어려운 문제들에 직면하게 되자 강한 리더십이 요구되었고, 이와 함께 시장의 권한은 점차 강화되어 갔다. 따라서 강시장—시의회 형태에서 시장은 강력한 인사권을 비롯하여 시의 각종 부서활동을 총괄 감독하는 권한을 가지며, 예산안을 편성·집행하는 권한과 입법 과정에 참여하거나 혹은 의회를 통과한 법안 등의 전부 또는 일부를 거부할 수 있는 거부권을 가진다. 이처럼 시장이 강력한 행정력을 행사하는 법적 지위를 갖고 있는 반면, 지방의회는 시장에 비해 하위의 지위를 갖고 행정사무의 집행에 관여할 수 없어 시의회의 기능은 입법적 의사결정에 한정하게 된다(박종화 외, 2018). 이 유형은 시장이 강력한 정치력을 발휘할 수 있기 때문에 행정사무가 복잡하고 전문성을 요하며, 행정의 방향성과 지도력이 필요한 대도시에서 많이 채택되고 있다. 실제로 미국뿐 아니라 세계 도처의 시장—의회형은 강시장—의회형이라 할 수 있다.

ㄷ. 시정관리관 제도의 강시장－시의회 형태

시정관리관(chief administrative officer: CAO) 제도는 강시장－시의회 정부 형태에서 시장이 행정적·정치적 리더십을 동시에 보유하게 됨으로써 초래되는 약점을 보완하고자 개발되었다. 시장의 행정적 임무를 최고책임자가 대신 수행하도록 하는데, 이는 시장의 행정적인 업무 부담을 덜어 줌으로써 시장이 정치적 리더십을 충분히 발휘할 수 있도록 하는 데 그 목적이 있다(박종화 외, 2018).

최고책임자는 시장의 보고서 준비나 정책대안 선택 등을 돕기 위해 일반적인 자문 및 행정적 권고 활동을 하고, 시장의 승인 하에 기관장의 임명·해임권, 행정기관의 활동과 운영을 감독할 권한 등을 지니고 있다. 최근 미국의 여러 대도시에서 시자문행정관, 관리장, 행정서비스장, 사업행정관, 시행정관 등의 다양한 형태로 최고책임자 제도를 운영하고 있다(임승빈, 2018).

③ 집행기관 간선형

집행기관 간선형은 주민의 대표기관인 지방의회가 집행기관의 장 또는 책임자를 선출하는 형태를 말하며, 프랑스와 독일을 그 대표적인 예로 들 수 있다. 의원 가운데서 선출되는 시 읍·면장은 의원 임기 동안 의원의 신분과 지위를 계속 유지하게 되며, 나아가 지방의회의 의장을 겸임하게 된다. 프랑스의 시·읍·면장－의회형은 집행기관인 시·읍·면장과 의회를 분리시키되, 시장과 보좌역을 시·읍·면 의회가 의원 중에서 선출하는 것이 특징이다.

(3) 절충형: 시의회–지배인 형태

이 제도는 지방자치단체의 의결기관과 집행기관을 분리시킨다는 점에서 기관대립형의 요소를 갖추고 있으나, 서로 대립시키지 않는다는 점에서 기관통합형의 요소를 지니고 있어 양 유형을 서로 조화시키고 있는 유형이라 할 수 있다. 그뿐만 아니라 이 유형은 집행기관을 독임제(獨任制)가 아닌 합의제로 하는 점에서 기관대립형과 구별되고, 참사회가 의결기관인 의회를 모체로 하면서도 의회와는 독립된 집행기관으로 기능한다는 점에서 의결기관과 집행기관의 동일체를 특징으로 하는 위원회형과도 구별된다.

일반선거에 의해 선출된 정당성(政黨性)을 띠지 않는 소규모의 시의원으로 시의회를 구성하고, 입법과 정책결정 기능을 시의회로 통합한다. 그리고 유능한 행정가를 시지배인으로 고용하고 행정 책임을 시지배인에게 부여한다. 이와 같은 형태는 위원회 정부 형태가 지니는 많은 약점을 보완해 준다. 우선 시지배인에 의해 행정 책임의 분열성이 제거되고 책임성을 확보할 수 있게 된다. 또한 위원회에서 보이는 입법적 · 행정적 권한의 결합이 분리되어 입법 기능은 시의회에 집중되고, 행정 기능은 시지배인에게 집중되는 등 구조적 단순성으로 인해 시민들이 정부를 이해하기 쉽고, 따라서 선출된 대표자들의 통제를 촉진시킬 수 있게 된다. 그뿐만 아니라 전문인을 상근 고용직의 지배인으로 임명함으로써 유능한 행정적 리더십이 확보되고 시나 시민이 직면하고 있는 문제와 필요에 주의를 집중시킬 수 있다.

제 2 절 도시정부의 의결기관: 의회

1. 의 의

의회는 도시정부의 최고 의사결정기관으로서 주민에 의해 선출된 지방의원을 그 구성원으로 하는 합의제 의결기관이다. 의회는 그 권한의 범위 내에서 공공사무에 관한 지방자치단체의 의사를 결정함으로써 지방자치의 주체적 역할을 한다. 의회는 선거에 의해 선출된 주민대표로 구성되며, 주민대표로서의 지방의원은 주민 전체에 대한 정치적 대표자 지위를 갖는다. 의회는 지방자치에 관한 중요한 정책을 결정하는 합의제 의결기관이다.

의회는 대의제 민주주의 국가의 지방자치의 성공적 수행을 위한 필요불가결한 기관이다. 지방자치는 주민 전체가 모인 주민총회에서 지방자치단체의 의사를 결정하고, 그 결정에 따라 행정이 이루어지는 것을 이상형으로 하고 있다. 그러나 오늘날 지방자치에서 확대된 구역이 확대되고 주민의 수가 많아짐에 따라 직접민주제가 불가능하기 때문에 주민의 의사를 대표할 수 있는 의회를 구성하는 간접민주제(대의제)가 보편화되었다.

2. 구성 방식

의회와 집행기관의 관계 설정에 따라, 의회는 의결권뿐만 아니라 집행권까지도 가지고 있는 유형(기관통합형), 의결권을 가지고 집행기관에 견제력을 행사하고 있는 유형(기관대립형), 집행기관에 대해 단순한 자문적 기능만을 행사하는 유형으로 구분해 볼 수 있다. 의회를 구성할 때 선거 방식 및 정당추천과 관련된 주요 쟁점은 다음과 같다.

1) 주민직선제와 비례대표제

의회는 지역주민의 대표기관이므로 그 지역주민의 직접 선거로 선출한 의원으로 구성하는 것이 원칙이다. 대부분의 구・미 각국이 이 원칙에 따르고 있다. 다만 여기에 직능대표제 혹은 비례대표제를 가미할 것인가는 국가에 따라 상이하다.

의회 의원을 직능대표로 선출하면 의회가 인기 위주로 운영되지 않도록 할 수 있고, 의회와 집행기관 간 대립과 반목을 줄일 수 있으며, 안건 심의를 전문화・내실화할 수 있고, 의회 내에서의 지연과 학연 등에 의한 파벌을 완화시킬 수 있는 장점이 있다. 그러나 이 제도 하에서는 직능 단위로 의원 정수를 책정해야 하는데 전문직업 분야가 극히 다양한 현대 사회에서 직능을 합리적으로 구분하여 의원직을 배분하기가 어려울 뿐 아니라, 의안을 심의하고 조례를 제정할 때 일반 주민의 의사보다는 소속된 직능의 특수이익을 옹호할 우려가 있다.

반면 비례대표제는 정당의 존재를 기초로 하여 당선 기준표에 초과한 표를 일정한 방식으로 이양하여 정당이 정한 후보자에게 이전하는 방식으로서, 사표를 줄이고 정당을 발전시키는 등의 장점이 있다. 또한 각계의 전문가나 여성과 같은 특수한 사람의 진출을 가능하게 하고 동시에 소수 정당의 의회 진출을 보장할 수 있다(임승빈, 2018).

2) 소선거구 · 중선거구 · 대선거구

의회의원의 선거구는 소선거구, 중선거구, 대선거구 중에서 어느 것을 채택할 것인가도 국가에 따라 각각 상이하다.

소선거구제를 채택하면 입후보자들의 인물과 식견을 구분하기 용이하고 선거운동의 경비를 줄일 수 있으며, 소구역의 이해관계와 의사를 골고루 반영할 수 있고, 보궐선거와 재선거를 실시하기가 용이하다. 그러나 이 제도 하에서는 의원들이 소선거구와 근린지역의 편협한 이해에 집착하고 유능한 인재의 선택이 어려워짐에 따라 의원의 질이 상대적으로 낮아지며, 좁은 지역에 입후보자가 난립하여 자칫 선거가 과열될 우려가 있다.

반면 대선거구제를 채택하면 소구역의 편협한 이해를 극복하고 범자치단체적 이익 증진을 도모할 수 있으며, 입후보자의 선택 범위가 넓어짐에 따라 유능한 인재가 선출될 가능성이 높아지므로 의원의 질이 높아질 수 있고, 선거 과열을 완화시킬 수도 있다. 그러나 선거 비용이 많이 들고 지역주민의 의사와 이해가 의회에 골고루 반영되지 못하는 문제점이 나타날 수 있다. 따라서 중선거구를 채택함을 원칙으로 하되, 시지역과 대도시 지역에서는 소선거구제 또는 병행제(소선거구제와 대선거구제)를 채택함이 바람직하다 할 수 있다.

3) 정당공천

우리나라는 2005년 6월 정치관계법 개정에 따라 지금까지 정당 공천이 배제되어 온 시 · 군 · 구 의회 의원선거에까지 정당공천제를 도입함으로써 지방선거에는 모두 정당공천제가 도입되었다. 그동안 기초자치단체 의원의 정당공천의 폐지를 위한 학계, 정치권의 많은 논쟁에도 불구하고 아직까지 정당 공천이 폐지되지 못하였다. 지방의회 의원의 정당공천에 대한 찬반론을 정리하면 다음 <표 7-3>과 같다.

표 7-3 지방의회 의원선거의 정당공천의 찬반론

정당공천 찬성론의 근거	정당공천 반대론의 근거
• 정당은 주민 의사를 대변하고 조직화 • 대의제 민주정치는 정당정치 • 개인을 대신하는 조직으로서의 정당 역할 기대 • 정당 간의 경쟁을 통한 책임정치 구현 • 후보의 정치적 성향과 정책 방향에 대한 정보 제공	• 선거 과열 및 정당 간의 대립 격화 • 지방정치의 중앙정치에의 예속화 • 정당에 의한 중앙집권으로 자치행정의 파멸 우려 • 한 정당이 지방의회의 다수 의석을 점하는 경우, 지방의회와 자치단체장 간 견제와 균형의 원리의 후퇴

3. 조 직

의회는 당연히 선출된 의원들이 핵심이 되고, 여기에는 의원들 중에서 선출되는 의장단과 설치 기준에 의해 구성되는 위원회가 있다. 그리고 의회의 의정활동이 원만하고 활발하게 이루어질 수 있도록 지원하는 사무기구가 있다.

1) 지방의회 의원

지방의회 의원을 몇 명으로 하는 것이 적절한가에 대해서는 명확한 기준이 없으나 일반적으로 영국과 유럽은 지방의회의 주민대표성을 중시하여 자치단체의 인구규모에 비해 의원을 많이 두고 있다. 반면 미국은 지방의회의 전문성과 능률성을 중시하여 의원을 적게 두고 있다.

지방자치란 가급적 주민 다수가 참여하는 것을 이상으로 한다면 의원의 수는 되도록 많은 것이 바람직하다. 의원의 수가 많을수록 주민의 이익을 대표하는 데 유리하며, 주민참여의 기회를 넓혀 줌으로써 행정의 민주화를 도모할 수 있기 때문이다. 그러나 의원수가 과다하면 정당 간의 반목, 개인 간의 이해 대립이 격화되어 의회 운영이 비능률적으로 되기 쉽고, 운영 경비가 많이 든다. 따라서 지방자치법에 일정한 의원 정수의 결정 기준만을 규정하고, 그 범위 내에서 각 지방자치단체가 인구 증가 추세, 재정력, 주민의 정치의식을 고려하여 조례로써 의원 정수를 증감할 수 있도록 해야 한다.

다음으로 지방의회 의원을 명예직으로 할 것인가, 유급직으로 할 것인가의 문제가 있다. 대체로 지방의회의 규모를 대규모(영국 · 프랑스 · 독일)로 하고 있는 나라에서는 의원을 명예직으로 하고, 소규모(미국 · 캐나다 · 필리핀)로 하고 있는 나라에서는 의원을 유급직으로 하는 경향이 있다. 의원을 명예직으로 하는 경우에도 회의 참가 수당 또는 회기 중 일비와 여비를 지급하는 것이 일반적이다.

의원을 명예직으로 하는 근거는 지역 발전을 위해 봉사하는 것이 주민의 도덕적 책무이며, 무보수로 봉사함으로써 주민의 존경을 받고, 자치단체의 재정적 부담을 경감시켜 준다는 데 있다. 반대로 의원을 유급직으로 하는 것은 의원으로 하여금 그 직무에 전념할 수 있도록 하고, 품위를 유지할 수 있으며, 유능한 인사의 의회 진출을 촉진하는 데 있다.

대의회형을 채택하여 지방의원을 명예직으로 하는 국가에서는 지방의원의 겸직을 널리 허용하고 있으나, 소의회형을 채택하여 지방의원을 유급직으로 하는 지방자치단체에서는 대체로 다른 유급직을 겸할 수 없게 하고 있다. 지방의원의 겸직 허용 범위를 넓히게 되면 유능한 인재들이 지방의회에 진출할 수 있어 의원의 질이 향상될 뿐 아니라 주민의 참여 욕구를 최대한으로 충족시키게 되어 지방자치의 이상에 맞고, 특히 명예직 제도의 기본 취지에도 부합된다. 그러나 본업을 가지고 있으므로 주민 대표로서의 직책에 전념하도록 하거나 주민 전체를 위해 공정한 직무를 수행하도록 기대하기는 어렵다.

반대로 겸직 허용 범위를 좁히거나 금지하면 지방의원으로서 충실히 직무 수행에 전념할 수 있는 여건이 마련되고 사리사욕보다도 주민 대표로서 공익의 증진에 주력하게 되는 이점이 있으나, 본업을 가진 유능한 인재나 분야별 전문 인사들이 지방의회에 진출할 수 없게 되어 지방의원들의 질이 낮아지고 주민의 참여 범위가 협소해질 우려가 있다.

2) 의장단

지방의회에는 의회를 대표하고 의사를 정리하며 회의장 내의 질서를 유지하고 의회의 사무를 감독하는 의장과 이러한 의장이 사고가 있을 때 그 직무를 대리하는 부의장을 둔다. 기초자치단체의 의회에서는 의장 1인, 부의장 1인을 두고, 광역의회에는 의장 1인과 부의장 2인을 두도록 하고 있는데, 의장과 부의장은 소속 의원 중에서 무기명 투표로 재적 의원 과반수의 출석과 과반수의 득표자로 선출한다. 대체로 선거 후 첫 번째 집회의 본회의에서 의장과 부의장을 선출하게 되며, 지방의회 의장과 부의장의 임기는 2년이다.

3) 위원회

위원회란 지방의회의 일부 의원으로 구성되는 합의제 기관을 말한다. 지방의회 내에 위원회를 설치하는 목적은 지방의회의 기능을 위원회별로 분장함으로써 본회의의 부담을 경감시킬 수 있고, 위원회에서의 토론과 심의가 활발해 질 수 있으며, 의회의 전문성을 제고할 수 있다는 데에 있다.

외국의 지방의회의 설치되는 위원회는 기초자치단체의회와 광역자치단체의회에서 다르다. 전자에서는 대체로 주민생활과 관련이 있는 행정 기능을 다루기 위한 각종 위원회를 설치하는 데 비해, 후자에서는 기초자치단체가 처리하기 곤란한 사항에 관한 보완적 기능을 심의하기 위한 위원회를 설치하는 경향을 보인다. 일반적으로 위원회는 그 지역의 경제 개발, 노동, 소비자 보호, 주민복지, 예술, 대중교통, 환경보전, 주택, 공안 등의 주민생활의 편익과 질 향상을 위한 기능을 다루고 있다.

우리나라의 지방의회에는 상임위원회와 특별위원회를 모두 설치하고, 필요한 경우 각 위원회는 소위원회를 설치·운영할 수 있다.

(1) 상임위원회

상임위원회는 지방의회의 통상적인 안건을 심의하기 위해 의회 내에 상설되는 위원회로서 계속성을 가지고 의회의 의결 사항을 사전에 분장·심사하며, 청원·진정, 기타 관계되는 사항을 처리한다. 이러한 상임위원회는 보통 집행기관의 각 부서에 맞추어 설치된다.

(2) 특별위원회

특별위원회는 특정한 안건을 일시적으로 처리하기 위해 필요할 때마다 의회의 결의에 의해 제한된 기간 동안 임시적으로 설치되며, 그 임무의 종료와 동시에 폐지된다. 지방자치단체의 모든 업무는 반드시 어느 하나의 상임위원회에 속하므로 특별위원회에 회부되는 안건은 언제나 특정 상임위원회의 소관 사항과 경합 관계에 놓이게 된다. 그러나 보통은 소관 상임위원회에서 처리하기 곤란한 문제에 대해 특별위원회를 구성하게 되므로 경합 관계가 생기는 경우는 특별위원회가 우선한다.

(3) 소위원회

효율적인 의안 심사를 위해 필요한 경우에는 소수의 위원으로 구성되는 소위원회를 들 수 있다. 이러한 소위원회는 의안 · 청원 등의 예비심사나 위원회 보고서의 기초, 특정 사안의 심사 등을 수행함으로써 전원위원회를 통한 심사보다 효율성을 제고할 수 있다. 소위원회의 설치는 그것을 설치하고자 하는 위원회의 의결로 가능하며, 그 구성 · 권한 · 폐지 등 모든 것은 위원회의 의사에 의해 결정된다. 요컨대, 소위원회는 위원회 속의 특별위원회라고 할 수 있는 것으로서 상임위원회든 특별위원회든 필요한 경우 그 설치 · 운영이 가능하다.

4) 사무기구

지방의회는 자신의 사무를 원만하게 수행하기 위해 의회 내에 사무기구를 둔다. 사무기구의 설치가 필수 사항으로 되어 있는 경우와 임의 사항으로 되어 있는 경우, 그리고 그 직원을 의회 의장이 임명하는 경우와 자치단체장이 임명하는 경우 등 다양하다. 우리나라의 지방의회 사무기구는 그 설치가 임의 사항으로 되어 있으며, 그 직원은 의회 의장과 추천 하에 자치단체장이 임명한다.

지방의회 내에 둘 수 있는 사무기구로는 광역의회의 경우 조례가 정하는 바에 따라 사무처를 둘 수 있고, 기초의회의 경우 사무국(과)을 둘 수 있다. 또한 의회 내에 의원의 의정활동을 보좌하고, 상임위원회의 의안을 심사하며, 의사 진행을 보좌하기 위해 일정 수의 전문위원을 둔다.

4. 사무와 기능

지방의회가 가지는 본질적인 기능은 지방자치단체의 최고 의사결정기관이란 것이다. 물론 지방의회의 권한은 자치권의 범위나 지방자치단체의 계층구조 또는 당해 국가의 정치·행정·문화적 특성에 따라 달라진다.

그러나 우리나라와 같이 기관대립형을 채택하고 있는 지방의회는 자치단체장의 기관위임사무와 법령에 의해 자치단체장의 전속 사항으로 된 사무를 제외하고는 원칙적으로 당해 사무 전반에 관여할 수 있는데, 이러한 권한들을 크게 분류해 보면 지방의회는 정책결정과 자치입법 및 행정감시 기능을 수행함을 알 수 있다. 지방의회가 가지는 각 기능별 세부 권한을 살펴보면 다음과 같다.

1) 정책결정

지방의회는 주민을 대표하는 의원으로 구성된 지방자치단체의 정책결정 기관으로서 그 단체의 구체적인 정책을 최종적으로 결정하는 기능을 갖는다. 당해 지방자치단체의 기본적이고 중요한 정책을 결정하는 곳이 곧 지방의회인 것이다. 따라서 자치단체장의 단순한 자문에 응하여 의견을 진술한다거나 집행 과정에 참여하는 것은 아니나, 의회의 결정이 내려지지 않으면 지방자치단체의 정책집행은 유효하게 성립할 수 없다.

지방의회의 의결권의 범위를 어느 정도로 하느냐 하는 것은 각국의 사정에 따라 다르겠으나, 외국의 입법 예를 보면 광범위한 권한을 부여하는 경우와 제한적으로 부여하고 있는 경우 두 가지로 나눌 수 있다. 우리나라는 제한적 열거주의를 취함으로써 그 범위를 비교적 줄이고 있다. 지방의회의 정책결정권을 내부 운영에 관한 자율적 권한, 재정, 인사, 기타 중요한 정책에 관한 것으로 나누어 살펴보면 다음과 같다.

(1) 내부 운영에 관한 자율적 권한

이 권한은 지방의회가 자신의 직무를 수행할 때, 의사와 조직 및 운영 사항 등에 관해 집행기관 등 외부의 간섭을 받지 않고 독자적으로 결정·처리할 수 있는 권한을 의미한다. 이러한 지방의회의 자율권에는 내부조직권, 의사자율권, 의원 신분 사정권, 의회경찰권 등이 있다.

(2) 재정권

의회의 재정에 관한 권한으로는 예산의 심의·확정권, 결산승인권, 지방채 발행 동의권, 예산 외의 재정부담행위에 대한 동의권, 기본 재산 또는 적립금의 설치·관리 및 처분, 주요 재산의 취득·처분 및 공공시설의 설치·관리 및 처분 등을 들 수 있다.

(3) 인사권(선거권)

지방의회는 법령이나 조례가 정하는 바에 의해 일정한 기관 혹은 기관 구성원의 선거권을 가진다. 선거권의 범위나 종류는 지방의회의 유형이나 각국에 따라 다양하다. 일반적으로 지방의회의 선거권은 의회의 내부 조직에 관한 것과 집행기관에 관한 것으로 나누어 볼 수 있다. 전자의 경우 지방의회 의장 및 부의장의 선출, 분과위원회 위원장 선출 등이 있다. 후자의 경우 집행기관 간선제 하의 지방자치단체장의 선거, 교육위원회의 교육위원 선거 등이 있다.

2) 자치입법 = 조례 제정

조례는 지방자치단체 자치입법의 근간으로서 주민의 권리·의무에 관한 사항이나 지방자치단체 운영의 기본적인 사항을 규정하는 것이다. 이러한 조례의 제정·개폐는 지방의회의 전속적이고 고유한 본래적 권한이다. 다만 지방자치단체장의 선결처리 제도가 있기는 하지만, 예외적인 것으로 그 요건은 부득이한 경우로 제한된다.

3) 행정통제 = 집행감시

지방의회는 주민의 대표기관으로서 집행기관의 행정사무의 적부를 비판·감시하는 기능을 담당한다. 기관통합형의 경우는 지방의회가 직접 집행권을 행사하지만, 기관대립형의 경우는 집행권을 담당하는 기관이 별도로 있고 지방의회는 그 집행기관의 행위에 대해 감시 기능을 수행한다. 감시의 주요 수단으로는 출석 발언·의견 진술의 요구 또는 감사, 자치단체장에 대한 불신임 결의 등을 들 수 있다. 우리나라의 지방의회는 집행기관의 사무 처리에 대해 다음과 같은 수단을 통해 감시를 행한다.

(1) 행정사무 조사권

지방의회는 지방자치단체의 업무 중 특정 사안에 관해 조사할 수 있으며, 조사를 위해 필요한 때에는 현지 확인을 하거나 서류의 제출과 자치단체의 장 또는 보조기관의 출석·증언이나 의견 진술을 요구할 수 있다. 지방의회가 이러한 권한을 가짐으로써 집행기관의 독주를 견제할 수 있는 장점이 있는 반면, 국가 상급기관의 감사, 자체감사 기능과의 중복, 감사권 남용 시 행정권 약화, 집행기관의 의회에의 예속화 우려 등의 단점이 있다.

(2) 질문·답변 요구권

지방의회는 자치단체의 장 또는 관계 공무원을 의회에 출석시켜 질문에 답변하게 할 수 있다. 이 권한은 지방의회의 행정사무감사 및 조사권을 충실하게 수행하기 위한 하나의 수단적 권한이며, 문제가 발생했을 경우 원만하고 신속한 문제 해결을 위한 권한으로도 볼 수 있다.

(3) 의사표시권

지방의회는 의결권을 가지고 있으나 당해 지방자치단체의 사무에 속하지 않는 사항에 대해서는 관여할 수 없다. 따라서 어떤 사무가 당해 지방자치단체와 밀접한 관계가 있는 경우에는 의회에 의사표시권을 부여하는 것이 보통이다. 기관위임사무가 자치단체의 공익에 관계가 깊은 경우에는 집행기관의 설명을 요구하거나 또는 집행기관에 의사를 표시할 권한이 있다. 중앙정부가 중요한 사항을 결정하려면 사전에 관계 지방의회의 의견을 듣도록 법률에 규정하는 경우가 많은데, 지방자치단체를 폐치·분합하거나 명칭과 구역을 법률로써 변경하는 경우가 그 한 예이다.

(4) 청원의 수리 및 심사·처리권

청원이란 지역주민이 지방자치단체에 대해 불만 또는 희망을 진술하고 그것에 대한 시정을 요구하는 것을 말한다. 지방의회는 주민들이 지방의원의 소개로 지방의회에 제출한 청원을 수리하고 이를 심사·처리할 수 있는 권한을 가진다. 지방의회가 채택한 청원에서 당해 자치단체장이 처리하는 것이 타당하다고 인정되는 청원은 의견서를 첨부하여 자치단체장에게 이송해야 하며, 자치단체장은 그 처리 결과를 지체 없이 지방의회에 보고해야 한다. 청원의 수리 및 심사·처리권은 지역 주민들의 권리를 보호하고 집행기관을 통제할 수 있는 제도의 하나다.

제3절 도시정부의 집행기관: 지방자치단체

1. 의 의

집행기관은 의회가 의결한 사항을 집행하고 지방자치단체의 사무를 처리한다. 오늘날 집행기관은 양적으로 확대된 행정 업무를 수행하기 위해 매우 거대화되고 있으며, 또한 질적으로 복잡해진 행정 업무를 전문적으로 처리하기 위해 많은 단위기관으로 분화되고 있다. 그러나 많은 기관들의 업무 수행이 종합되고 조정되기 위해 다양한 조직구성 방식이 필요하다.

2. 구성 방식

집행기관의 구성 방식은 다음 두 가지 관점에서 논의해 볼 수 있다.

1) 일반집행기관과 특별집행기관

우리나라의 경우 일반집행기관은 상급기관으로서 시장, 장의 소속 기관과 하급기관으로서의 자치구가 아닌 구의 구청장, 읍·면·동장과 이들의 보조기관으로 나뉜다. 특별집행기관은 교육학예 집행기관으로서 교육장 및 이들의 보조기관으로 나뉜다. 현행법상 교육위원회는 의결기관으로 되어 있다.

2) 합의제와 독임제

집행기관은 의결기관이 결정한 의사에 따라 지방자치단체의 사무를 관리·집행하는 권한을 가진 기관이다. 따라서 이 기관은 운영의 민주성을 보장하기 위해 합의제인 집행위원회를 구성하기도 한다. 이러한 구조는 집행권이 한 사람에게 집중됨으로써 발생될 우려가 있는 권한의 자의적 행사를 막고, 그 권한이 공정하고 신중하게 행사되도록 하려는 데 그 제도적 실익이 있다. 합의제를 구성하는 방식은 주민 직선과 지방의회에 의한 임명에 의한 것이 있다.

반면 독임제(獨任制) 집행기관의 선임 방법에는 선거제와 임명제가 있으며, 선거제에는 직선제, 지방의회에 의한 간선제, 지방의회 의장을 집행기관으로 하는 제도가 있고, 임명제에는 지방의회에 의한 임명제, 중앙정부에 의한 임명제가 있다.

3. 조 직

1) 시 장

시장의 주요 역할을 살펴보면, 첫째, 지방자치단체의 대표로서의 역할이다. 시장은 외부에 대해 그 도시를 대표하는 역할을 한다. 둘째, 도시정부의 집행기관장으로서의 역할이다. 시장은 그 자치단체의 사무를 집행하는 최고책임자로서의 역할이다. 셋째, 중앙정부의 하급 지방행정기관으로서의 역할이다. 넷째, 지역의 정치지도자로서의 역할인데, 정당의 추천에 의하여 자치단체장이 되는 경우 정당의 구성원으로서 정치지도자가 되고, 정당에 관여하지 않을 경우에도 지방정치의 정치지도자의 지위를 갖게 된다(임승빈, 2018).

이러한 지방자치단체장이 가지고 있는 주요 권한은 자치단체의 대표 및 사무통할권, 사무의 관리·집행권, 소속 행정청과 관할 자치단체에 대한 지도감독권, 소속 직원에 대한 임명 및 지휘감독권, 지방의회에의 발안권, 규칙제정권, 지방의회에 대한 견제 권한 등이 있다.

2) 보조기관 및 보좌기관

보조기관이라 함은 지방자치단체의 직무를 내부적으로 보조하여 지방자치단체의 목적을 직접적으로 실현하는 기관을 말한다. 반면 보좌기관은 지방자치단체의 행정 목적 달성에 자치단체장 또는 보조기관을 지원하기 위해 정책의 기획, 계획의 입안, 조사 등을 행해 간접적으로 행정 목적 달성에 공헌하는 기관이다. 이는 참모기관 또는 막료기관이라고도 한다. 지방자치단체장의 보조기관으로서 특별시·광역시에 부시장을, 시에 부시장, 군에 부군수, 자치구에 부구청장을 두고 있다. 각 기관의 보좌기관의 대표적인 것은 담당관이다.

3) 소속기관

지방자치단체는 그 소관 사무의 범위 안에서 필요한 때에는 대통령령으로 또는 당해 지방자치단체가 정하는 바에 의해 소방기관, 교육훈련기관, 보건진료기관, 연구기관 및 중소기업기관 등을 직속기관으로 설치할 수 있다. 그 이외의 소속기관으로 볼 수 있는 것은 사업소, 출장소, 각종 합의제 행정기관을 둘 수 있다.

4) 하급행정기관

지방자치단체의 지휘감독 하에 있으면서도 독립된 소관 사무와 권한을 갖는 행정청과 기관을 편의상 하급행정기관이라고 부른다. 자치구가 아닌 구에는 구청장, 읍에는 읍장, 면에 면장, 동에 동장을 둔다.

5) 특별집행기관

지방자치단체는 사무의 일부를 독립하여 수행할 필요가 있을 때에는 법령 또는 자치단체의 조례가 정하는 바에 의해 특별집행기관을 설치할 수 있다. 그 예로, 정치적으로 중립이 요청되는 선거사무, 전문성과 기술성을 요하는 교육사무, 준사법적·준입법적 성격의 소청 심사사무, 공정 중립성이 요청되는 인사사무 등이다. 우리나라의 경우 이러한 기관에 해당하는 것으로서 교육위원회, 선거관리위원회, 인사위원회, 소청심사위원회 등을 들 수 있다.

4. 사무와 기능

1) 사 무

지방자치단체가 처리하는 사무는 자치사무, 단체위임사무, 기관위임사무로의 구분이라 할 수 있다.

자치사무는 지방자치단체의 존립 목적과 바로 직결되는 사무를 의미하는 것으로서, 지방자치단체가 자기의 의사와 책임 및 재정적 부담 하에 지역주민의 복리증진을 위해 수행하는 사무이다. 따라서 자치사무에는 지방자치단체의 존립과 유지에 관한 사무와 지방의 복지에 관한 사무가 있다. 전자의 예로는 자치입법, 자치재정, 자치조직에 관한 사무를 들 수 있고, 후자의 예로는 병원과 도서관 설치, 도로 건설, 쓰레기 처리, 도시계획, 소방 등에 관한 사무를 들 수 있다.

단체위임사무는 지방자치단체의 본래의 사무가 아니고 지방자치단체가 법령의 특별한 규정에 의해 국가 또는 다른 자치단체로부터 위임받아 처리하는 사무를 말한다. 단체위임사무는 비록 국가의 사무라도 일단 지방자치단체에 위임되면 자치단체의 사무로서 자치사무와 같이 처리되나, 대체로 법령상 규제가 가해지는 범위가 넓고 경비의 일부를 국가에서 부담하며 국가의 감독이 비교적 크다든지 하는 정도의 차이가 있을 뿐이다. 이 사무는 성질상 전국적 이해관계가 있을 뿐 아니라 동시에 지방적 이해관계도 가지고 있으므로 지방자치단체가 이를 처리하는 데 필요한 경비를 국가와 지방자치단체가 분담하는 것이 원칙으로 한다. 또한 단체위임사무에 대한 감독은 합법성 이외에 합목적성의 감독까지도 허용된다고 하겠으나, 예방적 감독은 원칙적으로 허용되지 않는다. 단체위임사무의 예로는 예방접종에 관한 사무, 보건소의 운영, 시 · 군의 재해구호사업, 도의 국도 유지 및 수선사업, 조세 등 공과금 징수 위임사무 등을 들 수 있다.

기관위임사무는 성질상 지방적 이해관계보다 전국적 이해관계가 더 큰 사무로서 국가 또는 도로부터 각급 지방자치단체의 집행기관(특별시장, 광역시장, 도지사, 시장, 군수 등)에 위임된 사무를 말한다. 기관위임사무의 수임 주체는 지방자치단체가 아니라 그 집행기관이기 때문에 지방의회는 필요한 경비 부담에 관한 사항을 제외하고는 원칙적으로 그 사무 처리에 관여할 수 없다. 이러한 특성 때문에 지방자치단체에 대한 중앙정부의 실질적인 통제권을 강화하기 위해 많은 사무를 기관위임사무의 형식으로 위임하는 경향이 증가하고 있다. 이 사무의 처리에 필요한 경비는 원칙적으로 전액을 국고에서 부담한다. 한편 기관위임사무에 대한 중앙정부의 감독은 교정적 감독과 합법성의 감독뿐 아니라 예방적 감독과 합목적성의 감독도 인정된다. 그러나 최근의 경향은 기관위임사무에도 중앙통제를 제한하는 방향으로 나아가고 있다.

이상과 같이 우리나라의 지방자치단체가 처리하는 사무를 이론상 · 실정법상으로는 자치사무, 단체위임사무, 기관위임사무로 구분하고 있으나, 실제로는 이 구분이 명확하게 이루어지지 않고 있어 이에 따른 문제점이 제기되고 있다.

첫째, 자치사무의 기관위임사무로의 전환이다. 지방자치법의 규정에 자치사무를 명확하게 규정하지 않아 자치사무임이 명백한 것 이외에는 국가사무, 즉 기관위임사무로 전환되는 경우도 많았다. 당연히 자치사무로 처리할 것도 국가가 법을 제정하여 기관위임사무로 위임하는 형식을 취하면 바로 국가사무로 전환되므로 이를 방지하기 위한 제도 개선이 필요하다.

둘째, 자치사무에 대한 지휘감독이다. 중앙정부는 자치단체에 배치되어 있는 국가공무원에 대한 인사권을 장악하고 있기 때문에, 법령상 인정되지 않는 자치사무에 대한 지휘감독권도 사실상 인정되고 있다고 볼 수 있다.

셋째, 지방자치단체장의 일선기관화이다. 기관위임사무의 확대는 지방자치단체를 국가행정의 일선기관으로 전락시키게 된다. 즉, 지방자치단체가 중앙정부의 포괄적 지휘·감독·통제의 대상이 되고, 지방자치단체의 능력이 중앙정부의 정책목표 달성을 위한 수단으로 유도됨으로써 지방자치의 정착을 저해할 수 있다.

2) 행정 기능

앞에서 지방자치단체의 행정사무를 그 법적 근거에 의해 자치사무, 단체위임사무 및 기관위임사무로 구분해 살펴보았다. 그러나 이러한 사무 구분은 주민 입장에서는 큰 의미가 없을 뿐만 아니라 오늘날 지방자치단체가 실제로 수행하고 있는 복잡다양한 행정사무의 내용과 일치하기 어렵다.

지방자치단체의 사무를 우리나라의 지방자치단체의 세출예산 과목 구조를 바탕으로 지역개발 기능, 산업경제 기능, 사회복지 기능, 문화·교육 기능, 지역방위 기능, 행정관리 기능 등으로 나누어 살펴보고자 한다.

(1) 지역개발 기능

지역개발 기능은 지방자치단체가 당해 지역의 개발과 정비를 통해 주민생활의 질을 향상시키고, 쾌적한 생활을 할 수 있도록 주민에게 적절한 편익과 서비스를 제공하는 공익 사업적 기능이다. 지역개발 기능은 다음과 같이 구분할 수 있다.

첫째, 공공성이 매우 높고 그 시설이나 경영에 상당한 재원 부담을 요하는 사업으로, 예를 들면 교육시설, 문화시설, 하수도 처리시설 등이 있다. 둘째, 독점적이면서 공공성이 높기 때문에 주민의 생활권익 보호를 위해 사기업에 맡겨 둘 수 없는 것으로, 상수도와 지하철의 운영사업을 들 수 있다. 셋째, 사회간접투자사업으로, 도로·교량·하천 사업을 들 수 있다. 넷째, 공공성은 그다지 높지 않으나 지방자치단체가 그 사업을 통해 일정한 수입을 확보할 수 있는 것으로, 채석장, 경마사업 등을 들 수 있다.

(2) 산업경제 기능

산업경제 기능은 지역 주민생활의 경제적 향상과 경제 질서의 안정을 위하여 주민들의 경제활동을 지도 또는 규제하는 기능이다. 이러한 기능은 단체자치의 유형을 채택하고 있는 국가일수록 그 비중이 크다. 왜냐하면 산업·경제적 기능이란 본래 국가적 사무이기 때문에 지방자치단체가 원칙적으로 자치사무만을 처리하는 주민자치에서는 자치단체가 산업·경제적 기능을 직접 담당하지 않기 때문이다. 지방자치단체의 산업·경제적 기능으로는 농업행정, 임업행정, 상공행정, 수산행정, 관광운수행정 등을 들 수 있다.

(3) 사회복지 기능

현대 국가는 국민의 기본적인 생계를 보장하고 생활의 질적 향상을 도모함으로써 모든 국민이 인간다운 삶을 누릴 수 있도록 함을 그 책무로 한다. 그러므로 지역주민과 가장 가까운 정부로서의 지방자치단체가 이러한 기능의 주된 수행자가 되어야 함은 당연한 이치이다. 지방자치단체의 존재 의의는 바로 지역주민의 복리증진에 있기 때문이다. 이러한 사회복지적 기능은 생활행정, 보건·의료행정, 환경·위생행정, 노동행정 등으로 나누어 볼 수 있다.

(4) 문화·교육 기능

사회복지 기능의 일부로도 볼 수 있으나, 도시민의 삶의 질 향상을 위해 지방자치단체의 독립된 행정 기능이 되어야 한다. 도시가 발전하고 소득 수준이 높아질수록 도시민의 문화·교육 서비스에 대한 욕구는 더욱 증대한다. 이러한 기능에 포함되는 업무로는 문화, 예술, 체육, 레저, 관광, 교육 등을 들 수 있다.

(5) 지역방위 기능

지역방위 기능은 지역주민의 생명과 재산을 보호하기 위한 사무로서, 소방행정,

민방위행정 및 경찰행정 기능이 이에 속한다. 이 기능은 산업사회로의 진전과 더불어 주민의 생활 주변에 위험 요소가 증가되고 있을 뿐만 아니라 사회의 민주화·다원화됨으로써 사회계층 간 대립이 증대하고 있어 지역방위 기능의 역할이 중요해지고 있다.

(6) 행정관리 기능

지방자치단체가 존립 목적에 알맞도록 제반 기능을 원활하게 수행하려면 적절한 계획과 아울러 행정력과 재정력의 뒷받침을 필요로 한다. 행정관리 기능은 바로 이러한 지방자치단체의 존립 자체를 위해 혹은 그 제반 기능의 원활한 수행을 보장하기 위한 사무를 말하는 것으로서, 대체로 조직관리, 인사관리, 재무관리 등의 사무가 이에 속한다.

연구 과제

1. 도시정부의 조직 형태 중 우리나라에 가장 적합한 방법에 대해서 논하시오.
2. 기관통합형과 기관대립형, 약시장과 강시장의 이론을 근거로 우리나라 도시정부의 의결기관과 집행기관 간 바람직한 관계를 논하시오.

제 8 장

도시정부의 재정

학습 목표

- 도시정부가 살림을 꾸려 가는 데 필요한 재정의 구조를 파악한다.
- 도시정부의 재정 능력을 평가하기 위한 방법을 알아본다.
- 도시정부의 재정을 확충할 수 있는 방안을 모색해 본다.

사례 연구 기초 지방자치단체 복지예산 분담으로 파산직전

문재인 대통령은 2019년 1월 21일 기초 지방자치단체의 복지예산 분담과 관련한 현행 제도가 불합리하다며 개선 방안 마련을 지시했다. 정명희 부산 북구청장이 복지비 분담액이 과다하다며 개선을 요청하는 편지를 청와대로 보낸 데 대한 답이다.

문 대통령은 이날 청와대에서 주재한 수석 · 보좌관 회의에서 "기도하는 심정으로 말씀드리고 싶다는, 절박한 내용이 담겨 있었다"며 "상당히 타당하고 설득력 있는 문제 제기"라고 정 구청장의 편지를 소개했다. 복지 사업은 정부와 기초단체가 법에서 정한 비율대로 예산을 투입해 이뤄지는데, 정 구청장은 편지에서 부산 북구청 등 기초단체에 과도한 복지비 부담이 쏠리고 있다며 국비 지원을 10~20% 더 늘리는 방안 등을 건의했다.

문 대통령은 현행 분담액 제도 설계의 한계부터 조목조목 지적했다. 문 대통령은 "기초연금은 국가가 상당 부분을 부담하고 나머지를 기초단체가 부담한다. 국비는 기초단체의 재정자주도와 노인인구 비율 등 두 가지 요소에 따라 차등 지원된다"고 설명했다. 그러면서 "이 중 노인인구 비율 기준은 합리적으로 설계되어 있는데, 재정자주도는 '90% 이상', '90% 미만~80% 이상', '80% 미만' 등 세 단계로만 분류되어 있다고 한다"고 전했다.

문 대통령은 이어 "그런데 거의 모든 기초단체의 재정자주도가 80% 미만이기 때문에, 재정자주도에 의한 구분은 의미가 없는 것"이라며 "그러다 보니 부산 북구는 재정자주도가 30%도 안 되는데, 80%에 가까운 지방자치단체와 같은 비율로 기초연금을 부담해야 한다"며 "북구는 부산 16개 시 · 군 가운데 재정자주도는 가장 낮은데 기초연금의 분담 비율은 가장 높다고 한다. 그래서 기초연금 예산도 다른 구보다 2.5배 이상 많은 불합리한 상황이라고 한다"고 말했다.

〈생각해 볼 문제〉

1. 지방자치단체의 재정자립도가 매우 낮은 상태에서 진정한 의미에서의 지방자치를 실시할 수 있을까?
2. 일부 학자나 정치인들은 일부 국세를 지방세로 전환하는 것이 해결책이라고 주장하는데 국세의 70%가 수도권에 편재되어 있는 상황에서 정말 해결될 수 있을까?

도시정부가 살림을 꾸려가기 위해서는 돈이 필요한데 그 돈을 도시재정이라 한다. 따라서 도시재정이란 도시정부의 금전적 활동을 총칭하는 것이다. 도시재정은 자원 배분과 소득재배분, 그리고 경제 안정의 기능을 수행하는 데 자원 배분의 기능이 돋보인다. 또한 도시재정은 다양성과 제약성, 그리고 경직성 등의 측면에서 국가재정과 다르다.

한편 도시재정의 구조는 일반회계와 특별회계로 나누어 볼 수 있다. 그리고 도시 수입은 자주재원인 지방세, 세외수입, 지방채와 의존재원인 지방교부세, 국고보조금, 지방양여금으로 구성되어 있다. 특히 의존재원을 총괄하여 지방재정 조정제도라고 부른다.

우리나라 지방재정의 취약성은 근본적으로 국세와 지방세의 세원 배분의 불균형성에 기인하며, 본격적인 지방자치를 실시하게 됨에 따라 재정 수요는 폭발적으로 증가하는 데 반해, 재원 확충 방안의 마련은 요원한 과제로 남아 있다. 그래서 최근 도시 수입 증대의 한계를 극복하기 위한 하나의 방안으로서 도시 세출의 효율적 관리에 관심을 기울이고 있다.

제 1 절 도시재정의 의의와 구조

1. 도시재정의 의의

도시재정이란 도시정부가 그 관할구역 내의 재원으로부터 수입을 창출하고 이를 관리하여 수요 부문으로 지출하는 일련의 공공경제적 작용을 의미한다. 즉, 도시정부의 금전적 활동의 총체가 도시재정인 것이다. 따라서 공공경제적 견지에서 볼 때 도시정부는 중앙정부와 마찬가지로 세입을 조달하여 민간시장에서 공급되지 못하는 재화와 서비스를 생산하고 배분하는 기능을 담당한다.

이러한 도시재정은 세 가지의 기능, 즉 자원 배분, 소득재배분과 경제 안정의 기능을 수행하는 것으로 보고 있다. 오늘날 공공재의 대부분은 지역적 공공재라고 볼 수 있다. 그 이유는 공공재의 공급이 지역주민의 일상적 생활의 필요를 충족시켜 줄 뿐 아니라 주민들의 경제활동 범위가 지역적으로 한정되어 있기 때문이다. 특히 도시정부일수록 주민의 기호에 적합한 공공서비스를 공급하기 쉽고, 공공재의 공급을 받는 자원 배분 기능에서 중앙보다도 도시정부의 역할이 중대하다고 볼 수 있다.

그리고 소득 배분을 조정하는 정책은 수입과 지출의 양 측면을 통해 이루어진다. 수입면에서는 각종 조세에 대한 누진세율의 적용 등이 있는 반면, 지출면에서는 생활보호 등의 이전지출을 중심으로 하는 경비 지출에 의하고 있다. 특히 민생안정을 위한 구호나 사회보장에 관련한 경비 지출 등은 주민과 밀착된 도시정부가 담당할 때 효율성이 높아진다는 점에서 도시재정의 소득재분배 기능도 경시할 수 없다.

경제 안정 기능은 경기의 과열과 침체를 재정수입과 지출에 의해 조정하고 경기변동이 국민생활에 미치는 경제적 영향을 완화할 수 있는 기능을 말한다. 이러한 경제 안정 기능은 국민 전체의 견지에서 국가재정이 주도적 역할을 수행하게 되고 도시재정은 그러한 국가적 정책 방향에 협력하는 것이 바람직하다.

2. 국가재정과의 차이

1) 다양성

도시재정은 국가재정과 달라 단일한 주체의 재정이 아니라 다수의 도시자치단체의 경제를 총괄하는 개념이다. 자치단체마다 인구가 다르고 지형 · 기후 등 자연적 조건과 역사 · 풍습 · 전통 등 지역사회적 고유 환경이 다르다. 무엇보다 경제구조와 소득분포가 다르다. 이 때문에 도시재정은 개별적이고 다양한 주체로 이루어지며, 재정 규모와 운영 방식도 다양하다. 이러한 다양성으로 인해 도시 간에는 행 · 재정적 수요와 행정 수준상의 양적 · 질적 차이가 있다.

2) 국가에 의한 제약성

도시정부가 수행하는 사무는 법률이 허용한 범위 내에 한정된다. 사무를 수행하는 기능도 국가로부터 전래받은 것이다. 도시재정은 이 점에서 각종 법규와 행정적 통제의 대상이 된다. 국가는 지방세에 대한 통제, 보조금 등 중앙 지원 체제에 부대 조건 설정, 기채 활동 승인 등과 같은 도시정부의 재정에 대한 통제를 강화하고, 재정 운영이 국가 정책 방향과 괴리되지 않게 각종 영향력을 행사한다.

도시정부가 자주재원보다 중앙정부의 재정적 지원에 의존하는 정도가 크면 클수록 재정활동에 대한 국가의 간섭과 통제는 더욱 커지게 된다.

3) 재정탄력성의 제약

도시정부의 세출 내용은 의무적 경비의 부담이 높고 중앙정부의 시책의 반영을 요하는 사항이 많다. 중앙정부의 예산지침 등에 의한 사전적 지도와 통제의 대상이 될 경우에는 예산상의 탄력성이 더욱 작아진다. 예산의 신축성이 결여되면 도시재정의 개별성이 훼손되고, 예산 운영이 경직되어 도시정부의 자주성을 제약하는 문제점이 생긴다.

3. 도시재정의 구조

도시재정은 국가재정의 구성 요소이기 때문에 그 구조를 파악하기 위해서는 한 나라의 재정구조 전체를 살펴볼 필요가 있다. 한 나라의 재정은 나라마다 그 편성 원리가 다르나, 크게 예산과 예산과는 별도로 설치 · 운용되는 기금으로 대별된다. 일반적으로 우리나라의 경우 정부 예산은 조세 부담과 직접적인 관련이 있는 일반회계, 기업활동의 성격을 띤 공기업 특별회계 및 그 밖의 특별한 정부 기능을 수행할 목적으로 구분 · 계리되고 있는 기타 특별회계 등으로 분류된다.

그림 8-1 국세와 지방세 비교

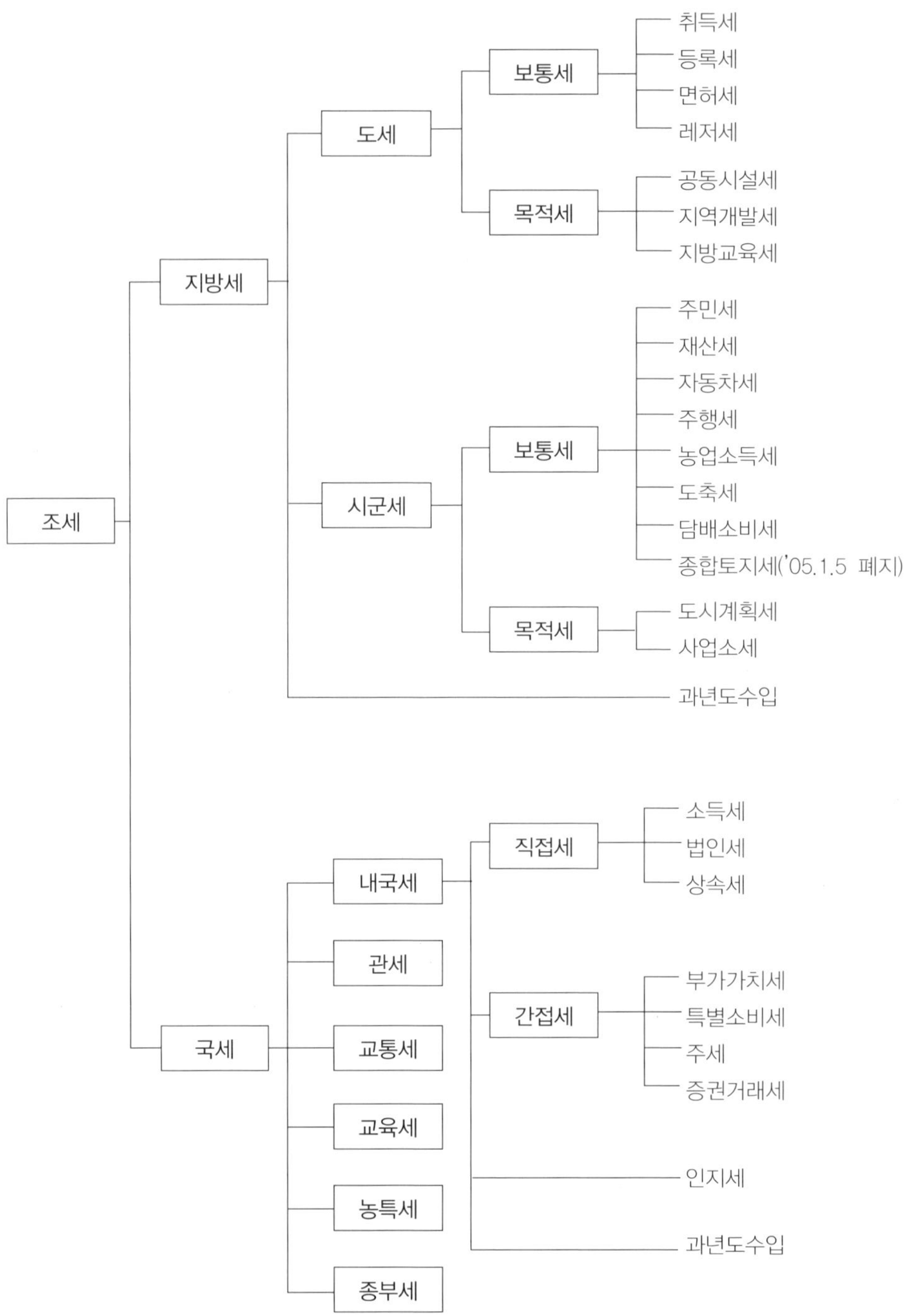

이 중 도시정부의 재정활동은 국가 일반회계 분류 방식에 따라 일반회계와 특별회계로 구분해 계리되고 있다. 일반회계란 도시재정의 중심 회계로서 조세수입을 주재원으로 하고 일반행정 및 재정활동을 주대상으로 하는 회계이며, 기본적인 기관의 유지·운영뿐만 아니라 도시개발사업 등의 일반적인 행정활동을 지원하는 기능을 갖는다.

특별회계는 특정 사업활동을 수행하기 위한 회계로서, 세금이 아닌 다른 특정 수입으로 그 경비를 충당하는 활동이 대상이 된다. 구체적으로 특별회계는 ① 도시정부가 특정한 사업을 운영할 때, ② 특정한 자금을 보유하여 운영할 때, ③ 기타 특정한 세입·세출로서 일반세입·세출과 구분하여 계리할 필요가 있을 때 법률 또는 조례로써 설치할 수 있으며, 사업의 성격에 따라 공기업 특별회계와 기타 특별회계로 구분된다.

제 2 절 도시 수입

도시 수입은 도시자치단체가 그 기능의 수행을 위해 필요한 경비의 재원이 되는 금전적 수입을 말한다. 국가재정은 그 수입의 주종이 조세를 중심으로 인지수입·공채금수입·관업수입 등으로 구성되는 데 비해, 도시재정은 다수의 항목으로 수입원이 구성되어 있다. 도시수입 가운데 1회계연도에 확정된 것이 세입이다.

도시 수입은 도시세입예산(일반회계)을 구성하는 항목으로 볼 때는 크게 시세(지방세), 세외수입, 국가이전재정인 지방교부세와 보조금의 네 가지로 구성된다. 그러나 개별 단위로 볼 때 세입구조는 분류 기준에 따라 여러 가지로 세분될 수가 있어 수입의 성질이나 기타 기준에 따라 분류하여 이를 이해하는 것이 바람직하다.

여기서는 먼저 도시재정의 자립 수준 문제를 살펴보고 나서 지방세, 세외수입, 지방채, 지방재정 조정제도의 순으로 설명한다.

1. 도시재정의 자립 수준

지방자치단체의 재정력을 표시하는 지표로서의 재정자립도는 본래 지방자치 제도를 그 이론적 전제로 하는 개념으로서 자치단체의 이른바 자주적 통치권(자치권)의 본질적 요소의 하나로 간주되고 있다. 그것은 지방자치를 확립하려면 지방자치단체의 자주재정권(재정적 자주성)을 확립해야 하기 때문이다. 지방자치가 아무리 제도적으로 보장되어 있다고 할지라도 지방재정의 자립이 확보되지 못하면 지방자치는 한낱 구호에 지나지 않게 된다. 지방자치를 효과적으로 실시하기 위해 자치단체에게 독립적 행정 주체로서의 지위와 권능을 부여하고 아울러 이를 뒷받침할 수 있도록 독립적 경제 주체로서의 지위와 권한도 부여해야 할 이유가 바로 여기에 있다. 이런 의미에서 자치단체의 재정자립도는 100%가 될 것을 그 이상으로 한다.

그러나 지방분권 사상을 기초로 했던 지방자치이론이 점차 퇴색함에 따라 재정자립도도 절대적인 개념에서 상대적인 개념으로 변질되고 있음을 유의할 필요가 있다. 근대적 · 시민적 자유주의 시대에 그 번영의 극치에 달했던 지방자치이론은 그 후 자본주의가 발달함에 따라 상당히 변질되었다. 즉, 도시와 농촌 간의 재정적 격차가 심화되고, 실업자가 격증했으며, 노사 간의 대립이 격화됨에 따라 국가적으로 해결해야 할 사무는 크게 늘어나고 국민의 생활권역은 넓어졌으며, 지방자치단체의 권한이 중앙정부로 이양됨으로써 신중앙집권화의 경향이 나타나게 되었다. 이와 함께 국가보조가 증가하여 재정자립도는 낮아진 반면 지방재정의 중앙의존도는 더욱 심화되었고, 지방재정의 문제는 바로 국가재정의 문제로 인식됨으로써 재정자립도의 의미도 달라지게 되었다.

그러나 지방재정자립도는 하나의 행정 단위가 공공 수요를 충족하는 데 요구되는 재원을 행정지역으로부터 자체적으로 조달할 수 있는 능력을 의미한다. 이런 점에서 재정 능력은 지방자치 성공의 전제 조건인 셈이다. 지방재정자립도는 다음과 같이 산출할 수 있다.

$$지방재정자립도(\%) = \frac{지방세수입 + 세외수입}{세입\ 총액} \times 100$$

그런 의미에서 우리나라의 지방재정은 규모의 영세성과 자체 재원의 빈약, 그리고 지방자치 기능의 미흡과 재정 제도의 결핍 등 복합적인 문제들을 수반한다. 그 중에서도 특히 지방재원의 확충문제는 가장 중요한 정책과제로 대두되고 있지만 늘어나는 지방행정수요에 비해 지방재정의 자립도는 오히려 악화됨으로써 더욱 문제가 되고 있다. 지방재정자립도는 1980년대 초까지 다소 개선되는 조짐이 보였으나 최근 들어와서는 다시 악화되는 경향을 보이고 있다. 1973년의 전국적인 지방재정자립도는 51.8% 수준이었으나 서서히 개선되어 1983년에 가장 높은 수치인 59.6%를 기록했다. 그 후 다시 계속 하락하는 추세를 보여 1987년 52.4%를 나타내고 있다. 그러다가 1988년에는 51.9%로 더 낮아지는가 하더니 1989년에는 63.5%로 급격하게 증가하는 추세를 보이게 되었다. 이는 담배소비세의 도입으로 인해 지방재정 규모의 확충과 개별 자치단체의 절대적 재정자립 수준이 향상된 데 기인하는 것이다.

2017년 일반회계 예산 기준으로 전국 자치단체의 평균 재정자립도는 55.23%를 나타내고 있으며, 자치단체별로는 서울시가 86.39%, 광역시 중 세종특별자치시가 73.58%로서 가장 높은 자립 수준을 보여주고 있는 반면, 광주광역시는 54.12%이고, 시 · 군에 대한 조정적 · 통합적 기능을 수행하는 도의 경우 경기도가 70.07% 수준이고 전북은 30.29%를 나타낸다. 또한 기초자치단체의 경우는 격차가 매우 큰데 서울 강남구가 74.57%인데 반해, 전남 구례군은 10.12%에 머무르고 있다.

이러한 재정자립 비율에 비추어 볼 때 지방 재정자립 수준의 취약성이 도와 군 단위에서 현저함을 알 수 있다. 이처럼 자치단체의 근간을 이루는 시와 군이 그동안 외형적 재정자립 수준에 있어 최근 10년 동안 별다른 진전이 없음을 감안할 때 이는 시 · 군지역 지방재정의 건실화를 위한 획기적 노력이 장기적 안목에서 마련되어야 할 것이라는 점을 시사해 준다.

그러나 지방재정자립도는 재정자립도가 비슷하더라도 재정 규모가 다르며 그

재정의 특성이나 문제점이 다르고, 세출구조를 고려하지 않을 뿐 아니라 지방채 수입이 자주재원으로 산입되는 문제점이 있다. 또한 지방자치단체가 중앙정부로부터 지방교부세를 받은 경우에 자치단체의 재정 규모는 받은 금액만큼 강화되므로 재정자립도를 낮게 산출하는 것은 잘못이라는 지적이 있다. 따라서 지방재정력을 종합적으로 측정할 수 있는 측정지표의 개발이 필요하게 되었다. 이러한 지방재정력을 측정하는 방법은 두 가지로 대별되는데, 지방재정력의 구성 요소들을 개별적으로 파악하여 요소별로 지표를 개발하는 분리모형 방법과 각 요소들을 종합적으로 파악하여 지표를 개발한 종합모형 방법이 있다.

이때 재정력 지수는 일본 자치성에서 개발한 개념으로 지방자치단체가 기초적인 재정 수요를 어느 정도 자체적으로 해결할 능력을 가지고 있는가를 재정적 수치를 써서 추정하는 지표로 지수가 클수록 재정력이 큰 것이다.

$$\text{재정력 지수} = \frac{\text{기준재정 수입액}}{\text{기준재정 수요액}}$$

2. 지방세

1) 지방세의 의의

지방세란 도시정부가 공공활동 수행에 필요한 비용에 충당하기 위해 주민으로부터 개별적 보상이 없이 징수하는 화폐적 수입으로 도시자치단체의 수입 중 가장 기본적이고 필수적 재원이다. 지방세는 주민이 부담하는 조세 의무에 입각하여 법규상 강제력에 의해 징수된다. 지방세는 또한 주민의 개별적 행정 수혜와 상관없이 사용하는 재원으로서, 그 종류와 세율, 징수 방법과 절차 등은 법률(지방세법 등)에 정해져 있다.

지방세는 조세로서의 다음과 같은 특징을 갖는다.

첫째, 지방세는 도시자치단체에게 부여된 과세권에 근거하여 강제로 부과 징수되고, 헌법상 규정된 국민의 납세 의무의 구체적 실현으로서 주민이 납부한다.

둘째, 재원 조달을 목적으로 하는 주기능 외에 국가나 공익단체가 제공하는 공공서비스에 대한 이익 향유의 대가적 성질을 가진다. 이 점에서 지방세는 수익자 부담적 성격을 강조하는 응익적 조세의 성질을 갖는다.

셋째, 지방세는 복지 실현과 평등을 위한 사회정책적 기능도 아울러 가져 도시정부의 소득 발생 수단 외의 재정정책적 수단이 된다.

2) 지방세의 체계

지방자치제가 발전하기 위해서는 재정력이 강화되어야 하고 이를 위해서는 가장 확실한 자주재원인 지방세원이 확대 · 개발되어야 한다.

현행 지방세법에 의하면, 우리나라 지방세 제도는 앞의 [그림 8-1]과 같이 14개 세목으로 구성되어 있다. 이 중 시세 체계는 특별시, 광역시와 일반시세, 자치구세로 구분해 볼 수가 있다. 즉, 4종류의 도세로서 취득세 · 등록면허세, 레저세, 지방소비세가 있으며, 시 · 군 · 구세로서 4종류가 있다. 이 중 보통세로서 주민세 · 자동차세 · 지방소비세, 담배소비세가 있고, 목적세로서 지역자원시설세, 그리고 사업소세가 있다. 자치구세로는 현재 사업소세 · 등록면허세 · 재산세가 있다. 서울과 광역시는 구세를 제외한 전 세목을 보유하고 있다.

표 8-1 지방세 징수 주체별 현황

<table>
<tr><td rowspan="4">서울 · 광역시 (7)</td><td>• 보통세(5개)</td><td rowspan="4">자치구 (4)</td><td>• 보통세(3개)</td></tr>
<tr><td>취득세, 레저세, 자동차세, 담배소비세, 지방소비세</td><td>재산세, 주민세, 등록면허세</td></tr>
<tr><td>• 목적세(2개)</td><td>• 목적세(1개)</td></tr>
<tr><td>지역자원시설세, 지방교육세</td><td>사업소세</td></tr>
<tr><td rowspan="4">도 (6)</td><td>• 보통세(4개)</td><td rowspan="4">시 · 군 (5)</td><td>• 보통세(4개)</td></tr>
<tr><td>취득세, 등록면허세, 레저세, 지방소비세</td><td>자동차세, 재산세, 담배소비세, 주민세</td></tr>
<tr><td>• 목적세(2개)</td><td>• 목적세(1개)</td></tr>
<tr><td>지역자원시설세, 지방교육세</td><td>사업소세</td></tr>
</table>

3) 지방세의 특징

우리나라 지방세의 구조적 특징을 살펴보면 다음과 같다.

첫째, 국세와 비교해 지방세의 비중이 너무 적어서 지방재정의 자율적 운용을 어렵게 한다.

둘째, 지방재정의 세출 규모에 비해 지방세의 재원 충당 비중이 낮다. 그러므로 지방재정이 세외수입이나 지방교부금 등에 의존하여 안정성이 결여되게 마련이다.

셋째, 재산과세의 비중이 많아서 세수의 신장성이 낮다. 그러므로 대장과세 위주의 재산과세보다는 재정 수요를 충당할 수 있는 세원 확보와 인위적인 세수 증대에 노력해야 한다.

넷째, 세목이 너무 많고 세원이 중복되어 있어서 조세행정의 능률을 저해한다. 등록세와 취득세는 동일한 재산권의 이전에 대해 중복 과세되며 사업소세의 일부, 도시계획세·공동시설세 등도 재산세의 과세 기초와 중복되어 행정 능률이 떨어지고 담세자의 심적 부담이 가중된다. 따라서 세목 수를 조정해서 축소할 필요가 있다.

다섯째, 각종 정책 목표의 수행을 위해 설치한 조세 감면의 범위(10% 내외)가 너무 넓어 조세의 중립성을 저해한다. 그러므로 정책 목표의 달성 여부 또는 감면 조치의 존속 여부를 판단하여 재조정해야 한다.

여섯째, 지방세의 체납액이 발생하여 지방세의 부과액과 징수액의 차이가 많다. 체납세액이 계속 증가하는 것을 방치하게 되면 지방재원의 확충과 조달에 지장을 초래할 뿐 아니라 조세의 형평성에도 위배된다.

일곱째, 세원이 지역적으로 편재되어 지방세수가 불균형적으로 나타난다. 수도권과 대도시의 세원 집중이 심하므로 국가재정에 의한 지방재정 조정제도가 필요한 것이다. 특히 우리나라는 과도한 도시집중 현상과 불균형적 국토 개발의 영향으로 세원의 분포가 편재되어 있다. 그런데 대부분의 학자들은 국세의 일부를 지방세화함으로써 지방재정의 재원이 확충될 것으로 주장하고 있는데, 일부 국세의 기계적 지방세 이양을 중심으로 한 지방세원 확충이 지방정부 전체로서는 절대적 자립 수준을 향상시키는 것이 사실이지만 개별 자치단체 간 또는 지역 간 불균형의 폭을 확대시킬 여지가 높다는 점에서 중요한 제약 요인으로 작용하고 있음도 염두에 둬야 한다.

3. 세외수입

1) 세외수입의 의의

세외수입은 도시정부의 자체수입 중 세제적 성격을 갖지 않는 일체의 수입을 의미한다. 세외수입은 자치단체가 사업 운영이나 특정한 행정 서비스에 대한 반대급부로도 발생하고 세입예산의 운영과 회계 처리 과정에서도 발생하며, 징수 근거와 용도, 형태가 극히 다양한 것이 특징이다. 우리나라에서 현행 세외수입은 대통령령(21종), 부령(45종), 조례(121종) 등에 그 징수 근거를 두고 있고 사업상의 계약에 의해서도 징수가 가능하다.

2) 세외수입의 종류

세외수입은 수입 근거·형태·용도 등에 따라 그 종류가 다양하다. 이와 같이 다양한 세외수입은 수입 형성 방식에 따라 광의·협의·최협의로 구분되어 파악되고 있다. 이 중 조세정책이나 공공경제적 측면에서 그 중요성이 두드러지는 것이 행정 서비스의 급부가 발생한 대상에 따라 그 수익자에게 부담되는 사용료·수수료·분담금이다.

사용료란 특수한 도시 서비스 공급 비용에 충당하기 위해 도시시설이나 서비스의 이용자에게 부담의 의무를 지우는 공과금이다. 흔히 이용자 부담금이라고도 불린다.

수수료는 각종 행정활동에 따라 이익을 받는 사람으로부터 그 비용의 일부를 부담시키기 위해 징수하는 공과금이다. 이 중에는 벌금이 포함되는 경우도 있다.

분담금이란 공공사업이나 개량 활동의 결과로 개인 재산상에 이익이 발생했을 경우에 그 사업이나 활동 비용의 일부를 부담시키기 위해 수혜자에게 일정 비율에 따라 지불하게 하는 공과금이다.

그림 8-2 세외수입의 종류

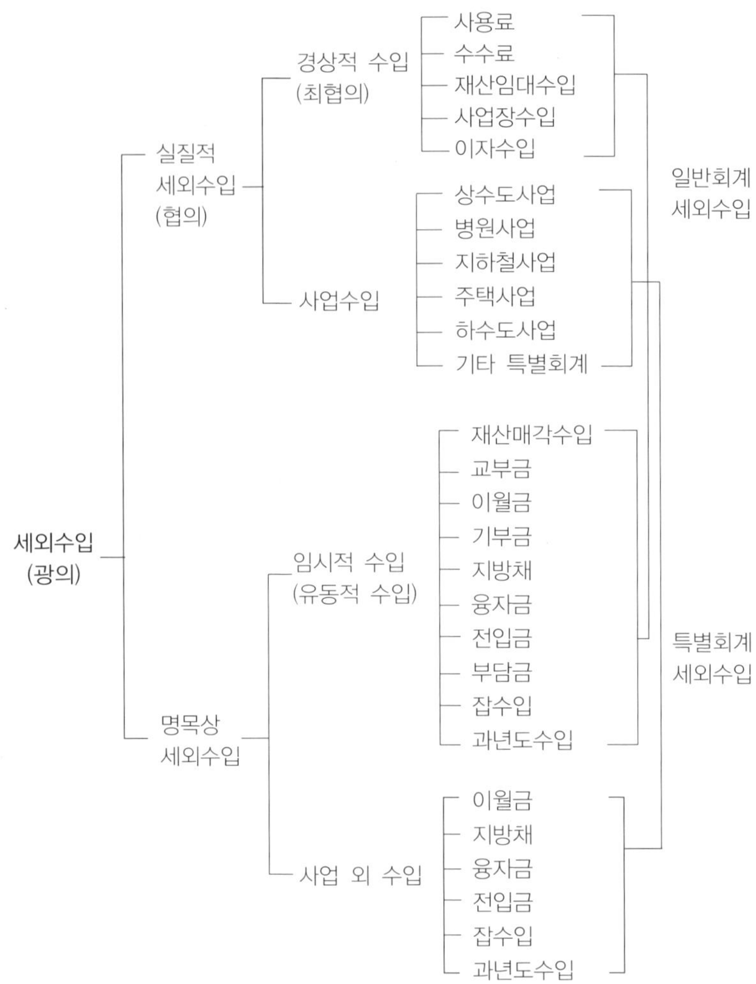

제 3 절 지방재정 조정제도

1. 지방재정 조정제도의 의의

지방자치단체는 국가의 전반적인 행정 체계 내에서 공공 임무의 달성을 추구하고 있다. 그러나 행정 임무의 수행을 위한 재정력은 각 지방자치단체마다 어느 정도 차이가 나고 있는 것이 현실이다. 이러한 배경에서 지방재정 조정이란 각 지방자치단체가 행정 임무 달성의 형평성을 기할 수 있도록 재정력의 격차를 시정하고자 하는 장치라 할 수 있다. 따라서 지방재정 조정은 전체 국가의 형평성 있는 발전을 도모키 위한 중앙 및 지방정부, 그리고 지방정부 간의 재정 관계 확립을 위한 수단으로 파악된다. 현재 우리나라의 지방재정 조정제도로서는 지방교부세와 국고보조금, 그리고 지방양여금(2004년까지)이 있다.

2. 지방교부세

1) 개 념

지방교부세는 국가가 지방자치단체의 행정 운영에 필요한 재원을 교부하여 그 재정을 조정함으로써 지방행정의 건전한 발전을 기하고 지방자치단체의 공유적인 독립재원으로서 지방자치단체가 독립적으로 사용이 가능한 일반 재원을 보장함을 목적으로 한다.

지방교부세 제도는 이와 같은 관점에서 국가와 지방자치단체 간의 수직적 재정 조정 기능과 함께 지방자치단체 간의 수평적인 재정 조정인 재정력 격차의 시정 기능도 갖추고 있다고 본다.

지방교부세의 재원은 방위세 및 교육세를 제외한 당해 연도 내국세 총액의 19.24%에 해당하는 액과 그 정산액으로 하도록 규정하고 있다. 그리고 지방교부세는 단순히 국가로부터의 교부금이 아니라 원칙적으로 국가와 지방자치단체 간의 공유재산으로서 활용된다.

2) 문제점과 개선 방안

다음은 우리나라 지방교부세 제도의 문제점들이다.

첫째, 지방자치행정의 수요는 곧 지방행정의 분화 및 이에 따른 전문화로부터 비롯되며 이는 필연적으로 많은 행정비용을 요구하게 되는데, 이러한 배경에서 현행 보통교부세의 부족이 큰 문제점으로 지적되고 있다. 지방교부세율은 1972년 8·3 조치 이후 17.6%에서 11% 수준으로 축소 조정되었는데, 이는 당시 중앙재정을 더욱 강화시키기 위한 방안으로 밖에는 풀이할 수 없을 것이다. 그뿐만 아니라 1983년 부활된 법정교부율 13.27%의 법적 근거 및 산정 방식이 매우 모호하다. 또한 경제기획원 자료를 종합하여 보면, 지방재정 규모는 1986년부터 1991년까지 예산상 연평균 22.2% 증가하여 동기 대비 연평균 12.9%의 중앙재정 증가율을 능가하고 있는 실정이다. 따라서 1985년 중앙재정의 32.4% 수준이던 지방재정 규모는 1991년 예산 기준으로 중앙재정의 52.2% 수준으로 증가되었다. 그럼에도 불구하고 최종 소비 지출로 기준하여 볼 때 지방자치단체의 재정 비중은 전체 재정의 36.8%에 그치고 있는 실정이다. 이는 일본의 1988년 기준 73.5%에 비해 매우 낮은 것이다. 우리나라 정부 부문의 최종 소비지출은 국민총생산의 9.9% 수준으로 중앙정부 6.2%, 지방정부 3.6%, 사회보장기금 0.1%로 구성되어 있다. 참고로 일본의 정부 소비지출은 국민총생산의 9.3% 수준인 가운데, 중앙정부 2.3%, 지방정부 6.8%, 사회보장기금 0.2%로 구성되어 우리나라와는 매우 대조적인 측면을 보이고 있다. 따라서 지방자치단체 재정의 강화 측면에서 우선적으로 교부세율을 현실적인 수준으로 높여야 할 것이다.

둘째, 지방교부세 제도의 중요한 목적은 지방자치단체의 재원 보장을 통해 격차가 있는 지방자치단체 간의 재정력의 균등화로 표현되는 수직적이며 수평적인 재정조정 관계를 확립하는 것이라 할 수 있는데, 수평적인 재정력 균등화 기능을 제대로 수행하지 못하고 있다는 점이다. 우리나라의 2017년 현재 지방재정자립도를 살펴보면, 서울 86.39%, 인천 66.96% 등 대도시가 상당히 높게 나타나는 반면, 도지역은 평균 35.4%, 군지역은 평균 17.2%로 큰 격차를 보이고 있다. 재정력의 격차는 각 지방 간 평준화된 양상에서 지방 특성에 맞는 재정 운영을 불가능하게 만들기 때문에 이에 대한 균등화 노력이 시급하다. 그럼에도 불구하고 현행 중앙정부의 재정 조정에 의존하고 있는 수직적 재정조정 관계는 모든 결정에 관한 변수들이 중앙정부에 구속되어 있기 때문에 이의 해결을 더욱 어렵게 하고 있다. 그리고 이러한 과정에서 보정 부분이 또한 탄력적인 운영을 할 수 있도록 설정되어 있어 중앙정부의 의도 하에 처리될 수도 있는 위험성을 내포하고 있다. 따라서 지방교부세의 우선순위를 국가재정 및 예산에서 상향 설정하고, 지방공기업의 소득행위를 지지하는 등 무엇보다도 실질적인 지방자치단체의 재원 보장 및 재정력의 균등화 노력을 추구함으로써 수평적 지방재정 조정제도로서의 의미도 병행할 필요가 있다.

셋째, 지방교부세의 보조금화 추세를 들 수 있다. 지방교부세는 일반적으로 용도제한 금지의 원칙이 적용된다. 그러나 특별교부세 및 증액교부금은 이에 관한 예외로 하고 있다. 그러나 실제로는 1983년에서 1985년 사이 전체 교부세액 중 용도가 지정되고 있는 시책분 및 특별분이 차지하고 있는 비중이 무려 20~30%에 이르며, 현재에도 특별교부세의 비중이 거의 10% 가까이 버금가고 있는 현상은 교부세의 상당 부분이 본래의 의도와는 달리 특정 재원인 국고보조금화하고 있음을 나타내 준다.

결국 지방교부세마저 특정 지원이라는 형식을 통해 지방자치단체에 대한 중앙정부의 통제 및 감독 수단으로서 활용될 수 있는 기회를 불식시켜 지방교부세가 일반재원으로서의 역할 및 기능을 제고할 수 있도록 해야 할 것이다.

3. 국고보조금

1) 개 념

국고보조금은 국가의 정책적 필요에 따라 지방자치단체 사업의 지원 또는 국가위임사무의 수행을 위해 사업비의 일부 또는 전부를 지방자치단체에 보조하는 제도이다. 특히 국가의 감독을 받는 의존 재원으로서 그 비도(費途)가 정해진 특정 재원이라 할 수 있다. 국고보조금은 또한 원칙적으로 대상사업, 경비의 종목, 국고보조율 등 법률에 정해진 기준에 따라 지원되고 있다. 그리고 지방자치단체의 재정 상태를 고려하여 기준보조율의 일정률을 탄력적으로 가감하여 보조한다.

2) 문제점과 개선 방안

국고보조금 제도의 문제점을 살펴보면 다음과 같다.

첫째, 국고보조금은 중앙정부의 지방자치단체에 대한 통제 수단으로 이용되고 있다. 국고보조금은 그동안 수많은 기관위임사무와 연계되어 중앙정부의 지방자치단체에 대한 통제 및 정책결정에 영향력을 행사해 왔다. 정부는 보조금의 교부를 통해서 중앙집권적인 체제를 확보해 온 것이다. 이는 지방자치단체의 자치권을 억제하는 가운데 지방자치행정 및 재정의 경직화 요인을 파생시키고 있다. 그뿐만 아니라 획일적인 보조금의 교부에 의해서 각 지역의 행정수요의 특수성이 무시되는 가운데 지역주민의 요구가 반영되기 어려운 실정에 놓여 있다. 따라서 주민의 행정수요에 따른 지방자치단체의 자주적인 사업계획 추진이 선행되어야 할 것이다.

둘째, 국고보조율은 중앙정부의 형편에 따라 일방적으로 결정되고 있다. 이는 운영의 탄력성이 결여됨으로써 지방자치단체의 부담이 과중해지고 종국적으로 지방재정의 경직화 요인이 되고 있다. 특히 앞으로는 국고보조금에 대한 정부의 재정 지원은 점차적으로 줄어들 전망이고, 이러한 과정에서 지방자치단체의 부담이 가중되면서 상대적으로 지방자치단체 및 주민의 수요는 더욱 늘어날 전망이다.

셋째, 국고보조금의 규모는 예측하기가 어렵다. 그리고 국고보조금에 대한 선정 기준도 명확치가 않다. 이는 지방재정의 계획적인 운영을 불가능하게 한다. 따라서 국고보조금 결정에 관한 공개주의, 그리고 국가의 엄격한 규제 등 보조금 청구에 따른 복잡한 절차의 간소화 및 이를 통한 지방자치단체의 사무량과 인건비의 감소화를 도모하여 국고보조금 사업의 효율성과 신속성을 도모해야 할 것이다.

넷째, 중앙정부가 너무 복잡하고 많은 수의 사업을 지정 보조하고 있다. 따라서 기본 보조사업 이외의 실효성 없는 사업은 대폭 축소 정리되어야 한다. 또한 각 행정 부서의 산발적인 상의하달적인 행정에 의해 행정 책임의 소재가 명확치 않게 됨으로써 지방자치단체의 행정의 종합화 및 조정을 곤란케 하고 있다. 따라서 지방자치단체의 자주적인 선택 및 이에 따른 자유재량권의 확보를 통해 총괄적인 국고보조금 사업을 실시해야 한다. 특히 주민의 요구와 지역의 특성에 부응하는 시책을 다각적으로 진행하기 위해 각 지방자치단체를 초월하여 보조금을 종합화하고 이를 통해 예산의 효율적인 사용을 모색해야 할 것이다.

앞으로 우리나라 지방재정 시스템을 '협조적 분권모형'으로 전환하기 위해서는 중앙정부와 지방정부 간 재원 배분 체계를 전면적으로 개편하여, 지방정부의 이전재원에 대한 의존성(transfer dependency)을 완화하는 가운데 지방자치단체의 세입분권화를 확대하는 것이 필요하다.

이처럼 지방자치단체 예산 제약의 연성화를 초래하는 이전재원에 대한 의존성을 해소하기 위한 방안으로는 지방세 확충, 재정책임성 확보를 위한 제도적 장치의 강화, 수직적 통제 기제의 보강 등을 제시할 수 있다.

이 중에서도 가장 근원적으로 문제를 해결할 수 있는 바람직한 대안은 자주재원주의에 기초한 지방세 확충 노력이라고 할 수 있다. 지방재정에서 이전재원을 가급적 축소하는 대신에 지방세 확충을 강화하고 과세자주권을 확대하기 위해서는 현재 일본에서 추진하고 있는 삼위일체(三位一體) 개혁전략을 심도 있게 분석하여 도입하는 방안도 검토해 볼 필요가 있다.

지방재정 조정 방안은 지금까지 중앙에서 일괄적으로 처리했지만 앞으로는 분권적인 차원에서 수행되어야만 할 것이다. 그 방법론으로서 정책자문기관으로서의 성격을 갖는 지방자치단체장들의 모임, 예를 들어 시도지사협의회 또는 시장회의와 같은 기구의 법적 설치가 필요하다. 그리고 이곳에서의 지방재정 조정에 대한 논의는 특히 각 지방자치단체 간의 정보 교환 및 의견 수렴을 통해 지역 간의 격차를 해소시키기 위한 총체적인 국가 발전의 차원에서 다루어져야 할 것이다. 그러나 각 지방자치단체는 지방재정 조정의 결과에 의존하려는 피동적인 자세에서 벗어나 스스로 지방공기업 등 기존 가용자원의 활용 등을 통해 각자의 지방재정을 체계적으로 건전하게 하기 위한 노력이 기본적으로 요구된다.

표 8-2 지방재정 자립을 위한 방안 요약

구 분	방 안
① 지방세원의 확충	• 국가와 지방 간의 세원의 재분배(지방세 체계에 소득탄력성을 위해 국세의 일부 이양) • 신세원 개발 • 법정외세의 도입
② 세외수입의 증대	• 사용자, 수익자, 원인자 부담 등 응익부담 원칙의 적극적 응용
③ 지방교부세의 증대	• 세율(현행 19.47%) 인상
④ 국고보조금의 확대	
⑤ 지방채 수입의 증대	• 인수선(차입선)의 확대 • 이자소득세의 감면
⑥ 경영수익사업	• 제3섹터 방식(민관공동 출자사업)

끝으로 지방재정 조정에서 무엇보다도 고려되어야 할 관점은 각 지방자치단체 간의 균등화가 지향되어야 한다는 것이다. 그리고 여기에 각 지방자치단체가 갖는 고유의 특정한 상황이나 범위가 첨삭되어야 할 것이다.

어쨌든 지방자치단체가 재원 확보와 증대를 위해 노력하는 방안을 다섯 가지 재원별로 정리하면 <표 8-2>와 같다.

앞에서 살펴본 바와 같이 자주재원인 지방세원을 확충하려는 방안이나 의존재원인 지방재정 조정제도의 개선을 모색하는 일은 상당한 시간과 노력을 필요로 한다. 그러므로 위와 같은 장기적 해결책을 모색하는 과정에서 급박한 지방재정 수요를 충당하기 위해서는 지방채와 같은 제도를 적극적으로 검토해 볼 필요가 있다.

제 4 절 도시세출

1. 도시세출과 예산

세출이란 도시자치단체가 그 기능을 유지하고 행정 목적 달성을 위해서 1년 동안 지출하는 공공경비를 말한다. 세입과 함께 세출은 도시재정을 이루는 본연적 요소로서 1회계연도에서 정부의 수입과 지출을 나타낸 숫자적 표현인 예산으로 표시된다. 도시재정의 내적 구성은 세입과 세출로 구분되며, 이들의 구조는 도시 예산 제도상에 나타나게 된다. 예산은 앞서 설명한 바와 같이 1회계연도에서 정부의 수입과 지출을 나타낸 숫자적 표현으로 정부활동의 형태와 구조를 파악하는 데 필요한 정보를 제공한다. 예산을 구분하여 어떠한 기준에 따라 이를 분류하느냐 하는 예산 분류의 문제는 예산론에서 매우 중요한 과제가 된다.

예산 제도의 발전 과정을 미국을 중심으로 살펴보면 품목별 예산제도－성과주의 예산제도－계획예산제도의 세 단계로 크게 나누어 볼 수 있다. 그러나 우리나라의 중앙정부를 비롯한 지방정부의 예산 제도는 아직도 품목별 예산제도의 범주를 크게 벗어나지 못하고 있다. 다만 여기에 기능별 및 경제 성질별 분류가 가미되고 있는 실정이다.

도시예산의 구성은 그 내용과 기능을 좀더 쉽게 파악할 수 있도록 세입예산과 세출예산으로 되어 있으며, 이는 다시 품목별·기능별·경제 성질별로 분류되고 있다.

2. 도시예산의 분류

종래 우리나라 지방정부의 일반회계에서 세입예산 과목은 4장, 12부, 3항, 78목으로 분류되고, 세출예산 과목은 6장, 24부, 33항, 101세항, 57목으로 분류되어 왔다. 그러나 1989년 지방자치단체의 예산편성 세부지침에 의하면, 세입은 5장, 8관, 36항, 81목으로 분류되고, 세출은 8장, 23관, 52항, 165세항, 428세세항으로 분류되고 있다.

한편 특별회계는 특정 사업이나 특정기금을 운영·관리하기 위해 지방행정기관의 조례에 의해 설치·운영되고 있어 예산 구성상 일정한 관례를 찾기는 어렵다. 일반적으로 세입은 장이 없이 2관, 8항, 20목으로 분류되고, 세출은 일반회계에 준하여 분류하되 장은 설치하지 않고 있다. 단, 공기업 특별회계는 기업회계의 형태를 따라 기타 특별회계와 차이점이 있다.

3. 예산 과정

일반적으로 예산 과정은 편성－심의－집행－결산 및 감사의 과정을 말한다. 이 중 예산결정 과정이란 편성과 심의 단계를 말하는 것으로 행정부의 예산 요구와 의회의 예산안 심의 의결로 이루어지는 일련의 과정이다. 지방정부의 경우 지방의회가 수립되기 전에는 각각의 지방정부가 요구자이며 심의 승인자는 서울특별시는 국무총리실이, 광역시·도는 행정안전부가, 그리고 각 시·군의 경우는 도가 되었다. 그러나 지방의회가 구성된 이후 각각의 지방정부가 요구자가 되며 거기에 대응하는 지방의회가 심의 승인자의 역할을 수행하고 있다. 이 경우 요구자를 예산의 정당성과 필요성을 옹호하는 주창자로, 심의 승인자를 국고에 대한 보호자로 부르기도 한다.

한편 예산편성은 다시 예산편성방침－요구－사정 및 조정의 과정으로 심의 승인은 예산안 제출－상임위원회－예산결산특별위원회－본회의의 과정을 거친다. 이 과정을 순서별로 정리해 보면 ① 전년도 8월 31일까지 행정안전부의 예산편성지침 시달(지방재정법 제30조 제4항), ② 전년도 9월 20일까지 각 실·국별로 예산편성지침의 통보, ③ 각 실·국별로 예산요구서를 기획관리실로 제출, ④ 예산요구의 사정 및 조정 후 회계연도 개시 40일 전(11월 21일)까지 지방의회에 예산안 제출(지방자치법 제118조), ⑤ 자치단체장의 시정 연설과 예산안 제안 설명, ⑥ 상임위원회의 예비심사, ⑦ 예산결산특별위원회의 예결위안 표결, ⑧ 본회의 의결의 과정을 거치게 된다.

이와 같이 세분해서 볼 때 예산의 편성 과정에서는 각 실·국이 주창자의 역할을, 기획관리실과 단체장이 보호자의 역할을 각각 수행한다.

한편 상임위원회 예비심사에서는 실제로는 각 실·국의 장이 주창자이고 상임위원이 보호자이다. 예산결산특별위원회에서는 각 실·국장이 주창자이고 예결위원이 보호자이나 이 경우 상임위원 또한 상임위원회에서 예비심사한 안이 존중되기를 바란다는 의미에서 주창자로서의 역할을 수행할 가능성도 있다. 또한 도지사와 기획관리실장뿐 아니라 각 실·국의 장 또한 소관 상임위원회와 예산결산특별위원회에 출석하여 예산안에 대한 타당성을 설명하기 때문에 주요한 참여자로서 역할을 수행한다.

지방정부 예산결정 과정에서 직접적인 참여자는 각 실·국장과 기획관리실, 도지사, 그리고 지방의회의 의원이며, 이들은 각 단계에서 주창자와 보호자로서의 역할기대를 가지고 상호작용을 하며 지방정부의 예산을 결정하는 과정에 참여하게 된다. 그러나 위와 같은 역할 설정은 규범적인 것이며 각각의 참여자가 공익을 자기규범으로 한다는 전제 하에서만 주민의 이익은 보호받을 수 있는 것이다. 만약 니스카넨(W. A. Niskanen)의 주장처럼 관료가 기관의 예산 극대화를 추구하는 사익추구적 성향을 가지고 있거나 다 같이 대리인인 주창자와 보호자가 자기 이익 극대화를 위한 연합을 형성할 경우 주민의 이익은 예산에 반영될 수 없는 상황이 초래되기도 한다.

4. 경비의 분류

지방자치단체의 경비는 기능별, 성질별, 경비 구분의 목적 등에 따라 여러 가지로 분류될 수가 있다.

1) 기능별 분류

지방자치단체가 어떠한 사무를 어느 정도의 경비를 들여 수행하고 있는가를 파악하는 데 편리한 경비 분류 방법이 기능별 분류 방식이다. 이 분류는 주로 지방자치단체의 세출예산의 장·관·항·세항 등을 기준으로 삼는다. 현행 지방예산 체계에 의하면, 기능별 경비 분류는 대분류로서의 의회비, 일반행정비, 사회복지비, 산업경제비, 지역개발비, 문화 및 체육비, 민방위비, 지원 및 기타 경비로 나뉜다.

① 의회비

시·도, 시·군·구의원의 선거에 소요되는 비용 및 시·도의회, 시·군·구의회의 운영비 등이다.

② 일반행정비

지방자치단체라는 조직체를 유지·운영하는 데 필요한 경비로서 직접 시민에게 서비스를 제공하기보다는 조직체 내부에서 이루어지는 내부적 간접 경비이다.

③ 사회복지비

시민의 복지와 보건, 위생을 보호하기 위한 사업에 충당되는 경비이다.

④ 산업경제비

도시의 산업 개발과 경제 성장을 위한 경비이다.

⑤ 지역개발비

도시에 필요한 공공시설이나 사업을 위한 경비이다.

⑥ 문화 및 체육비

지방문화 발전과 체육 진흥을 위한 경비이다.

⑦ 민방위비

민방위와 소방사무의 처리에 소요되는 경비이다.

⑧ 지원 및 기타 경비

지방채 상환, 징수교부금, 제 지출금 및 예비비 등 8개 장으로 구성되어 있다.

2) 성질별 분류

세출경비의 최종 지출대상의 구분에 따른 분류이다. 성질별 분류는 경비지출이 지역경제 및 국가경제에 어떠한 영향을 미치는가를 분석하고, 예산편성·사정·집행에서 예산통제에 적합하고 지방자치단체 세출예산의 형식적인 지출 형태를 객관적으로 나타내 주는 분류이다. 이에는 인건비, 물건비, 경상이전, 자본지출, 융자 및 출자, 보전재원, 자치단체 내부거래, 예비비 등으로 구성되어 있다.

① 인건비

지방자치단체의 행정활동에 필요한 인적 요소의 고용에 소요되는 비용으로서 지방공무원의 급여, 상여금, 각종 수당, 일용인부 임금, 피복비, 급량비가 포함된다. 지방자치단체의 경우 주민과 밀접한 행정활동의 특성으로 하여 본원적으로 세출경비 중 인건비의 비중이 상대적으로 높게 나타나고 있다.

② 물건비

지방자치단체의 행정상의 집행에 필요한 원재료 · 설비 · 역무 등에 소요되는 비용, 기타 활동에 소요되는 비용으로서 여비, 수용비, 판공비, 공공요금 및 제세, 각종 이용료, 시설장비 유지비 등이 포함된다.

③ 경상이전

지방자치단체로부터 국가 또는 단순한 지방자치단체 및 민간 부문(개개의 가계 및 기업)에 지출되는 단순한 경상이전적 경비이다. 이전적 경비라고 할지라도 지방자치단체에 대한 자본적 보조나 민간에 대한 자본적 보조는 이에 포함되지 아니한다. 경상이전비는 보상금 · 연금지급금 · 보험금 · 출연금 · 교부금 · 구호금 · 위탁금 등이 포함된다.

④ 자본지출

자본지출은 일반적으로 직접 또는 간접으로 지방자치단체의 자본 형성과 연결되는 경비로서 대표적인 것이 시설비이다. 지방자치단체가 행하는 주된 시설비의 대상으로는 도로의 신설, 개량 또는 포장, 교량 가설, 하천 개수, 사방, 간척, 토지개량사업, 청사의 증 · 개축 등 소위 사회자본으로서 지방자치단체의 고정자본 형성의 중심적 사업이다.

⑤ 융자 및 출자

기업회계, 자치단체, 금융기관에 대한 융자금 및 출자금이다.

⑥ 보전재원

차입금 상환 · 지방채 상환 · 차관 상환 등이 이에 해당한다.

⑦ 자치단체 내부거래

회계계정 간의 전출금 및 적립금, 예탁금 등이다.

⑧ 기 타

반환금 · 조상충용 충당금 · 관서당 경비 등이다.

⑨ 예비비

5. 세출의 효율적 관리

도시세출의 효율적 관리는 도시세입 확충의 정당성을 보강해 주는 중요한 과제일 뿐 아니라 한정된 가용재원으로 급증하는 행 · 재정 수요에 대응하기 위해서 반드시 확보되어야 할 과제이다. 도시세출의 효율적 관리를 위해서는 ① 도시세출구조의 개편을 통한 투자 기능의 효율화, ② 예산편성 및 집행의 효율화, ③ 중기 지방재정 계획의 정책, ④ 행정 서비스 공급의 다원화 등이 이루어져야 할 것이다.

1) 도시세출 구조의 개편 방향

도시세출 구조의 개편 방향은 크게 사회복지비, 지역개발비 등 투자적 경비의 비중을 증대하고 경상적 경비와 인건비의 비중을 축소하며, 지방자치단체의 자율적 계획과 판단에 의한 도시재정 운용의 탄력성과 자율성을 높이는 방향으로 이루어져야 할 것이다. 즉, 도시세출 구조가 도시경제의 조건이나 구조적 변화에 신축적으로 적응할 수 있고, 해당 도시의 지역적 특성을 극대화시킬 수 있는 탄력적인 체계로의 변화가 요구되고 있다.

따라서 도시정부의 투자 단위로서의 역할을 새롭게 인식하여 지역주민의 편익 증대와 지역 개발 여건의 강화에 효과가 큰 투자사업, 개발사업에 대한 재정 투자의 비중을 높이는 방향으로 세출 운용의 방향을 변화시켜 나가야 할 것이다. 그렇게 하기 위해서 경상비 지출을 최저 수준으로 유지하는 방안을 모색해야 한다. 예를 들어, 사무처리의 간소화 및 능률화는 물론 인원의 동결 내지는 감축과 같은 감축관리가 요청된다.

또한 제한된 자원을 효율적으로 배분 · 지출하기 위해 투자비의 효율화도 중요한 과제이다. 이를 위해 투자심사 분석제도를 정착시키고 예산회계 제도의 개선책으로 '투자사업을 기준으로 하는 예산(project−based budget)'의 도입과 '영기준 예산(zero−base budgeting)제도' 등의 광범위한 활용이 제시될 수 있다.

2) 예산편성 및 집행의 효율화

예산에는 재정계획, 정책형성, 회계적인 통제로서의 기능이 있고, 특히 예산의 편성은 해당 단체의 행정 시책을 구성하는 가장 중요한 정책형성 기능이라는 것을 고려한다면 효율적인 재정 운영을 확보하는 지름길은 예산편성의 합리화를 도모하여 효율적인 사업 집행, 효과적인 행정 목적의 달성이 가능하도록 예산편성을 시행하는 일이다. 이를 위해 현행 지방정부의 예산편성 제도가 가지고 있는 구조적 문제점을 극복하고 지방정부 스스로가 지역적 여건과 지역주민의 개발 수요를 예산편성에 반영할 수 있어야 한다는 점에서 자율적이고 계획적인 예산편성이 지방자치단체에 의해서 이루어져야 한다.

예산편성의 개선과 합리화를 도모하는 방법으로는 ① 경제경비와 행정경비의 구분, ② 수지 전망의 작성 계획 및 예산의 제휴 확보, ③ 최고한도의 설정, ④ 효율적인 예산편성을 위한 여러 기법의 활용 등이 있다.

한편 예산의 집행이란 예산이 정하는 바에 따라 수입·지출을 구체적으로 실행하는 일체의 행위를 말하며, 여기에는 예산집행의 공정함을 어떻게 확보하는가 하는 측면과 성립한 예산을 그 목적에 부합되게 어떻게 효율적으로 실현하는가 하는 두 가지 측면이 있다. 예산의 집행을 통해 지방자치단체의 재정활동이 구체화되므로 예산집행이 예산이 정하는 바에 따라 행해진다고 해도 효율적인 예산집행이 행해지지 않으면 아무리 적절한 예산이 편성되어도 소용이 없다.

효율적인 예산집행을 확보하기 위해서는 예산집행계획의 적절한 책정과 적극적인 활용을 통해 각종 시책이나 사업이 연간 원활하게 실시되도록 실시 시기, 다른 부문에의 영향, 특정 재원의 확보 등을 고려해 가면서 전체적인 조정, 진행관리를 꾀함과 동시에 세입세출 예산의 집행계획을 연도 당초에 파악하여 예산의 배정, 재정자금의 운용 등이 효율적으로 행해지도록 배려할 필요가 있다.

3) 중기 재정계획 제도의 개선

지방재정계획의 실효성 확보를 위해서는 기구와 인력을 확보하고 단년도 예산의 문제점 개선 및 중기 재정계획을 보완하는 관련 제도의 도입·운영을 통해 적절한 재정계획 수립을 뒷받침할 수 있는 환경적 여건을 조성해야 할 것이다.

따라서 중·장기 재정계획에 의해 중·장기에 걸친 재정 수요와 재정 공급을 예측하고 계획 목표의 달성을 위한 투자 우선순위에 따라 부문 간 투자 규모를 결정하면 단기적 시계에서 투자심리와 영기준예산을 통해 투자 효율이 높은 사업을 선정한 후 예산을 배분하게 되며, 사업의 집행 과정에서 심사분석 기능을 통해 문제 요인을 끄집어내고 다시 계획 단계로 환류시키게 된다.

이러한 재정 운용 체제의 강화는 시계와 단계가 일치되도록 운용하기 위한 정책적 지원이 확보되고, 개발계획과 재정이 연계되도록 종합계획이 수립되며 그 집행이 보장될 때 비로소 가능하게 되는 것이다.

4) 행정 서비스 공급의 다원화

고도산업 사회의 경제구조와 민주사회의 복지행정을 펴나가기 위해서는 도시정부의 역할에 대한 새로운 개념 정립과 관리 목표에 대한 근본적인 인식의 전환이 필요하다. 즉, 각종 행정 서비스를 반드시 공공 부문에서 공급해야 한다는 기존 인식의 전환이 필요한 것이다. 이러한 상황 인식에 따라 행정 서비스 공급 주체의 다원화, 즉 행정 서비스의 민영화와 도시 경영이라는 개념이 미국과 일본과 같은 선진국을 중심으로 대두되어 왔다.

이와 같이 행정 주체의 다원화는 행정의 양적·질적 변화에 수반해서 행정 주체의 변화, 즉 행정의 실시 형식의 변혁을 의미한다. 여기에서 행정 주체의 다원화라는 개념은 행정공급의 주체 혹은 서비스 공급 주체로서의 정부기관의 확대를 의미하는 것이 아니라, 공공서비스를 공급하는 데 민간 부문이 공공서비스의 생산과 공급의 수행 주체로서의 역할을 담당한다는 것을 가리킨다.

그러나 도시정부의 기업적 경영이 아무리 강조된다 하더라도 그 행정 목표는 공공 이익의 추구, 즉 복지 증진에 있다는 사실을 잊어서는 안 된다. 따라서 도시정부는 그 지역사회를 구성하고 있는 주민의 지혜, 기업의 재원, 그리고 지역이 가지고 있는 잠재 에너지를 종합적으로 활용할 수 있는 능력을 개발해야 한다.

현재 우리나라에서 추진하고 있는 행정 서비스 공급 주체의 다원화 방안은 공공서비스의 공급 유형 중 민관 협력형과 민간 위탁에 해당된다. 지금까지는 대도시를 중심으로 민간위탁 방식에 의한 공공서비스 공급이 이루어져 왔으나 1992년 지방자치단체 예산편성지침에서 각 시 · 도별로 민관 협력사업, 즉 민관공동 출자사업을 의무적으로 수행할 것을 규정하고 있어 제3섹터 방식에 대한 관심이 증폭되고 있다.

우리나라는 아직 제3섹터에 대해 생소한 상황이나 민간의 활력을 공공 부문에 도입하기 위해서는 경직된 사고와 체계를 탈피하여 새로운 변화에 적응해야 할 것으로 보인다.

연구 과제

1. 지방자치단체의 재정자립도를 높이기 위한 방안을 토의해 보시오.
2. 지방재정 확충을 위해 국세를 지방세로 이전하는 방안을 논의해 보시오.
3. 지방자치단체가 수익 창출을 위해 민간 부문의 사업에 참여하는 하는 것에 대한 문제점을 논의해 보시오.

제 9 장

도시정부의 도시계획

학습 목표

- 도시공간의 변화에 영향을 미치는 변수를 파악한다.
- 도시계획이론이 어떻게 변천해 왔는지를 살펴본다.
- 도시계획이 도시개발정책을 통해 실현되는 과정을 이해한다.

사례 연구 용산참사는 아직 끝나지 않았다

2009년 1월 19일 오전 5시 30분 용산4구역 철거민 대책위원회 회원 30여 명이 서울특별시 한강로 2가에 위치한 5층짜리 건물 옥상을 점거했다. 경찰은 경비 병력으로 3개 중대 300여 명을 투입했다. 이 과정에서 1월 20일 오전 11시 45분 경찰은 망루를 수색하여 사망자 5명(경찰특공대 대원 1명)을 발견했으며, 23명(경찰 17명, 농성자 6명)이 부상당했다고 발표했다. 12시 20분 시신 1구가 추가로 발견되었다.

서울시는 도시정비사업의 일환으로 용산4구역 재개발 사업을 추진했다. 상인들은 재개발로 인해 주변 땅값이 많이 올라 장사가 힘들어졌다. 그리고 도시정비사업 관련 법률은 도시개발법과 도시 및 주거환경정비법, 도시재정비 촉진을 위한 특별법, 토지보상법 등으로 복잡하다. 복잡한 법체계의 틈으로 공공연한 불법행위가 저질러졌다. 서울시와 자치구들은 토지보상법에 규정된 주거이전비를 철거지역 세입자들에게 지급하지 않아 물의를 일으켰다.

인명 참사로 이어진 서울 용산 재개발 철거민들의 건물옥상 농성은 철거민과 조합 간 보상비 갈등이 직접적인 원인이다. 서울시와 용산구에 따르면, 재개발조합 측은 세입자에게 법적으로 규정된 휴업보상비 3개월분과 주거이전비 4개월분을 지급한다는 입장이다. 그러나 일부 세입자는 조합이 주는 보상비로는 생계와 주거를 이어갈 수없다는 입장이다. 상가 세입자들은 "지금껏 충분하지는 않지만 먹고 살 만했는데, 조합이 주는 보상비는 턱없이 적다"며 "철거하면 당장 생계를 이을 수 없으니 대체 상가를 마련하는 등 대책을 세워 달라"고 요구했다. 사건 발생 전에 세입자 890명 중 85.7%(763명)의 보상은 완료되었다. 철거도 80% 가량 이뤄졌으나 일부 상인과 주거 세입자 중 100여 명이 2007년부터 보상비에 반발해 시위해 왔다. 최근 용산참사 10주기를 맞아 경찰청 인권침해사건 진상조사위는 농성장 조기진압을 목표로 철거민과 경찰 특공대원의 생명과 안전이 무시된 사건이라고 규정했으나 여전히 진실과 책임자는 밝혀내지 못하고 있다.

인간적인 도시계획에서 가장 중요한 것은 메갈로폴리스의 거주자, 즉 사회적 약자들에 대한 세심한 배려이다. 도시의 새로운 모습의 창조라는 가면을 쓰고 실시되는 빈민가 철거사업처럼 계획자들의 골칫거리를 '청소'해 버리는 식의 발상은 인간적인 도시를 보장할 수 없다.

<생각해 볼 문제>

1. 도심의 불량주거를 철거하고 도시미관을 유지하기 위해서 재개발은 꼭 필요한 것일까?
2. 원주민이나 세입자들의 정착을 유도하기 위한 도시재개발의 방식은 없는 것일까?

도시의 공간이 변화하는 데에는 여러 가지 변수가 영향을 미친다. 그 중에서도 국가, 자본, 그리고 도시 주민이 매우 중요한 영향 변수이다.

그런데 도시공간 변화이론의 주류를 이루어 온 인간생태학적 접근은 현상을 서술하는 데는 유용하나 설명력이 미약한 편이다. 이에 반발하여 등장한 정치경제학적 접근은 사회구조의 기본 요소인 정치 체제와 경제 체제를 분석하는 것이 도시공간의 변화를 설명하는 데 선행 조건이라고 본다. 이 접근에 따르면, 그동안 상대적으로 관심을 덜 받아 왔던 국가와 자본의 역할이 두드러진다. 그러나 두 이론 모두 이론적 타당성에 한계를 지니고 있어 인간생태학적 접근과 정치경제학적 접근의 상호 보완적 측면을 중심으로 이론적 통합의 가능성을 모색하고 있기도 하다.

도시공간은 도시정부의 개발정책에 의해 크게 영향을 받는다. 이에 도시계획이론의 전개 과정과 도시개발의 역사를 살펴보고, 우리나라 도시계획 제도를 소개하기로 하겠다.

제 1 절 도시공간 변화와 국가의 개입

1. 도시공간 변화의 영향 변수

도시의 생성과 변동은 환경적 영향을 크게 받는다. 도시를 에워싸고 있는 사회의 전반적인 조건은 도시화 과정을 규제한다. 따라서 자본주의 경제 체제를 채택하고 있는 나라들에서 도시화의 과정에 매우 중요한 영향을 미치는 세력을 국가, 자본, 그리고 도시 주민이라는 세 가지 범주로 요약해 볼 수 있다. 이러한 세 가지 세력 중추의 역학 관계가 도시화 과정의 기본적인 조건을 설정한다.

그런데 세 가지 세력 중추 가운데에서 국가의 역할은 그동안 응분의 학문적 조명을 받아 오지 못했다. 도시 연구의 주류를 이루었던 기존의 전통적 이론들, 대표적으로 도시사회학에서 생태학적 접근, 도시경제학에서 신고전적 접근, 도시지리학에서 공간과학적 접근, 도시계획학에서 물리적 계획이론 등은 도시를 전반적인 사회·정치·경제 체제와 분리시켜 그 현상적 분석에 몰두해 왔었다. 예를 들어, 도시에 대한 생태학적 연구는 현상을 서술하는 데 유용한 도구가 될 수는 있지만 현상을 설명하는 데에는 아주 미약한 것이 사실이다. 그것은 생태학적 접근 방식이 도시화와 도시문제를 사회 전체의 맥락과 분리시켜 고찰하기 때문이다. 더구나 생태학적 연구에서는 도시에 깊숙이 개입해 있는 국가의 도시정책에 대한 언급이 전혀 없기 때문이기도 하다.

2. 인간생태학적 접근

시카고학파의 인간생태학적 도시공동체 접근은 거의 반세기 동안 미국을 비롯하여 세계 여러 나라의 도시 연구에 상당한 영향을 주었던 것이 사실이다. 파크(R. Park), 버제스(E. Burgess), 매킨지(R. Mckenzie) 등으로 대표되는 도시생태학자들은 도시의 성장 과정을 동식물 생태학의 개념과 원리를 유추하여 분석하기 시작했다. 이러한 분석은 지금까지 한 도시가 어떠한 과정을 거쳐 공간적으로 성장하는가에 대한 이론이 없었기 때문에 학파의 주목을 끌 수밖에 없었다. 이어서 매킨지의 제자인 하울리(A. Hawley)는 그의 스승을 비롯한 파크, 버제스, 조르보(H. Zorbaugh)의 생물학적 생태학 개념과 원리를 사회학적 개념과 이론 체계로 전환시킴으로써 인간생태학을 사회학의 한 분야로서 다시 발전시켰으며, 이러한 하울리의 업적에 쉬노어(L. Schnore), 깁스(J. Gibbs), 던컨(O. Duncan) 등의 훌륭한 연구가 더해져 인간생태학적 접근은 도시공동체 연구의 주된 이론으로 꽃을 피우게 된다.

3. 정치경제학적 접근

1960년대 이후의 도시는 스스로 성장, 발전한다는 생태학적 전제가 받아들여지지 않았다. 따라서 유럽과 미국의 일부 학자들은 마르크스주의자들의 개념을 도입하여 도시문제를 설명하기에 이르렀다. 도시공간은 무작위로 자연스럽게 형성된 것이 아니라 시대와 사회구조의 산물이므로 사회구조의 표현인 도시공간을 연구하기 위해서는 사회구조를 구성하고 있는 기본 요소인 정치 체제와 경제 체제를 분석하는 것이 선행되어야 한다.

이처럼 도시화를 도시 인구의 증가로 보고 도시문제를 도시 인구의 증가로 인한 제반 사회문제로 보는 인구학적 관점에서 탈피하여 도시 내의 공간이 변화하는 과정으로 도시화를 인식하고, 도시화 공간에 수반되는 문제로 도시문제를 파악하는 인식론적 전환은 마르크스주의자의 시각에서 뚜렷하게 나타났다. 이 시각은 도시화를 도시공간의 변화로 파악함으로써 도시공간의 변화에 내재하는 구조적인 요인과 여러 세력들의 역학 관계를 밝히는 데 초점을 두고 있다. 여기에서 도시화는 자연적인 방향과 추세로서가 아니라 자본주의 생산양식의 필요에 따라 자본의 논리에 의해서 만들어지는 의도적인 산물로 인식하게 되었다.

그리고 도시 현상을 좀 더 본질적인 측면에서 규명하기 위해 도시화라는 개념 대신에 자본주의적 도시화(capitalist urbanization)의 개념이 쓰이기에 이르렀다.

도시 현상을 전체 자본축적 과정과 관련시킨 중요한 연구는 하비(D. Harvey)에게서 나타난다. 하비는 마르크시스트(Marxist) 정치경제학의 자본 축적 과정분석을 원용하여 도시 과정에 대한 일반론을 정립하고 있다. 그에 따르면, 도시 과정은 환경의 창출 과정이다. 그래서 이 과정을 연구하기 위해서는 환경이 창출되는 방식, 즉 자본의 논리와 국가의 도시정책과 그것이 전체 자본 축적 과정에 공헌하는 정도를 검토해야 한다는 것이다.

그런데 하비는 국가의 도시에 대한 개입을 3차 순환에서만 고찰하고 있으므로 그의 틀에서는 2차 순환에서의 국가의 도시 개입을 배제한다. 따라서 하비는 국가의 역할에 대한 분석을 소홀히 하고 있다는 비판을 면치 못하고 있다. 실제 2차 순환에서의 자본의 환경 투자를 위한 여러 종류의 도시정책(도심재개발정책, 공장부지 조성정책 등)이 존재함에도 불구하고 그의 틀에서는 그것을 고찰할 여지가 없기 때문이다.

한편 카스텔(M. Castells)에게서 가장 중요한 개념은 집합적 소비와 지배계급에 의한 국가의 개입이다. 그에 의하면, 도시라는 공동체의 조성과 변화가 생태학자들이 말하는 바와 같은 도시 자체 내의 다양한 집단 간에 투입, 계승, 격리의 과정에 의해 생성되는 것이 아니라 영속적인 소비구조를 만들기 위한 자본가들의 투자와 이들 투자 과정에서 생겨나는 문제점을 해소하기 위한 국가의 개입에 의해 생성된다고 본다.

이렇듯 도시는 그 사회의 생산력 · 생산 관계의 결정체인 동시에 경제 · 사회적 특성들의 상호작용의 산물이라고 여기는 마르크스주의자들의 관점에서 구체적으로 어떤 요소가 도시 발전의 주된 결정 요인인가에 대해 다양한 이론들이 제시되고 있다.

데이비드(P. T. David), 고든(D. Gordon), 소워스(L. Sawers)와 같은 마르크시스트(Marxist) 경제학자들은 산업자본의 역할을 강조하는 반면, 하비는 금융자본 · 토지 소유의 역할을 강조하고 카스텔과 같은 구조론자들은 국가의 역할을 강조한다. 그리하여 도시생태학자들에 의해 간과되어 오던 도시공간의 변화에 대한 국가의 역할이 마르크스주의자들에 의해 조명을 받기 시작했다.

이때 도시 공간구조의 변화와 그 방향에 대해 중대한 영향을 미치는 국가의 개입은 도시계획을 통해 그 의도를 실현시킨다. 그러므로 도시 공간구조의 변화에 대한 결정 요인 중의 하나를 도시계획으로 보는 논리적 근거가 여기에 있는 것이다.

4. 통합적 접근의 가능성

이러한 맥락에서 생태학적 접근과 정치경제학적 접근의 상호 보완적 측면을 중심으로 이론적 통합의 가능성을 모색해 오기도 했다. 생태학과 정치경제학의 통합 모색은 주로 생태학자들이 정치경제학적 접근을 수용하는 형태로 하울리(A. Hawley), 메이어(J. R. Meyer) 등에 의해 시도되어 오고 있다.

그러나 이러한 시도는 두 이론의 통합 가능성의 타진에 불과하다. 그러므로 비록 두 접근이 통합되더라도 그 통합된 이론이 일반 사회학이론에서 계속 문제시되어 온 미시적 차원과 거시적 차원의 관계를 충분히 설명해 주지는 못할 것으로 보인다. 그리고 우리에게 더 관심을 끄는 것은 이러한 이론이 과연 한국 도시사회를 성공적으로 설명할 수 있을까 하는 점이다.

그러나 좀 더 일반성 있고 또 한국적 도시 상황을 적절히 설명할 수 있는 이론의 구성을 위해서는 생태학적 접근과 정치경제학적 접근의 긍정적 수용과 더불어 한국적 특수 상황을 고려한 새로운 이론적 가설이 필요할 것으로 보인다.

어쨌든 도시는 본질적으로 공공성을 가지고 있으며 공공성에 바탕을 두고 있다. 도시는 도시민 모두가 함께 사용하는 공간이며 도시민 전체의 공동의 삶의 터전이다. 따라서 도시 공간구조의 변화에 대한 국가의 개입은 그 성격을 차치하고라도 개인이나 민간 부문이 독단적으로 의사결정을 했을 때 발생할 수 있는 외부불경제를 줄이기 위해서라도 정부의 개입은 정당화되어야 한다.

그러나 공공정책의 궁극적인 정당성은 시민 각자의 자아실현을 도와주는 동시에 사회경제적으로 더욱 불리한 형편에 서 있는 사람들에게 얼마나 더 큰 힘을 빌려 주었느냐에 의해 평가되어야 한다.

제 2 절 도시계획이론의 변천

1. 도시계획이론의 패러다임

도시개발정책을 성공적으로 수행하기 위해서는 훌륭한 도시계획이 전제되어야 한다. 물론 훌륭한 도시계획이 산출되기 위해서는 구체적인 도시 현상을 설명하고 바람직한 변화의 방향을 제시할 수 있는 도시계획이론이 존재할 때 가능하다. 이러한 도시계획 분야에서의 이론적 패러다임은 1970년대까지 실증주의적 계획이론이 그 위세를 떨쳤으며, 1970년대 이후 의사소통적 계획이론과 계획의 탈현대주의적 인식이 혁명적 패러다임으로 등장하게 된다.

실증주의적 계획이론은 실증주의적 과학에 의해 형성된 모형들과 기법들의 응용 발전에 바탕을 두고 있었으며, 계획 대상인 사회 체계나 공간환경을 주어진 목표에 따라 의도한 상태로 관리·유지 또는 조작·변화시키기 위한 통제 과정에 우선적인 관심을 두었다. 실증주의적 계획은 대부분의 목표 설정이 외적(즉, 정치적)으로 이루어지며, 이때 일종의 가치 전제가 내포됨을 인정한다. 그러나 실증주의적 계획은 이와 같은 가치 전제의 결과로서 수립되는 계획의 목표가 단순히 그 가치만으로 성취되는 것이 아니라, 그 목표를 달성하기 위한 합리적 수단이 존재한다는 객관적 판단에 의해서만 의미를 갖는다고 주장한다.

이러한 실증주의적 계획의 이론 및 실행에 내재된 도구적 합리성이 유발한 위기를 극복하기 위해 도구적 이성에 대한 비판적 성찰이 프랑크푸르트학파에 의해 제기되고, 이를 비판적으로 재구성한 하버마스(J. Habermas)는 서구 현대화 과정에서 실현된 합리성은 오직 편파적인 도구적 이성에 불과하며 이에 의해 야기된 오늘날의 사회 위기를 극복할 수 있는 길은 일상생활의 실천 속에 잠재된 의사소통적 이성을 활성화시키는 것이라고 주장한다. 따라서 계획은 특정 목적을 달성하기 위한 수단(즉, 도구적 행동)으로서가 아니라 실천적(의사소통적) 행동으로 규정되어야 하며, 이때 이상적 대화 상황은 단순히 이상적인 것이 아니라 실제 생활세계 속에서 구현될 수 있는 것으로 인식된다. 그러므로 진정한 계획은 경제 성장이나 정치행정 체계의 개선보다는 일상생활 속에 잠재되어 있는 의사소통적 이성의 활성화에 더 큰 관심을 집중시켜야 한다는 것이 의사소통 계획이론의 주장이다. 이때 계획의 주체는 도구적 이성에 민감한 전문적 계획가들이 아니라 일상생활 속에서 살아가고 있는 사람들로 구성될 것이다.

계획의 탈현대주의적(post-modernism) 인식은 계획에 관한 과학적 설명이 항상 권력과 결탁해 있음을 밝히고 이러한 정치적 합리성을 비판하는 데 관심을 두고 있다. 따라서 탈현대주의적 인식은 서구 사회의 합리화 과정에서 계획이론과 실행의 의사가 어떻게 지배 권력과 결탁하여 인간을 정치·경제적으로 유용하고 효율적인 존재가 되도록 순화시키고, 모든 사회공간을 지배 권력의 감시 하에 예속시켰는가를 보여줄 수 있다.

이상의 논의를 바탕으로 계획의 이론적·실천적 과정 설정을 위한 우리의 노력은 현대성에 관한 논쟁에서 탈현대주의를 주장하는 일군의 프랑스 학자들보다는 현대화 과정을 지속적으로 추구하고자 하는 하버마스의 입장을 따를 수 있는 것처럼 보인다.

2. 도시계획이론의 전개

절차적 계획이론을 이상형으로 상정하고서 거기에서 여섯 가지의 대안적 이론들이 제시되는 도시계획이론의 전개는 앞에서 고찰한 이론적 패러다임과 그 맥락이 연결되어 있다.

1970년대를 고비로 사회적 · 정치적 불안이 심화되는 상황에서 절차적 계획이론의 사회적 적실성과 유용성에 대해 거센 비판이 제기되면서 절차적 계획이론을 발전시켜 보려는 입장이 있는 반면, 전혀 새로운 급진적인 견해들도 나오게 되었다.

여기에서 절차적 계획이론(procedural planning theory)은 일반체제 모형에 입각하고 있다. 그러므로 도시계획의 목적은 계획의 수혜자의 선호함수를 결집시켜 목표를 설정하고 이 목표를 성취하기 위해 자원의 낭비는 최소화하면서 효과는 극대화시킬 수 있는 행동대안을 발견하는 데 있다. 이때 수혜자 개인은 각기 특유한 선호함수를 가지고 있으나 민주주의의 이론상 누구든 타인에 대한 결정을 일방적으로 내릴 수 없다. 이와 같은 절차적 계획이론의 기본적 가치관과 전제에 대해 한편으로는 공유하면서 기존 이론의 추상성, 일반성을 극복하여 구체적인 계획의 실제에서 도움이 되는 지식, 기법들을 개발하려는 입장이 있는가 하면, 전혀 새로운 가치관과 전제에 입각하고 있는 급진적인 견해들도 있다.

첫째, 점증주의와 그 밖의 의사결정론은 절차적 계획이론의 규범성을 비판하고, 구체적인 상황에서 적용 가능한 의사결정 기법을 개발하고자 하는 견해이다. 점증주의자들은 도시가 다양한 이해관계를 가진 개인과 집단이 역동적으로 상호작용하는 정치적 장이며, 미래의 예측과 대안의 평가에 필요한 정보의 한계 때문에 계획과정의 장기적 합리성과 종합성을 추구하는 것은 불가능하다고 본다. 이러한 점증주의의 견해는 그 보수적 성향 때문에 비판을 받고 있으며, 규범주의와 현실주의를 적절히 혼합한 전략으로서 혼합주사모형, 상황적응접근법, 조직학습모형과 같은 대안들이 제시되고 있다.

둘째, 실용주의의 입장을 들 수 있는데, 도시계획 분야에서 전개되어 온 다양한 이론들을 실제에 적용하는 것이 쉽지 않기 때문에 계획의 실무 분야에서는 이론 평가를 무시한 채 구체적인 성과만을 중시하는 경향이 나타났다.

셋째, 집행 과정을 중요시하는 견해는 절차적 계획이론의 기능주의적 접근을 극복하여 조직 간, 조직 내의 행태를 미시적으로 분석함으로써 계획의 집행 과정에서 계획이 어떠한 의미로 해석되고 자원은 어떻게 분배되며 이러한 일련의 과정의 결과는 어떤 모습으로 나타나는가를 실증 분석하고자 하는 견해이다. 이러한 분석은 특히 자원 배분을 둘러싼 흥정, 계획 관련 법규와 규정의 적용 실태, 조직의 비공식 규범이 개인과 집단의 행태에 미치는 영향 등을 강조한다.

넷째, 인도주의에 입각한 사회적 조직의 개념이 있다. 사회적 조직이란 1970년대 이후 프리드만(J. Friedman) 등이 제시하고 있는 이상적 조직 형태의 하나이며, 자율성과 적응성을 지닌 망사형 구조의 조직이다. 이러한 사회적 조직을 통해서 각 개인들은 서로의 개별 이익을 존중하면서 조직의 공동 이익도 확보하는 것이다.

다섯째, 마르크스주의 방법론은 자본주의 체제는 불가피하게 자원의 불평등한 분배와 노동자와 자본가의 계급 대립을 초래하며, 이러한 구조적 모순은 개량주의적 접근을 통해 극복될 수 없다고 보는 견해이다. 이 견해는 국가조직을 자본가 계급의 이익을 유지·확대하려는 목적에서 고안된 장치로 보고, 종래의 도시계획은 자본 축적 과정의 일환으로 파악되어야 한다고 주장한다.

여섯째, 사회적 계획과 옹호적 계획은 절차적 계획이론이 계획과의 불편부당성, 객관성, 전문성을 강조하는 반면에, 이러한 입장과는 대조적으로 도시계획이 사회적 형평과 기회의 평등을 도모하는 적극적 수단이 되어야 한다는 견해를 보인다.

이처럼 절차적 계획이론을 이상형으로 상정하고 여섯 가지의 대안적 이론들이 발전되어 왔는데, 도시계획이론은 도시계획의 역사적 경험과 풍부하게 축적된 이론적 틀을 바탕으로 하여 구체적인 도시 현상을 설명하고 바람직한 변화의 방향을 제시할 수 있어야 한다. 물론 이러한 일련의 설명과 처방의 바탕이 되고 있는 가치 전제와 기본적 이론틀을 명시하고 이론적 일관성을 유지해야 한다. 이렇듯 이론상 도시계획은 자본 축적의 결과로 유발되는 도시 병폐를 지적하고 도시생활의 조화를 추구한다. 그러나 실행상 도시계획들은 이러한 조화가 거의 이루어질 수 없음을 인식하게 된다. 따라서 도시계획의 비판적 분석은 도시계획 실행의 성공 또는 실패가 도시계획이론 그 자체의 좋고 나쁨에 기인한다기보다는 오히려 도시계획이 실행되는 구체적인 사회경제적 · 정치적 상황을 분석함으로써 그 성패를 이해해야 한다.

이처럼 실증주의적 계획이론에서 의사소통적 계획이론으로의 패러다임 변화나 계획(이론)에서 집행으로의 관심의 이동 등은 도시계획이론의 영역에서 행정학이나 정책학이 기여해야 할 몫이 적지 않음을 반증해 주는 현상이라고 규정지을 수 있다.

제 3 절 도시개발정책과 도시계획

1. 도시개발정책의 의의

국가계획이 한정된 국토공간에서 국민이 경제 · 사회적으로 안정된 생활을 지향할 수 있도록 바람직한 이용 형태의 건설과 인간 거주환경을 실현하려는 장기적 종합계획이라면 도시정책은 국가계획을 구현하기 위한 수단이라고 볼 수 있다. 따라서 국토공간과 도시공간은 따로 떼어 생각할 수 없는 상호 연계되어 있는 관계이며 국토공간정책에 의해 도시 공간구조에 변화를 가져올 수도 있고, 도시공간정책에 의해 국토 공간구조에 변화가 있을 수도 있는 것이다. 여기에서 공간정책(spatial policy)이라는 용어가 사용되었는데, 그동안 우리의 도시정책이 일정 규모 이상의 모듬살이의 토지와 그에 붙박혀 있거나 그 위를 달리는 시설물의 집합체 또는 그 체계의 형성 수단으로만 여겼을 때의 물적 중심의 도시정책을 도시공간정책이라고 말하는 것이었다. 그러나 공간정책으로서의 도시정책은 비공간적인 당대에 주어진 조건의 편견을 우리들의 모듬살이에 알게 모르게 그대로 투영해 놓고 있다고 보아야 할 것이다.

따라서 도시정책이란 도시에서 야기되는 각종 문제를 해결하려는 정부의 의도적인 노력이며, 이는 물리적 · 사회적 · 경제적 · 행정적 계획을 망라하는 도시종합계획으로서 이해되고 있다. 이러한 도시정책의 개념 규정에 비해 도시개발정책은 적극성과 능동성이 함축되어 있다고 볼 수 있다. 즉, 도시개발정책이란 도시 변화의 수요에 대응하여 더 나은 도시 형성을 꾀함으로써 도시민의 삶의 질을 향상시키려는 정부의 노력이라고 이해할 수 있다. 이때 도시개발정책은 도시계획 관련 법규들을 통해 구현되게 마련이다.

도시공간 변화의 결정 요인이라고 볼 수 있는 도시계획의 정책 수단들은 직접적일 수도 있고 간접적일 수도 있다. 도시정부는 변화를 촉진하거나 유도하는 정책을 수행하기도 하고 규제를 통해 도시 기능을 유지하기도 한다. 유럽의 여러 나라들에서는 도시정책에 관해 오랫동안 직접 개입 방식을 취해 왔으나, 미국을 비롯한 기타의 국가에서는 정부의 직접 개입을 당연한 것으로 여기지 않고 있다. 따라서 도시개발을 유도하기 위한 정책 수단(규제, 유인, 정부의 직접 관여 등)은 국가에 따라 다르며, 종래에는 직접 규제나 공공 부문의 주도에 중점을 두어 왔던 데 반해, 최근에는 유도 내지는 유인 쪽으로 정책의 기조가 바뀌고 있다. 이와 같은 도시정책들은 도시화의 규모, 속도, 입지, 형태에 영향을 주는 것이 확실하며 도시를 대상이나 목적으로 하지 않는 국가의 정책, 즉 비도시정책도 도시 성장의 형태와 속도에 영향을 주는 것으로 조사 결과가 나와 있다.

2. 서구의 도시개발정책

도시의 기원은 도시가 형성되기 위한 조건, 즉 잉여생산물의 창출과 사적 소유, 계급의 사회적 분화 등 사회적 생산력이 발전하고 이에 상응하는 사회조직이 갖추어지면서 태동하기 시작했다. 따라서 도시는 유사 이래 지배계층의 의지가 공간에 투영된 결과였다. 그런데 19세기에 들어오면서 도시의 성격에 근본적인 변화가 생겨나게 되었다. 산업혁명 이전에는 지배계층의 거주지로서 소비적 기능만을 가졌던 도시가 공업의 중심지로 바뀌면서 생산 기능도 더불어 가지게 되었다. 이제 생산의 담당자인 노동자들이 도시로 대거 몰리면서 도시는 지배계층과 피지배계층 사이의 갈등의 장이 되어 버렸다. 이에 따라 도시문제의 양상과 그 해결 방법도 크게 변화하게 된다. 즉, 지배계층의 거주지로서의 의미에 중점을 두었던 이전의 도시공간 배치계획이 근로자, 하층민 등 다수의 민중을 수용하면서 모든 계층의 공간적 공존이 가능하도록 변화되어야 했다.

그런 의미에서 17세기는 도시계획사에서 중대한 전환점이 되었다. 그 이후 제2차 세계대전 전까지의 기간을 경제적인 측면에서 자유경쟁 자본주의 시기(1815~1870), 독점자본주의 시기(1870~1914), 국가독점자본주의 시기(1914~1945)로 나누어 도시계획의 역할을 조명해 볼 수 있다.

자유경쟁 자본주의 시기는 자본주의 발전의 초기 단계로서 사회계층 간의 무제한적 자유경쟁을 근본 원리로 한다. 이 시기 동안 도시로의 인구 집중은 주택 부족과 지가 상승을 불러일으켰다. 그러나 국가의 역할은 매우 제한적이었고 미약했다. 국가는 법과 힘을 사용하여 방위 · 치안 유지 · 세금 징수 등의 최소한의 역할을 수행하면서 궁극적으로는 자본주의의 핵심인 사회 · 경제 제도의 유지 내지는 영속화와 사회 내부의 안정 유지를 기본 임무로 삼았다. 이 같은 사정은 도시 개발 · 계획 분야에도 해당된다. 비록 국가가 도시계획 분야, 특히 도시계획 제도화 과정에 개입하여 공중위생법(영국, 1848), 대도시관리법(영국, 1855), 노동자 및 시민주택법(영국, 1868) 등을 입법화했지만 그것은 신중한 국가 개입의 결과라기보다는 자본가들의 활동 결과에 대한 대증적 · 일시적 처방의 결과였다.

독점자본주의 시기에는 경제적으로 금융자본이 산업자본을 독점하고 국외로의 자본 수출이 급증하게 된다. 이때 국가는 자유경쟁 자본주의 시기의 자유방임적 태도에서 벗어나 도시계획 분야, 특히 제도화 과정에 직접적으로 개입하기 시작한다.

1909년 영국에서 입법화된 주택 및 도시계획법은 진정한 의미에서의 도시계획법의 시발이라고 볼 수 있다. 그런데 이 법은 주택 공중위생의 관점에서 교외 주택지의 계획을 규제하는 내용이었으며, 실제로 도시의 주택문제가 집중되어 있는 불량주택지역과 공중위생을 위해 필요한 도심부의 정비에는 관련되지 않았다.

국가독점자본주의 시기는 독점자본이 국가독점으로 전환되면서 국가의 관리 및 통제가 강화되는 시기이다. 이 시기에는 국가관료 기구가 확대되어 자본의 자유와 영업활동에 의한 투기적 토지 소유, 무정부적 개발의 진행에 대해 국가의 적극적 대처가 나타난다. 이때 시작된 국가의 개입은 이 시기에 이르러 전면화되어 국가 정책의 강화를 나타내는 도시계획에 관한 법제화가 성숙되고, 한편으로는 도시 전체를 대상으로 한 종합계획 수립 및 신도시 건설을 추진한다. 특히 이 시기 동안 도시계획이 전문 영역으로 확보되면서 도시계획에 대한 전문가 교육 제도와 교육기관이 확립되고 학문적 연구가 진행되는데, 이런 과정은 가치중립적인 기술주의 및 물리적 형태 위주에 국한된 도시계획 전문 영역을 형성함으로써 지식인 자신들의 지위를 확보하면서 한편으로는 국가관리 체제의 확대 속에서 기술관료주의로 편승되어 가는 것이라 볼 수 있다.

3. 우리나라의 도시개발정책

우리나라에서의 도시개발정책의 역사적 전개 과정과 그 실현 체계를 살펴보기로 하겠다.

우리나라의 도시개발정책을 역사적으로 살펴보기 위한 연구들에 따르면, 도시화 단계의 시대 구분에서 일제 식민 시기와 자유당 정권기, 그리고 1960년대 이후의 경제개발기로 구분한다.

36년 동안의 일제 하에서 도시개발정책은 식민지 통치를 위한 전 국토의 도시망 건설이었다. 사실 이 땅 안에 근대적 도시계획이 최초로 법제화된 것은 1934년 6월 20일자 조선총독부 제령 제18호에 의한 '조선시가지계획령'이었다. 그러나 일제 하의 모든 제도나 법규가 그러하듯이 조선시가지계획령도 대단히 침략적·강압적인 법제였고, 진정한 의미에서의 시가지의 발전보다는 일본의 국익, 일본인들의 이익, 그리고 그들이 성전(聖戰)이라고 불렀던 침략전쟁의 수행에 이바지하기 위한 제도였다고 할 수 있다.

자유당 정권기는 해방 이후의 혼란기와 6·25 전쟁을 거치면서 계획에 의한 도시개발정책을 시행할 엄두를 내지 못했던 정책 부재의 시대였으며, 이 기간 동안 대도시로의 과도한 인구 집중은 엄청난 도시문제를 배태하는 시기였다.

그러나 1960년대에 들어서면서 이제는 조선시가지계획령을 가지고 더 이상 버틸 수가 없게 되었다. 그리하여 정부는 5·16 군사혁명 이후 종래 부흥 부문의 1개 국(局)에 지나지 않던 국토건설국을 1961년 5월 20일자로 부흥부를 건설부로 개칭하고, 다시 동년 7월 22일 건설부를 폐지하고 경제기획원을 신설하며 그 외청으로 국토건설청을 신설했다. 그리고 1962년 6월 18일 국토건설청이 건설부로 승격되어 본격적인 도시정책을 수립하게 되었다. 또한 1962년 1월 20일자 법률 제983호와 제984호에 따라서 도시계획법과 건축법이 새로이 제정 공포되었다.

그러나 1962년의 도시계획법으로는 새로운 도시화 시대의 여러 변화에 따라갈 수 없음을 절실히 깨닫게 되자, 1971년 1월 19일자 법률 제2991호로 도시계획법의 전면 개정이 이루어진다. 이때부터 도시문제가 초미의 관심사가 되면서 도시정책의 주관 부서인 건설부와 지방행정지도의 주무 부서인 내무부 사이에 갈등이 야기되기 시작했다. 이와 같은 도시정책에 대한 이원적 기구의 존재는 예산과 시간 및 인력의 낭비를 초래하는 폐단이 생긴다. 단적인 예로 1979~1980년 사이에 내무부는 전국 42개 시와 50개 읍에 대한 도시장기종합개발계획을 수립했는데, 엄청난 국가 예산이 투입된 이 계획이 건설부에 의해 전면 휴지화되고, 1983년 건설부 단독으로 또 다른 하나의 장기 기본계획을 수립하게 된다. 이때 투입된 예산은 25억 8천 9백만 원이었는데, 최종 계획의 확인, 공포는 역시 관계 법규를 주관하고 있는 건설부에서 관장하게 되어 있었다.

한편 1971년에 당초의 전면 개정이 있은 지 10년이 경과한 1981년 3월 31일자 법률 제3410호에 의해 또 한 번 도시계획법이 크게 개정되었다. 이때의 개정은 도시기본계획 수립과 연차별 집행계획, 그리고 공청회를 거쳐 주민 의견을 청취하는 규정들이 특기할 만한 일들이었다.

그러나 1960년대 이후의 경제개발기를 돌아보면 계획적 접근이 두드러지나 집행을 제대로 하지 않는 계획의 홍수기였다고 볼 수 있다.

1970년대는 급속한 산업화 및 도시화에 따른 법제의 대량생산기로서, 경제 성장과 도시 성장에 따라 새로운 도시계획 행정이 요청되었고, 행정실무적으로 기존 제도의 결함을 보완할 필요가 생겼다. 또한 도시의 무질서한 확산을 제어할 필요가 생겨 1971년에 도시계획법을 전면 개정하게 되었다. 그리고 1970년대에는 '산업기

기개발촉진법'을 제정하여 대규모의 산업기기를 효율적으로 개발했으며, '도시재개발법'을 새로이 제정하여 도심부의 노후화를 방지하고 외곽지대의 누적된 무허가 불량주택을 정비할 수 있는 제도적 장치를 마련했다. 이 밖에도 도시공원법 · 토지구획정리사업법 등 많은 도시 관련 법제가 마련되었다.

1981년에는 고도 경제 성장으로 인한 인구 및 산업의 대도시 집중, 과밀 · 과소 문제를 해소하고 거주의 안전성을 확보하기 위해 주택 및 생활편익시설을 정비하여 교육 · 문화 · 의료 · 기타 사회복지 수준의 향상에 따른 도시계획의 제도적 결함을 보완하기 위해 도시계획법이 대폭 개정되었다. 1988년에는 12개의 용도지역으로 세분화 · 재편성이 이루어졌으며, 방재지구를 신설 · 보완했다. 또 매년 수립하던 집행계획을 3년 이내에 시행될 1단계 집행계획과 3년 이후에 시행될 2단계 집행계획으로 구분함으로써 도시계획시설을 도시의 재정 형편에 따라 융통성 있게 정비할 수 있도록 제도화했다. 이 밖에도 1980년대에는 택지의 대량 공급을 위해 '택지개발촉진법'을 제정했으며, 주택난을 근본적으로 해결하기 위해 '주택건설촉진법'을 제정했다. 1991년 12월에는 광역적 시설을 효율적으로 설치 · 관리하기 위한 '광역계획구역'이 신설되었고, 토지 이용의 합리화 및 도시 미관의 증진을 위해 건축물에 용적과 용도 등을 정하는 '상세계획구역'이 도입되었다.

21세기에 접어들면서 우리나라의 도시계획 관련 제도는 그간의 사회 여건 변화를 반영하여 2000년 1월에 도시계획법이 대폭 개정되었다. 우선 개발제한구역이 많은 논란 끝에 완화 · 해제되었으며, 그동안 수십 년에 걸쳐 장기 미집행 도시계획시설로 묶여 있던 토지에 대한 매수 청구 제도가 도입되었다. 그리고 광역도시계획 수립의 문제, 도시계획법과 건축법의 이원적 계획 체계 문제, 도시설계와 상세계획의 중복 지정 문제, 주민참여 문제 등이 대폭적으로 개선되었다. 아울러 구 도시계획법의 도시개발사업 관련 조항과 토지구획정리사업법을 통합하여 '도시개발법'을 새로 제정함으로써 도시개발 계획 체계를 정비하게 되었다.

우리나라의 도시화율은 1949년 26.1%, 1960년 37.5%에서 1970년에는 50.2%가 되어 도시 인구가 농촌 인구를 앞지르게 되었고, 1980년 69.4%, 1987년 76.2%에 이르러 한국인 4명 중 3명이 도시에 거주하고 있다. 이러한 추세가 계속될 경우 2020년에는 전국 인구의 90% 이상이 도시에 거주하게 될 것이다. 특히 2017년 현재 인구 100만 명 이상을 수용하는 대도시에 거주하는 인구가 전국 인구의 60여% 에 달하고 있고, 이러한 대도시화 경향은 상당 기간 동안 지속될 것 같다.

이와 같은 인구의 도시 집중은 일정한 수준까지는 규모의 경제와 외부 이익을 높임으로써 도시민들에게 집적의 이익을 보장한다. 그러나 일반적으로 도시의 이러한 인구 흡인력은 한정된 도시공간에로의 인구 밀집을 가중시킴으로써 교통 혼잡이나 환경오염 등과 같은 외부불경제를 초래하게 된다. 그러나 이러한 외부불경제를 개인이나 기업들은 사회적 비용으로 간주하고 스스로 부담하지 않으려는 성향을 보이게 되어 결국 도시는 최적 규모를 훨씬 넘어선 과밀, 과대화로 치닫는 경향이 있다.

그러나 도시개발의 수요가 아무리 급박하다고 하더라도 도시개발은 전반적인 도시개발계획의 합리적 구도 속에서 신중하고 치밀하게 추진되지 않으면 안 된다. 만일 도시개발이 전체 도시의 장기적 개발계획을 무시한 채 임기응변적으로 추진될 경우에는 오히려 자원의 낭비와 파행적 도시 공간구조와 왜곡된 도시 기능 배분을 초래하게 되는 것이다. 따라서 도시개발이 성공적이기 위해서는 도시개발정책은 적어도 ① 중장기 도시개발계획과 연계성이 확보되어야 하고, ② 적절한 개발 비용의 동원 수단이 강구되어야 하며, ③ 활발한 시민 참여를 보장해야 하고, ④ 철저한 사전정책 영향평가가 선행되어야 한다.

4. 도시계획 체계

도시개발정책의 체계를 파악하기 위해 우리나라 도시계획의 실현 체계 및 과정을 보면 [그림 9-1]과 같다.

1981년에 개정된 도시계획법에 따라 단계별 도시계획 체계가 확립되었는데, 현행 도시계획 제도는 도시기본계획→도시관리계획→연차별 집행계획이라는 3단계의 도시계획 체계가 제도적으로 확립되어 있다.

도시기본계획은 상위 계획인 국토계획의 지침을 수용하고 발전시켜 도시의 장기적인 발전 방향과 미래상을 제시하는 성격을 가진다. 도시기본계획은 20년의 장기계획으로 도시의 개발 방향 및 하위 도시계획 수립을 위한 지침을 제시하는 데 목적이 있다. 도시기본계획의 내용은 물리적 측면뿐만 아니라 인구, 산업, 사회 개발, 도시재정 등의 사회·경제적 측면을 모두 포괄함으로써 종합적인 계획의 면모를 갖추었다고 볼 수 있다.

그림 9-1 도시계획의 실현 체계 및 과정

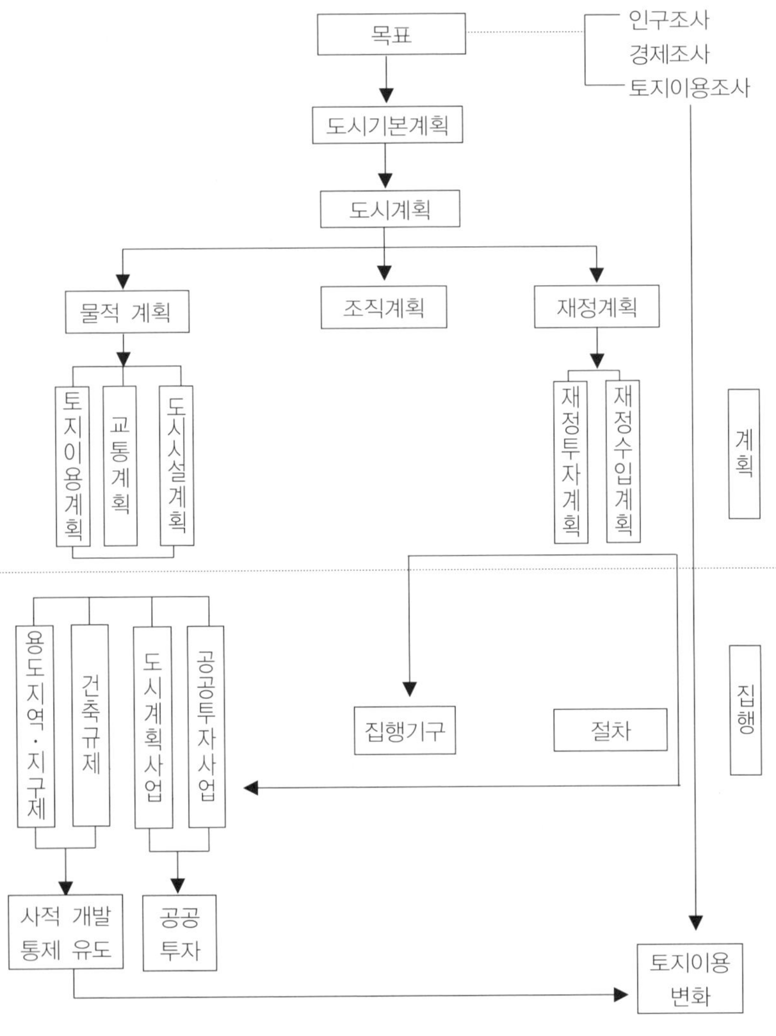

자료: 국토개발연구원(1981), 『지역지구별 합리화 방안에 관한 연구』, p.7.

그림 9-2 도시기본계획 수립 절차

• 국토교통부 장관이 승인하는 경우

기초조사(시장 · 군수)

↓

도시기본계획(안) 수립(시장 · 군수)

↓

공청회(시장 · 군수) ↔ 주민 · 관계 전문가 의견 청취

↓

시 · 군 도시계획위원회 자문

↓

시 · 군 지방의회 의견 청취(시장 · 군수) 30일 이내 의견 제시

↓

도지사 경유 국토교통부 장관에게 신청

↓

협의(국토교통부 장관) ↔ 중앙행정기관의 장(30일 이내 의견 제시)

↓

전문기관 자문 등(국토교통부 장관) ↔ 전문기관 자문 및 조사연구 의뢰 (국토연구원, 한국교통연구원 등)

↓

중앙도시계획위원회 심의 ↔ 분과위원회 및 본위원회

↓

도시기본계획 승인(국토교통부 장관)

↓

공고 및 열람(시장 · 군수) 30일 이상

• 도지사가 승인하는 경우

기초조사(시장 · 군수)

↓

도시기본계획(안) 수립(시장 · 군수)

↓

공청회(시장 · 군수) ↔ 주민 · 관계 전문가 의견 청취

↓

시 · 군 도시계획위원회 자문

↓

시 · 군 지방의회 의견 청취(시장 · 군수) — 30일 이내 의견 제시

↓

도지사에게 신청

↓

협의(시 · 도지사) ↔ 중앙행정기관의 장(30일 이내 의견 제시)

↓

전문기관 자문 등(시 · 도지사) ↔ 전문기관의 자문 및 조사연구 의뢰

↓

지방도시계획위원회 심의 ↔ 분과위원회 및 본위원회

↓

도시기본계획 승인(시 · 도지사)

↓

공고 및 열람(시장 · 군수) — 30일 이상

도시관리계획은 도시기본계획에서 제시된 도시의 발전 방향을 도시공간에 구체적으로 정착시키는 중기계획으로 각종 사업시행계획과 도시기본계획의 교량적 역할을 수행한다. 도시기본계획이 20년 후의 미래상을 제시하는 것이 계획의 목적이라면, 도시관리계획은 사업시행계획의 지침 제시와 건축행위의 규제를 목적으로 한다. 따라서 도시기본계획은 시장과 군수에게만 구속력을 갖는 반면, 도시관리계획은 개별 시민에게 구속력을 가진다.

도시계획 시행계획은 도시기본계획과 도시관리계획의 지침을 수용하여 작성되며, 크게 도시계획시설과 도시계획사업에 관한 계획의 두 가지로 구분할 수 있다. 도시계획시설에 관한 계획은 도로, 주차장, 광장, 공원, 시장, 운동장 등의 도시기반시설의 설치, 정비, 개량에 관한 계획을 말한다. 도시계획사업에 관한 계획은 도시관리계획을 시행하기 위한 사업으로서 도시계획시설사업, 도시개발법에 의한 도시개발사업 및 도시 및 주거환경정비법에 의한 정비사업의 시행에 관한 계획을 말한다.

도시기본계획, 도시관리계획, 도시계획 시행계획의 특성을 좀더 구체적으로 비교해 보면 다음과 같다.

① 도시기본계획은 도시의 장기적인 발전 방향과 미래상을 제시하는 것이 목적임에 반해, 도시관리계획은 도시기본계획에 제시된 도시의 발전 방향을 도시공간에 구체적으로 정착시키는 중기계획이다. 한편 최하위에 위치하는 도시계획 시행계획은 이렇게 하여 결정된 도시계획을 완급에 따라 집행하는 역할을 한다.

② 도시기본계획은 그 내용이 물리적 측면에 국한되지 않고 사회 · 경제적 측면을 동시에 포함하는 종합적 계획이다. 이에 반해 도시관리계획은 용도지역 및 지구, 도시계획사업, 도시계획시설 등이 도시 공간상에 구체적으로 표현되는 물리적 계획이며, 도시계획 시행계획은 특정 대상에 대한 세부적 집행계획이다.

③ 도시기본계획과 도시관리계획의 수립 주체는 시장 혹은 군수에게 한정되고 있으나, 도시계획 시행계획은 이 밖에도 토지 소유자, 조합 및 기타의 계획 수립 주체가 있을 수 있다.

④ 도시기본계획 및 도시관리계획의 대상 구역은 관할 행정구역 전역을 포함하지만 도시계획 시행계획은 일부 해당 지역만을 대상으로 한다.

⑤ 도시기본계획의 표현 방식은 계획의 장기성, 종합성, 비구속성의 특징으로 인해 개념적 · 계획적 표현 방식을 주로 사용함에 반해, 도시관리계획은 구체적이고 법적인 표현 방식을 주로 사용한다. 한편 도시계획 시행계획은 상세계획 및 설계로 표현되며, 도면 및 조서가 주로 사용된다.

이와 같은 도시의 물적 환경을 형성할 때 공공개발의 양상은 ① 개인의 개발 및 건축행위를 유도 · 규제함으로써 간접적으로 참여하는 것, ② 도시계획사업을 통해 직접 개발에 참여하는 것의 두 가지로 나타난다. 이 중 공공이 도시계획사업을 통해 도시환경의 형성에 참여하는 것은 다시 ① 도시계획시설의 설치, 정비, 개량에 관한 사업, ② 일단의 토지를 대상으로 하는 개발사업의 두 가지로 나누어 볼 수 있다.

이상과 같이 공공의 직접적 개입은 개입 방법에 따라 도시계획 시설사업과 일단의 개발사업으로 분류가 가능하다.

제 4 절 도시계획시설 및 사업

1. 용도지역 및 지구제

1) 지역 · 지구 · 구역의 지정과 성격

지역 · 지구제는 도시계획구역 내의 일정한 지역을 확정하고 그 확정된 지역마다 각각 상이한 토지 이용의 특성을 부여하며, 그 성격에 따라 토지의 이용에 공법상의 규제, 즉 건축물의 용도 · 규모 · 대지 면적 · 건폐율(建蔽率) · 용적률 등을 규제하는 제도이다.

우리나라의 용도지역 · 지구제는 국토이용관리법과 도시계획법에 대표적인 내용들이 규정되어 있는데 세부적인 규정 내용은 다음과 같다.

국토이용관리법상의 용도지역 · 지구제는 전국을 대상으로 토지 이용을 규정한 제도이며, 도시지역, 준도시지역, 농림지역, 준농림지역, 자연환경 보전지역의 다섯 개 용도지역으로 구분하여 지정하도록 하고 있다.

도시지역은 도시계획법상의 도시계획에 의해 당해 지역의 건설, 정비, 개량 등을 시행했거나 시행할 지역과 택지개발 예정지구, 국가공업단지, 지방공업단지, 전원개발 사업구역 및 예정구역(수력발전소 및 송 · 변전 시설부지는 제외)으로 지정하여 개발했거나 개발할 지역이다.

준도시지역은 도시지역에 준해 토지의 이용과 개발이 필요한 주민의 집단적 생활 근거지, 국민 여가 선용과 관광 휴양을 위한 체육 및 관광 휴양 시설용지, 농공단지, 집단묘지, 기타 각종 시설용지 등으로 이용되고 있거나 이용될 지역이다.

농림지역은 농업진흥지역 및 보전임지 등으로서 농림업의 진흥과 산림의 보전을 위한 지역이다.

자연환경 보전지역은 자연경관, 수자원, 해안, 생태계 및 문화재의 보전과 수산자원의 보호, 육성을 위해 필요한 지역이다.

도시계획법상 용도지역은 주거지역(주거전용지역 · 주거지역 · 준주거지역), 상업지역, 공업지역(전용공업지역 · 공업지역 · 준공업지역), 녹지지역(생산녹지지역 · 자연녹지지역)의 네 가지로 구분된다.

용도지역의 지정만으로는 토지이용에 대한 소기의 목적 달성이 미흡한 경우에는 특정 목적을 위해 지구를 지정할 수 있다. 도시계획법 제18조 및 동 시행령 제16조에 따르면 지구의 종류는 14개로 분류된다. 지구의 지정은 지역의 지정과는 달리 도시계획구역 전역을 대상으로 지정하는 것은 아니고, 특정 목적에 따라 일정 지역에 국한하여 지정하는 것이 보통이며, 또한 여러 지구의 중복 지정도 가능하다.

구역제는 도시의 과밀화 · 과대 현상과 이로 인한 폐해를 예방하기 위해 획정 · 지정된 일정한 지역에 대해 도시계획적인 측면에서 토지 이용에 제한을 가하는 제도이다. 지역 · 지구제에서는 건축행위가 원칙적으로 허용되고 그 건축물의 크기와 용도가 일부 제한된다. 이에 반해 지역 내에서는 건축이 원칙적으로 금지되고, 매우 한정된 범위 안에서 예외적으로 허용될 뿐 아니라 토지 이용도 엄한 규제를 받는다. 구역에는 특정 시설 제한구역, 시가화 조정구역, 개발제한구역 및 도시개발 예정구역이 있다.

2) 용도지역별 입지 조건

(1) 주거지역

① 주거전용지역

최소 대지 면적 200m² 이상, 건폐율 10분의 5, 용적률 100%, 건축물의 높이가 2층을 초과하거나 8m 이상을 넘어서지 않아야 하며, 다음과 같은 입지 조건을 감안해야 한다.

- 도시의 지형적 조건으로 보아 자연경관이 양호하고 고밀도 주거지역으로 개발되어서는 좋지 않다고 생각되는 지역
- 대중교통 수단에 의한 접근이 곤란하며, 승용차가 주된 교통 수단이 될 수 있는 지역
- 도시의 주간선으로부터 시각이 노출되는 고지대 내지 스카이라인을 차폐할

가능성이 많은 지역

② 주거지역

최소 대지 면적 $90m^2$ 이상, 건폐율 10분의 6, 용적률 500%로서 중고밀도 주거지로서 적합한 입지이어야 한다.

- 중고밀도 주거지역으로 소규모 단독주택, 연립주택, 저층 아파트 등의 주택형을 중심으로 하는 지역
- 비교적 평탄한 지형으로 생활 편익시설의 접근이 용이한 지역
- 전철, 버스 등과 같은 대중교통에 대한 접근성이 좋으면서 대중교통 수요 발생을 원활히 처리할 수 있는 지역
- 중저 소득층을 대상으로 하되 도시 인구의 많은 비율이 최저한의 쾌적한 주거환경을 유지할 수 있는 지역

③ 준주거지역

최소 대지 면적 $90m^2$ 이상, 건폐율 10분의 7, 용적률 500%로서 주거지역에 비해 건폐율이 높다. 준주거지역은 주거를 주기능으로 하되 여타 지역과의 혼합적 성격을 띤 지역으로서 주거지역과 상업지역 또는 공업지역의 경계에 입지하는 것이 보통이다.

(2) 상업지역

- 도시의 모든 지역으로부터 접근이 용이하고 대중교통 수단의 이용이 편리한 지역
- 고밀화, 고도화에 적합한 지형적 조건과 지반을 갖추고 있으면서 주차 및 휴식을 위한 개방 공간의 확보가 용이한 지역
- 인접한 지역과 토지 이용상 경계를 지을 수 있는 간선 가로, 하천, 녹지 등으로 둘러싸여 있는 지역
- 배후지역에 충분한 인구 규모를 지니고 있어서 상업활동 시설이 설치될 수 있는 경제적 타당성을 갖춘 지역

(3) 공업지역

① 전용공업지역

공업지역으로서 가장 순화된 토지 이용을 유도하고자 하는 지역으로서 동력원 및 용수 확보가 용이하고 주변 환경에 대한 오염 가능성이 비교적 적으며, 대단지화가 가능한 비교적 평탄한 지역

② 공업지역

공장 취업자를 위한 통근 교통 수단에 대한 접근성이 양호하고 동력원과 용수뿐 아니라 노동력의 공급이 용이한 도시의 외곽 또는 근교지역으로서 화물 교통과 도시 내 일반통행 발생 사이의 마찰을 최소화할 수 있는 지역

③ 준공업지역

공업활동 외에 주거 및 상업활동이 일부 수용될 수 있는 일종의 혼합지역으로서 대량의 이용자가 발생하는 호텔, 극장 등의 건축물을 제한하며, 최소 대지 면적 $200m^2$ 이상, 건폐율 10분의 6, 용적률 500%까지를 허용하는 지역

(4) 녹지지역

① 자연녹지지역

도시 내 공원, 고궁, 동·식물원, 유원지, 임업시험장, 임야 및 개발제한구역

② 생산녹지지역

경지 정리된 밭(田) 및 논(畓), 도시 주변의 과수원, 채소밭, 양어장, 화원

2. 도시계획시설

1) 정 의

도시계획시설이란 도시계획으로 결정되며, 도시계획법 제2조 제1항 제1호 나목의 시설 및 다목(일단의 주택지 조성사업, 일단의 공업용지 조성사업, 토지구획 정리사업, 재개발사업)에 관한 사업계획에 의해 설치되는 시설이다.

표 9-1 도시계획시설의 종류

시설의 구분	도시계획법에서 정한 시설	동 시행령에서 정한 시설
교통운수시설	도로, 주차장, 자동차 정류소, 철도, 삭도(索道), 고속철도, 운하, 항만, 공항	자동차 검사시설
도시공간시설	광장, 공원, 녹지, 유원지, 관망탑, 공공 공지(空地)	
유통 및 공급시설	시장, 유통업무 설비, 수도, 전기 공급 설비, 가스 공급 설비, 유류저장·송유 설비	통신시설
공공문화시설	운동장, 공용의 청사, 학교, 도서관	연구시설, 문화시설
도시방재시설	하천, 저수지, 방풍 설비, 방화 설비, 소방 설비, 방수 설비, 방조 설비	답수지시설
보건위생시설	하수도, 도살장, 공동묘지, 화장장, 쓰레기 및 오물처리장	종합의료시설

2) 도시계획시설의 설치

대상지역은 도시계획법 제12조에 의해 결정된 도시계획구역과 도시계획구역 이외의 지역으로서 도시계획법 제80조에 의해 도시계획시설에 관해 도시계획법을 준용할 수 있도록 국토교통부 장관의 인가를 받은 지역이다.

도시계획구역 안에서 도시계획시설을 지상, 공간 또는 지하에 설치하고자 할 때에는 반드시 도시계획으로서만 설치하도록 도시계획법 제16조에서 규정하고 있다. 따라서 도시계획시설을 설치하고자 할 때에는 도시계획법에 의한 도시계획의 결정과 지적고시 및 도시계획시설의 설치사업에 관한 실시계획 인가 또는 시행 허가로써만 가능하도록 함으로써 도시계획시설이 종합된 계획으로서 구현되어 도시 기능을 다하도록 하고 있다.

3. 도시계획사업

1) 도시계획사업의 종류

현행 도시계획법 제2조 제1항 제1호 다목에서는 토지구획 정리사업, 일단의 주택지 조성사업, 일단의 공업용지 조성사업 및 재개발사업을 도시계획사업으로 규정하고 있다.

① 토지구획 정리사업

도시계획법, 토지구획 정리사업법에 의해 실시하는 도시계획사업

② 일단의 주택조성사업

주택의 집단 건설을 위해 대통령령이 정하는 규모(10,000m^2) 이상의 구역에서 실시하는 도시계획사업

③ 일단의 공업용지 조성사업

공장의 집단 설치를 위해 30,000m^2 이상의 구역에서 행하는 도시계획사업

④ 재개발사업

도시재개발법(도심지 재개발사업의 경우), 주택개량 촉진에 관한 임시조치법(주택개량을 위한 재개발사업의 경우) 등에 의해 실시하는 도시계획사업

2) 기타 도시계획(개발)사업

도시계획법 제2조 제1항 제1호 다목에 명기되지 아니한 도시계획(개발)사업으로는 ① 아파트지구 개발사업, ② 토지 형질 변경사업, ③ 도시개발 예정구역 조성사업, ④ 택지개발사업, ⑤ 국민주택용 대지 조성사업 등을 들 수 있다.

3) 도시계획사업의 시행

① 시행자

도시계획법이나 다른 법령에 특별한 규정(예: 철도사업, 통신사업)이 있는 경우를 제외하고는 원칙적으로 토지 소유자 또는 조합이 사업 시행자가 된다. 그러나 부수되는 각종 문제로 인해 실질적으로 당해 도시계획 구역을 관할하는 시장・군수가 시행자가 되는 경우가 허다하다.

② 실시계획

시행자가 도시계획사업을 시행하고자 할 경우에는 먼저 그 사업에 관한 실시계획을 세우고 그 실시계획에 대해 국토교통부 장관의 인가를 받아야 한다.

제5절 도시계획의 새로운 대응

우리나라의 도시는 2000년대에 접어들면서 새로운 변화를 맞고 있다. 밖으로는 국제화의 흐름과 안으로는 분권화 도전에 직면하고 있다.

국제화의 시대는 도시의 생산성을 제고시키는 경쟁의 시대라 할 수 있기 때문에 국제적 기능을 담당할 도시의 역할이 재편되고 아울러 그 역할을 담당할 도시공간 이용의 축이 넓어지고 탄력적일 수밖에 없다. 도시계획의 분권화는 지금까지의 집권 지향형 도시의 하향적 개발을 주민이 스스로 지역이 당면하고 있는 지역적 과제들을 풀어가는 상향식 자주 개발을 의미한다. 자치 시대의 도시들은 도시화 과정에서 비롯한 많은 문제들을 시민 스스로 풀어가는 참여행정의 효과를 기대한다. 이러한 도시환경 변화에 대응하는 도시계획 제도의 개선이 절실하다. 즉, 현행 도시계획 제도는 지역의 개별성과 특수성을 고려하지 못하고 있고 주민의 이해관계를 절충할 수 있는 장치가 미흡하고 또한 운용이 비체계적이며 비적시적이고 예산의 뒷받침이 결여되어 있다. 따라서 도시계획 제도가 국제화와 국가경쟁력을 뒷받침하고 자치 시대에 걸맞게 개선되어야 한다.

이러한 맥락에서 향후 도시계획 수립과 집행 시에 고려해야 할 과제를 제시하면 다음과 같다.

첫째, 시민의식의 향상과 더불어 환경보전에 대한 관심이 갈수록 커질 것이다. 이는 자치단체 간의 갈등을 불러일으킬 광역적인 도시계획 문제로부터 주민의 일조권 시비와 같은 작은 문제에 이르기까지 갈등의 표출이 노골화될 것이며 이에 대응하는 도시계획 체제의 정비가 시급하다.

둘째, 도심상업지구의 재정비나 불량 주거환경의 정비 문제이다. 도시재개발은 모두 토지 이용의 고도화라는 목표를 지니고 있는 반면, 사업의 성격상 개발 주체 간의 개발이익의 분배와 세입자 대책 등 합의를 도출하는 데 어려움이 상존해 왔다.

셋째, 개별도시가 그들이 작성한 도시기본계획의 목표에 의거하여 일관성 있게 집행될 수 있도록 현행의 다원화된 도시개발 제도를 정비해야 한다.

넷째, 일부 대도시를 제외한 지방자치단체의 재정자립도가 미약하므로 중앙정부 차원에서 도시개발기금을 조속히 설치·운용하여 각종 도시계획사업이나 도시 경영 사업을 추진하는 데 실질적인 지원을 아끼지 않아야 한다.

한편 최근 우리나라 경제사회의 변화를 제대로 예측하여 이에 대비한 도시건설을 모색해야 할 것이다. 일본은 도시를 둘러싼 최근의 변화 양상으로 노령화 사회의 도래, 고도정보화의 진전, 국제화 시대, 여가 시간의 증대, 도시재생 정책의 신조류 등을 적시하고 이에 걸맞은 분야별 도시정책을 모색하고 있다. 이에 앞으로 우리나라의 도시를 관리하고자 할 때 도시화의 경험이 앞선 서구나 일본의 사례를 면밀히 분석·연구하고 우리의 도시계획 방향을 모색하는 지혜가 바람직할 것이다.

연구 과제

1. 도시재개발 과정에서 원주민의 정착률이 20%도 안 되는 상황에서 원주민의 정착 방안을 논의해 보시오.
2. 도시계획 과정에서 주민의 참여를 확대할 수 있는 방안을 토의해 보시오.
3. 에너지 환경위기 속에서 지속가능한 도시개발 방안을 논의해 보시오.

제 4 부

도시행정과 정책

현대 도시와 행정의 체계적 분석틀

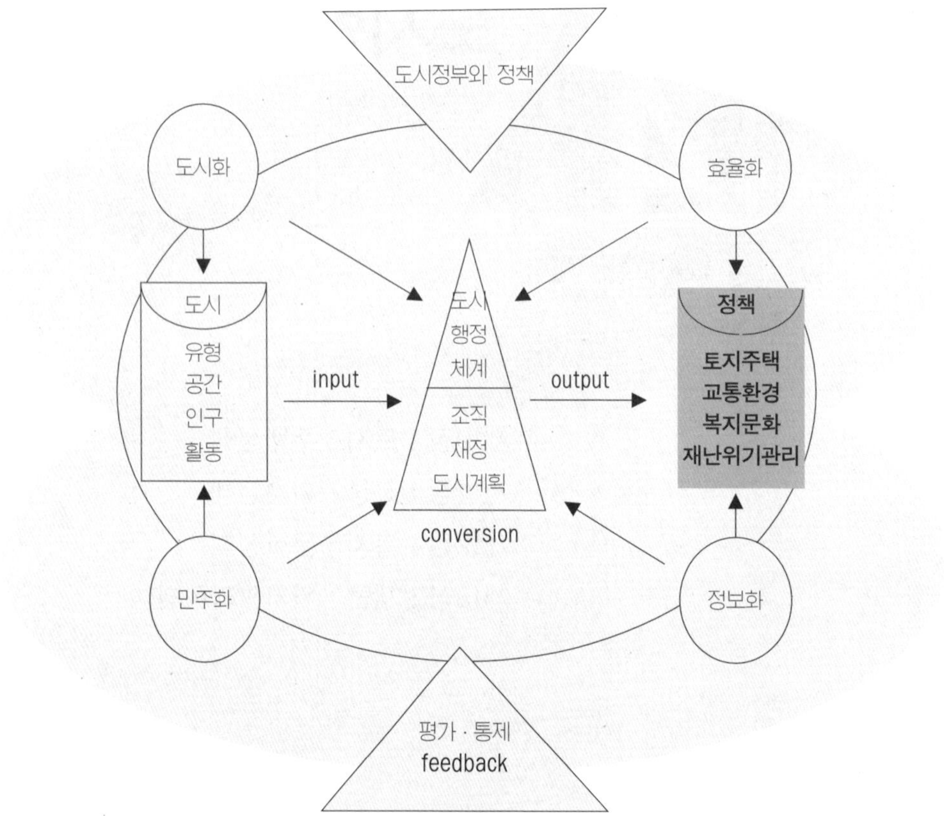

제 10 장

토지 · 주택정책

학습 목표

- 토지정책의 특성과 규제, 개발, 개발이익 환수의 정책 수단들을 파악한다.
- 주택정책의 변천 과정과 주택정책의 정책 수단들을 이해한다.
- 도시재생의 특성과 과정들을 파악한다.

사례 연구 뚝섬 일대 한국의 맨해튼 변모

한강 르네상스 프로젝트를 통해 변모될 뚝섬 일대 조감도(사진 제공: 서울시청)

“한강은 꿈이고 미래다. 한강이 가진 환경 · 문화와 경제적 가치를 새롭게 찾아내 서울의 도시 브랜드를 창조해 나가겠다.” 한강 르네상스를 기치로 세계적인 명소로 자리매김하기 위한 서울 시장의 야심찬 포부는 이제 현실로 다가서고 있다.

특히 서울 숲을 배경으로 한강이라는 천혜의 공간을 확보한 뚝섬 일대는 부동산 불황기에도 미래 가치로 인해 상승세를 유지하고 있는 곳이기에 서울시장의 계획은 더욱 탄력을 받을 전망이다. 1960년대까지 염색, 가구 공장이 밀집했던 준공업지대 성동구 성수동이 최근 유통 프로젝트와 한강 르네상스 사업을 통해 강북의 새로운 핵심 주거단지로 거듭날 전망이다. 특히 지난 2002년 서울 숲이 개장되고 유통 프로젝트의 선진축으로 선정되면서 본격적인 개발은 시작되었다. 실제로 현재 뚝섬 상업용지에는 고급 주상복합아파트 건립이 진행되고 있으며, 그 밖에도 강북의 핵심 개발사업들이 모두 뚝섬을 관통할 계획이다.

서울에 몇 남지 않은 공단지역인 성수동은 지금도 2,000~3,000여 개 정도의 소규모 공장이 밀집되어 있다. 이로 인해 그동안 주거지역으로는 열악하다는 평을 받아온 것도 사실이다.

그러나 성동구는 447m^{2}에 달하는 성수지역을 주거환경이 쾌적한 주거단지로 개발할 계획이다. 이에 관해 공장밀집지역을 테크노밸리로 개발하겠다는 야심찬 구상이 나온 바 있다. 성동구청장의 이 계획이 이뤄지면 이 일대는 구로공단이

벤처타운으로 변신한 것 이상의 격변을 겪을 전망이다. 아울러 성동구와 서울시 측은 타당성과 용역 등을 검토 중에 있으며 한강변 인근 주거지 역시 향후 재정비 촉진지구로 지정해 대규모 주거단지 개발을 추진 중이다. 뚝섬상업용지의 경우 2010년, 성수신도시와 뚝섬 테크노밸리는 각각 2014, 2015년 완공될 계획이다.

성동구는 '강남구 성수동'이라 불릴 만큼 각종 개발 호재가 잠재 되어있다. 특히 영동대교를 중심으로 강남·북을 잇는 사통팔달의 교통 요지가 구축되어 있어 삼성역과 불과 5분 거리에 위치하고 강남 테헤란밸리와도 인접하다. 아울러 동부간선도로, 내부순환도로, 강변북도를 이용해 서울 어디든 빠르게 이동이 가능하다. 뚝섬역 주변은 향후 분당선 개통이 될 경우 2호선과 함께 더블 역세권을 형성하여 최대 수혜지로 예상된다(프라임경제, 2008.12.24).

〈생각해 볼 문제〉

1. 뚝섬지역 개발을 사유재산권과 토지공개념의 측면에서 논의해 보시오.
2. 뚝섬지역 토지 소유자들의 입장을 토지 이용 규제의 관점에서 검토해 보시오.

제 1 절 도시정부의 토지정책

도시계획을 수립하거나 도시공간을 구성하는 데 토지는 중요한 위치를 차지한다. 특히 현대의 도시들은 산업화·도시화가 가속화되고 한정된 공간에 인구와 산업이 밀집함에 따라 좁은 도시공간에 대한 경쟁이 치열해지고 토지가격이 급등하여 도시의 정상적인 발전을 저해한다. 도시의 발전은 토지의 효율적인 운영에 있다. 이런 목적을 달성하기 위해 도시정부의 토지행정은 규제와 개발과 개발이익 환수 차원으로 나누어서 파악하고, 이 중에서 토지 규제는 이용 규제, 소유 규제, 거래 규제로 나누어 살펴본다.

1. 토지정책의 의의

1) 토지의 개념

토지는 자본 · 노동과 함께 생산의 기본 요소이며, 국가나 개인의 부(富)를 상징하고 많은 경제적 가치를 산출하는 토대이다. 토지는 도시의 기본적인 구성 요소로서 인간의 정주공간이거나 공장이나 사무실과 같은 생산활동의 장소이거나 공원이나 학교 및 도로와 같이 도시기반시설의 부분이기도 하다. 토지는 다른 재화와 비교해 볼 때 매우 상이한 특성을 갖고 있는데, 첫째는 용도에서 비동질성 · 대체불가능성을 가지며, 둘째는 양이 한정되어 있으며, 셋째는 이용하는 데 영구성과 영속성을 갖는다. 넷째는 위치가 고착되어 있어 부동성을 지니며, 다섯째는 토지를 이용하는 데 다양성과 융통성이 있다.

이런 토지의 특성으로 인해 도시계획을 수립하거나 도시공간을 구성하는 데 상당한 제약을 받게 된다. 또한 사회가 산업화 · 도시화되고 한정된 공간에 인구와 산업이 밀집함에 따라 한정된 도시공간에 대한 경쟁이 치열해져 토지가격이 상승하고, 이에 따라 투기적 목적의 토지 소유가 증가하여 도시의 정상적인 발전을 저해하기도 한다.

도시의 발전은 토지의 효율적인 운영에 있으므로, 토지의 사유화가 인정되는 자본주의 하에서도 공공의 편익을 위한 토지의 공적 사용이 적절히 조화되어야 한다. 이런 목적을 달성하기 위해 다양한 토지 관련 법령들과 정책들이 시행되고 있다.

2) 토지이론의 내용

토지의 성격을 규명하기 위해 다양한 학문 분야에서 이론을 제시하고 있는데, 이 중에서 대표적인 이론은 경제학 분야에서의 지대론과 법학 분야에서의 사소유권 제한론이 있다. 지대론은 토지가격이 어떻게 형성되고 변화하는가에 중점을 둔 이론인 반면, 사소유권 제한론은 개인의 토지소유권과 공공복리 간의 조화를 다루는 데 중점을 둔 이론이다. 지대론에서는 지대를 "토지를 이용한 대가로 토지에 귀속되거나 혹은 귀속되어야 할 소득"이라고 정의한다. 현실적으로 지대는 토지 이용자가 토지 소유자에게 토지를 이용한 대가로 계약에 따라 지불하는 금액이므로 계약지대(契約地代)라고도 한다. 토지로부터 매년 발생할 것으로 예상되는 이러한 지대의 가치를 합한 것을 일반적으로 토지가치라고 부른다.

지대이론은 스미스(A. Smith), 맬서스(T. R. Malthus), 리카르도(D. Ricardo) 등 고전학파 경제학자들의 연구를 시발로 신고전학파 경제학자들의 지대론을 거쳐 현대의 개념으로 발전했다. 지대론 중 가장 대표적인 이론은 리카르도의 차액지대설이다. 차액지대설은 지대를 토지의 비옥도 차이로부터 발생하는 상급지와의 수확량 차이에 기인하는 것으로 본다.

도시의 지대를 분석할 때 비옥도 대신에 거리의 변수를 가지고 리카르도 이론을 적용한 학자는 폰 튀넨(Von Thünen)이다. 그는 도시가 동일한 비옥도를 가진 토지를 주변에 두고, 도시에서 소비되는 모든 식료품은 주변 토지로부터 생산된다고 가정한다. 또한 토지 이외의 생산 요소의 투입량은 일정하며, 토지 이외의 생산 요소 가격은 자유경쟁적인 여건 속에서 결정된다고 가정한다. 이런 가정을 지닌 폰 튀넨의 지대론은 도시로부터 멀리 위치한 생산자는 교통 비용을 더 지불하게 되므로, 리카르도의 차액지대론에서처럼 도시에 근접한 토지는 먼 토지에 비해 그만큼 높은 지대를 갖게 된다.

이에 반해 토지소유권 제한에 관한 이론은 토지의 유한성에 근거하여 토지에 대한 사용, 수익, 처분을 완전 자유에 맡겨 놓을 경우 토지문제가 더욱 악화되므로 제한이 필요하다는 입장이다. 토지소유권 사상은 서구 산업사회의 발전과 함께 변천되어 왔다. 로크(John Locke, 1632~1704)는 경작 가능한 면적만의 토지 소유 허용을 주장했고, 스펜서(T. Spencer, 1750~1814)는 토지재산의 공유를 주장했다. 또 페인(T. Paine, 1737~1809)은 개량권과 공유권을 분리하여 개량권만의 사유를 주장했으며, 밀(J. S. Mill, 1806~1873)도 토지에 대한 사유를 부인했다. 토지사상의 대부(代父)라 할 수 있는 조지(Henry George, 1839~1897)는 토지에 대한 단일세론을 주장하면서, 사회 발전으로 인한 개발이익을 전부 환수해야 한다고 주장했다.

우리나라의 헌법도 이러한 토지소유권 제한이론을 받아들여, 제헌헌법 때부터 재산권 행사의 공공복리 적합성 준수를 요구하는 제한 조항으로 두고 있었다. 토지소유권 제한이론은 소유권이 갖는 절대성과 자유성에 대한 제한을 의미하며, 각 개인이 소유권을 행사하는 데 어느 정도 제한이나 규제를 받아야 한다는 것이다. 토지소유권에 대한 제한이나 규제의 형태는 토지의 이용·소유·거래 규제 및 이익 환수이다. 이 규제 형태는 소유권의 절대성과 자유성에 대한 제한으로 나타나는데, 세계 여러 나라에서 다양한 형태로 시행하고 있다. 토지소유권의 규제 형태는 처음에는 이용 규제의 형태였으나, 점차 거래 규제에서 소유 규제로 확대되고, 더 나아가 개발이익의 환수까지 시행하는 나라도 있다. 토지소유권을 규제하는 가장 중요한 근거는 토지가 갖는 공공성과 사회성이다. 그러나 자본주의 체제의 근간이 사유재산권 제도인 만큼 토지소유권을 규제하기 위해서는 사회성과 공공성에 대한 엄격한 해석과 명확한 객관적 기준이 설정되어야 하고, 형평성이 전제되어야 한다.

2. 토지정책의 구성과 변천 과정

1) 토지정책의 구성

토지정책은 도시화와 산업화 과정에서 토지가격의 급격한 상승을 억제하면서 일정한 공간상에 위치한 토지의 효율적인 이용을 통해 지역 발전을 도모하기 위한 공적인 활동이다. 이 토지정책은 토지를 필요로 하는 수요자에게 합리적으로 토지를 배분하고 관리함으로써 좁은 국토를 효율적으로 이용하기 위한 것이다.

경제학 이론은 자유경쟁시장에서 상품의 수급과 분배가 가장 효율적으로 이루어진다고 보고 있으나, 토지는 일반 상품과는 다른 특징을 갖고 있기 때문에 토지의 소유, 사용, 거래 과정에서 공익에 의한 통제가 요청된다. 정부가 실행하는 토지정책은 크게 토지규제정책, 토지개발정책, 개발이익 환수정책으로 나뉘며, 이 중 토지규제정책도 다시 이용 규제, 소유 규제, 거래 규제로 나뉜다.

2) 토지정책의 변천 과정

우리나라 토지정책의 변천 과정을 보면, 첫 번째의 기간은 1949년 6월 21일에 농지개혁법의 제정을 시발로 하여 1960년의 현행 민법의 시행 등으로 이어지는 시기이다. 이 기간은 사법 중심의 토지법제 기간으로 토지에 대한 사익이 우선되었던 시기라 하겠다.

두 번째의 기간은 1962년 제1차 경제개발 5개년계획의 실시부터 1978년의 8·8 조치가 이루어진 기간까지로, 이 기간은 국내적으로 경제 성장 기반 구축을 위한 기반설비 투자에 치중한 시기이다. 이 기간에서부터 토지에 대한 공익의 개념이 등장하여, 사익을 규제 혹은 제한하는 법령들이 등장했다. 국토건설종합계획법·도시계획법·토지수용법·토지이용관리법·주택건설촉진법 등 국토의 개발과 이용 및 관리에 관한 각종 주요 법률들이 이때에 입법되었다.

세 번째의 기간은 8·8 조치(1978년) 이후부터 1989년까지의 시기이다. 이 기간은 토지 투기의 폐해에 대한 사회적 인식이 확산되고 토지가 완전한 사유물이라기보다는 공적 규제를 받아야 한다는 토지공개념이 싹트기 시작한 시기이다. 그 내용은 8·8 조치의 입법화를 통해 구체화되기 시작했고, 이 기간에 토지 투기의 억제를 위한 토지거래허가제와 신고제의 법적 근거, 개발이익의 환수와 개발부담금의 징수 근거, 토지세제의 강화 및 부동산 중개업법 제정을 통한 거래 질서의 확립, 기준지가의 고시 등이 이루어졌다. 이 기간을 통해 토지소유권 보호 차원에서 토지이용권에 중점을 두는 방향으로 변화가 일어난 시기라 하겠다.

네 번째의 기간은 1990년 이후부터 2001년까지의 시기이다. 이 시기는 각종 토지공개념 관련 법안들이 시행되어, 토지의 사익권이 축소되고 공익권이 중시되기 시작했다. 특히 1989년 12월 22일에 이루어진 토지거래허가제에 대한 헌법재판소의 합의 결정은 토지공개념의 사법적 발판을 마련한 중요한 전기가 되었다. 헌법재판소는 결정문에서 토지 투기는 국민의 자율 규제로 억제되지 않으므로 정부 시책에 의한 규제가 불가피하며, 이 같은 측면에서 토지거래허가제보다 더 강한 제재 수단이 입법화된다 해도 위헌이 아니라는 견해를 밝힘으로써 택지소유상한제 등 공개념 관련 제도의 도입에 결정적인 기여를 했다. 그러나 개발제한구역의 합리적 관리를 위해 2000년 '개발제한구역의 지정 및 관리에 관한 특별조치법'을 제정하여 개발제한구역 내 행위 제한을 합리적으로 조정하고 행위 제한의 근거를 명확하게 하도록 했다.

다섯 번째의 기간은 2002년 이후부터 현재까지의 시기이다. 1990년대 도입된 준농림 제도는 토지 이용 규제의 완화로 부족한 주택 및 공장용지를 원활하게 공급하는 데 기여했지만, 수도권에만 50만 호의 중소 주택단지 건설로 기반시설이 부족하여 교통 체증을 초래하고 음식점·숙박시설의 난립으로 자연 및 경관을 훼손했으며, 백두대간의 훼손·생태계 파괴 등이 사회문제도 대두하게 되었다. 국토환경의 훼손과 난개발 문제를 극복하기 위해 '선계획-후개발' 원칙 하에 국토의 지속가능한 발전을 도모할 수 있도록 1963년에 제정된 '국토건설종합계획법'을 개편하여 국토 및 토지이용계획 체계를 정립할 수 있는 '국토기본법'을 2002년에 제정했다(2003년 시행). 도시지역에 대해서는 도·농 통합 등 도시권의 광역화에 부응하기 위해 종전 '도시계획법'과 '국토이용관리법'을 통합하여 '국토의 계획 및 이용에 관한 법률'을 제정했다(2003.1.1 시행). 이 법의 제정으로 토지의 이용과 개발에서 토지의 적성평가를 통해 합리적인 개발 체계를 강화함으로써 무질서한 도시개발을 억제할 수 있는 기반이 조성되었다. 국민의 토지 이용 불편을 최소화하고 국가경쟁력을 강화하기 위해 2005년 12월 '토지이용 규제기본법'을 제정(2006.6.8 시행)하여 토지 이용 규제의 단순화, 투명화, 전산화를 본격적으로 추진할 수 있는 기반을 조성했다. 또한 건축물을 신축하거나 증축하면 도로, 상하수도 등 기반시설의 수요가 증가하게 되므로 2006년 1월 '개발시설부담금에 관한 법률'을 공포(2006.7.12 시행)하여 건축 연면적 200m^{2}를 초과하는 전국의 모든 건축물에 대해 부과하는 기반시설 부담금을 부과하도록 했다.

우리나라의 토지정책은 변천 과정에서 나타나는 것처럼 개인의 소유권을 존중하던 입장에서 사소유권에 대한 공적 규제를 강화하는 방향으로 변해 왔으며, 오늘날은 공익을 더욱 중시하여 사전 규제를 강화하는 입장으로 전환해 오고 있음을 알 수 있으며, 이런 추세는 앞으로도 더욱 강화될 것으로 판단된다.

3. 토지정책 규제 수단

1) 토지 이용 규제

(1) 토지 이용 규제의 의의와 수단

토지 이용 규제는 정부의 공권력에 의해 개인의 토지 이용과 개발행위를 통제하는 데 활용되는 각종 제한 조치라 할 수 있다. 이러한 규제를 시행하는 이유는 토지가 개인에 의해 공공성을 침해하거나 비효율적으로 사용되는 것을 방지하기 위한 것이다. 이 규제는 개별적 토지가 갖는 지리적 여건이나 특성을 효율적으로 이용할 수 있도록 함과 동시에 개개의 토지가 모여서 구성되는 전체적인 맥락에서도 토지의 이용 용도가 합리적으로 이루어질 수 있도록 하기 위해서이다.

토지 이용을 결정하는 요인을 토지경제학에서는 토지가격에 의해 규명하고 있다. 토지는 부동적 특성 때문에 독특하게 가격이 결정된다. 지가와 토지 이용은 상호 관련성을 갖고 있는데, 일반적으로 지가가 높은 도심지역은 상업 및 업무 기능 지역이 형성되며, 지가가 점차 낮아지는 지역은 주거 기능 및 공업 기능 지역이 나타난다. 이런 자연적인 토지 이용 양상이 도시의 전체적인 형태나 장기적인 발전을 저해할 경우에는 종합적·장기적 차원에서 개별적인 토지 이용을 규제할 필요가 있다.

토지 이용 규제는 두 가지 방향으로 나타난다. 첫째는 토지에 대한 각종 용도 간의 경합에 대해 토지를 균형적으로 배분하는 것이며, 둘째는 일정 지역에서 토지 이용상의 혼재를 방지하는 것이다. 이 두 방향은 모두 제한된 토지를 좀 더 효율적으로 활용하고 토지의 공공성을 제고하는 데 목적을 두고 있다.

토지 이용 규제의 일반적인 수단은 토지 이용 계획, 가구 분할 통제, 건축 규제, 개별 인·허가, 용도지역·지구제의 다섯 가지로 분류할 수 있다. 이 중에서 토지 이용 계획은 체계상으로 볼 때 도시의 용도지역·지구를 결정하는 도시기본계획의 일부를 구성하는 것으로, 도시 장래의 공간 구성과 토지 이용 형태를 제시함과 동시에 도로·철도·공원 등의 공공건설계획의 기준이 된다. 그리고 가구 분할 통제, 건축 규제 또는 개별 인·허가 등은 대부분 용도지역·지구제의 내용을 보완하기 위해 사용되는 규정들이다. 이런 점에서 토지 이용 규제의 가장 중요한 수단은 용도지역·지구제이다.

(2) 용도지역·지구제의 개념

용도지역·지구제는 지역사회의 건강. 안전, 도덕, 공공복리를 증진시키기 위해서 지역사회의 물리적 기반이 되는 토지를 여러 용도지역으로 구분 지정하여, 그 지역의 특성에 맞는 규제 조치를 실시하는 것이다. 즉, 도시의 발전 방향과 토지의 적성에 따라 용도를 지정함으로써, 토지 이용의 효율화를 도모하는 데 목적이 있다.

용도지역·지구제는 본래 지역의 사소유권이 보장된 국가에서 공공의 건강과 도덕, 공공복지를 증진하기 위해 공권력을 사용하여 사소유권에 제한을 가하는 제도적 장치이다. 즉, 지역별로 이해가 상반되는 용도의 건축물이 혼재함으로써 발생하게 되는 역기능이나 비효율성과 도로, 공원, 철도 등 도시계획시설에 관한 도시계획상의 혼란을 방지하기 위해 서로 필요로 하는 조건이 같고 이해가 공통되는 용도는 가능한 한 같은 지역에 입지시키고 이해가 상반되는 용도는 분리할 수 있도록 하는 것이다. 이 제도는 개인의 재산가치 보호를 주목적으로 하는 소극적 성격의 재산가치이론과 공공 목적에 맞는 도시계획을 통해 도시개발과 이용을 유도하는 계획이론을 바탕으로 발전해 왔다.

재산가치이론이란 개인의 토지는 인접한 다른 토지의 재산가치를 하락시키지 않는 범위 내에서 최대한 가치를 가질 수 있는 방법으로 활용되어야 한다는 것이다. 인접 토지의 재산가치를 손상시키는 토지 이용 행위는 공해로 간주되며, 이를 방지하기 위해 제도적 장치가 필요하다는 입장이다. 반면에 계획이론은 용도지역·지구제를 공공계획의 목표를 달성하기 위한 적극적 개념으로 활용하자는 입장이다.

(3) 용도지역·지구제의 발전 과정

용도지역·지구제의 기원은 1573년 스페인의 필립 왕이 식민지에 새로운 지역사회를 만드는 데 필요한 명령으로 도로는 바람에 휩쓸리지 않는 방향으로 내도록 하고, 도살장은 주민들에게 악취를 풍기지 않도록 외곽지역에 입지시키도록 명령을 내리면서 시작되었다. 영국에서도 지역사회에 해롭거나 지가를 하락시키는 토지 이용 행위는 제한했다. 또한 나폴레옹도 불쾌한 악취가 발생되는 토지 이용 행위는 특별 허가를 받도록 칙령(1810년)을 발표했다. 이처럼 초기의 용도지역・지구제는 공해 방지를 주목적으로 하여 제정되었다.

그러나 도시계획적 입장에서 지역지구제가 등장한 곳은 독일로서, 1845년에 프러시아 공업법 등에 의해서 단순한 형태의 이용 규제를 시행하고, 1909년에는 밀도, 고도, 토지 이용 성격 등에 대해서 규제하는 종합적인 지역지구제가 실시되었다. 그 후 미국에서 특정 용도지역을 구분하여 지정하는 지역지구제를 공식적으로 규정하고, 주택환경 보호와 토지의 재산가치 하락 방지를 위한 법적 도구로 사용했다. 지역지구제 조례가 미국에서 최초로 규정된 곳은 로스앤젤레스 시(1909년)였으나, 밀도・고도・용적・공지 면적 등을 종합적으로 규제하는 지역지구제 조례는 뉴욕 시(1916년)에서 제정되었다. 그 이후 많은 시에서 조례로서 제정되다가 1926년에 유클리드 시의 소송사건을 계기로 연방 최고재판소의 합헌 결정을 받게 되었다.

(4) 용도지역・지구제의 유형

① 유클리드 지역지구제

유클리드 지역지구제는 계획기관이 조례를 제정할 때 미리 개발의 시기, 장소, 용도의 위치 등을 예측하여 각 용도의 적합성에 따라 도시를 몇 개의 용도지역으로 구분하고, 각 지역에서 허용되는 용도와 조건을 자세하게 명시하는 방식이다.

이 방식은 융통성이 없고 경직성을 지니고 있다는 비판을 받는데, 구체적인 문제점을 보면, 첫째는 용도지역이 잘못 지정되는 경우 일상생활의 불편을 초래하고, 둘째는 계획의 수립과 집행에 시간차가 나타나 융통성이 부족하며, 셋째는 용도 지정에 따라 토지의 재산가치가 크게 변동하여 부(富)의 왜곡과 부당한 외부 압력으로 사회적 형평성을 해칠 위험이 있다.

② 비유클리드 지역지구제

유클리드 지역지구제가 지닌 문제점을 극복하기 위해 개발권 양도제, 성과주의 용도지역제, 계획단위 개발, 상여 용도지역·지구제와 같은 비유클리드 지역지구제가 등장하고 있다. 개발권 양도제(transfer of development right: T.D.R)는 역사적 건물의 보존과 개발 및 재개발을 위해 1970년경에 미국에서 개발된 제도로, 어떤 토지에 대해 규정되어 있는 용적률의 허용 기준 가운데 미이용되고 있는 부문만큼은 다른 토지에 이전하여 다른 토지의 토지 개발 허용 한도와 합쳐서 개발할 수 있도록 하는 제도이다.

성과주의 용도지역제(performance zoning)는 일률적인 규제 방식을 채택한 전통적 지역지구제와는 달리 환경오염 기준이나 소음 공해 기준 등의 성과 기준을 정해 놓고 기준에 부합하는 활동은 허용하고 그렇지 못한 활동은 규제하는 방법으로, 이 제도를 통해 토지 이용을 융통성 있고 신축적으로 운용하도록 한다.

계획단위 개발(planned unit development: P.U.D)은 토지개발자가 이미 규정된 용도지역제의 제약을 받지 않고 일정한 지역을 단일 개발 단위로 파악하고 용적률, 건폐율, 공지율, 밀도, 건물 형태, 채색 등에 대해 전체로서 허가를 받고 개발자가 재량권을 가지고 개발하는 방법이다.

상여 용도지역·지구제(incentive zoning)는 개발자에게 용도지역·지구제에서 허용하는 개발 허용 범위 이상의 개발 보너스를 부여하는 대신에 시민에게 필요한 녹지공간, 휴양 및 위락시설과 같은 쾌적 요소(amenity) 등을 개발하도록 하는 방법이다.

(5) 한국의 토지 이용 규제

우리나라는 토지 이용의 효율화를 위해 '국토기본법'을 기본법으로, 도시지역과 비도시지역을 포괄하고 도·농 통합 등 도시권의 광역화에 부응할 수 있도록 종전의 '도시계획법'과 '국토이용관리법'을 통합하여 '국토의 계획 및 이용에 관한 법률'을 제정·시행하고 있다. 이 법은 대도시 주변 관리지역(과거 준농림, 준도시지역)의 무분별한 난개발을 방지하고 개발과 보전의 조화를 유도할 수 있도록 토지적성평가를 실시하도록 했다. 토지적성평가는 두 가지로 나누어지는데 관리지역을 보전관리지역, 생산관리지역 및 계획관리지역으로 세분하는 평가 체계 I과 용도지역이나 용도지구를 지정 또는 변경하는 경우, 일정한 지역・지구 안에서 도시계획시설을 설치하기 위한 계획을 입안하고자 하는 경우, 도시개발사업 및 정비사업에 관한 계획 또는 지구단위계획을 수립하는 경우에 실시하는 평가 체계 II로 구분된다. 토지의 적성평가를 통해 토지의 이용과 개발의 합리적인 개발 체계를 강화함으로써 무질서한 도시개발을 억제할 수 있는 기반이 조성되었다.

국토계획 체계는 전 국토를 대상으로 국토종합계획을 수립하고, 도에는 도종합계획을 수립하며, 시・군은 국토이용계획과 도시계획을 통합하여 관할구역에 대해 공간구조와 장기 발전 방향을 제시하는 도시기본계획을 수립하도록 했고, 집행적 계획으로서 도시관리계획을 수립하여 5년마다 재정비하도록 하고 있다.

우리나라의 용도지역제는 종전의 다섯 개 용도지역을 네 개의 용도지역으로 개편하여 종전의 준도시지역과 준농림지역을 관리지역으로 통합했다. 국토의 계획 및 이용에 관한 법률 제6조에 국토를 토지의 이용 실태 및 특성, 장래의 토지 이용 방향 등을 고려하여 ① 도시지역, ② 관리지역, ③ 농림지역, ④ 자연환경 보전지역 등 네 종류의 용도지역으로 구분한다.[1)]

그리고 도시지역은 주거지역, 상업지역, 공업지역, 녹지지역으로, 관리지역은 보전관리지역, 생산관리지역, 계획관리지역으로 구분하여 도시관리계획으로 지정하고(법 제36조), 관리지역의 객관적 세부 기준 마련을 위해 토지적성평가 제도를 도입했다. 다시 주거지역은 전용주거지역, 일반주거지역, 준주거지역으로, 상업지역은 중심상업지역, 일반상업지역, 근린상업지역, 유통상업지역으로, 공업지역은 전용공업지역, 일반공업지역, 준공업지역으로, 녹지지역은 보전녹지지역, 생산녹지지역, 자연녹지지역으로 세분하여 지정할 수 있다(시행령 제30조).

용도지역 안에 공공의 안녕질서와 도시 기능의 증진을 위해 국토교통부 장관 또는 시・도지사는 경관지구, 미관지구, 고도지구, 방화지구, 방재지구보존지구, 시설

---

1) '용도지역'이라 함은 토지의 이용 및 건축물의 용도・건폐율(건축법 제47조의 건폐율을 말한다)・용적률(건축법 제48조의 용적률을 말한다)・높이 등을 제한함으로써 토지를 경제적・효율적으로 이용하고 공공복리의 증진을 도모하기 위해 서로 중복되지 아니하게 도시관리계획으로 결정하는 지역을 말한다.

보호지구, 취락지구, 개발진흥지구, 특정용도 제한지구의 용도지구를 지정할 수 있다(법 제37조). 또한 개발제한구역, 도시자연공원구역, 시가화 조정구역, 수산자원 보호구역을 지정할 수 있다(법 제38조~제40조).

우리나라의 용도지역 · 지구제는 지정 지역에서 허용되는 행위를 열거하느냐 아니면 제한되는 행위를 열거하느냐에 따라 적극적 용도지역 · 지구제와 소극적 용도지역 · 지구제로 나뉜다. 적극적 용도지역 · 지구제는 적극적으로 특정 목적(예: 산업 진흥을 위한 공업단지 조성, 공해 방지를 위한 그린벨트 등)을 달성할 수 있는 반면, 제도 자체가 경직적이라는 문제가 있다. 반면 소극적 용도지역 · 지구제는 용도의 혼합이 초래될 수 있다는 문제를 가지고 있는 반면, 융통성을 갖고 있다는 장점이 있다. 전자를 대표하는 것이 유클리드 지역지구제라 할 수 있으나, 현재 우리나라에서는 전용지역제 등을 채택하여 융통성 있는 비유클리드 지역지구제를 도입하고 있다.

2) 토지 소유 제한

(1) 토지 소유 제한의 의미와 방식

토지는 공공재적 성격을 지니기 때문에 각종 법적 제한을 통해 토지 소유의 편중을 막기 위한 조치들을 취하고 있다. 토지 소유를 제한하는 방식은 직접적인 방식과 간접적인 방식이 있다. 직접적 방식은 직접적으로 소유할 수 있는 토지의 규모를 정하고 그 이상의 소유분에 대해서는 각종 규제를 가해 토지 소유를 제한하는 방식이고, 간접적 방식은 토지거래의 허가 등을 통한 거래의 규제나 세제 등을 통한 과다 보유의 규제 등의 방식이다.

외국의 경우를 보면 대부분 간접적인 규제 방식을 채택하고 있다. 직접적 소유 제한의 경우는 일본은 농지 소유 상한제(1975년 폐지)가 시행되었고, 대만은 헌법에 토지의 과다 보유를 억제할 수 있는 근거 규정으로 적정한 경영 면적을 규정해야 한다고 정하고 있다(예산상의 어려움으로 미시행). 인도는 1976년 초 도시토지법을 제정하여 도시를 인구 규모에 따라 나누어 A급 도시(뭄바이 · 콜카타 · 마드리드 · 델리)에서는 500m^2(150평), B급 도시(인구 100만 명 이상 도시)에서는 1,000m^2

(300평), C급 도시(인구 30만~100만 명)는 1,500m^2(약 450평), 그리고 D급 도시(인구 10만~30만 명)에서는 2,000m^2(600평)를 상한 면적으로 하여 토지 소유 상한제를 실시하고 있다.

우리나라에서는 직접적인 소유 제한으로 농지개혁법에 의한 농지 소유 상한 제한이 있었으나 그 실효성이 적었고, 과거 '국토이용관리법'(1972.12.30 제정, 2002.2.4 타법 개정)에 의한 유휴지 지정과 과거 '택지소유 상한에 관한 법률'(1989.12.30 제정, 1998.9.19 폐지)에 의한 소유 제한이 시행되었다.

(2) 토지 소유 제한 정책 수단

① 유휴지 지정

유휴지 제도는 과거 '국토이용관리법'에서 특정 토지의 이용이나 개발을 촉진할 필요가 있는 경우에 실시되는 토지 소유 제한 조치였다. 과거 국토이용관리법에서 유휴지의 요건을 보면, 첫째는 토지 취득 후 2년 이상 방치되어 있는 토지, 둘째는 토지의 이용에 관한 계획상 개발을 특히 촉진할 필요가 있는 토지, 셋째는 ㉮ 도시계획구역에서 1,000m^2(읍 · 면 도시계획구역은 1,200m^2), ㉯ 시가화조정지구(市街化調整地區) 내에서는 800m^2(인구 50만 명 이상의 시는 1,000m^2), ㉰ 이상의 구역 외에서는 1,500m^2, 농지는 1,000m^2, 임야는 1만 3,200m^2(경사 30° 이상의 임야는 3만 m^2) 이상의 면적을 가진 토지, 넷째는 ㉮ 토지가 본래의 용도에 쓰이지 않고 있는 토지, ㉯ 토지의 이용이 주변 유사 용도에 비해 현저히 뒤떨어진 토지, ㉰ 도시구역 내의 건축 가능지로서 지상 정착물의 면적이 건축 가능 최대 면적의 1/7에 미달하는 경우 등을 유휴지로 보았다.

유휴지의 규정을 벗어나기 위한 토지의 분할은 이를 금지했으며, 서울특별시장 · 광역시장 · 도지사 등은 시장 · 군수 · 구청장의 보고에 의해 토지 소유자와 지상권 등 이해관계자에게 유휴지임을 통지하고 이를 공고했다. 유휴지의 통지를 받은 토지 소유자는 통지를 받은 날로부터 3개월 이내에 유휴지의 개발, 이용계획서 또는 처분계획서를 작성 · 제출해야 한다. 유휴지를 규정하는 중요한 이유는 토지의 보유에서 오는 투기 심리를 방지하고, 산업용지와 공공용지에 필요한 원활한 토지의 공급과 토지의 유효 적절한 이용을 도모하려는 데에 있었다.

② 택지 소유 상한제

1989년 12월 30일에 공포된 '택지 소유 상한에 관한 법률'(1998.9.19 폐지)에 따라 가구마다 택지 소유의 규모를 직접적으로 제한했다. 이 법의 적용 대상 지역은 폐지된 도시계획법 제2조의 규정에 의한 도시계획구역 안의 택지에 한했다. 택지 소유 상한 규정은 국가, 지방자치단체, 한국토지개발공사, 대한주택공사, 기타 대통령령이 정하는 정부투자기관 및 공공단체가 소유하는 택지에 대해서는 적용하지 않고, 개인이나 법인의 택지에 한해 적용되었다. 그리고 공동 소유의 택지에 대해서는 그 지분에 해당하는 면적의 택지를 소유하고 있는 것으로 보았다. 또한 법인은 원칙적으로 택지를 소유할 수 없다. 만약 법인이 택지를 취득하거나 개인이 가구별 소유 상한을 초과하여 택지를 취득하기 위해서는 시장・군수 등의 허가를 계약 체결 전에 취득해야 했다.

(3) 토지 소유 제한 조세 수단

토지 소유를 제한하는 조제제도로 1990년부터 시행된 종합토지세와 1989년 말에 입법화된 토지초과이득세는 정책세제로서의 의미를 지닌 조세라 할 수 있다. 여기서는 전통적인 토지세제인 취득세・등록세・재산세를 제외하고, 종합부동산세, 종합토지세, 토지초과이득세에 대해 살펴본다.

① 종합부동산세

고액의 부동산 보유자에 대해 종합부동산세를 부과하여 부동산 보유에 대한 조세 부담의 형평성을 제고하고, 부동산의 가격 안정을 도모함으로써 지방재정의 균형 발전과 국민경제의 건전한 발전에 이바지하기 위해 제정한 제도('종합부동산세법' 2005.1.5 제정, 법률 제7328호)이다. 종합부동산세는 주택 및 토지에 대한 종합부동산세의 세액을 합한 금액으로 한다. 과세 기준일 현재 국내에 소유하는 주택의 재산세 과세표준을 합한 금액이 일정금액을 초과하는 사람은 해당 주택에 대한 종합부동산세를 납부할 의무가 있다. 단, 임대주택, 사원용 주택 및 주택건설 사업자의 미분양 주택 등 종합부동산세를 부과하는 취지에 적합하지 않은 주택은 과세표준 합산 대상에서 제외된다.

② 종합토지세

종합토지세는 지방세법에 의거하여 토지를 대물과세에서 대인과세로 전환하여 개인별로 소유한 토지의 합계에 부과하는 조세로 1990년부터 2004년까지 시행되었으나 2005년 1월 '지방세법'이 개정되면서 폐지되었다. 종합토지세는 재산세의 대인과세 체계를 취하고 있는데 전국의 2,400만 과세대상 필지를 소유자별로 합산했다. 그 합산 가액에 누진세율을 적용함으로써 과다하게 토지를 소유한 사람에 대해 토지 소유 의욕을 상실케 하는 효과를 기대할 수 있었다. 종합토지세는 토지의 특성에 따라 종합 합산 대상, 분리과세 대상 및 별도 합산 대상으로 나누어 서로 다른 세율을 적용했다.

③ 토지초과이득세

각종 개발사업, 기타 사회경제적 요인으로 유휴 토지 등의 지가가 상승함으로 인해 그 소유자가 얻는 토지초과 이득을 조세로 환수함으로써 조세 부담의 형평과 지가의 안정 및 토지의 효율적 이용을 기하고 나아가 국민경제의 건전한 발전에 이바지함을 목적으로 1989년 12월에 제정된 '토지초과이득세법'(1998.12.28 폐지)은 토지를 보유하고 있는 시점에서 미실현 이익에 대해 과세하는 조세이다. 양도소득세는 이익이 실현되어야만 과세할 수 있는 데 비해, 토지초과이득세는 이익이 발생한 시점에서 과세한다는 점에 차이가 있다. 이 점에서 개발이익의 환수 효과가 더 높은 제도라 할 수 있다.

토지초과이득세가 부과되는 대상은 토지이용도와 지가상승률에 의해 결정된다. 토지 이용 상태에 따른 과세 대상은 유휴지, 공한지, 기업의 비업무용 토지 등으로서 택지소유상한법상의 상한선을 초과하는 토지·별장용지 등이다. 지가상승률을 기준으로 할 때는 3년 간의 지가상승률이 정상 지가상승률을 초과하거나 1년 간 지가상승률이 정상 지가상승률의 1.5배 이상인 토지 중 투기지역으로 고시된 지역이 해당된다.

3) 토지거래 규제

(1) 의 의

토지거래 규제란 토지가 지닌 공급의 한정성, 공공성, 대체 불가능성 등으로 인해 거래가 일정 범위 내에서 규제되는 것이다.

토지거래 규제는 지가 상승에 따른 토지 투기 행위를 방지하여 시장 질서를 확립하고, 지가를 안정화시키며, 토지를 좀 더 효율적으로 이용토록 하는 데 의의가 있다. 이러한 토지거래 규제는 크게 직접적 규제와 간접적 규제로 분류된다. 직접적 규제로는 토지거래 허가 · 신고제와 농지매매 증명 제도를 들 수 있고, 간접적 규제는 각종 토지세제와 시장관리 제도를 포함하여 거래정보 확보를 위한 인감증명 제도, 관인 계약서 사용 및 토지 기록 전산화 등이 있다. 여기서는 가장 대표적인 토지거래 규제 수단인 토지거래 허가 · 신고제와 토지세제를 중심으로 살펴본다.

(2) 토지거래 허가 · 신고제

토지거래 허가 · 신고제는 1978년 8 · 8 조치라고 불리는 '부동산 투기 억제와 지가안정을 위한 종합대책'의 일환으로 과거 '국토이용관리법'을 개정하여 토지거래에 규제를 설정한 제도였다. 토지거래 허가 · 신고제의 내용을 보면 개발사업의 시행이나 도시계획의 변경 등으로 투기적 거래가 성행하거나 성행할 우려가 있고, 지가가 급격히 상승하거나 상승할 우려가 있는 구역을 중앙도시계획위원회의 심의를 거쳐 국토교통부 장관 또는 시 · 도지사가 토지거래 허가구역으로 지정하고, 당해 지역 안에서는 토지를 이용할 수 있는 자만이 토지를 취득하여 이용할 수 있도록 함으로써 규제구역 내에서 일정 면적 이상의 거래계약을 체결하고자 하는 당사자는 허가를 받아야 거래계약을 체결할 수 있다. 한편 투기적 거래가 성행할 수가 있고, 지가가 급격히 상승할 우려가 있는 지역이 신고지역으로 지정되면 신고구역 내의 토지를 거래하는 당사자는 거래 내용을 신고해야 하는 바, 관할 시 · 도지사는 거래 내용에 대해 필요한 권고 등의 조치를 취할 수 있다. 이 제도는 1978년 이후 부동산 경기의 침체로 실제 지정되거나 운영되지는 않았으나, 1982년 후반기부터 지가가 상승하고 투기의 조짐이 보이게 되자, 이 제도를 신축성 있게 운용하기 위해 토지거래신고제와 토지거래허가제로 분리하게 되었다.

국토교통부 장관은 토지거래 허가구역의 지정 기간이 만료되는 허가구역을 계속하여 다시 허가구역으로 지정하고자 하는 때에는 중앙도시계획위원회의 심의 전에 미리 시·도지사 및 시장, 군수 또는 구청장의 의견을 들어야 한다. 토지거래 허가가 이루어지는 토지거래 허가구역은 법규정에 의해 5년 이내의 기간을 정해서 지정할 수 있다. 또한 지정 기간이 만료됨에도 불구하고 지정 요건이 계속하여 존재할 경우 허가구역으로 재지정할 수 있으며 그 기간도 5년 이내의 기간으로 정해야 한다. 토지거래 허가구역 지정 통지를 받은 해당 시장, 군수, 구청장은 허가구역의 범위, 지정 기간 및 허가를 요하지 아니하는 토지의 면적 등을 공고한다. 공고된 기간이 경과하면 원칙적으로 허가구역의 지정이 해제된다.

토지거래 허가의 대상이 되는 권리는 소유권, 지상권, 전세권 및 임차권이다. 토지거래가 허가되기 위해서는 토지 취득의 목적이 자기의 거주용 주택, 주민의 복지·편익시설용 토지, 구역 내 농어민의 농·축·임·어업용 토지, 수용이 가능한 공공사업용 토지, 지역의 건전한 발전에 필요한 토지, 시행 중인 사업의 확장 등에 필요한 토지, 주민의 일상생활 및 통상 경작 활동에 필요하고 토지 이용의 목적이 토지 이용계획, 공공시설계획 또는 자연환경 보전상 적합하고 그 면적이 이용 목적에 적합해야 한다.

그러나 토지거래 허가구역은 외환위기 발발 직후였던 1998년 4월에는 허가구역 지정의 의미가 없어지면서 전국 모든 지역이 해제되기도 했지만, 그 이후 토지가격이 급등하거나 개발사업의 시행 등으로 투기 과열이 발생할 지역에 대해 토지거래 허가·신고제를 탄력적으로 운영하고 있다.

(3) 토지세제

토지세제란 토지를 과세 대상으로 하여 부과되는 조세 체계를 의미한다. 전통적인 토지세제는 토지의 취득과 권리의 등기 및 보유에 따른 과세를 통해 안정적인 재정수입을 확보하는 데에 목적이 있었다. 이 점에서 재산세·취득세·등록세 등은 지방재정의 중요한 수입원으로서의 기능을 가지고 있다. 그러나 토지의 공공성 · 사회성이 강조되고 지가 상승에 따른 토지 투기가 만연되자 토지세제는 토지의 효율적 이용과 형평적 배분을 실현하는 정책 수단으로서의 기능도 갖게 되었다. 특히 1970년대 이후 투기 억제를 위해 중요한 역할을 담당했던 양도소득세에 대해 살펴본다.

양도소득세는 '소득세법'의 규정에 따라 자본의 양도에 따른 차익에 부과되는 조세이다. 양도소득세는 토지나 건물 등 고정자산의 영업권, 특정 시설물의 이용권이나 회원권 등 대통령령으로 정하는 기타 재산의 소유권 양도에 따라 생기는 양도소득에 대해 부과하는 조세로 그동안 주로 개발이익의 환수 수단으로서 활용되어 왔다. 그러나 비과세 대상이 많고 정률 과세 원칙의 세율구조 등으로 그 실효성은 크지 못했다. 이러한 문제점을 보완하고 정책세제로서의 기능을 강화하기 위해 1988년 8월 이후 세율구조의 개편과 함께 양도소득세는 크게 강화되었다.

양도소득세가 부과되는 자산은 토지와 건물의 양도로 인해 발생하는 소득, 부동산을 취득할 수 있는 권리 · 지상권(地上權) · 전세권(傳貰權)과 등기된 부동산임차권 등의 부동산에 관한 권리의 양도로 인해 발생하는 소득, 일정한 주식 또는 출자 지분(出資持分)의 양도로 인해 발생하는 소득, 기타 일정한 자산의 양도로 인해 발생하는 소득 등이다(소득세법 제94조). 자산의 양도란 자산에 대한 등기 또는 등록에 관계 없이 매도(賣渡), 교환, 법인에 대한 현물출자(現物出資) 등으로 인해 그 자산이 유상(有償)으로 사실상 이전되는 것을 말한다(동법 제88조).

양도소득세는 토지거래의 합리화를 위한 수단으로서 정책조세적 의미를 갖는다. 그러나 이러한 양도소득세가 소기의 성과를 거두기 위해서는 세제와 관련된 제반 제도의 정비가 수반되어야 한다. 이 중 과세 산정의 기준이 되는 과표의 현실화가 필수적이다. 이를 위해 공시지가 제도가 정착되고 있으며, 토지공부, 즉 토지대장 · 건축물 관리대장 · 재산세 과세대장 · 등기부 등이 전산화되어 있다.

4. 토지 개발

1) 토지 개발의 의의

토지 개발이라 함은 공공의 복리를 위해 토지의 상태, 성질 또는 이용의 변경을 야기하는 행위이다. 토지 개발 방식은 개발 주체가 누구냐에 따라서 크게 민간 개발과 공공 개발 또는 공영 개발로 구분할 수 있다. 전자는 토지를 소유한 민간 사업자가 개발 공급하는 방식이고, 후자는 국가, 지방자치단체 또는 다른 공공기관이 대규모의 토지를 소유하고 그를 개발하여 수요자에게 임대 또는 분양 공급하는 방식이다. 민간 개발사업으로 가장 대표적인 것은 부동산 투자회사(리츠 REITs: Real Estate Investment Trusts)의 개발사업과 특정 기업에서 추진하는 기업도시건설사업과 도시재개발법에 의해 소유자나 조합이 추진하는 도시재개발사업이 있고, 공영개발사업으로는 '택지개발촉진법'(1980)에 의한 택지개발 예정지구사업, '도시개발법'에 의한 자치단체의 도시개발사업, '국토의 계획 및 이용에 관한 법률'에 의한 일단의 주택지 조성사업 등이 있다. 다음에서는 이들 대표적인 토지 개발 방식인 부동산 투자회사의 개발사업, 기업도시개발사업, 공영개발사업을 살펴보도록 한다.

2) 부동산 투자회사의 개발사업

부동산 투자회사는 일반 국민으로부터 자금을 모집하여 부동산에 투자하는 회사로 부동산시장의 선진화 및 투명성 확보, 일반 국민의 부동산에 대한 투자 기회 확대 등의 목적을 위해 2001년 4월 제정된 '부동산투자회사법'에 의해 도입되었다.

부동산 투자회사는 간접자산 운용업법상의 부동산펀드와 함께 부동산에 투자하는 대표적인 간접 투자기구이다. 부동산 투자회사의 설립자본금은 자기관리 부동산 투자회사의 설립 자본금은 5억 원 이상으로 하고, 위탁관리 부동산 투자회사 및 기업구조 조정 부동산 투자회사의 설립 자본금은 3억 원 이상으로 하며(법 제6조), 국토교통부 장관의 인가를 받아 설립된다. 부동산 투자회사는 부동산에 투자할 목적으로 설립된 회사이므로 총자산의 70% 이상을 부동산에 투자해야 한다. 부동산 투자회사는 투자 대상 및 회사 형태에 따라 자기관리, 위탁관리, 기업구조 조정으로 구분되며, 회사별로 설립 요건이 다르다.

3) 기업도시개발특별법에 의한 기업도시개발사업

2004년 12월 31일에 제정된 '기업도시개발특별법'에 의해 민간기업이 산업・연구・관광・레저 분야 등에 걸쳐 계획적・주도적으로 자족적인 기업도시를 개발하는 것으로, 기업도시의 개발・운영을 통해 국토의 계획적인 개발과 민간기업의 투자 촉진을 통해 공공복리 수준을 높이고, 국민경제와 국가 균형 발전을 꾀하는 데 목적이 있다.

기업도시라 함은 산업입지와 경제활동을 위해 민간기업(법인에 한함)이 산업・연구・관광・레저・업무 등의 주된 기능과 주거・교육・의료・문화 등의 자족적 복합 기능을 고루 갖추도록 개발하는 도시를 말하며, 기업도시에는 ① 제조업과 교역 위주의 산업 교역형 기업도시, ② 연구개발 위주의 지식기반형 기업도시, ③ 관광・레저・문화 위주의 관광 레저형 기업도시, ④ 지방이전 공공기관(국가균형발전특별법 제18조의 규정에 해당하는 경우 및 이와 유사한 경우에 한함)을 수용하여 지역혁신의 거점이 되는 혁신거점형 기업도시로 구분된다.

국토교통부 장관은 개발구역의 지정을 제안받은 경우에는 관할 광역시장・도지사의 의견을 듣고 관계 중앙행정기관의 장과의 협의를 거쳐 '국토의 계획 및 이용에 관한 법률'의 규정에 의한 중앙도시계획위원회와 기업도시위원회의 심의를 거쳐 개발구역을 지정할 수 있다. 국토교통부 장관은 제1항의 규정에 의해 개발구역을 지정 또는 변경하고자 하는 때에는 대통령령이 정하는 바에 따라 주민 및 관계 전문가 등의 의견을 듣고 공청회를 개최해야 한다.

국토교통부 장관이 개발구역을 지정하고자 할 때에는 개발사업이 ① 낙후지역의 개발이나 지역경제 활성화 등 국가 균형 발전에 기여함으로써 공익성을 갖출 것, ② 지속가능한 발전에 부합할 것, ③ 당해 지역의 특성 및 여건에 부합할 것, ④ 개발사업의 투자계획 등이 실현 가능할 것, ⑤ 그 밖에 대통령령이 정하는 요건에 부합할 것이다.

4) 공영개발사업

공영 개발은 사업에 필요한 토지를 공권력에 의해 일괄 매입하고 개발하여 필요한 용도에 배분하는 토지 개발 방식이다. 저렴한 택지의 대량 공급을 촉진하기 위해 1980년 택지개발촉진법이 제정되어 공영택지 개발 방식이 도입되었다. 이 방식이 도입된 후 토지구획정리사업의 비중은 줄어든 반면, 공영개발사업의 비중은 크게 늘어났다. 공영택지 개발 방식은 도시계획법·택지개발촉진법 등에 근거를 두고 개발이익의 사회 환원, 계획적인 개발을 목적으로 주택난과 공장용지 부족 등을 해결하고자 정부와 공공기관이 시행한다.

1970년대 후반까지의 택지 개발은 토지구획정리사업에 크게 의존했으며, 이 사업은 도시계획구역 내 개발 가능지의 고갈과 투기 우려, 개발이익 환수장치의 미흡, 사업 기간의 장기화, 공공시설 확보의 어려움, 그리고 난개발 등 많은 문제점을 일으켰다.

토지 개발 방식으로서 공영 개발은 다음과 같은 특징을 가지고 있다.

첫째, 공영 개발은 공공기관에 의해 추진되며 기업적인 성격을 갖고 있다. 국가가 개발할 경우 정부투자기관인 공기업(한국토지주택공사 등)이 담당하게 되고, 지방자치단체가 개발할 경우에는 공기업 특별회계나 기타 독립된 특별회계로 실시함으로써 독립채산의 기업 원리를 원용하게 된다.

둘째, 토지의 국공유화를 전제로 하여 공권력의 행사가 이루어진다. 일단 공영 개발 대상지구로 지정된 다음에는 모두 개발 주체인 공공기관이 매입하여 사업을 시행하게 된다. 협의 매수이거나 강제 매수이건 간에 토지 매입은 공권력을 전제로 공공기관이 주도하게 되므로 개발 기간의 단축이 가능하다.

셋째, 공공 개발 주체가 계획·택지 조성에서 건축물 및 공공시설물의 설치 등의 개발 및 개발 택지의 분배에 이르기까지 공공 주체가 사업의 전 과정을 계획적·종합적으로 시행·관리함으로써 토지 투기 억제 및 개발이익의 공공 환수를 통한 공공시설 투자를 촉진하고 토지 이용의 효율성과 도시 기능의 제고를 가능하게 하는 등 많은 장점이 있다.

넷째, 택지개발촉진법에 근거한 공영택지 개발은 택지개발 예정지구 지정과 함께 '국토의 계획 및 이용에 관한 법률' 등 관련 법규에서 규정하는 복잡한 인·허가 사항이 면제되고, 사업 시행 관련 행정절차를 단순화함으로써 토지 수요 증가에 신속하게 대응할 수 있다.

다섯째, 공영 개발에 의해 조성된 토지를 다시 개인 및 기업 등 실수요자에게 공급하여 이용케 함으로써 공영 개발의 목적을 토지의 사용보다 토지의 공급에 두고 있다. 공영 개발은 필요한 토지를 공권력에 의해 일괄 매입하고 개발하여 필요한 수요자에게 분배한다는 차원에서 사업의 진행이 신속하다는 장점이 있다. 그 반면 계획 단계에서 주민참여를 배제함으로써 주민과 토지 소유자의 반발이 최대의 난점으로 대두되고 있다.

공영택지 개발 방식에서는 사업의 주체가 공공기관이다. 즉, 한국토지주택공사·지방자치단체 등이다. 이들은 사업을 위해 원래의 토지 소유자들로부터 모든 토지들을 매입한 후, 필지들을 통합해서 재획정한다. 거기에 적정 이윤을 붙여서 아파트 용지 같으면 건설회사에, 단독주택용지 같으면 개인에게 매각한다.

공영개발사업의 일반적 단계는 지구 지정, 토지 취득, 토지 개발, 토지 공급 및 사후관리의 다섯 단계로 나눌 수 있다. 대표적인 공영개발사업이라 할 택지 개발예정지구사업, 일단의 주택지 조성사업, 그리고 아파트 지구개발사업 및 국민주택용 대지 조성사업 등이 있다.

5. 개발이익의 환수

1) 개발이익의 개념

개발이익이란 개발과 관련하여 경제적 가치가 증가함으로써 발생하는 이익을 의미한다. 여기서 개발이란 특정 시점에서 토지의 상태, 성질 또는 이용의 변경을 야기하는 행위라 할 수 있다. '개발이익 환수에 관한 법률'에 의한 개발이익이란 개발사업의 시행이나 토지 이용계획의 변경, 그 밖에 사회적·경제적 요인에 따라 정상지가 상승분을 초과하여 개발사업을 시행하는 자나 토지 소유자에게 귀속되는 토지 가액의 증가분을 말한다.

'개발사업'이란 국가나 지방자치단체로부터 인가·허가·면허 등(신고를 포함)을 받아 시행하는 택지개발사업, 산업단지 개발사업 및 관광단지 조성사업 등을 말한다.

현행법상 개발행위는 다음과 같은 유형으로 분류될 수 있다.

① 유형적 개발행위: 건축·토목사업·공공(직접)사업

② 무형적 개발행위: 용도지역 지구 변경, 농지 전용, 도시계획적 용도지정 또는 변경 고시

③ 복합적 개발행위: 토지구획 정리사업, 토지형질 변경사업, 도시재개발사업, 일단의 주택지 조성사업, 공업단지 조성사업, 신도시 개발사업

초기에 개발이익의 개념은 특정 공공 투자사업에 의해 그 사업 지역과 그 주변 지역의 토지에 발생하는 증가(增價)만을 의미했다. 그러나 후에 와서 적극적 개발행위뿐만 아니라 소극적 계획통제, 즉 용도지역 지정 등에 따른 증가(增價)까지도 개발이익으로 보게 되었다. 따라서 현행법상 개발이익의 개념은 적극적 개발행위로 인한 증가에, 소극적 계획 규제로 인한 반사적 이익 및 기타 요인에 의한 것까지 모두 포괄하는 확대된 개념으로 볼 수 있다.

여기서 '정상 지가상승분'이란 금융기관의 정기예금 이자율 또는 '국토의 계획 및 이용에 관한 법률' 제125조에 따라 국토교통부 장관이 조사한 평균지가변동률(그 개발사업 대상 토지가 속하는 해당 시·군·자치구의 평균지가변동률을 말한다) 등을 고려하여 대통령령으로 정하는 기준에 따라 산정한 금액을 말한다.

개발이익을 환수해야 한다는 논거는 개발이익이 근본적으로 불로소득이며, 이를 기대하는 토지 투기를 억제해야 하고, 그렇게 함으로써 부의 사회적 재분배를 가져오고, 또 시장 내 가격 기능을 보완할 수 있다는 점 등에 두고 있다.

우리나라에서는 일찍부터 개발이익의 환수의 필요성을 공감하여 각종 세제 수익자 부담금제·공공용지 부담 등의 제도가 운용되어 왔다. 그러나 1970년대 이후부터 급격한 경제 성장과 산업화, 도시화의 영향으로 토지 수요가 급증함으로써 토지가격 앙등과 토지 투기가 사회문제로 부각되었다. 그 결과 기존의 개발이익 환수 제도만으로는 기대하는 정책의 효과를 얻기가 힘들게 되어 1989년에 각종 공

개념적 법률 중 하나로 '개발이익 환수에 관한 법률'이 제정되었다.

2) 개발이익의 환수 방법

개발이익을 환수하기 위한 방법은 사업 구분별, 개발이익 발생별, 환수 수단별로 다양하게 분류할 수 있다. 개발이익 발생별로 구분하면 개발이익 환수를 위한 부과 징수 시점이 개발이익이 구체적으로 발생된 시점이냐, 아니면 개발이익의 보유 시점이냐, 아니면 개발이익의 이전 시점이냐에 따른 구분이다. 이 구분 중에서 개발이익의 보유에 따른 부과는 개발이익이 미실현된 상태에 부과되기 때문에 개발이익 징수상 많은 논란이 제기된다.

발생 시점에 의한 방식으로는 수익자 부담금, 간주 취득세, 개발부담금 또는 개발이익금제 등이 있고, 보유 시점에 의한 방식으로는 토지초과이득세·재산세, 종합토지세·도시계획세 등이 있다. 개발이익의 이전 시점에서는 양도소득세·법인세 특별부가세 등의 방법이 있다.

종래의 개발이익 환수 제도는 실현된 이익에 대한 과세, 즉 양도소득세가 주축이 되어 왔다. 미실현된 이익의 환수 방법인 수익자 부담금제는 수익자 범위의 확정, 부담금 규모의 산정 등에 따른 문제로 말미암아 개발이익을 충분히 환수하기에는 미흡한 제도로 인식되었다. 그러나 1990년부터 개발부담금제·토지초과이득세·종합토지세 등 미실현 이익을 환수하기 위한 제도가 대폭 강화됨으로써 개발이익 환수에 새로운 전기가 마련되었다. 종합부동산세, 종합토지세, 토지초과이득세와 양도소득세에 대해서는 토지 소유의 제한 내용에서 다루었으므로 개발이익 환수에 관한 법률이 규정한 개발부담금에 대해 알아보도록 한다.

개발부담금이란 사업 시행자에게 귀속되는 개발이익 중 국가가 부과 징수하는 금액을 말한다. 개발부담금은 다음의 사업을 시행하는 사업자에게 부과하는 것이며, 토지 소유자에게 귀속되는 개발이익에 대해서는 토지초과이득세법이 정하는 바에 의해 토지초과이득세를 징수한다. 개발부담금의 부과 대상인 개발사업은 ① 택지개발사업(주택단지 조성사업 포함), ② 산업단지 개발사업, ③ 관광단지 조성사업, ④ 도시환경 정비사업(공장 건설은 제외), ⑤ 물류시설용지 조성사업, ⑥ 온천 개발사업, ⑦ 여객자동차터미널사업과 화물터미널사업, ⑧ 골프장 건설사업, ⑨ 지목 변경이 수반되는 사업으로서 대통령령으로 정하는 사업, ⑩ 제1호부터 제8호까지의 사업과 유사한 사업으로서 대통령령으로 정하는 사업 등이다.

부과 기준 및 부담률은 사업 종료(준공) 당시의 지가에 사업 개시(인가) 당시의 지가와 정상지가 상승분 및 토지 개발에 소요된 비용을 공제한 나머지, 즉 개발이익(종료 시점 지가 - 개시 시점 지가 - 정상지가 상승분 - 개발 비용)의 25%를 부과한다.

징수된 개발부담금의 100분의 50에 해당하는 금액은 개발이익이 발생한 토지가 속하는 지방자치단체에 귀속되고, 이를 제외한 나머지 개발부담금은 따로 법률로 정하는 국가균형발전특별회계에 귀속된다.

제 2 절 도시정부의 주택정책

사례 연구 개발제한구역 해제

건설교통부가 2002년 1월 21일 발표한 개발제한구역(그린벨트) 해제안은 수도권의 주택 공급을 늘리고 해당 지역 주민들의 생활 불편도 줄이겠다는 의도를 담고 있다. 이번에 건설교통부가 가장 역점을 둔 부분은 아파트를 대량으로 지을 수 있는 땅을 미리 확보하는 것이다. 이번에 일단 풀어놓았다가 최근 강남지역처럼 집 값이 들먹이면 바로 택지예정지구로 지정하고 불끄기에 나서겠다는 계획이다.

• 집 얼마나 지을 수 있나= 수도권 그린벨트 해제 대상 지역 가운데 택지로 활용할 수 있는 곳은 고양시 삼송동 1백 50만 평을 비롯한 '택지개발 후보지역'(조정 가능지역) 1천 9백 82만 평과 올해 안에 택지개발 예정지구(임대주택 60%, 분양주택 40%)로 지정될 시흥 정왕동 66만 평을 비롯한 11곳 2백 67만 평 등이다. 정부는 택지개발 후보지역의 80%인 1천 4백 78만 평에 실제 아파트 등 집을

지을 수 있을 것으로 보고 있어 실제 택지개발 가능 면적은 1천 7백 45만 평 정도로 추산된다.

이 면적은 분당·일산·중동 등 5개 수도권 신도시의 총면적인 1천 5백 17만 평보다 2백 28만 평이 많은 것이다. 5개 신도시의 평균 용적률(190%)을 적용하면 이들 지역에 신도시의 가구 수(29만 2천 가구)보다 훨씬 많은 35만 가구를 지을 수 있다는 계산이 나온다.

용적률을 150%만 잡아도 26만 가구를 짓는다는 게 건설교통부의 설명이다. 건설교통부 관계자는 "보수적으로 잡는다 해도 5개 신도시와 비슷한 30만 가구 정도를 예상할 수 있으며 실제로는 이보다 늘어날 가능성이 있다"고 설명했다. 해제 예정 일부 집단취락지역에도 아파트를 지을 수 있어 전체 가구 수로는 적지 않은 물량이 된다.

• 언제, 어떻게 개발되나= 건설교통부는 일단 시흥 정왕 등 택지개발 예정지구 11곳에는 2005년까지 10만 가구의 주택을 지어 이 중 40%는 일반에 분양하고 나머지는 저소득층을 위한 국민임대나 서민층을 위한 공공 임대주택으로 돌릴 예정이다.

택지개발 후보지역은 앞으로 2~3년 후부터 2020년까지 순차적으로 개발된다. 건설교통부 주택도시국장은 "앞으로 집값 동향, 주택 수급 사정에 따라 단계적으로 손댈 예정"이라고 밝혔다(경향신문, 2002.1.21).

<생각해 볼 문제>

1. 주택문제를 해결하기 위한 개발제한구역 해제 방안은 주택정책에서 한국이 어떤 입장에 있는지를 고찰하고 이런 접근의 장점과 단점을 제시해 보시오.
2. 수도권 주택문제를 해결하기 위한 방안으로 개발제한구역 해제와 유사한 공급적 측면의 정책들로는 어떤 것이 있는지 제시해 보시오.

주택의 안정적 공급을 위해 토지의 공적 사용이 요청되고 있으며, 시민들의 주거 수준 향상을 위해 주택의 수급에 대한 체계적인 접근이 요청된다. 도시정부의 주택정책은 도시 내의 주택문제를 해결하기 위한 주택정책의 위치, 주택정책의 변천 과정과 내용 등을 통해 주택행정이 이루어지는 과정을 고찰해 본다. 또한 도시 내에서 발생되는 슬럼화, 노후화에 대응하여 쾌적한 도시를 건설하기 위한 방안으로, 도시재개발의 의의와 과정·효과 및 방향을 파악해 보고자 한다.

1. 주택정책의 의의

주택은 단순한 물리적 구조물의 차원을 넘어 인간 생활의 정신적·육체적 재충전의 중요한 휴식 장소일 뿐만 아니라, 사회의 기본 단위인 가정을 구성할 수 있게 해 주는 사회 구성의 핵심적 요소이다. 이 주택이 모든 국민에게 최소한의 주거 수준을 제공해 주지 못할 때는 이것은 한 가구만의 문제가 아니라 사회 전체에 불안정한 주거생활에 따른 역기능적인 파급 효과를 가져오며, 더 나아가 사회의 다양한 영역에서 계산할 수 없는 무수한 불이익을 가져오게 하는 것이다. 이런 면에서 불안정한 주거 상황은 크나큰 사회문제를 내포하고 있으며, 이 사회문제를 모든 국민들이 공동으로 인식하게 될 때 주택문제라고 한다.

도시 주택정책은 도시 주택문제를 해소하기 위해 일련의 공공정책 수단들을 동원하는 것으로, 주택정책은 모든 국민에게 어느 수준 이상의 주거상태를 보장해 주기 위한 주택의 양적 문제와 질적 문제를 동시에 추구한다.

경제 발전에 따른 도시화와 주택 건설상의 애로 요인, 핵가족화로 인한 가구 수 증대 및 주택정책의 불완전성에 따른 저소득 무주택 가구에 대한 지원 미비 등으로 인해 주택문제가 심화되어 왔다. 이렇듯 주택문제가 심각한 것은 주택 수의 양적 부족, 주택 수준의 질적 불량, 주택 구입 능력의 부족의 3불에 기인한다. 이런 주택문제를 극복하기 위해 도시정부는 주택시장에 의도적으로 영향을 미치는 모든 정책 수단들—조세, 금융, 행정절차, 각종 법령과 내규 등—을 파악하여 주택문제에 대응할 수 있도록 해야 할 것이다.

2. 주택정책의 위치

주택은 다른 상품과는 달리 입지의 고정성, 내구성, 수요와 공급의 시차성, 주택의 이질성, 공간적 한정성 등의 특성으로 인해, 다른 상품과 비교할 때 정부 개입의 정도는 전체적으로 높게 나타난다.

그러나 각국별로 정부의 주택시장 개입의 정도는 다르게 나타나며, 각국별로 시행되는 주택정책 수단은 조세, 정부 지출, 자본시장 간섭에서부터, 규제 수단의 동

표 10-1 주택정책의 유형

주택정책의 이념	국 명	통제 대상	주택 공급의 성격
자유방임	미국 캐나다 호주	민간시장 약간의 공공 부문 주택	시장에 의해 주택 공급 민간 소유가 지배적 정부 개입은 특수문제에 한정됨
자유주의적 간섭주의/사회복지	영국	민간시장, 공공 부문도 중요	주로 시장에 의해 주택이 공급되나 공공 부문에 의한 공급도 상당수(35%)이며, 보조금도 상당한 액수임
사회민주주의	스웨덴	공공통제로 체제 내의 민간시장	토지 소유 및 금융에 대한 강력한 정부통제
사회주의: 주로 국가통제	폴란드	상당 부문 민간 부문에 대한 공공통제	국가나 조합(공공이나 민간)에 의해 주택 공급
사회주의: 순수한 국가통제	구소련	공공통제	국가에 의해 주택 공급, 욕구 및 지위에 따라 배분
자유주의적 간섭주의와 사회민주주의의 중간 형태	한국	민간시장 중심, 공공 부문도 큰 비중	주택건설이 민간시장에서 공급되나 공공 부문의 비중이 서울시의 경우(2012~2016년) 11%임. 1가구 2주택에 대한 세금 중과, 택지소유상한제 실시

원과 공공기관의 설립에 이르기까지 다양한 방법을 사용하고 있다.

일반적으로 각국의 주택시장 개입 정도는 각 국가의 경제적 발전 수준, 사회적 분위기, 제도적 구조 및 정치적 이데올로기에 따라 다르게 나타난다. 여기서는 각 국가별 주택정책을 기준으로 민간시장에 대한 정부의 공공통제의 내용과 공공주택 공급의 정도를 근거로 해서 주택 체계의 유형을 구분해 보면 <표 10-1>과 같다. 이 주택정책의 유형에 입각해 볼 때 한국의 주택정책은 자유주의적 간섭주의와 사회민주주의 형태의 중간 수준에 와 있다는 것을 알 수 있다.

3. 주택정책의 전개 과정

한국에서 주택정책은 경제개발계획과의 연계 하에 이루어졌다. 여기서는 주택정책의 전개 과정을 정부 수립 이전(1948년 이전)과 정부 수립 이후에서 제1차 경제개발 시작 전(1948~1961년)까지와 각 경제개발계획과 정부의 집권 기간으로 나누어 본다.

한국의 주택정책의 전개 과정을 정책목표, 정책 대상 계층, 건설 주체, 건설계획 및 수단으로 구분해 보면 <표 10-2>와 같다.

표 10-2 주택정책의 변천 추이

기 간	정책목표	정책 대상 계층	주 체	수단 및 계획
정부 수립 이전 (1941~1948)	국민 주거 안정	중· 하류층	조선주택영단 (1941.6.14)	주택건설 4개년계획 (1941.7.1~1945.6.30)
정부 수립 이후 (1948~1961)	전재민 구호 (戰災民救護)	전재민	대한주택영단	사회부 주택건설 5개년계획(1951)
제1차 경제개발 (1962~1966)	무주택자 주거생활 안정	무주택 국민	대한주택공사 (1962)	공영주택법(1963) 주택자금운영법(1963)
제2차 경제개발 (1967~1971)	무주택자 주거생활 안정	무주택 국민	한국주택은행(1967), 주택공사	
제3차 경제개발 (1972~1976)	국민 주거생활 안정	무주택 국민	대한주택공사 한국주택은행	주택건설촉진법('72) 주택건설 10개년계획('72~'81) 주택개량 촉진에 관한 임시 조치법('73) 국민주택 우선 공급에 관한 규칙('76) 국민주택 청약부금제 양도소득세제('74)
제4차 경제개발 (1977~1981)	무주택 국민의 주거생활 안정 모든 국민의 주거 수준 향상	무주택 국민	대한주택공사 한국주택은행 토지개발공사('79) 국민주택기금('81) 민간건설업자(지정 업체 선정)	주택 공급에 관한 규칙('78) 주택건설기준에 관한 규칙('78) 택지개발촉진법('80) 주택임대차보호법('81)
제5차 경제개발 (1982~1986)	무주택 국민의 주거생활 안정 모든 국민의 주거 수준 향상	무주택 국민	대한주택공사 한국주택은행 국민주택기금 민간건설업자 임대주택건설업자	장기 임대주택공급계획 (1982~1986) 임대주택건설촉진법('84)
제6차 경제개발 (1987~1991)	무주택 국민의 주거생활 안정 모든 국민의 주거 수준 향상	무주택 국민 중산층	대한주택공사 한국주택은행 국민주택기금 민간건설업자	근로자의 주거 안정과 목돈 마련 지원에 관한 법률('87) 임대주택 대량공급계획 (1987~1991)

	근로자의 주거 안정		임대주택건설업자 토지개발공사 각 시의 개발공사	200만 호 주택건설계획 종합토지세제 신설, 택지소유 상한제 도입 토지초과이득세법 제정('89) 개발이익 환수에 관한 법률 제정(1989) 도시 저소득층의 주거환경개선을 위한 임시조치법('89)
제7차 경제개발 (1992~1996)	경제능력에 맞는 주택 공급, 소형주택의 건설 확대, 주택가격 안정, 규제합리화	무주택국민 중산층	대한주택공사 한국주택은행 국민주택기금 민간건설업자 토지개발공사	200만 호 주택 건설계획 영구임대주택의 대량 공급 신도시 건설-분당, 일산, 평촌, 산본 임대주택법(1993)
신경제 5개년 계획 (1993~1997)	주택의 안정적 공급, 무주택 서민과 근로계층의 주거복지 향상 민간자율성 제고 주택가격 안정 주택관리 강화	무주택국민 중산층	대한주택공사 한국주택은행 국민주택기금 기업, 건설업자 임대주택건설업자 토지개발공사	조합주택의 활성화 사원주택의 확대 매년 50만 호 이상의 주택공급 도시재개발
국민의 정부 (1998~2002)	규제 완화 주거 질적 수준 향상 중산층 및 저소득층 주거안정 지원 민간의 주택건설 촉진	중산층 저소득층 주택시장 자율화	대한주택공사 한국주택은행 국민주택기금 기업, 건설업자 임대주택건설업자 토지개발공사 부동산투자회사법	분양가 자율화 등 규제 완화 국민주택기금 지원 확대 국민임대주택 건설 확대 최저 주거 기준 설정 도시개발법(2000) 부동산투자회사법(2001) 도시 및 주거환경정비법(2002)
참여 정부 (2003~2007)	참여복지와 삶의 질 향상 주택가격 안정과 주거 질 개선	저소득층 무주택 국민층	대한주택공사 한국주택은행 국민주택기금 기업, 건설업자 임대주택건설업자 토지개발공사 부동산투자회사법 기업도시건설기업	국민임대주택 150만 호 건설계획 국민임대주택 건설을 위한 특별조치법(2003) 주택종합계획(2002~2012) 주택법(2003) 기업도시개발특별법(2004) 도시재정비 촉진에 관한 특별법(2005)
이명박 정부 (2008~2012)	서민·중산층 내집마련 지원 및 집값 안정도모 규제 완화,	서민·중산층 맞춤형 주거복지	한국토지주택공사(2009) 주택도시기금 기업, 건설업자	공공주도보금자리주택 공급 분양가상한제 유지 주택자금대출 규제 조세체계 개편으로 세부담 완화

	주택공급 확대	강화	임대주택건설업자 부동산투자회사	재건축 · 재개발 규제 완화
박근혜 정부 (2013~2017)	경기활성화와 주거안정화 양적완화정책	서민 · 중산층	한국토지주택공사 주택도시기금 기업, 건설업자 임대주택건설업자 부동산투자회사	임대차시장 선진화 방안 (2014.2.26), 새경제팀의 부동산정책 (2014.7.24), 규제합리화를 통한 주택시장 활력회복 및 서민 주거안정 강화 방안(2014.9.1), 주택3법 입법(2014.12.29)

참고: 건설교통부(2002), 『주택백서』; 법제처 법령분석(2009); 국토해양부(2014), 『주택교통백서』; 역대정부 주택정책 관련 자료 참조.

4. 주택정책의 내용

주택정책은 주택문제를 해소하기 위한 일련의 공적 집행 수단들로 구성되어 있다. 일반적인 주택시장이 제 기능을 발휘할 수 없는 경우, 정부는 이로 인해 발생하는 비효율성과 배분의 불균형 등의 문제를 시정하기 위해 주택시장에 개입한다. 이때 정부가 취하는 주요 수단은 제도적 장치를 통해 주택 수요 및 공급을 조절하는 것이다. 현실적으로 주택 공급은 주택 건설에 따른 수익, 생산 요소 가격, 기술 수준, 주택산업 구조, 그리고 주택경기 변화에 영향을 받고, 주택 수요는 소득 수준, 소득분포, 주택선호도, 그리고 인구 혹은 가구 수의 영향을 받는다. 주택정책은 이들과 관련되어 주택 수요와 공급을 조절하는 기능을 수행한다.

하지만 주택정책의 구체적인 내용은 사회적으로 제기되고 있는 주택문제의 성격이나 특징에 따라 그 내용과 구조 및 수단이 상이해진다. 주택정책의 구조는 다양하게 분류되나 여기서는 우리나라 주택정책을 중심으로 주택정책의 추진 목적과 목표를 달성하기 위한 구체적인 정책 수단들로 나누어 분류한다.

1) 주택정책의 목표와 수단

주택정책의 기본적인 목표는 주택 공급과 주택 수요를 적절히 통제 내지는 지원하여 두 분야가 상호 연결되도록 하는 것으로, 주택정책을 수행하는 데 다양한 유형의 정책대안들이 나타나게 된다. 이 정책의 목표는 궁극적으로 국민들의 주거 수준을 향상시키는 데 두고 있지만, 구체적인 목표를 들면 주택 서비스 공급 확대와 주택 서비스 구입 능력 강화와 주거 수준의 향상의 세 측면으로 나누어 볼 수 있겠다.

(1) 주택 서비스 공급 확대

① 재고 주택의 보전·개량: 총주택 서비스의 98%가 매년 재고 주택에서 제공되고 있는데, 이 재고 주택이 더욱 많은 주택 서비스를 생산해 낼 수 있도록 적절한 관리 방안을 모색한다.

② 신규 주택 건설 촉진: 새로운 주택 서비스를 창출하는 것으로 그 형태로는 공공주택, 민간주택, 임대주택, 영구임대주택, 사원주택, 조합주택 및 도시재개발 주택을 들 수 있다. 신규 주택 건설에서 중요한 요소를 차지하는 것은 저가의 택지 공급, 능률적인 주택 건설 방안 모색, 대상 계층별 건설업체의 육성 등을 들 수 있다.

(2) 주택 서비스 구입 능력 강화

① 일반 소득분포 개선: 주택은 내구 상품이기 때문에 구입 시에는 일정한 소득이 있어야 한다. 따라서 저소득층에 대한 주택 구입 능력 확대 방안이 필요하다.

② 주택 규모 분포 개선: 구입 능력에 맞는 주택을 건설해야 거주할 수 있기 때문에 국민의 소득 수준에 맞는 규모별 주택을 건설해야 한다.

③ 서민주택 구입을 위한 융자제도: 주택 구입자의 구입 능력을 증대시켜 주는 방안으로서 서민들의 주거 수준 향상을 위해 융자 제도를 마련한다.

④ 공공임대 주택제도: 저렴한 가격으로 거주할 수 있는 임대주택을 건설하여 보급하는 방법으로 낮은 주거 수준을 유지할 수밖에 없는 소득 수준 계층에 대해 사회복지적 차원에서 주택을 제공해 주는 방법이다.

⑤ 주택비 지원 및 보조: 사회복지적 차원에서 저소득층에 대해 직접 주거비용을 지불해 주는 방법이다.

⑥ 주거 비용 감소 방안: 주택 서비스 구입 능력을 증대시키는 간접적인 방안으

로 주택가격이나 주택임대료를 낮게 규제하는 방법이 있다.

(3) 주거 수준의 향상

① 적정 주거 수준 설정: 주택정책을 집행할 때 주거 수준을 각종 조세와 융자 시의 기준으로 활용함으로써 적정 주거 수준에서 거주가 이루어지도록 한다.

② 최소한의 주거 수준 설정: 각종 법령을 통해 주택 건설 시에 생활에 필요한 최소한의 주거 수준을 충족시키도록 규제한다.

2) 우리나라의 주택정책 수단

주택행정의 목표를 달성하기 위해서는 구체적인 정책 수단들이 활용되어야 한다. 주택 관련 제도와 수단으로는 주택행정 제도, 주택 건설 기준 제도, 택지취득·개발 제도, 주택분양 제도, 거래규제 제도, 공공주택 제도, 주택조합 제도, 주택금융 제도, 주택 관련 조세 제도 등을 들 수 있다.

(1) 조세 제도

제반 조세는 주택 건설 촉진 수단으로뿐만 아니라, 주택 경기의 과열을 억제하는 수단으로서 사용되고 있다. 현행 주택에 관련된 토지, 주택 등 부동산 관련 조세는 크게 국세와 지방세로 나눌 수 있는데, 국세는 법인세·상속세·증여세·부당이득세 및 인지세이고, 지방세는 취득세·등록세·면허세·재산세·도시계획세·공동시설세이다.

공공 부문은 방위세만을 부담하고 대부분의 세는 면세를 받고 있으나, 민간주택사업체의 경우는 대부분의 세를 내고 있으며, 다만 25.7평 이하의 국민주택을 건설할 경우에만 토지 또는 주택의 취득 및 양도와 관련된 조세의 면세 또는 감면 혜택을 받는다.

(2) 금융 제도

주택금융은 주택의 구입, 개보수, 건설 등 주택 관련 사업의 자금 대여와 관리 등을 포괄하는 특수금융으로, 그 주요 기능은 자금을 최대한 동원하여 주택을 생산하고 이를 무주택 서민에게 혜택이 미칠 수 있도록 자금을 효율적으로 배분하는 데 있다.

주택금융의 형태는 크게 공공주택 금융과 민간주택 금융의 두 분야로 나뉘는데, 공공주택 금융은 국민주택기금과 농협에서 취급한다. 특히 공공주택 건설에 필요한 자금을 확보하고 이를 원활히 공급할 목적으로 설치된 국민주택기금은 국민 주거 안정의 토대로서 무주택 서민들의 주거 안정 및 주택시장 안정을 위한 실속 있고 효과적인 지원을 추진한다. 이를 위해 분양주택·임대주택 등 국민주택의 건설 지원, 주택 구입과 전세에 필요한 자금 지원, 국민주택 건설을 위한 대지 조성 및 주거환경 개선 등의 사업을 전개한다. 민간주택 금융은 1988년부터 전 예금은행이 주택금융을 취급할 수 있으며, 이 중 주택건설 전담 은행인 국민은행은 국민주택자금과 민영주택자금을 토대로 주택자금 대출을 하고 있는데, 전자는 주로 공공부문을 대상으로 하고 있고, 후자는 민간 부문을 대상으로 하고 있다. 민영주택자금은 다시 개인 주택자금과 집단 주택자금으로 구분되며, 집단 주택자금은 또 다시 분양주택 건설자금, 분양주택 구입자금, 건설업자 운전자금으로 나뉜다.

(3) 주택행정 제도

주택행정 제도는 주택 건설 종합계획을 수립하고, 주택사업자를 관리하고 주택사업을 승인하고 건축 허가를 하는 데 필요한 제반 사항을 규정한다.

(4) 주택 건설 기준 제도

주택 건설 기준 제도는 적정 시설을 갖춘 주택을 건설·공급함으로써 주택의 건설 기준, 부대시설, 주택의 배치 기준과 시설 기준, 복지시설 기준, 그리고 공공시설 귀속 범위 및 간선시설 부담 기준들이 있다.

(5) 택지취득·개발 제도

택지취득·개발 제도는 주거용지를 원활하게 공급하는 것을 주된 목적으로 하여 택지 개발 가능지의 확보, 택지 개발 방식 및 택지 공급에 관한 사항을 규정하고 있다. 택지 개발 가능지의 확보는 제도적으로 용도지역 및 지구를 지정하여 주택용지 개발을 가능하도록 하는 것인데, 도시의 계획 및 이용에 관한 법률, 수도권 정비법, 택지개발촉진법, 주택법, 도시재개발법의 제반 조항을 준용하고 있다. 택지 개발 방식은 구체적으로 토지를 취득하여 개발하기까지의 취득 방식과 개발 절차를 규정하는 것으로 도시의 계획 및 이용에 관한 법률, 주택법, 택지개발촉진법 등이 있고, 토지 취득은 수용과 공공용지의 취득, 그리고 협의 매수 방식 등으로 토지수용법, 공공용지의 취득 및 손실 보상에 관한 특례법 등의 조항이 준용된다.

(6) 주택분양 제도

주택분양 제도는 주택법 제4장 및 주택 공급에 관한 규칙에 의해 운영되며, 사업 주체는 주택법 제38조에 따라 ① 입주자를 모집하고자 하는 경우에는 시장·군수·구청장의 승인을 얻을 것, ② 사업 주체가 건설하는 주택을 공급하고자 하는 경우에는 입주자 모집 조건·방법·절차, 입주금의 납부 방법·시기·절차, 주택 공급 계약의 방법·절차 등에 적합할 것, ③ 사업 주체가 주택을 공급하고자 하는 경우에는 벽지·바닥재·주방용구·조명기구 등을 제외한 부분의 가격을 별도로 제시하고, 이를 입주자가 선택할 수 있도록 할 것의 각 호에서 정하는 바에 따라 주택을 건설·공급해야 한다. 주택을 공급받고자 하는 자는 국토교통부령이 정하는 입주자 자격·재당첨 제한 및 공급 순위 등에 적합하게 주택을 공급받아야 한다.

우리나라 신규 주택의 공급 방법은 일반공급, 특별공급, 단체공급, 채권입찰제의 네 가지가 있다. 일반공급은 청약저축(국민주택 등 공급)과 청약예·부금(민영주택공급) 제도에 의해 주택을 공급하는 방법이며, 특별공급은 국가유공자 또는 그 유족을 비롯하여 국가 기능 올림픽에서 3위 이상 입상한 자, 장애인, 철거주택 소유자, 신혼 부부 등에게 청약저축이나 청약예금 가입에 관계없이 공급하는 제도이다. 그리고 단체공급은 민영주택을 제외한 국민주택 등을 청약저축에 가입한 주택조합에 공급하는 것이며, 채권입찰제는 투기 과열지구에서 일반 공급 방법인 청약예금 가입자가 민영주택을 공급받을 경우 제2종 국민주택 채권매입 예정 금액이 많은 자를 우선하여 공급하는 제도이다.

(7) 거래규제 제도

거래규제 제도는 주택 및 토지가를 안정시키고, 거래를 활성화시키기 위한 국민주택 전매 제한과 주택의 분양 가격규제 및 거래신고 제도가 있다. 신규 공급 주택에 대한 재당첨 금지나 전매 제한 금지 규정은 주택법상 공급되는 거의 모든 국민주택에 적용되는데, 이는 투기 억제나 분양 기회의 균등을 위해 실시되고 있다.

국민주택 전매 제한은 주택법 제41조의2(주택의 전매행위 제한 등), 동법 시행령 제42조의2(전매행위 제한 기간), 주택 공급에 관한 규칙 제34조(매입주택의 전매 등)에서 규정하고 있다. 전매 제한 금지 규정에 따라 투기과열지구 안에서 공급하는 국민주택인 경우에는 과거 5년 이내에 다른 주택의 당첨자가 있는 세대는 전매를 규제하고 있다.

공동주택의 분양가격 규제는 주택법 제38조(주택의 공급)에 따라 주택사업의 승인을 얻는 과정에서 일반에게 공급하는 공동주택은 법 제38조의2(분양가격의 제한 등)에서 정하는 기준에 따라 산정되는 분양가격 이하로 공급(공급되는 주택을 "분양가상한제 적용주택"이라 함)해야 한다고 규정하고 있다.

주택거래신고 제도는 주택법시행령 제107조의2(주택거래 신고지역의 지정 등)에 지정하는 날이 속하는 달의 직전월의 아파트 매매가격 상승률이 1.5퍼센트 이상인 지역 등에 대해 국토교통부 장관은 주택거래 신고지역으로 지정할 수 있도록 하고 있다.

(8) 임대주택정책

임대주택정책은 저소득층을 위해 도입 실시된 주택정책으로 사회보장적 차원에서 저소득층의 주거 수준 향상을 위해 정부가 공공재원을 사용하여 시장가격 이하의 임대료로 공급하는 주택이다. 이 정책은 그동안 성장 위주의 경제정책에서 비롯된 저소득층의 주택난에 대한 다양한 정치적 · 경제적 압력에 대응하기 위해 나온 정책이지만, 저소득층의 주택문제 해결에 상당히 기여하고 있다. 주택이 자본주의 시장에서 이윤 추구를 위한 수단으로서의 상품이 아니라 인간의 기본적인 생활을 위한 필수품으로 파악될 때 사회 전체적인 편익 측면에서 정부가 공급의 책임을 질 필요가 있다. 자본주의의 자유경제 시장 체제 하에서 주택의 공급과 배분은 불안정하게 이루어지며, 이런 점에서 주택을 구입할 수 없는 사회적 빈곤층들은 주택시장에서 배제된 채 기본적인 인간적 삶을 영위하기 위한 주거 상태를 갖지 못하게 된다는 것은 큰 사회적 문제가 될 것이다. 이런 점에서 급등하는 지가와 주택가격의 현실에서 사회적 빈곤층에 대한 정책적 배려와 복지사회의 실현이란 측면에서 임대주택은 충분히 공급되어야 할 것이다.

제 3 절 도시 및 주거환경 정비

사례 연구 취약계층에 치명적인 젠트리피케이션

해방촌에 살던 사람들이 떠나고 있다. 뿌리 내렸던 마을 공동체는 와해되었다. 젠트리피케이션(gentrification)은 빠른 속도로 해방촌 전체로 퍼지고 있다. 해방촌 주민들이 뿔뿔이 흩어지는 이유는 '돈' 때문이다. 당초 사람들은 저렴한 집값을 보고 해방촌에 모였다. 상가 임대료를 포함해 전 · 월세 등 해방촌의 주거비는 서울 중심지 가운데 가장 낮은 편에 속했다. 서울에서 개발이 이뤄지지 않고 남은 몇 안 되는 지역인 데다 고지대인 탓에 유동인구도 많지 않았기 때문이다.

낙후된 해방촌의 현실을 감안해 지난 2015년, 서울시는 해방촌을 도시재생 활성화 지역으로 선정했다. 도시재생 활성화 지역은 '재생이 시급하지만 재생적 변화 가능성이 낮아 공공의 통합 지원이 필요한 지역'을 뜻한다. 이후 서울시와 국토교통부는 해방촌 일대에 100억 원 이상의 예산을 들이는 도시재생사업을 시작했다.

도시재생사업은 기존 지역자원을 활용한 리모델링 방식을 통한 개발사업이다. 철거를 전제로 한 뉴타운 · 재개발 사업과 결이 다르지만 '개발사업'이라는 본질은 같다. 로또에 비견되는 뉴타운 사업만큼은 아니지만 해방촌에서 진행되는 도시재생 활성화 사업 역시 부동산시장에 호재로 작용했고 실제로 임대료 상승을 이끌었다.

해방촌 젠트리피케이션이 심각한 수준으로 치닫게 된 원인은 도시재생사업 때문만은 아니다. 해방촌의 '관광지화'도 젠트리피케이션을 부채질했다. '온갖 것들'이 모여 독특한 분위기를 연출하는 해방촌의 매력은 2010년부터 입소문을 타고 알려지기 시작했다. 2015년부터는 이태원 경리단길 열풍이 건너편 해방촌으로 옮겨왔고, 연예인들이 하나둘 해방촌에 얼굴을 비치기 시작했다. 여기에 대중매체가 앞다퉈 독특한 분위기의 '카페'와 '맛집'을 소개하면서 해방촌은 완전히 '힙한(새로운 것을 지향하고 개성이 강한) 동네'가 되었다.

관광객 증가는 불에 기름을 부은 꼴이 되었다. 부동산은 들썩였고 온 동네가 새 단장한 점포들로 공사판이 되었다. 다양한 사람들을 한데 묶었던 '저렴한 집값'이라는 '연결고리'도 끊어졌다. 해방촌의 한 부동산 중개업소 관계자는 "새로 들어온 건물주들이 세를 올려 받는다"며 "월 50만 원 선에 거래되던 가게세가 150만 원을 넘어섰다"고 말했다.

관계자는 또 "오르막길 양쪽에 있는 건물은 평당 3,000만 원 정도였는데 6개월 만에 평당 6,000만 원으로 오른 가격에 거래되고 있다"고 시세를 전했다. 이로써 젠트리피케이션은 취약계층부터 시작되었다.

해방촌은 젠트리피케이션 문제가 대두되었던 서울 서촌과 홍대 앞, 이태원 경리단 길 등의 전철을 밟고 있다. 사례에 따라 주거 세입자가 내쫓기는 주거 젠트리피케이션 혹은 임차상인이 내쫓기는 상업 젠트리피케이션으로 나눌 수 있지만 이들 사이에는 공통점이 있다. 자신의 의지와 다르게 비자발적인 이주를 한다는 것이다(주간경향, 2018.7.9).

<생각해 볼 문제>

1. 해방촌 젠트리피케이션 문제를 해결할 수 있는 도시재개발 방안을 제시해 보시오.
2. 도시재생의 의미를 고찰하고 구도심권을 효과적으로 운영할 수 있는 방안을 제시해 보시오.

도시 및 주거환경 정비사업의 의미와 분류 및 과정을 파악하고, 도시 및 주거환경 정비의 효과 및 발전 과정을 파악한다.

1. 도시 및 주거환경 정비의 의미

도시 및 주거환경 정비사업은 도시재개발의 목적을 위해 수행된다. 도시재개발은 새로운 기술 및 환경 변화에 적응할 수 있는 강력한 도시계획 수단으로 광의의 도시재개발은 정태적인 기존 도시의 물리환경을 사회, 경제구조, 기술 등의 동태적인 사회·경제적 환경에 적응시켜 나가는 도시의 지속적인 성장 및 발전 과정이라고 볼 수 있다. 협의의 도시재개발은 제도적으로 허용된 도시환경의 변화를 의미한다고 볼 수 있다. 따라서 도시재개발이란 도시 인구의 증가 및 산업기술의 발달 등 도시의 사회·경제적 변화로 인해 기존 시설이 충분히 본래의 기능을 발휘할 수 없게 되어 개인의 안전, 위생과 사회복지 및 도시 기능상 장애를 초래하고, 도시를 쇠퇴화시킬 우려가 있을 때 국가의 공권력으로 기존의 도시환경을 변화시키는 도시계획사업이다.

도시 및 주거환경 정비사업의 목적은 기존 도시의 물리적 환경을 새로운 사회경제 여건에 맞게 적응시켜 나가는 도시의 성장과 발전 수단으로, 도시 및 주거환경 정비를 통해 도심부와 낙후된 주택단지를 개량하여 토지 이용의 효율성을 높이고 도시환경을 개선하는 데 목적이 있다.

미국의 대도시들은 백인 중산층의 교외 이주와 저소득 흑인들의 도심 유입으로 도시경제 기반의 약화와 함께 도시환경이 악화되는 현상이 발생했다. 따라서 도시 및 주거환경 정비사업은 이와같이 슬럼화되어 가는 도심지를 계획적으로 정비하여 도시기본계획상 적합한 기능의 시가지를 조성하고자 하는 데 목적이 있다. 도심재개발을 통해 새로운 업무지구, 상가 및 아파트 지구의 조성, 불량한 주택지구의 재개발, 학교 및 공원 등의 공공시설의 개선, 저렴한 임대주택의 공급 등이 이루어진다. 최근에 와서는 도심지뿐만 아니라, 뉴욕 시의 경우처럼 도심지의 산업시설들도 재개발하여 제조업을 유치하려 하고 있다. 이를 가리켜 산업재개발이라고 한다.

우리나라에서 도시 및 주거환경 정비사업은 1965년의 도시계획법 개정 시에 도시재개발지구의 지정에 관한 항목을 신설함으로써 시작되었다. 1971년에 도시계획법 개정 시에 도시재개발에 대한 조항을 실시했고, 1972년에 특별지구 개발의 촉진에 관한 임시조치법을 제정했으며, 1973년 주택 개량에 관한 임시조치법을 제정하여 주택지의 개량에 재개발사업의 범위를 인정했다. 1976년 도시재개발법과 1977년 동 시행령을 통해 도시의 계획적인 재개발을 통해 재개발사업을 촉진하고 도시의 건전한 발전과 공공복리의 증진에 기여하도록 했으며, 2000년 계획적이고 체계적인 도시개발을 도모하고 쾌적한 도시환경의 조성과 공공복리의 증진에 기여하도록 도시개발법을 제정하고, 2002년 도시재개발법을 폐지하고 도시 기능의 회복이 필요하거나 주거환경이 불량한 지역을 계획적으로 정비하고 노후·불량건축물을 효율적으로 개량하여 도시환경을 개선하고 주거생활의 질을 높이도록 도시 및 주거환경정비법을 제정했다. 2005년 도시의 낙후된 지역에 대한 주거환경 개선과 기반시설의 확충 및 도시 기능의 회복을 위한 사업을 광역적으로 계획하고 체계적이고 효율적으로 추진하며 도시의 균형 발전을 도모할 수 있도록 도시재정비 촉진에 관한 특별법을 제정했다. '도시 및 주거환경정비법'은 기존의 재개발, 재건축, 주거환경개선사업 등을 통합하여 제정하였으며, '도시재정비법'은 난개발, 기반시설 부족 등 개별적 정비사업의 한계를 극복하기 위하여 사업을 광역적으로 묶어서 추진하는 '뉴타운 사업'을 추진하기 위해 제정되었다.

노무현 정부에서는 '지역 균형발전'을 달성하기 위한 국정과제로 혁신도시 및 행정중심복합도시(세종시) 건설사업, 살고 싶은 지역만들기 사업이 진행되었다. 혁신도시 및 행복도시는 '수도권 인구의 지방분산'이라는 목적으로 추진된 대규모 국정과제이며, 균형발전위원회 주도로 추진된 살고 싶은 지역만들기 사업은 물리적 정비 위주의 개발에서 벗어나 질적 개선을 추구하고자 시작되었다. 또한 각 지역에서 일본의 '마치즈쿠리 운동'에 영향을 받은 자생적인 마을만들기 활동이 이루어졌다.

2013년 전체 인구의 91%와 각종 산업기반이 도시에 집중되어 있는 우리나라의 경우 도시의 주거·경제·사회·문화적 환경을 건전하고 지속가능하게 관리하고 재생하는 것이 국가경제 성장과 사회적 통합의 안정된 기반을 구축하는 데 필수불가결한 과제임에도 불구하고 현행 제도로는 도시재생에 필요한 각종 물리적·비물리적 사업을 시민의 관심과 의견을 반영하여 체계적·효과적으로 추진하기 어려운 바, 이 법을 제정함으로써 계획적이고 종합적인 도시재생 추진체제를 구축하고, 물리적·비물리적 지원을 통해 민간과 정부의 관련 사업들이 실질적인 도시재생으로 이어지도록 함으로써 궁극적으로 지속적 경제 성장 및 사회적 통합을 유도하고 도시문화의 품격을 제고하는 등 국민 삶의 질을 향상시키는 데 기여하기 위해 도시재생 활성화 및 지원에 관한 특별법(시행 2013.12.5)을 제정하였다.

2. 도시 및 주거환경 정비사업의 분류

도시 및 주거환경 정비사업의 형태는 시행 목적, 재개발 대상, 법규 등에 의해 분류할 수 있으나, 여기서는 시행 목적과 개발 대상으로 나누어 살펴본다.

1) 시행 목적에 의한 분류

(1) 수복재개발

도시시설 및 건물의 불량, 노후 상태가 관리나 이용 부실로 발생된 경우 본래의 기능을 회복하기 위해 현재의 대부분 시설을 그대로 보존하면서, 노후 및 불량화의 요인만을 제거하는 소극적인 도시재개발 방법이다. 이러한 방법은 기존의 자원을 최대한도로 활용하고 기존의 생활 패턴을 존중함으로써 변화에 의한 피해를 최소화할 수 있고, 도시의 발전 성장을 의도적으로 강요하기보다는 도시의 다양한 기능과 우선순위 등의 상관 관계에 의해 자연적으로 진행되도록 하는 재개발 방법의 하나이다.

(2) 개량재개발

기존 도시환경의 시설 기준 및 구조 등이 현재의 수준에 크게 미달되는 경우 기존 시설의 확장, 개선 또는 새로운 시설의 첨가를 통해 기존 물리적 환경의 질적 수준을 높여 도시 기능을 제고시키고자 하는 도시재개발의 한 형태이다. 개량재개발은 자연발생적 도시 발전 형태를 취해온 개발도상국들의 도시개량 사업으로 많이 이용된다.

(3) 보전재개발

도시지역이 아직 불량노후 상태가 발생되지는 않았으나, 앞으로 노후 불량화가 야기될 우려가 있을 때, 사전에 불량 노후화의 진행을 방지하기 위해 채택하는 가장 소극적인 도시재개발이다. 보전재개발의 이용 형태는 역사적 또는 건축학적 가치가 있는 건물이나 시설물, 집단지역의 원형 보존사업을 들 수 있다. 원형 보존 방법으로는 시설물 등의 이용 제한, 개수, 그리고 각종 도시 서비스의 양과 질의 향상된 공급 등이 포함된다.

(4) 철거재개발

철거재개발은 부적정한 기존 환경을 완전히 제거하고 새로운 환경, 즉 시설물로 대체시키는 가장 대표적인 도시재개발의 유형이다. 철거재개발이 요청되는 이유는 첫째, 지구의 기능 갱신이나 토지 이용의 효율화를 위해 새로운 시설물이 필요하거나, 둘째, 기존 환경의 불량 및 노후 등으로 인한 안전, 위생 및 사회복지에 대한 위해 요인이 기존 시설의 안전 철거 정비 방법을 통하지 않고서는 불가능하다는 것이 증명되거나, 셋째, 도시재개발 목적을 달성하기 위해서는 철거 정비 후 재건설이 기타의 도시재개발 방법보다 경제적인 것으로 판명되는 경우에 한정된다.

2) 대상에 의한 분류

(1) 주거지 재개발

주거지 재개발이란 도시지역의 주거 기능을 향상시키기 위해 불량 주거지를 대상으로 실시하는 도시재개발사업이다. 이 방법의 주요 목표는 ① 주거지의 불량·노후의 요인을 제거하여 주거의 안전, 보건 및 사회복지를 증진시키고, ② 부적절한 주거환경으로 인하여 발생되는 도시 기능 장애 및 기타 사회적 부담 효과를 최소화시키려는 두 가지 목적을 동시에 달성하기 위한 사업이다.

(2) 상업업무지구 재개발

상업업무지구 재개발은 도시의 중추 기능인 상업 및 업무지역을 개량하는 것으로 시가지 재개발이라고 부른다. 상업업무지구의 재개발은 토지 이용의 고도화와 토지의 평면적 확산이라는 두 가지 형태를 지니게 된다. 따라서 도시 내 기존 상업 업무지구가 노후, 불량하여 쇠퇴하게 될 경우, 도시의 상업 업무 기능이 확대되어 기존의 각종 업무 공간의 확대가 필요한 경우에 실시하게 된다.

(3) 공공시설 재개발

공공시설 재개발은 도심지역에 무계획적으로 건설한 공공시설에서 벗어나 급격한 도시행정의 수요에 대응하기 위해 도시의 공공시설을 변화시키는 것을 의미한다. 그리고 노후 및 불량한 상·하수도, 전기, 가스 등 공급 처리시설의 대규모 개량 및 비체계적인 가로망의 확장, 재배치, 주차공간의 확장 및 공공병원, 대학교 등 공공시설의 재개발을 포함한다.

3) 도시 및 주거환경정비법에 의한 분류

첫째, 주거환경개선사업이란 도시 저소득 주민이 집단 거주하는 지역으로서 정비기반시설이 극히 열악하고 노후·불량건축물이 과도하게 밀집한 지역의 주거환경을 개선하거나 단독주택 및 다세대주택이 밀집한 지역에서 정비기반시설과 공동이용시설 확충을 통하여 주거환경을 보전·정비·개량하기 위한 사업이다.

둘째, 재개발사업이란 정비기반시설이 열악하고 노후·불량건축물이 밀집한 지역에서 주거환경을 개선하거나 상업지역·공업지역 등에서 도시기능의 회복 및 상권활성화 등을 위하여 도시환경을 개선하기 위한 사업이다.

셋째, 재건축사업이란 정비기반시설은 양호하나 노후·불량건축물에 해당하는 공동주택이 밀집한 지역에서 주거환경을 개선하기 위한 사업이다.

4) 도시재생 활성화 및 지원에 관한 특별법에 의한 계획 분류

도시재생 활성화계획이란 도시재생 전략계획에 부합하도록 도시재생 활성화지역에 대하여 국가, 지방자치단체, 공공기관 및 지역주민 등이 지역발전과 도시재생을 위하여 추진하는 다양한 도시재생사업을 연계하여 종합적으로 수립하는 실행계획을 말하며, 도시경제기반형 활성화계획과 근린재생형 활성화계획으로 나누어진다.

첫째, 도시경제기반형 활성화계획은 산업단지, 항만, 공항, 철도, 일반국도, 하천 등 국가의 핵심적인 기능을 담당하는 도시·군계획시설의 정비 및 개발과 연계하여 도시에 새로운 기능을 부여하고 고용기반을 창출하기 위한 도시재생 활성화계획이다.

둘째, 근린재생형 활성화계획은 생활권 단위의 생활환경 개선, 기초생활 인프라 확충, 공동체 활성화, 골목경제 살리기 등을 위한 도시재생 활성화계획으로 선도지역과 일반지역으로 나누어지는데, 선도지역은 일반 규모와 소규모, 일반지역은 중심시가지형과 일반형으로 나누며 전자는 규모, 후자는 성격에 따라 유형을 세분하고 있다.

3. 도시재생 활성화 특별법의 추진 과정

국내 도시재생사업의 사업 추진과정은 크게 기반구축단계, 활성화계획 수립단계, 사업시행단계로 구분된다.

1) 기반구축단계

기반구축단계는 행정전담조직 및 사업총괄코디네이터, 현장지원센터, 주민협의

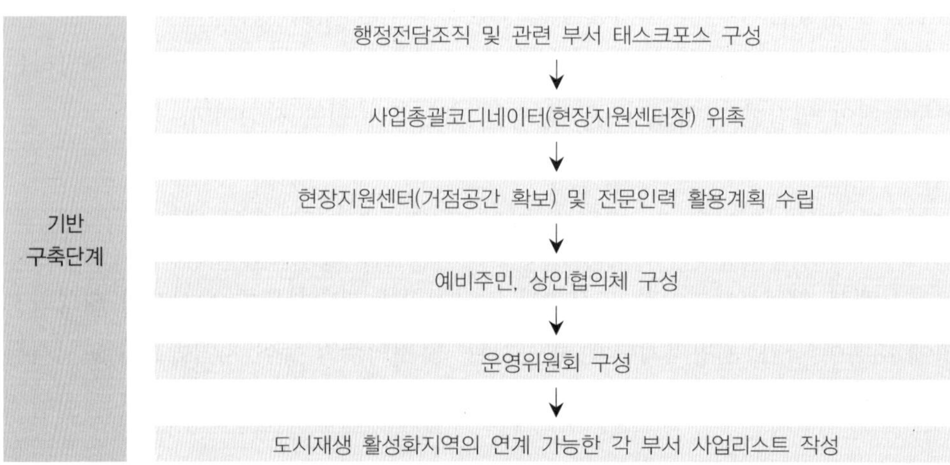

체 등 사업추진을 위한 다양한 이해관계자들의 협업 및 파트너십 구축을 위해 체제를 마련하고 조직을 구성하는 것이 주를 이룬다.

2) 활성화계획 수립단계

도시재생 활성화계획 수립단계에서는 도시쇠퇴 진단 및 지역의 잠재력을 기반으로 실제 사업추진이 가능하도록 활성화계획을 수립하며, 핵심 컨텐츠 발굴 및 단위세부사업 등을 발굴한다. 수립된 도시재생 활성화계획을 토대로 세부사업 실행 단계에 들어서면 사업추진협의회를 구성하고 발굴된 다양한 실행 주체들과 더불어 세부사업들을 추진해 나간다. 이 과정에서 단위사업의 보완 및 추가 세부사업의 발굴 등이 진행되기도 한다.

도시재생 선도지역의 경우 도시재생 전략계획의 수립 없이 도시재생 활성화계획만으로 사업이 추진되며, 활성화계획 수립 진행과 주민참여 역량 강화를 위한 프로그램이 동시에 운영된다.

도시재생 활성화계획 수립단계

도시재생 활성화계획 수립 용역 발주

↓

주민공동체 역량 강화 교육 기획 및 시행(1단계)

*관련 부서 태스크포스 → 행정협의회 구성

↓

쇠퇴진단 및 지역자산 발굴, 잠재력 분석

↓

핵심 전략(핵심 컨텐츠) 발굴

*단계별 주민역량 강화 교육(2단계) 및 현장활동가 등 교육 기획 및 시행

↓

부서, 부처 협업사업 발굴 및 연계

↓

핵심 컨텐츠 추진을 위한 단위사업 계획 수립 및 시행 주체 발굴

*필요시 세부사업 계획 수립

↓

도시재생 활성화계획 승인절차(공청회 → 도시재생위원회 심의 → 승인)

*(예비)주민, 상인협의체 → 주민, 상인협의체

사업시행 단계	*운영위원회 → 사업추진협의회 구성 ↓ *단계별 주민역량 강화 교육(3단계) 및 현장활동가 등 교육 기획 및 시행 ↓ 부서, 부처 협업, 연계사업 계속 시행 ↓ 토지 등 소유자, 민간 투자 사업의 유치 및 시행 ↓ 단위사업 보안, 신규사업 발굴 ↓ 마중물사업 종료 후 도시재생사업의 관리 및 운영계획 수립
사업지속 단계	↓ 도시재생사업 지속 계획 실행 ↓ 지속가능한 도시재생을 위한 운영 관리 지원

3) 사업시행단계

도시재생사업의 추진 목적 중 중요한 목표는 사업을 추진하는 다양한 이해관계자들 간의 협력을 기반으로 한 거버넌스의 구축이다. 도시재생사업의 추진단계에서 사업총괄코디네이터, 현장활동가, 행정조직, 주민협의체, 사업추진협의회 등 다양한 이해관계자들이 존재한다. 지역의 도시재생사업을 이끌어나가기 위한 도시재생 전담조직과 도시재생지원센터, 활성화지역의 사업추진을 관리하는 현장지원센터 등이 필요하며, 주민이 주체가 되어 사업을 추진할 수 있는 근간이 되는 주민협의체와 사업추진협의회의 조직과 이들 간의 협력이 중요하다.

4. 도시재생사업의 과제

1) 공정하고 객관적인 기준에 의한 도시재생사업의 배분

도시재생사업의 선도지역과 일반지역의 배분에 있어 명확한 기준에 의한 배분이 이루어져야 하며, 또한 경제기반형 활성화사업과 근린재생형 활성화사업에 있어서도 일반 국민들이 수용할 수 있는 선발기준에 의해 배분이 이루어지도록 해야 한다.

2) 도시재생 활성화계획에 있어 소프트웨어 단위사업의 반영

도시재생 활성화계획에 있어 선도지역이나 일반지역 모두 물리적 개선에 중점을 두는 하드웨어 사업을 주로 추진하고 있으나 도시재생 활성화를 위해 소프트웨어 사업을 적극적으로 추진할 필요가 있다. 특히 천편일률적인 하드웨어 위주의 사업 구성으로 인해 지역이 가진 독특한 자산을 활용하려는 노력이 부족한 실정이다.

3) 도시재생 사업계획의 적실성 강화 필요

기존의 계획들이 인구성장 기반의 계획수립체계로 인해 공급된 기반시설의 공급과잉현상, 부동산 방치로 인한 관리비용 증가, 세수 감소, 사회복지지출 부담 증가, 재정자립도 감소 등 공공의 부담이 증가하고 있어 인구추계의 엄밀성을 강화하여야 한다. 활성화계획 변경 시에 수립절차와 동일한 과정을 거치도록 하고 있어 활성화계획이 지역의 상황이나 여건 등 변화되는 환경에 적절히 대응하기에 어려움이 있다. 또한 막대한 재정이 특정 지역에 집중되어 지역 지정에 따른 투기유발, 임대료상승, 원주민 퇴거의 젠트리피케이션(gentrification) 문제가 발생할 수 있고 도시재생사업 구성상 유동인구 증대를 유도하는 집객시설 설치나 관광여건 조성에 초점을 두고 있어 원주민의 정주여건 개선 등 삶의 질 향상에는 기여하지 못한다.

4) 도시재생사업 추진 조직의 한계

지방자치단체 행정 전담조직이 '과' 단위로 운영되고 있어 타 부서와 업무조율이 어려우며, 실제 도시재생 부서의 실무 전담인력을 1~3명 수준에 불과하여 지역 내 도시재생사업을 원활하게 관장하기에는 어려움이 있다. 전담조직의 낮은 위계로 인해 도시재생사업은 물리적 개발사업부터 프로그램 사업까지 다양한 영역이 있으나 타 부서의 협력없이 전 과정을 소수의 재생 전담인력이 담당하고 있다.

5) 도시재생사업의 예측상의 한계

도시재생을 추진하는 지방자치단체의 경우 서울이나 경기도 일부 도시는 재정 자립도가 60% 이상이지만 상당수 지방중소도시는 재정자립도가 낮아 동일한 매칭 비율을 적용 시에는 지방 중소도시가 추진하기에는 어렵다. 또한 도시재생사업에 대해 포괄보조금은 지역의 고유한 자산을 활용하여 지방자치단체별 한도에 맞게 사업을 선택하여 추진하고 그에 따른 책임을 지도록 하고 있으나, 실제로는 도시재생사업에 대한 포괄보조금은 국토교통부의 승인을 얻어야 하므로 포괄보조금의 취지를 살리지 못하고 있다.

연구 과제

1. 국가경쟁력을 강화할 수 있는 토지정책 방안은 어떤 것이 있는지를 제시해 보시오.
2. 수도권 주택문제를 극복할 수 있는 수요 측면과 공급 측면의 정책 방안을 제시하고, 가장 최적의 방안에 대해 자신의 견해를 기술하시오.
3. 도시재개발을 추진하는 과정에서 저소득층인 거주자들의 삶의 질 확보와 사회적 관계를 유지할 수 있는 방안을 제시해 보시오.

제 11 장

교통 · 환경정책

학습 목표

- 도시 교통문제의 특성과 교통 체계의 내용을 살펴본다.
- 도시 교통문제의 유형과 발생 원인, 해결 방안을 이해한다.
- 도시 환경문제의 유형과 측정 방법을 파악한다.
- 환경행정의 조직과 주요 정책 내용을 학습한다.

사례 연구 전기차와 수소차의 도전

우리나라는 2005년 수소 경제 시대를 열겠다고 선언했지만, 2018년 기준 국내 수소차는 200대가 안 된다. 미국 부시(George W. Bush) 대통령과 일본 고이즈미(小泉) 총리는 2002년 수소차를 3년 안에 실용화하겠다고 했지만, 2017년 9월 기준 전 세계 수소 승용차는 5,660대에 불과하다.

최근 자동차 시장 사정이 많이 바뀌었다. 폴크스바겐 배기가스 조작 사건을 계기로 디젤차의 한계가 노출되었다. 유럽 국가들은 잇따라 2025년 또는 2040년까지 휘발유차, 경유차를 퇴출시키겠다고 했다. 대기 오염이 심각한 인도도 화석연료 차를 몰아내겠다고 나섰다.

대안(代案)은 전기차와 수소차일 것이다. 둘 다 전기 모터가 동력이다. 배기가스가 안 나오고 소음도 거의 없다. 더구나 미래형 자율 주행차는 전기차, 수소차라야 제대로 구동된다. 자율차는 많은 센서와 고성능 카메라를 장착하고 주변 상황을 시시각각 그래픽으로 변환시켜 엄청난 양의 정보 처리를 해야 한다. 그런데 기존 석유차 배터리 용량은 고작 1kWh 수준이다. 100W 전구 10개를 한 시간 켜면 소진된다. 반면 전기차는 배터리에 전기를 30kWh, 많으면 60kWh까지 보관한다. 수소차는 용량이 더 크다. 넥쏘는 연료탱크에 6.33kg 수소를 담는데 이걸 60% 효율로 전기로 바꿀 경우 120kWh가 된다. 전동화(電動化)에는 수소차가 배터리 전기차보다 훨씬 유리하다.

수소차는 전기차의 짧은 주행거리, 긴 충전 시간의 단점도 없다. 넥쏘는 한 번 충전으로 600km를 간다. 충전에 5분이면 된다. 전기차는 급속 충전으로도 30분 걸리고 주행거리는 200~300km 수준이다. 그러나 수소차는 충전 인프라를 새로 구축해야 한다. 국내에 전기차 급속 충전기는 1,500기가 보급되어 있다. 수소 충전소는 14곳뿐이다. 굴러다니는 수소차가 없는데 누가 충전소를 세울 것이며, 충전소가 없는데 누가 수소차를 사겠느냐는 '닭과 달걀'의 문제에 봉착한다. 수소 충전소 한 곳 짓는 데 20~30억 원이 든다. 도심에 충전소를 세우려면 폭발 우려에 대한 심리적 거부감도 극복해야 한다. 수소차는 에너지 손실도 크다. 수소는 맹물에서 공짜로 만들어지는 무한 에너지가 아니다. 예를 들어, 석탄발전소에서 전기를 생산하는 과정에서 이미 에너지의 60%가 없어지는데 그렇게 해서 만든 전기를 갖고 물을 분해해 수소를 만들 때 또 상당 부분 전기가 사라진다. 그 수소를 자동차 연료탱크로 운반·주입하기까지 또 일부 에너지가 소실되고, 수소를 전기로 바꿔 모터를 돌리는 데 다시 40% 에너지가 없어진다. 경우의 수마다 계산이 복잡하겠지만, 수소차 에너지 효율은 전기차의 절반 정도라는 연구들이 있다.

종일 운행하는 사업용 차량이나 장거리를 뛰는 버스, 에너지 소모가 큰 SUV 등은 전기차 배터리로는 감당하기 힘들 수 있다. 결국 미래차 영토는 도심 단거리용 전기 승용차와 대형 또는 장거리 주행용 수소차로 양분될 거라는 전망도 있다. 기후변화 시대에 에너지 소모가 큰 수소차가 주도권을 쥐려면 이산화탄소를 배출하지 않는 원자력과 신재생 전기가 남아돌 정도가 되어야 할 것이다. 탈(脫)원전과 자율 주행 수소차는 좀체 양립하기 힘든 것 같다(조선일보 한삼희 환경칼럼, 2018.2.10).

<생각해 볼 문제>

1. 많은 국가들의 정책적인 관심에도 불구하고 휘발유차와 경유차에 비교해서 전기차와 수소차의 비율이 잘 증가하지 않는 이유는 무엇이라 생각하는가?
2. 미래형 자동차로서 경제성과 환경성의 관점에서 전기차와 수소차를 비교하시오.
3. 탈 원전 정책과 수소차 보급 확대는 양립할 수 있는가?

제 1 절 도시교통정책

보행에서 시작된 인류의 교통 역사는 산업화를 거치면서 교통의 수단이나 방법이 많이 변화되었으며, 앞으로도 이러한 변화는 더욱 가속화될 전망이다. 도시로의 인구 집중으로 교통문제로 인한 엄청난 사회적 비용이 발생하고 있다. 우리나라도 1960년대 이후의 급격한 경제 성장과 대도시로의 인구 집중으로 도시의 교통난은 점차 악화되고 있다. 이 장에서는 도시교통의 개념과 특성 및 도시교통 체계를 살펴보고, 우리나라 교통문제의 유형과 발생 원인을 규명한 뒤 문제 해결을 위한 정책 방안을 기술하고자 한다.

1. 도시교통의 의의

1) 도시교통의 개념

교통은 사람이나 화물에게 장소 간 움직임의 편의를 제공한다. 도시교통은 도시 생활에서 사회경제적 욕구가 발생하는 장소와 욕구 충족이 이루어지는 장소 간 차이를 극복하는 데 기여하는 서비스이다. 넓은 의미의 교통문제는 ① 교통 혼잡, ② 교통사고, ③ 접근난(接近難), ④ 소음과 진동, ⑤ 긴장과 불안감, ⑥ 대기오염, ⑦ 시선 장애와 경관 저해 등으로 분류될 수 있지만, 좁은 의미의 교통문제는 교통 혼잡에 국한된다. 교통 혼잡은 교통난(交通難)으로 표현하기도 한다.

넓은 의미로 교통문제의 원인은, 첫째, 교통 혼잡은 도로 면적당 차량 수, 교통망의 배열, 도시 기능의 배치, 중심지의 형태와 크기 등에 원인이 있다.

둘째, 교통사고는 도심지 내에서 차량의 흐름과 횡단보도의 체계와 운용이 원활치 못한 데서 발생한다.

셋째, 접근난은 도시의 한 지구 내에서 다른 지역으로 연결하는 도로가 없거나 교통 혼잡, 도로시설 미비로 연관된 도시사회가 지역적으로 격리되는 데에서 나타난다.

넷째, 모든 교통기관에서 소음과 진동이 발생하며, 이러한 것들은 주변의 건물 · 주택 · 거주민에게 환경적 피해나 불안감을 준다.

다섯째, 긴장과 불안감은 운전자나 승객, 그리고 보행자의 건강을 해치고 사고 확률을 높인다.

여섯째, 교통기관에 의한 대기오염은 완전 연소시킬 수 없는 유류와 내연기관의 사용에 기인한다.

일곱째, 자동차 표면에서 발생하는 반사광은 시각 장애를 일으키고, 도로표지 · 신호 체계 · 노상 구조물 · 고가도로 등은 도시의 경관을 저해할 수 있다.

따라서 도시교통 문제를 해결하기 위해서는 도시사회의 교통수단, 교통시설, 공간구조 등을 끊임없이 개선하고 체계화하여 인간과 재화의 수송을 원활히 해야 한다.

2) 도시교통의 특성

도시교통은 다음과 같은 특성을 가지고 있다.

첫째, 지역사회의 경제적 · 사회적 발전에 많은 영향을 미친다.

둘째, 도시교통이 제공하는 서비스는 외부 효과가 큰 공공재적 특성을 지닌다.

셋째, 비교적 좁은 지역에서 다량의 교통이 집중하는 교통 혼잡이 반복된다.

넷째, 단거리 교통이 대부분을 차지하고, 시간적 주기성이 있다. 하루 중 오전과 오후 2회에 걸쳐 피크 현상이 발생한다.

다섯째, 교통 목적과 통행 수단이 다양하다.

이러한 도시교통의 특성으로는 차량의 밀집으로 인한 교통사고의 증가, 차량의 주행 속도 저하, 도심부와 진입도로의 병목 현상, 러시아워 혼잡 등의 문제점이 나타난다. 이로써 도시교통의 효율적 운용이 이루어지지 못해 사고 처리 비용의 지출, 대기오염 관리 비용의 증가, 시간과 에너지 낭비, 피로와 스트레스 등 외부불경제가 발생한다.

2. 도시교통 체계

1) 도시교통 체계의 의의

도시 내에서 시민의 교통 수요를 충족하기 위해 도시교통의 공급 수단을 확보해야 한다. 도시교통 수요에 대응한 공급 체계를 교통 체계라고 한다. 교통 체계는 보는 관점에 따라 여러 가지 요소로 구성된다. 교통 체계는 단순히 교통 공급 체계뿐만 아니라 기동력의 확보와 관련된 지역사회의 물적 · 인적 · 기술적 · 재정적 자원의 총체적인 관계를 의미하기 때문에 포괄적인 개념이다.

광의로 보면, 교통 체계는 ① 사회경제적 활동이 일어나는 공간과 토지 이용, ② 활동 간 물리적 연계 수단인 도로와 철도, 그리고 버스 · 보도와 같은 교통수단, ③ 교통망 관리와 운영을 담당하는 조직과 행정 체계, ④ 운전자와 이용자로 구성된다.

교통 체계를 협의로 파악할 때에는 일반적으로 교통 공급 체계로 규정한다. 이러한 협의의 교통 체계가 교통문제를 해결하기 위한 실제적 정책과 계획의 직접적 대상이 된다. 교통 체계는 시민의 기동력은 물론이고 사회경제적 활동을 결정하는 중요한 요소가 된다. 따라서 교통정책이나 교통계획을 수립할 때 염두에 두어야 할 점은 주어진 교통 수요를 만족시키는 교통 체계를 어떻게 구축하고 그 적정 기능을 유지하느냐 하는 것이다. 이 점에서 교통 체계를 올바르게 이해하고 구성 요소와 상호관계를 정확하게 파악하는 것이 중요하다.

2) 도시교통 체계의 구성 요소

교통 체계는 다양하게 정의되고 있다. 교통 체계를 광의로 파악하면, 승객 화물 운송 체계, 수송로, 환승시설, 관리 체계, 경영 체계로 구성된다. 도시교통 체계는 협의로는 교통 공급 체계로 이해된다. 이 경우 그 구성 요소는 개별 도시의 규모와 성격 및 개발 정도 등에 따라 다르지만 대략 다음과 같다.

① 자동차: 주로 개인이나 공공기관 등이 사용(私用)으로 이용하는 차량으로 대중교통 수단은 제외된다.

② 도로망과 가로 체계: 차량이 운행되는 시설인 도로 공간과 이에 부대되는 시설인 주차장, 화물 하역장, 승하차장, 버스 정류시설 등이다.

③ 대중교통 수단과 대중교통시설: 도시 내부에서 운행을 주목적으로 하는 각종 대중교통 수단과 이를 지원하는 고정시설이다. 즉, 버스, 택시, 전차, 전철, 지하철과 버스 정류장 등이 이에 포함된다.

④ 기타 교통시설: 이에는 시외와 국외 교통시설이 포함되며, 예시하면 시외버스 정류장, 기차역, 공항, 항만 등이 있다.

한편 교통 체계에서 중요한 부분을 차지하는 도로는 여러 가지 형태로 분류할 수 있으나, 본래의 기능에 따라 분류해 보면 지구 내 도로(local street), 집산도로(collector street), 간선도로(arterial 또는 main street), 지구 간 도로(free way, high way, express way)의 네 가지로 나눌 수 있는데, 이들 각각 교통계획상 갖는 기능과 특성은 다음과 같다.

(1) 지구 내 도로

지구 내 도로는 집산도로에, 집산도로는 간선도로에 순차적으로 연결시킴으로써 지구 내 도로에서 간선도로까지 차량 운행이 순조롭게 진출 또는 진입할 수 있도록 한다.

(2) 집산도로

집산도로는 지구 내 도로로부터 발생되는 교통을 모아서 간선도로 또는 집산도로변에 위치한 쇼핑센터, 학교, 커뮤니티 센터 등에 접근할 수 있도록 체계화된 도로로 환경지구를 포위하는 근간이 된다.

(3) 간선도로

간선도로의 기능은 첫째, 자동차, 트럭, 버스, 장거리 통행 등의 교통을 대량 수송케 하는 역할, 둘째, 주변의 토지 또는 건물에서 도시의 제반 활동이 가능하도록 차량을 출입케 하는 데 일정한 제한을 가한다는 점, 셋째, 지구 내 도로나 간선도로와 같이 부대시설을 설치하는 데 쓰이고, 광선과 신선한 공기를 제공하는 공간 녹지로서의 역할을 하며, 특히 대규모의 도시경관 설계를 할 수 있는 공간을 제공해 준다.

(4) 지구 간 도로(고속도로)

지구 간 도로는 교차지점에서 자유롭게 진로를 선택할 수 있고 차량을 고속도(高速度)로 운행할 수 있고, 직행 또는 급행도로(express way), 고가고속도로(super highway)와 같은 의미를 갖는다. 파크웨이(parkway) 또는 스카이웨이(skyway)는 관광 목적의 차량만이 통행이 허용되고, 신도시 또는 도시 주변부에 있는 지역 간 도로의 한 부분이다. 제한된 접속로, 주차 금지, 평면 교차가 아닌 입체 교차는 지역 간 도로의 구조적 특성이다. 차량의 통행면에서 고속도로가 많은 교통량을 소통시킬 수 있다는 점에서 가장 효율적인 도로이다.

3. 우리나라 도시 교통문제의 유형과 발생 원인

여기서는 우리나라를 중심으로 도시 교통문제의 유형과 실태를 살펴보고자 한다.

1) 교통 혼잡

소득이 증가하면서 삶의 질도 향상되었고, 아울러 통행 거리나 통행 횟수도 급속하게 증가해 왔다. 특히 개인 승용차의 보유량이 늘어나면서 더 많은 여가 통행이 증가했다. 외환위기를 겪었던 1998년과 2003년 이후 경기침체에 따른 일시적인 증가세 둔화를 제외하면, 1960년 이래 승용차 등록 대수는 급격히 증가했다. GDP와 교통량의 증가 추이도 비례 관계를 보여 왔다.

2018년 12월 말 기준, 자동차 누적 등록 대수가 2,320만 2,555대로 인구 2.2명당 자동차 1대를 보유하고 있는 셈이다. 전체 자동차 등록 대수 증가세는 2014년부터 5년 동안 소폭 감소하고 있지만, 가구당 2~3대 보유의 보편화, 1인 가구 증가 등으로 당분간 완만하지만 지속적인 증가세를 유지할 전망이다. 친환경차의 등록 대수는 증가하고 있다. 미세먼지 저감을 위한 정부의 친환경차 보급 확대 정책과 국민들의 공기 질 등 대기환경에 대한 인식 변화에 따른 것이다. 하이브리드, 전기차, 수소차는 총 46만 1,733대로 전체에서 차지하는 비율이 2017년 1.5%에서 지난해 2.0%로 늘어났다. 특히 전기차는 2017년 2만 5,108대에서 2018년 5만 5,756대로 1년 만에 약 2.2배 증가했으며, 수소차도 893대가 등록되어 2017년(170대) 대비 약 5.3배 증가했다. 최근 미세먼지 심각성, 유지비 절감, 효율에 대한 국민적 관심 증가에 따라 자동차에 대한 소비자들의 구매패턴도 계속해서 변화하고 있다

표 11-1 자동차 등록 대수 추이

구 분	2011년	2012년	2013년	2014년	2015년	2016년	2017년	2018년
등록 대수(만)	1,844	1,887	1,940	2,012	2,099	2,180	2,253	2,320
전년 대비 증감비(%)	2.8	2.3	2.8	3.7	4.3	3.9	3.3	3.0

자료: 행정안전부 내부자료(2019).

(Auto Times, 2019.1.16).

일반적으로 교통 혼잡 비용은 교통 지체, 대기오염, 소음, 심리적 갈등 등의 요인으로 비용을 합산해서 추정할 수 있다. 그러나 이러한 모든 교통문제의 사회적 비용을 측정하는 것이 어렵기 때문에 교통 지체로 인한 추가적 운행 비용과 시간 비용을 합산하여 교통 혼잡 비용을 추정하는 것이 보통이다.

우리나라의 2015년 기준 전국 교통 혼잡 비용은 33.4조 원으로 GDP 대비 2.13%에 달한다. 교통 수요의 증가에 따른 사회적 비용을 나타내는 전국의 교통 혼잡 비용은 2005년 23.5조 원에서 33.4조 원으로 증가하였다. 지난 2005년부터 2015년 동안 전국 교통 혼잡 비용 증가율은 연평균 3.6%이다. 미국의 경우 교통 혼잡 비용이 GDP 대비 0.83% 수준인 것을 감안하면 교통 혼잡으로 인한 사회적 낭비가 심하다. 우리나라의 1일 평균 통근 시간은 58분(2010년 기준)으로 OECD 국가 중 최장이다. OECD 국가들의 평균 통근 시간인 29분 대비 두 배이며, 주요국인 일본(40분), 독일(27분), 미국(21분) 등과 비교해도 매우 긴 수준이다. 통계청에 따르면, 국내 평균 통근 시간은 2015년 기준 62분으로 늘어나는 등 점차 통근 시간이 길어지는 추세이다(현대경제연구원, 2017).

2) 주차문제

교통문제 중 소통문제와 더불어 대도시의 주차문제는 하루가 다르게 악화되고 있다. 주차 수요가 높은 도심에서는 주차공간의 부족으로 인해 불법 주차가 성행하고 주차장을 찾아 배회하는 차량들로 인해 교통 소통과 안전에 장애가 되고 있다. 주차공간의 부족은 이제는 도심지만의 문제가 아니라 부도심과 변두리의 주거지역 등으로 점차 확산되고 있다. 주차문제를 야기하는 근본적인 원인은 자동차의 급증과 용지 부족으로 인한 주차시설의 확충 한계, 그리고 무질서한 교통문화 등을 들 수 있다. 특히 소득 수준의 향상으로 인한 자가용 승용차의 급증이 주차난을 가중시키는 가장 큰 원인이다.

주차장은 그 형태나 종류에 따라 관리 주체 및 영업 방법이 다르다. 주차장의 관리 및 운영은 기본적으로 주차장법에 규정되어 있다. 주차장은 크게 노상, 노외,

건축물 부설 주차장으로 구분한다. 노상주차장은 그 주차장을 설치한 시장 또는 군수가 직접 관리하거나 위탁자가 위탁 관리할 수 있다. 노상주차 관리 위탁자의 자격은 그 지방자치단체의 조례로 정한다. 노외주차장은 그 주차장을 설치한 자가 관리한다. 대부분의 민영 노외주차장은 재정적인 어려움이 있어 세차장을 공동 운영하고 있다. 건축물 부설 주차장은 도시계획구역 안에서 건축물을 건축하거나 용도 변경하고자 하는 자가 건축물의 내부 또는 그 부지 안의 일정한 구역에 설치할 수 있다.

도시 교통문제의 일부로서 주차난으로 불리는 주차문제는 주차장의 공급 부족뿐 아니라 주차에 대한 적절한 관리의 문제도 있다. 관리 측면에서 주차문제는 전문 인력의 절대 부족, 주차관리 체계의 미비, 주차 관련 규제의 미비, 주차 질서 의식의 결핍 등에 기인한다. 도심지 주차공간의 절대 부족은 주차해야 할 차량이 주차공간을 찾아다녀야 한다든가 아니면 노상 불법주차를 하게 됨으로써 다른 교통에 지장을 초래하여 도시교통난의 가중 요인이 된다. 최근 각 도시에서는 주차장법에 의해 주차 정비계획을 수립하고 주차장의 정비 및 공급을 도모하는 등 체계적인 주차 대책을 수립하고 있으나, 투자 재원 및 도시 내 가용 토지 부족으로 주차 수요를 충족시킬 만한 충분한 주차시설 공급이 저조한 실정이다.

주차문제 해결을 위해서는 첫째, 근본적으로 주차문제를 유발하는 용도의 건축물을 도심 외곽으로 분산시키고, 도심에는 대단위 주차시설을 설치하거나, 부속주차 시설을 의무화하는 등 시설의 규제를 강화하고, 노후지구의 합리적인 도시정비를 통해 주차환경을 개선하는 방법이 있다. 이것은 주차장의 확보율을 높이는 방안에 해당한다. 둘째, 주차장 문제는 과밀한 도심지역의 일정 시간대 혹은 일시적인 주차 혼잡 현상이 원인인 경우가 있는데, 이러한 경우에는 주차장 상황과 정보를 효과적으로 관리하고 이용자에게 정보를 제공하고 나아가 다양한 공유경제 모델을 활용한 스마트 주차관리 시스템을 통하여 해결할 수 있다. 이것은 정보 공유와 이용 공유를 통하여 주차장의 활용률을 높이는 방안이다. 지역에 따라 주차장은 차량 보유 대수를 100% 이상 넘은 곳도 있다. 그럼에도 주차난은 주로 특정 시간대 특정 장소를 중심으로 발생하고 있어, 이에 관한 정보의 실시간 제공과 합리적인 스마트 관리 시스템, 그리고 유휴 주차시설의 공유 경제적 제공 및 활용을 통해서 문제를 해결할 수 있다(손형섭, 2017).

3) 대중교통

대중교통(大衆交通, public transportation)은 일반 대중이 이용할 수 있는 교통 서비스를 제공하는 모든 교통시설 및 수단을 포괄적으로 지칭한다. 이와 같은 대중교통은 광범위하게는 항공, 해상, 도로, 철도, 그리고 지역 내, 지역(도시) 간, 국제 교통 체계 모두에 존재하며, 도시교통 체계에서는 도시철도, 시내버스, 마을 혹은 지선버스 수단과 관련 시설이 대표적이다. 지역(도시) 간 교통수단으로 항공, 해운(수로), 일반철도, 고속철도, 고속버스, 광역철도가 있으며, 국제 간 대중교통 서비스는 일반철도, 고속철도, 해상(수로), 항공 교통망에 의해 제공된다.

대중교통 수단의 공급 부족과 서비스의 문제는 우리나라 대부분의 도시의 출퇴근 시간에 심각하게 나타난다. 우리나라는 아직도 도시교통에서 대중교통 수단이 지배적인 위치를 차지하나, 정책 관리자들은 주로 교통 혼잡문제에만 매달린 나머지 지하철이나 버스의 서비스 수준 향상은 이루어지지 않고 있다. 정책 당국자들은 대중교통 수단의 서비스 수준 향상이 장기적으로 자가용 승용차의 이용률을 줄이고 궁극적으로는 도로 교통 혼잡의 완화에 도움을 줄 수 있다는 사실을 간과한 채 다양한 교통 수요에 부응할 수 있는 대중교통 서비스의 창출에는 소홀한 것이 현실이다. 특히 신개발지의 대중교통 서비스의 공급 부족 현상은 이들 지역주민들의 자가용 승용차의 보유와 이용을 더욱 부채질하는 요인이 되고 있다.

도시 대중교통의 또 다른 문제는 버스 노선이 과다하게 도심으로 집중되어 있어 도심 교통 혼잡을 가중시키고 있는 것이다. 우리나라 대부분의 도시에서 버스 노선이 도심에 집중되어 있어 버스 수송력의 낭비와 지역 간 연결의 불균형을 초래하고 있으며, 승객 수요가 낮은 순환노선이 부족하다. 또한 현재의 시내버스 수송 체계는 간선 운행 혹은 지선(支線) 운행 등의 구분이 없고, 일정 지역 분담 등의 체계가 정립되지 않은 실정이다. 물론 버스 노선의 도심 집중은 영리를 목적으로 하는 운수업체가 승객 밀도가 높은 노선을 선호함에 따른 결과이기는 하지만 외곽 지점에서 다른 외곽 지점으로 통행하는 승객은 일단 도심으로 들어온 후에 다른 버스를 갈아타야 하는 불편을 겪는다.

4) 자동차 오염물질

자동차가 배출하는 주요 오염물질은 일산화탄소(CO), 질소산화물(NO_x), 황산화물(SO_x), 미세먼지(PM10), 휘발성유기화합물(VOC_s), 암모니아(NH_3) 등이다. 자동차에서 나오는 오염물질 가운데서도 경유차에서 주로 배출되는 질소산화물과 미세먼지가 문제가 되고 있다. 질소산화물은 태양광선에 의해 광화학 반응을 일으켜 오존 발생 및 호흡기 질환을 유발하며, 미세먼지는 호흡기에 쉽게 침투하여 폐에 흡착됨으로써 기관지와 폐 기능을 저하시키고, 폐암 발생을 증가시키는 요인이 되는 것으로 알려지고 있어 이에 대한 저감 대책이 시급한 실정이다.

우리나라는 국토 면적에 비해 자동차 밀도가 높아 자동차 오염물질 관리에 많은 어려움을 겪고 있다. 환경오염을 많이 유발하는 교통 수단은 대형 버스와 화물차, 경유 자동차이다. 현재 우리나라에서 경유 자동차가 많이 보급되어 있는 이유는 그동안 경유의 가격이 휘발유 가격에 비해 낮고, 경유 자동차가 휘발유 자동차에 비해 세금이 저렴했기 때문이다.

우리나라의 자동차 등록 대수는 1970년대에는 13만 대에 불과했으나, 급속한 경제 성장에 따라 높은 증가율을 보여 1997년 말 1천만 대를 넘어선 이래 2017년 말을 기준으로 2,253만 대가 등록되었다.

2014년 기준 전국 대기오염 배출량 중 일산화탄소(CO)의 47.3% 질소산화물(NO_x)의 31.8%, 미세먼지(PM10)의 10.2%가 자동차에서 배출되고 있다. 특히 수도권은 자동차가 차지하는 오염물질 배출 비중이 전국 평균에 비해 훨씬 더 높게 나타난다. 이러한 현상은 전 세계 대도시에서 동일하게 나타나는 현상으로 대도시에서 도로이동 오염원 관리의 중요성을 반증하는 사례이다.

우리나라는 국토 면적 대비 자동차 대수가 많아 자동차 오염물질 관리에 많은 어려움이 있다. 2012년을 기준으로 도로연장(1km)당 자동차 수는 178대로 미국 38대, 프랑스 77대, 일본 61대, 독일 36대에 비해 약 2.3~4.9배 이상 높게 나타나고 있다. 2016년 기준으로 국내 여객 수송 분담률도 자동차가 87.6%, 지하철 8.1%,

철도 4.1%, 항공 0.1%, 해운 0.1%순으로 자동차 의존율이 현저히 높은 상태이다.

또한 연료별 자동차 등록 내역은 휘발유, 경유, LPG의 순이나 최근 연비가 좋은 차에 대한 선호 등으로 경유차의 비중이 2002년 460만 대(33%)에서 2017년 958만 대(42.5%)로 양적으로 점차 늘고 있는 실정이다(환경부, 2018).

5) 교통사고

교통사고는 교통기관에 의한 인명 및 재산상의 모든 사고를 의미한다. 교통사고는 보통은 도로상의 자동차사고를 의미한다고 할 정도로 자동차사고가 많다. 오늘날 자동차의 대량 보급으로 자동차는 도로상에서 보행자와 가장 밀접한 관계에 있다. 자동차사고는 발생건수가 급증하여 커다란 사회문제가 되고 있다. 교통사고의 원인은 주로 운전자나 보행자의 부주의로 볼 수 있지만 도로 폭이 좁고, 안전시설이 불충분한 상황에도 그 원인이 있다.

2016년 우리나라 도로·철도 등 교통 전 분야에서 발생한 총 교통사고 비용은 약 40조 5,000억 원으로 GDP 대비 2.5%에 달한다. 2016년 도로, 철도, 해운, 항공 등 교통 전 분야에서 발생한 115만 9,000건의 교통사고로 인해 4,446명이 사망하고, 184만 7,290명의 부상자가 발생했다. 교통사고 피해를 화폐적 가치로 환산하면 약 40조 5천억 원으로 추정되며 이는 우리나라 연간 GDP의 2.5%에 해당된다. 사상자의 의료비와 소득손실, 물적 피해 비용 등과 같은 물리적 손실 비용이 약 21조 6,000억 원, 사상자의 정신적 고통 비용은 약 19조 원에 이르고 있다. 막대한 사상자 수로 인한 도로 교통사고 비용은 약 40조 2,000억 원으로, 타 교통 수단에 비해 압도적으로 많았다. 도로 교통사고 비용 외 해양사고 비용은 약 2,359억 원, 항공사고 비용은 약 531억 원, 철도사고 비용은 약 269억 원으로 나타났다. 시·도별 사고건수로는 경기도와 서울시가 각각 26만 7,077건, 20만 3,197건으로 가장 많으며, 사고 비용 또한 사고건수의 영향으로 경기도와 서울시가 각각 약 6조 9,000억 원, 약 4조 7,000억 원으로 가장 많고, 경남과 경북이 다음 순위를 차지하고 있다. 교통사고는 사람, 차량 및 도로환경 등 각각의 요인에 의해서 발생하기도 하지만 상호 복합적 요인에 의하여 발생하기 쉽기 때문에, 사고에 이르게 되는 다양한 원인 중 어느 하나라도 사전에 개선된다면 사고를 미연에 방지할 수도 있다. 교통사고 비용과 같은 불필요한 사회적 비용을 줄이기 위해서는 교통사고 예방구조의 도로·교통 환경이 우선적으로 조성되어야 한다(한국교통연구원, 2017).

6) 교통문화

교통문화는 교통과 관련되어 나타나는 제반 문화의 양태이며, 교통문화에는 교통이용자의 가치관과 행동양식 및 도시사회구조 및 교통시설의 관리·운영 방법과 관련되어 형성된다. 교통문화의 측정 수단인 교통문화지수는 운전 행태와 교통안전, 교통환경 등 3개 부문의 11개 항목을 조사 분석해 100점 만점으로 계량화한 수치로, 해당 도시의 교통문화 수준을 보여준다. 녹색교통운동과 교통안전공단에서 이 지수를 도입하여 1998년 13개 도시를 대상으로 조사하였고, 1999년 25개 도시로 확대 적용되었다. 횡단보도정지선 준수율, 안전띠 착용률, 속도 준수율, 신호위반 수준, 교통사고 사망자 수, 보행자 사망자 수, 교통사고건수, 뺑소니 교통사고건수, 보행환경, 대중교통만족도, 불법주차대수 등 11가지 조건을 측정한다.

버스 이용자는 많이 감소하고 있으며, 자가용 이용자는 점차 증가하고 있어, 교통 수단의 분담구조가 바람직하지 않음을 알 수 있다. 승용차의 중·대형화는 교통 에너지 및 환경, 교통안전, 교통시설의 효율성 측면에서 바람직하지 않음에도 불구하고, 중·대형 승용차는 급격하게 증가하고 있다.

4. 도시 교통문제 해결을 위한 정책 과제

1) 지방화 시대에 부응하는 도시 교통행정 체계의 구축

중앙의 교통 관련 행정 기능의 과감한 지방 이양을 통해 지방이 결정·집행하고, 중앙이 지원하는 구조를 정립하고, 행정권역 중심이 아닌 생활권 중심의 교통서비스를 제공해야 한다. 이를 위해 첫째, 경찰의 교통 운영 기능을 지방으로 이전하여 도시정부의 전적인 책임 하에 교통행정이 이루어지도록 해야 한다. 현재는 국가경찰이 도로교통법에 대한 재개정 권한을 가지고 사소한 사항까지도 관여하고 있어서 도시 교통행정의 정책결정이 이원적으로 이루어지고 있다.

둘째, 광역버스, 도로 신설 등에 관한 국토교통부의 각종 결정 기능을 대폭적으로 도시정부 연합 또는 협의기구로 이양해야 한다. 국토교통부 내의 광역교통기획단을 해체하고 지방정부 연합체를 신설하여 그 기능을 이관하고, 지방정부의 교통행정 능력을 향상시키기 위해 자체적으로 시행하는 교통조사, 연구 등에 관해 교통체계효율화법 등에서 재정적 지원을 명문화해야 한다.

셋째, 도시 간 대중교통 수단의 통합 서비스를 고려한 대도시권 대중교통관리연합을 설립해야 한다. 각 운영기관의 자율성은 인정하되, 중앙 또는 도시정부에서 지원하는 보조금은 관리 연합을 통해서만 제공하도록 해야 한다(황기연, 2008).

2) 사람과 환경 중심의 교통정책

자동차 중심에서 사람과 환경 중심의 교통 체계로 패러다임의 일대 전환을 위해서는 다음과 같은 정책을 추진해야 한다.

첫째, 걷고 싶은 거리 사업을 적극적으로 추진해야 한다. 이를 위해 도로교통법을 개정하여 차와 사람 간 교통사고 시 어떤 경우에도 사람이 보호되는 법체계를 구축해야 한다. 이와 병행하여 교차로 횡단보도를 복원·확충하고, 이면도로 지구 개선사업을 적극적으로 확대할 필요가 있다.

둘째, 기존의 도로 및 고가 구조물의 기능을 점검하여 개설 당시의 기능을 더 이상 수행할 수 없다고 판단되는 시설물은 철거 또는 구조 변경을 실시하여 시민들의 휴식과 보행을 원활히 해야 한다.

셋째, 주로 보행자들의 대기오염과 소음, 진동 등에 직접적으로 노출시키는 갓길 버스 전용차로는 폐지해야 한다.

넷째, 보행, 자전거, 수상 교통과 같은 녹색교통 수단의 공급을 확대하고, 장애인과 같은 교통 약자를 위한 편의시설을 대폭 확충해야 한다(황기연, 2008).

다섯째, 장기적으로 친환경 교통 체계를 구축하기 위해서는 천연가스 버스 도입이나 통행료와 부담금의 부과 같은 정책 수단의 집행과 병행하여 용도지역·지구제와 같은 토지 이용계획에 연계된 교통정책을 수립해야 한다.

또한 효율적인 대기관리를 위해서는 도심의 오염이 심한 지역에 교통환경지역을 지정해야 한다. 또한 대중교통 시범도시, 대중교통 전용지구, 보행자전거용지구 등 대중교통의 활성화를 위한 정책의 세부적 집행계획을 수립해야 한다(변병설, 2008).

3) 교통 혼잡 완화를 위한 교통 수요 관리정책의 확대

지금까지의 교통 혼잡을 해소하기 위해 도시정부의 교통정책은 공급 측면에서 주로 교통시설을 확충하는 정책을 추진해 왔다. 그러나 자동차 보유의 대중화와 사회・경제활동의 다양화로 인해 급증하는 교통 수요에 맞추어 교통수단과 도로를 확충하는 것은 한계에 이르렀다.

교통 수요 관리는 운전자의 통행 행태 변화를 통해 교통 수요를 적절한 수준으로 조절하고자 하는 정책이다. 따라서 교통 수요 관리정책에서는 통행 유발에 따른 사회적 비용을 원인자가 부담하도록 하는데, 대표적인 것이 혼잡통행료이다. 우리나라에서도 혼잡통행료는 1996년 남산 1・3호 터널에 도입되어 현재까지 지속되고 있는데, 시간이 경과할수록 소득 수준과 면제 차량의 증가 등으로 정책 효과가 저하되고 있다. 또한 정보통신기술 이용 및 토지 이용계획과의 연계를 통해 교통 수요의 발생을 줄일 수 있다. 신도시의 내부 통행 발생률은 매우 낮은 편이다. 도시개발에서 직주 근접 개념을 적용하고 자족시설의 비율을 높이고, 시가지 역세권을 고밀도로 개발한다면 교통 수요 발생을 줄일 수 있다.

교통 수요 관리는 막대한 비용이 소요되는 물리적 교통시설의 건설에 비해 거의 비용이 소요되지 않아 경제적이지만, 자가용 승용차 이용자에게는 상당한 부담과 불편을 초래하게 되며 정책집행의 어려움이 있다. 하지만 이는 교통 혼잡으로 인한 사회적 비용을 감안해 볼 때 불가피한 조치이며, 대부분의 선진국에서도 이러한 방향으로 교통정책의 패러다임을 전환하고 있다. 성공적인 교통 수요 관리를 위해서는 적절한 홍보를 통해 국민적 공감대를 형성하는 것이 필요하다. 지금까지는 '도로 확충 → 승용차 의존도 심화 → 대중교통 경영 악화 및 서비스 저하 → 시민 불편 → 도로 확충'의 악순환이 반복되어 왔다. 이제 강력한 교통 수요 관리와 대중교통 개선으로 이런 악순환의 고리를 끊고, '대중교통 개선→대중교통의 경영 및 서비스 개선→승용차 의존 약화'의 선순환으로 바꾸어야 할 때이다(권병윤, 2008).

4) 승용차에 경쟁할 수 있는 대중교통 서비스의 제공

대중교통 수단의 경쟁력을 높이기 위해, 첫째, 서울의 테헤란로, 강남대로 등과 같이 고밀도로 개발된 가로에서 대중교통 중심가로제를 시행할 필요가 있다. 이러한 가로에서 교통 서비스를 혁신적으로 개선하기 위해서는, 지하철이 있다 해도 지상 버스를 운행하고, 중앙버스 전용차로제를 도입하여 버스의 신속한 흐름을 보장해야 한다. 또한 보행자를 위해 차로를 줄이고 보행공간을 확대하는 대중교통 중심가로제를 도입해야 한다.

둘째, 도시 지역 간 유출입은 광역급행 도시철도, 버스전용도로 등의 대중교통으로 유도하여 장거리 자동차 통행을 억제하고, 번잡한 시내 고속도로 구간에서 버스전용차로제를 전일 운영한다(황기연, 2008).

5) 정보통신기술을 활용한 교통 서비스의 제고

앞으로 정보통신기술이 차량 등 교통 수단과 교통 시스템에 확대 적용되면서 질 높은 통행 서비스가 가능해질 것이다. 지금까지 교통정책은 교통시설 공급 위주로 추진해 왔으나 앞으로는 교통 체계의 경영효율성과 통행 서비스의 질에 대한 관심이 높아질 것이다. 정보통신기술이 발전하면 고속도로에서 사용 중인 하이패스와 같은 전자카드의 이용자도 늘어나 더 낮은 비용으로 교통 서비스 개선을 할 수 있다. 또한 자가운전을 할 수 없는 고령자나 여성 통행자와 교통 약자의 근거리 대중교통 수단을 확대해야 한다. 이와 같이 정보통신기술의 발전은 장래 교통 수요에도 변화를 주면서 TDM과 ITS와 같은 지능화된 교통 운영 체계로 전환될 것이며, 관리자 중심의 교통정책 기조는 이용자 중심형으로 변화될 것이다(류재영, 2008).

6) 유관 부문과 연계된 통합적 도시정책 추진으로 교통문제의 개선

현대 도시의 교통문제를 해결하기 위해서는 교통계획과 도시계획 및 환경계획 간의 연계성을 높여야 한다. 이를 위해, 첫째, 신도시 개발 또는 대중교통 서비스 수준이 높은 기존 도심을 재개발 · 재건축하여 대중교통 지향형 개발(transit oriented development: TOD)을 추진해야 하며, 이를 위해 역세권 중심으로 토지 이용에 대한 규제 완화가 필요하다.

둘째, 영국 런던에서 추진하고 있는 Low Emission Zone 제도를 대도시권에 적극 도입하여 광역적 차원에서 대기오염을 줄일 수 있도록 해야 한다.

셋째, 신도시화(new urbanism)와 창조도시 등의 새로운 도시 패러다임을 흡수하여, 예술적인 도시공간 창조와 생동감 있는 거리문화를 조성하는 데 기여할 수 있는 교통환경을 조성해야 한다(황기연, 2008).

제 2 절 도시환경정책

사례 연구 미세먼지 중국에 더해 기후 패널티까지

중국 생태환경부는 '(중국 미세먼지는) 전방면적 개선을 이뤘다'고 주장한 것의 사실성은 인정해야 한다. 한국 미세먼지 농도는 선진국의 두 배 수준이고, 중국은 한국의 세 배 정도였다. 중국은 대기오염 방지 5년(2013~2017년) 계획 동안 3분의 1만큼 오염도를 떨어뜨렸다. 톱다운 행정이라 가능했던 일이다. 그래도 중국은 아직 한국의 두 배 오염도다. 바람은 중국에서 한국 쪽으로 분다. 중국이 우리에게 피해를 주고 있고 앞으로도 상당 기간 그럴 것이다. "서울 오염은 서울서 배출한 것"이라고 시치미떼는 것은 염치없다.

중국 미세먼지는 개선되었는데 한국 미세먼지는 정체라는 것은 생각해봐야 한다. 서울 초미세먼지는 2007년 공기 m^3당 30㎍에서 2012년 23㎍까지 떨어졌다.

하필 중국 오염이 급속히 개선되기 시작한 2013년 25㎍으로 올라가더니 2017년 25㎍까지 평행선이다.

중국 영향이 '30~50%'라는 환경 당국 설명이 맞는다면 서울 미세먼지는 중국의 대기 질 개선만 갖고도 10~20%는 낮아졌어야 정상이다.

국립환경과학원에 따르면, 초미세먼지(PM 2.5)의 주 원인 물질인 질소산화물의 국내 배출량은 최근까지도 감소 경향을 보였다. 초미세먼지가 좀체 개선되지 않는 것은 기상 조건 탓은 아닐까? 실제 지난 11~15일의 고농도 초미세먼지는 풍속(風速) 탓이 컸다. 1일부터 9일까지 서울의 평균 풍속은 초당 3.4m였다. 그런데 10일 0.6m로 약화되었고 초미세먼지는 다음 날부터 급상승했다. 그러다가 16일 초당 5.2m 바람이 불면서 하늘의 스모그가 사라졌다.

2017년 아주대 김순태 교수는 서울 미세먼지(PM 10) 오염이 2000년대 들어 풍속과 반비례 관계였다고 밝혔다. 풍속이 1% 감소하면 미세 먼지는 2% 증가했다. 서울 연평균 풍속은 2.8m(2012~2013년)→2.6m(2014년)→2.7m(2015년)→2.3m(2016년)→2.2m(2017년)→1.7m(2018년)로 약해졌다. 풍속이 일정했다면 미세먼지는 매년 1.45㎍씩 감소했을 것으로 평가되었다.

풍속은 왜 약화되었을까. 서울대 박록진 교수는 지구 규모의 기후변화 탓으로 해석했다. 바람은 적도 지방의 열(熱)을 극지방으로 수송해 에너지 격차를 해소하려는 흐름이다. 온난화는 적도보다 극지방을 더 빨리 덥힌다. 북극 해빙(海氷)이 녹으면서 종전엔 눈·얼음에 반사되던 태양빛이 녹은 바닷물에 흡수되어 온난화를 가속시키기 때문이다. 극지방이 더 빨리 데워지면 고위도와 저위도 사이 기온 격차는 좁혀진다. 이것이 풍속의 저하로 나타나는 것이다. 2012년 발표된 논문을 보면 최근 50년 사이 전 지구적으로 육지 풍속이 초당 0.7m 약해졌다. 온난화에 따른 공기 흐름의 '스틸링(stilling, 평온화)' 현상이다. 이것이 대기오염을 악화시키고 있다는 연구들이 최근 많이 나오고 있다. 기후학자들은 '기후 패널티'라는 용어를 쓴다.

중국은 악화된 기상 조건을 극복할 만큼 오염 배출을 결사적으로 줄였다. 한국은 그러지 못해 대기질이 정체 상태다. 기후변화는 앞으로 더 진행될 것이다. 반면 중국의 오염 감소는 계속 이어질지 장담할 수 없다. 중국이 오염을 초(超)고농도에서 고농도로 떨어뜨리는 건 쉬웠지만, 거기서 다시 중·저농도로 낮추는 것은 쉽지 않다. 최근 미국과의 무역 갈등 이후 중국 환경 규제가 느슨해졌다 한다. '기후'가 등 돌리고 있는데 '중국'만 쳐다보고 있다가 중국 대기 개선에 브레이크가 걸리면 '스모그 지옥'은 계속된다(조선일보 한삼희 환경칼럼, 2019.1.19).

<생각해 볼 문제>

1. 우리나라 미세먼지의 오염에 대한 중국 기여도는 어느 정도이며, 문제 해결을 위한 대중국 협상 방식은?
2. 우리나라 미세먼지 해결을 위한 정책 수단을 소개하고 우선순위를 생각해 보시오.

21세기에 인류가 시급히 해결해야 할 가장 심각한 문제 중의 하나가 도시 환경문제임은 우리 모두가 공감하고 있다. 이제 환경은 인간의 가장 중요한 관심사이며, 모든 사람의 입에 오르내리는 화두가 되었다. 수질오염, 대기오염, 폐기물 오염, 소음 · 진동, 녹지 파괴 등으로 구분되는 도시 환경문제는 도시의 경제 성장뿐만 아니라 정치, 경제, 사회, 문화 등 모든 측면에서 도시 삶의 질을 위협하고 있다.

여기서는 도시 환경문제의 범위와 특성, 도시 환경오염의 영향 요인과 측정, 우리나라 도시 환경행정 체계, 도시 환경문제 해결을 위한 정책 과제의 순으로 기술하고자 한다.

1. 도시와 환경의 관계

근대 이후 환경문제는 주로 도시를 중심으로 논의되어 왔다. 환경적 수용 능력을 무시한 과도한 개발로 인해 도시환경이 급속히 파괴되어 왔다. 물, 공기, 폐기물 등과 관련된 생활환경 문제는 물론이고, 공원 · 녹지와 같은 자연환경 문제도 주로 도시를 중심으로 발생한다. 대부분의 사람들이 관심을 갖는 환경문제의 주된 근원지는 도시라 할 수 있다.

도시는 사회경제적 인간 활동의 집합체로서 그 시대의 사회 체제를 뒷받침해 주는 장소이다. 도시 내부에는 식량과 에너지 자원을 사용하는 인간이 높은 밀도로 모여 살기 때문에 환경문제가 발생한다. 상품의 생산과 소비의 집결지인 현대 사회의 도시는 환경적 측면에서 많은 문제점을 지니고 있는 공간이다. 도시공간이 환경적 차원에서 지니는 문제는 자연과 조화되기 어렵고 에너지를 집중적으로 사용할 수밖에 없는 생활양식을 키워 간다.

도시화로 인한 자연의 변화는 다양하게 나타난다. 고밀도 도시에서 인간의 건강에 해가 되는 생태계의 오염이 더욱 증가하며 물리적 피해를 가져 온다. 도시 확산은 자연 생태계의 서식지를 파괴하고, 남은 자연환경을 집중적으로 이용하게 되어 환경자원의 빠른 쇠퇴를 가져온다. 도시 환경오염의 특징은 오염 매체 간 상호작용으로 오염의 상승작용을 일으키는 경우가 많다. 또한 오염 활동이 지역적으로 집중되어 지역 환경용량을 초과하는 경우도 나타난다.

도시는 그 사회의 가치관이나 욕구, 그리고 기술과 태도들이 투영된 결과물이라고 할 수 있다. 산업사회 도시개발은 기술 집약적이고 에너지를 많이 소비하는 경향이 있다. 오늘날 대부분의 도시들은 지역의 태양, 물, 공기, 바람 등의 자연환경을 고려하지 않은 채 고립된 인공환경이 되고 있다. 그 결과 도시의 환경오염은 악화되고 자연생태계의 훼손이 점차 증가하고 있다.

자본주의 사회에서 산업화가 진행될수록 도시의 환경문제는 점차 심각해지는 경향이 있다. 현대 도시의 환경문제가 자본주의의 구조적 특성에 기인하는 측면도 있다. 일반적으로 사회주의 국가는 자본주의 국가보다 도시 환경문제가 덜 심각한 편이다. 사회주의 국가는 도시 내부와 접경 지역에 충분한 녹지공간이 확보되어 있으며, 도시의 경관과 자연환경이 양호한 편이고, 도심 내에 건물이 밀집되는 경우가 드물어 교통 혼잡으로 인한 대기오염 현상이 잘 나타나지 않는다. 정치 체제의 특성 못지않게 정부 정책이나 시민의 환경 의식, 기업의 환경 기술도 도시의 환경문제를 결정하는 중요한 요소라 할 수 있다.

2. 도시 환경문제의 범위와 특성

1) 도시 환경문제의 범위

우리나라 환경정책기본법에는 환경을 “지하, 지표(해양 포함) 지하의 모든 생물과 이들을 둘러싸고 있는 비생물적인 것을 포함한 자연의 상태인 자연환경과 대기, 물, 폐기물, 소음, 진동, 악취 등 사람의 일상생활과 관계되는 환경인 생활환경”으로 나누고 있다.

자연환경에서 일어나는 환경문제는 한마디로 자연의 파괴라고 할 수 있다. 인간에 의한 자연 파괴는 크게 자연자원의 고갈과 자연환경의 오염 및 자연경관의 파괴로 구분될 수 있다. 자연자원의 고갈은 산업화의 가속화에 따른 무절제한 원료 채취의 결과이고, 자연환경의 오염은 생산 및 주거 체계로부터 여과 없는 오염물과 폐기물의 방출에서 발생하며, 자연경관의 파괴는 경제성 위주의 건설 행위와 무분별한 개발 과정에서 초래된다. 자원 고갈은 공업 생산량을 감소시켜 인간 생활에 필요한 재화 공급을 어렵게 하고, 환경의 오염은 자연생태계의 균형성과 자기 조절력을 약화시키고 인간의 건강을 해치게 되며, 자연경관의 파괴는 인간의 정서적 생활을 어렵게 한다.

한편 생활환경에서 발생되는 환경문제는 혼란과 불결로 요약될 수 있다. 이러한 혼란과 불결은 인간과 물리적 시설의 집중에서 일어나므로, 생활환경의 문제는 주로 도시에서 발생하는 경우가 많다. 대기와 수질의 오염, 쓰레기 처리 시설의 부족, 교통 혼잡으로 인한 소음 등이 그것이다. 그리고 현대 문명의 이기나 과학적 산업시설에 의한 사고의 빈발도 생활환경에서 발생되는 환경문제라 할 수 있다.

이상의 논의를 기초로 하여 현대 사회 도시의 사회적 쟁점으로 흔히 논의되고 도시 환경문제는 다음과 같다.

(1) 생활환경 문제

첫째, 수자원의 부족과 오염 현상이다. 공업화로 인한 용수 수요의 증가와 시민의 생활양식의 변화로 인한 물 사용량의 증가로 21세기의 대부분의 대도시는 물 부족 현상이 나타나고 있다. 기상 이변으로 특정한 시기에만 강수량이 집중되는 현상도 수자원 부족 현상을 초래하는 중요한 원인이다. 그뿐만 아니라 산업 폐기물 발생량의 증가로 인해 수자원의 오염이 날로 심각해지고 있다.

둘째, 자동차의 증가, 도시 녹지 감소, 인공 시설물의 밀집에 의한 대기오염의 심각성이다. 자동차는 도시 대기오염의 가장 중요한 원인자라 할 수 있다. 특히 기하급수적인 차량 증가에 의한 차량 정체가 증대되어 도시의 대기는 급속하게 오염되고 있다.

셋째, 폐기물 처리 공간의 입지 선정을 둘러싼 지역 간 갈등과 이들 처리에 소요되는 막대한 재원 조달의 문제이다. 대부분의 국가에서 폐기물 처리를 위한 매립장, 소각장 건설을 둘러싼 도시 간 갈등이 발생하고 있다. 특히 인체에 유해한 산업 폐기물의 처리장 건설의 경우, 갈등은 더욱 심각하게 나타나고 있다. 소득 수준이 높아질수록 주민들의 환경 수요가 증가하고 있다. 도시정부는 시민의 환경 수요를 충족시키기 위해 막대한 예산이 투자되는 환경 기초시설(소각장, 재활용 시설 등)을 건설하는 데 많은 재정 압박을 받고 있다.

넷째, 과학기술의 발달과 일회용 식품의 증가로 인한 유해 화학물질의 증가가 시민의 건강을 위협하고 있다. 컴퓨터와 휴대용 전화기에서 발생되는 유해 전자파와 유전자 식품의 유해성 등이 있다. 가공식품의 다량 섭취로 인한 피부의 조기 노화와 각종 성인병과 불치병 환자가 늘어가고 있다.

다섯째, 대도시의 소음과 진동의 문제가 새로운 환경 문제로 등장하고 있다. 소음과 진동의 원인은 인공 시설물의 밀집, 대규모 공사, 항공기 노선의 도심 상공 통과 등 다양하다. 우리나라 대도시 환경 민원 중 소음·진동 분야의 건수가 가장 많다.

여섯째, 가장 최근의 도시의 생활환경 문제는 조망권과 일조권의 침해이다. 대도시의 건물이 고층화됨에 따라 건축주 간의 일조권 침해와 관한 분쟁이 많이 발생하고, 소송이 증가하고 있다.

(2) 자연환경 문제

첫째, 무분별한 개발로 인해 도시 생태계가 파괴되고 있다. 현대 도시가 가지고 있어야 할 중요한 자연 자원인 강, 호수, 습지, 문화 유적, 고유한 식물 등이 파괴되고 있다. 생활환경 문제와는 달리 이러한 도시의 자연생태계는 한번 파괴되면 거의 회복 불가능하며, 회복할 수 있다고 해도 막대한 재원과 시간이 소모된다.

둘째, 녹지공간의 부족이다. 도시로의 인구 집중과 주거·상업과 상업 시설의 대규모 개발로 인해 도시의 녹지공간 비율이 점차 줄어들고 있다. 특히 후진국의 경우, 광역적 도시개발로 인해 대도시 주변 지역의 녹지공간까지도 점차 산업시설로 개발되고 있다. 녹지공간이 줄어들어 점차 시민의 휴식처가 사라지고 삶의 질이 떨어지게 된다. 녹지공간의 감소는 부수적으로 환경의 자정 능력을 감소시켜 오염관리의 사회적 비용의 증대시키고, 도시 경관을 황폐화한다. 이런 현상은 장기적으로는 도시의 경쟁력을 감소시켜 도시 내 거주자의 전출을 초래하고 도시 외부로부터 자본과 인력의 유입이 감소하게 된다.

2) 도시 환경문제의 특성

대부분의 도시 환경문제는 혼잡한 도시공간에서 발생하므로 상호 관련성, 상승작용, 오염의 광역화 현상, 복잡성, 오염의 원인과 결과 간의 인과관계 규명의 어려움이라는 특성을 지니고 있다. 이러한 특성은 일반 환경론에서 지적하는 환경문제의 특성과도 유사하다.

(1) 상호 관련성

환경문제는 상호 연관된 자연생태계의 기능과 구조가 교란되는 데서 발생하는 것이므로, 문제 간 인과관계가 성립하고 문제끼리 상승작용을 일으켜 심각성을 더해 가기도 한다. 상승작용은 오염의 경우에 뚜렷하게 나타나는데, 각 오염물질은 서로 화학반응을 일으켜 더 큰 문제성을 유발한다.

(2) 광범위성

환경문제는 공간적으로 광범위한 영향권을 형성한다. 생태계 고유의 상호연관성으로 인해 환경문제의 공간 확산을 더욱 심화시킨다. 오염 피해의 확산이 지구적인 문제로 부각되어 국가 간 의제로 형성되며 환경문제의 해결을 위한 국가 간 환경협상이 증대되고 국제연합의 조정 역할의 중요성이 부각되고 있다.

(3) 시차성

환경문제는 문제의 발생과 영향의 발견 사이에는 상당한 시차(時差)가 존재한다. 오염의 경우 오염물질이 일단 생태계에 방출된 후 그 피해가 나타나기까지는 복잡한 경로를 거치기 때문에 피해를 발견할 때까지 상당한 시간 격차가 있다. 따라서 환경문제가 일단 표면화된 후에 규제를 할 경우 해로운 영향이 최종적으로 감소할 때까지는 많은 시간이 소요되고 때로는 회복 불가능의 상태에 이르기도 한다.

그러므로 오염과 피해 간의 인과관계를 과학적으로 증명하기가 어렵다. 환경오염의 원인과 결과 간 인과관계의 규명에는 과학적 지식이 필요하고, 조사 및 분석에는 많은 시간과 비용이 소요된다. 그뿐만 아니라 가해자와 피해자 상호 간 적절한 문제해결책을 도모하기 힘들며 환경 피해의 원상복구가 거의 불가능하거나 그 피해가 치명적일 수 있다.

(4) 자기증식성

자연계의 대기와 물은 자정(自淨) 능력에 의해서 스스로 정화할 수 있으나 과도한 오염물질이 발생되면 자정 능력의 범위를 초과하여 충분한 자정작용이 불가능해진다. 이런 경우 생태계의 부정적 환류 기능이 강화되고, 반면 긍정적 환류 기능이 약화됨으로써 문제의 심각성이 기하급수적으로 증가되는 이른바 자기증식성(自己增殖性)을 가지게 되는데, 이것은 환경문제를 더욱 심각하게 만드는 원인이 된다.

3. 도시 환경오염의 영향 요인과 주요 내용

앞에서는 도시 환경문제의 범위와 주요 특성을 살펴보았다. 여기서는 구체적으로 도시 환경오염의 영향 요인과 측정 방법을 살펴보고자 한다(이시경, 2000).

1) 도시 환경오염의 영향 요인

(1) 도시의 지리적 특성과 환경오염

도시의 지리적 특성 중에 도시환경에 영향을 미치는 중요한 것으로 자연자원, 기온, 일조량, 기압, 습도, 바람 등과 같은 기상 요인과 지형을 들 수 있다.

도시는 특별한 기후 상태를 보여준다. 도시 기후는 토양의 표면과 기질의 변화, 건물 난방과 같은 열원, 대기 중 여러 미량 원소의 증가를 통해 지속적으로 변화한다. 1960년 이후 도시화와 산업화로 석탄·석유 등 화석연료의 소비량이 크게 증가했다. 이로 인해 이산화탄소의 발생량이 증가하여 겨울에도 이상 기온 현상이 지속되면서 도시는 주변 지역과 구별되는 특이한 기후를 형성하게 되는데, 이를 도시(인공) 기후라 한다. 도시는 인구 집중, 공장 증가, 건물의 고층화, 자동차의 급증에 따라 인공 열이 집중되고 대기가 오염되면서, 주변 교외 지역이나 농촌과는 다른 도시 기후가 형성된다. 시가지 내부는 교외에 비하여 기온이 높고 일사가 약하며 스모그 현상이 빈번하게 발생한다. 일반적으로 도시의 등온선은 대체로 동심원상으로 나타나고 도심지는 고온 지역을 형성하는데, 이를 열섬(heat island)이라고 부른다. 도심부와 공업지대 및 주택 밀집지역에 고온역이 형성되는데, 지상 풍속이 빠른 날에는 거의 나타나지 않고 바람이 없고 쾌청한 날에 주로 발생한다.

(2) 도시의 산업 특성과 환경오염

도시의 산업 특성은 도시 환경오염에 직접적인 영향을 미친다. 특히 산업의 구조적 특성과 공해 배출 업소의 비율 등이 중요한 변수가 된다. 따라서 도시의 산업 특성이 환경오염에 어떤 영향을 미치는지를 파악하기 위해서는 도시의 산업구조를 분석해야 한다. 오염 유발 계수가 높은 섬유, 기계, 제지산업의 비율이 높은 도시는 환경오염을 피할 수 없다. 자본과 기술 집약적인 업종으로의 산업을 재구조화하면 도시 환경문제를 감소시킬 수 있으나, 이들 산업들도 환경문제에서 완전히 자유로운 것은 아니다. 비록 자원과 에너지의 소모량과 오염물질의 배출량이 매우 낮다고 할지라도, 업종의 특성상 도시생태계나 시민의 건강에 매우 유해한 영향을 미치는 물질을 배출할 수 있다.

산업구조의 특성뿐 아니라 공단의 입지 현황도 도시 환경오염을 측정하는 중요한 변수가 된다. 공단이 도심에 위치하느냐, 외곽에 위치하느냐에 따라 도시 환경오염의 정도가 달라진다. 또한 대기의 풍향과 공단의 위치를 분석하는 것도 도시 대기오염의 특성과 정도를 파악하는 데 유용하다. 예컨대, 도시의 풍향이 주로 북서풍이라면 공단의 위치는 동남쪽에 위치하는 것이 도시 환경오염을 줄이는 방법이 될 수 있다.

(3) 도시의 사회적 특성과 환경오염

도시 환경오염에 영향을 미치는 도시 사회적 특성의 주요 변수는 자원 소비 성향, 차량 이용 행태, 시민의 환경 의식과 환경운동의 활성화 정도 등을 들 수 있다. 자원 소비 성향은 전력 사용량, 물 사용량, 연료 사용량 등으로 파악할 수 있다. 차량의 이용 행태는 도시 대기오염을 측정하는 중요한 지표가 된다. 단순히 자동차 등록 대수를 비교하는 것보다는, 전체 자동차 등록 대수 중 경유 차량이 차지하는 비율이나, 10부제 이용 실태를 포함한 차량의 이용 행태를 비교한다면, 차량 이용 행태가 도시 환경오염에 미치는 영향을 정확히 파악할 수 있다.

(4) 도시정부 환경정책의 특성과 환경오염

도시정부 환경정책의 특성 중에서 도시환경에 영향을 미치는 중요한 변수는 자치단체장의 환경정책에의 관심 정도, 환경 계획의 수립 정도, 지역 실정에 맞는 환경 법령의 존재 여부, 환경 예산이 전체 예산에서 차지하는 비율, 환경 기초시설의 확충 정도 등을 들 수 있다. 특히 자치 시대에서 자치단체장의 환경정책에의 관심 정도가 도시의 환경 질에 가장 큰 영향을 미친다고 볼 수 있다. 지역 실정에 맞는 환경 계획의 수립을 구체적으로 측정할 수 있는 지표로서, 대도시가 의무적으로 수립하도록 되어 있는 지방 의제 21의 구체적인 계획 수립 여부와 실천 정도를 들 수 있다. 또한 환경 예산의 비율과 환경 기초시설의 확충 정도도 도시환경 질을 측정하는 실질적인 지표가 될 수 있다.

2) 도시 환경오염의 주요 내용

여기서는 앞서 살펴본 도시 환경문제를 중심으로, 매체별 오염 원인과 측정지표를 살펴보고자 한다. 그리고 도시 지역에 특징적으로 나타나는 매체별 환경오염의 특성을 기술하고자 한다.

(1) 대기오염

세계보건기구(WHO)에 의하면, “대기오염을 대기 중에 인위적으로 배출된 오염물질이 한 가지 또는 그 이상 존재하여 오염물질의 양, 농도 및 지속 시간이 어떤 지역의 불특정 다수인에게 불쾌감을 일으키거나 해당 지역에 공중보건상 위해를 끼치고, 인간이나 동·식물의 활동에 해를 주어 생활과 재산을 향유할 정당한 권리를 방해 받는 상태"로 규정하고 있다.

대기오염을 유발하는 물질은 사람의 건강상 또는 재산상에 해를 미치거나 동·식물의 생육환경 등 자연환경에 악영향을 미치는 매연, 먼지, 가스 및 악취 등으로, 가스상 물질과 입자상 물질로 크게 나눌 수 있다. 가스상 물질은 연소·합성·분해 시 발생하거나 물리적 성질에 의해서 발생되는 기체상의 물질로서 황산화물(SO_x), 질소산화물(NO_x), 일산화탄소(CO), 탄화수소(HC) 등이며, 입자상 물질은 물질의 파쇄·선별 등 기계적 처리 또는 연소·합성·분해 시 발생하는 고체상 또는 액체상의 미세한 물질로서 대표적으로 부유 분진(TSP)을 들 수 있다.

대기오염물질을 발생시키는 원천은 너무나 다양하다. 황사와 같이 바람에 의해 토양의 흙먼지가 날려 대기오염을 유발할 수도 있고, 도시 주변의 산불이나 화산에 의해 먼지나 매연이 발생할 수도 있다. 인간의 활동과 관계없이 대기오염물질을 발생하는 원천을 자연적 발생원이라 한다. 그러나 오늘날 도시의 대기오염에서 크게 문제가 되는 것은 자연적 발생원에 의한 대기오염보다는 도시 내 인간의 사회적 활동에서 비롯되는 대기오염이다. 이러한 인위적 발생원은 다시 점 오염원(point source), 면 오염원(area source), 선 오염원(line source)으로 구분된다.

점 오염원의 대표적인 것은 공단지역이다. 공단에는 공장들이 밀집되어 있어 공단지역이 많을수록 대기오염의 정도가 높아진다. 대도시 전체 면적 중에서 공단 면적이 차지하는 비율이 점 오염원의 측정 지표가 된다. 특히 대도시 공단지역에서 주로 사용하는 에너지원은 중질유와 역청탄이다. 이런 연료가 발생하는 유해 오염물질을 처리하기 위한 집진시설을 제대로 갖추고 있지 않아 대기오염이 심화되고 있다.

면 오염원의 대표적인 것은 주거 및 상업지역이다. 주거 및 상업지역이 대기오염에 어느 정도의 영향을 미치는가를 알아보기 위해서 이를 측정하는 대리 지표로서 단위 면적 $1km^2$ 내에 거주하는 일반 세대 수를 이용할 수 있다. 단위 면적당 거주하는 세대 수가 많으면 많을수록 이들이 배출하는 대기오염물질의 양은 증가하기 때문이다.

선 오염원 대표적인 것은 자동차 배기가스이다. 최근 이동 오염원인 자동차의 급속한 증가로 인해 대도시 지역의 대기 질은 악화되고 있다. 왜냐하면 자동차의 배기가스에서 나오는 질소산화물과 탄화수소 등이 태양광선과 반응하여 광화학 스모그 물질을 많이 생성시키기 때문이다. 휘발유를 사용하는 승용차는 배기관에 부착시키는 촉매장치의 효능이 뛰어나 많은 양의 대기오염물질을 발생원에서부터 감소하는 데 비해, 경유를 사용하는 화물차, 승합차(bus), 특수차 등은 오염물질 저감 기술의 미발달로 많은 양의 오염물질을 배출하고 있다.

대기오염물질은 때로는 인체에 심각한 영향을 미치고, 동·식물 생태계에 나쁜 영향을 미친다. 도시지역은 이러한 문제 외에도 광화학 스모그의 문제, 지하 공간 및 실내공기 오염의 문제, 유해성 대기오염물질의 문제 등이 심각해질 것으로 전망된다.

선진국을 중심으로 실내공간에서 생활하는 거주자가 빌딩증후군을 호소하면서 실내 공기오염에 대한 사회적 관심을 가지게 되었다. 도시의 실내 공기 중의 오염물질은 외부의 오염물질이 실내로 유입되거나 실내 공간 자체의 생활용품에서 발생할 수 있다. 실내 오염 발생원은 크게는 대기오염, 건축자재, 인간의 활동, 각종 생활용품이다. 실내 공기 오염물질로는 라돈, 포름알데히드, 석면, 연소가스, 분진, 담배 연기, 미생물성 물질, 휘발성유기화합물 등이 있다. 실내 공기오염을 좌우하는 중요한 요인은 외부 공기의 상태, 환기율, 실내에서의 미세 기후 등을 들 수 있다.

앞으로 도시의 대기 질 관리에서 주요 쟁점으로 등장할 것으로 예상되는 것은 규제 기준이 마련되어 있지 않은 유해성이 높은 대기오염물질의 관리문제이다. 이들은 비기준성 오염물질로서 넓은 의미로 규제 기준이 마련된 오염물질에 포함되지 않는 모든 오염물질을 총칭한다. 대부분의 휘발성 물질 및 중금속이 여기에 포함된다. 이러한 비기준성 유해 오염물질은 환경 기준을 마련하는 데 관련 자료나 과학적 정보가 미비하거나 위해성에 대한 과학적인 판정을 하지 못해 규제의 범주 속에 넣지 못하고 있다.

(2) 수질오염

수질오염이란 지표수, 지하수 속으로 오염물질이 정상적인 농도 이상으로 유입되어 물리적·화학적 변화가 나타나서 각종 용수로 사용할 수 없거나 동·식물의 성장에 유해한 영향을 초래할 수 있는 상태를 의미한다. 오염되지 않는 물은 자연상태에 가까운 물로서 다음의 조건을 갖추어야 한다. 첫째, 물리적 조건으로 부유물질·거품·악취·색깔 등이 거의 없고, 수온은 주위의 온도와 비슷해야 한다. 둘째, 화학적 조건으로 수생식물에게 필요한 적당량의 산소가 녹아 있고, 무기물질이 균형 있게 용해되어 있어야 한다.

수질오염을 측정하는 지표를 수질 지표라 부른다. 수질 지표에 따라 우리는 수질을 간접적으로 판단하고 그에 따라 수자원의 이용을 가늠하기도 한다. 대장균수, 용존산소 농도(DO), 그리고 생화학적 산소요구량(BOD), 화학적 산소요구량(COD) 등이 수질 지표의 대표적인 항목이다.

대도시 수질오염원은 일반 가정과 공공시설 등에서 나오는 생활하수와 공장 및 사업장 등에서 배출되는 산업 폐수로 구분된다. 우리나라 대도시의 경우 생활하수의 배출량이 산업 폐수보다 월등히 높지만 유해성 및 오염 기여도의 측면에서 볼 때 산업 폐수가 생활하수보다 높다고 볼 수 있다.

도시지역의 수질오염은 지표수의 오염과 지하수의 오염으로 구분할 수 있고, 지표수의 오염은 다시 점(點) 오염원과 비점(非點) 오염원으로 분류할 수 있다. 도시에서 수질의 점 오염원은 산업체이다. 철강, 화학, 비료, 제지, 금속 등의 산업체 시설이 있는 곳은 중요한 점 오염원이 된다. 미국의 경우 유기화학물질과 플라스틱 산업체가 가장 큰 오염원이며, 다음이 제철, 제강 및 제련업이다. 이외의 중요한 점 오염원으로는 펄프와 제지업, 주물업, 석유정제업 등이다. 비점 오염원은 넓은 면적에 분포하는 오염물질로서 불특정한 배출 경로를 가지고 있다. 비점 오염원에 의한 오염물질은 인위적 조절이 어려운 기상 조건, 지질, 지형 등에 영향을 많이 받기 때문에 계절 간 배출량의 변화가 크고 예측과 정량화가 어렵다. 도시지역에서 빗물에 씻겨 흘러내리는 폐수와 하수, 그리고 건설, 정화조, 매립지 등으로부터 오염 폐수가 방출되는 경우가 이에 해당한다. 정확한 오염원을 파악하기가 곤란하여 규제의 어려움이 큰 것이 이러한 비점 오염원의 특색이라 할 수 있다.

(3) 폐기물

근대적 산업사회가 형성되기 이전에는 전통적인 생산구조와 생활방식 속에서 자연 생태계의 물질 순환 원리가 상당히 잘 지켜졌고 폐기물 문제가 그다지 심각하지 않았다. 도시를 중심으로 인구가 증가하고 산업이 발달함에 따라 대규모의 자원과 에너지를 소비하면서 대량의 폐기물이 발생하게 되었다.

폐기물이란 사람의 일상생활이나 산업 활동에서 더 이상의 사용 가치를 상실하고 버려지는 물건 또는 물질들을 말한다. 경제학적 의미로 말한다면 '생산 및 소비 활동에서 그 효용가치를 잃어버린 것'이라고 할 수 있다. 그러므로 넓은 의미의 폐기물은 일상생활에서 발생하는 모든 고체 및 액체의 쓰레기, 침전물, 찌꺼기, 배설물 등을 포함하지만 보통 고형 폐기물(solid waste)을 의미한다. 우리나라 폐기물 관리법은 폐기물은 성질에 따라 생활 폐기물과 사업장 폐기물로 구분하고, 다시 사업장 폐기물은 사업장 일반폐기물, 건설 폐기물, 지정 폐기물로 구분하고 있다. 생활 폐기물은 사업장 폐기물 외의 가정·소규모 사업장에서 발생되는 폐기물이며, 사업장 폐기물은 공장, 건설 현장 등 사업장에서 배출되는 폐기물이다. 사업장 폐기물 중 지정 폐기물은 폐유, 폐산 등 주변 환경을 오염시키거나 감염성 폐기물 등 인체에 유해를 줄 수 있는 유해 폐기물을 의미하며. 건설 폐기물은 토목·건설 공사 등과 관련되어 배출되는 폐기물이다. 사업장 일반폐기물은 사업장 폐기물 중 앞서 살펴본 지정 폐기물과 건설 폐기물을 제외한 폐기물을 말한다.

도시지역에서 폐기물의 발생으로 나타나는 문제는 크게 세 가지로 구분해 볼 수 있다.

첫째, 환경적 측면에서 각종 폐기물이 발생함으로써 도시의 생활공간을 오염 외에도 여러 가지 복합적인 환경문제를 초래한다. 폐기물을 수거·운반할 때와 매립·소각할 때 나오는 먼지, 악취와 유해 가스는 대기오염을 유발한다. 쓰레기를 매립 처리할 때 배출되는 침출수로 인한 수질오염과 토양오염 등은 도시 환경문제의 복합성과 상호 연관성을 잘 말해 준다.

둘째, 경제적 측면에서 폐기물의 수거·운반·처리를 위한 재원 마련과 기술 개발이 새로운 도시문제로 등장하고 있다. 도시 폐기물 처리를 위한 환경 기초시설의 건설에는 많은 비용이 소요된다. 대부분의 환경 기초시설에 소요되는 예산이 특별회계에서 지출되나 실질적으로 일반 회계예산에서 많이 지원되고 있다. 시민의 부담 능력을 고려해 볼 때 수익자 부담의 원칙에 의거 시민들에게 폐기물 처리에 소요되는 비용을 부담시키기에는 많은 어려움이 있다.

셋째, 정치사회적 측면에서 지역이기주의 또는 님비(NIMBY) 현상으로 폐기물 정책이 여러 가지 어려움을 겪게 된다. 폐기물 처리장 부지 선정 과정에서 인근 지역 주민들과 갈등이 표출되면서 각종 민원이 제기되어 정책의 시행이 지연되거나 정책 자체가 취소되는 경우가 많이 발생하고 있다(김인환 · 이덕길, 1998).

(4) 유해 화학물질

유해 화학물질은 사람의 건강과 환경에 유해한 화학물질로서 급성 독성, 어독성, 변이원성, 발암성 등의 기준에 의해 지정된다. 이 중에는 독성이 대단히 강한 것과 독성은 그다지 강하지 않지만 오랜 기간 섭취함에 따라 건강에 영향을 주는 것이 있다. 분해되기 어렵고, 생물의 체내에 축적되기 쉬운 화학물질이 환경 속에 다량으로 방출될 경우 농작물이나 어패류에 가장 먼저 스며들게 된다. 사람이 이를 장기간에 걸쳐 섭취하게 되면 건강에 치명적인 영향을 주게 된다. 화학물질은 산업과 과학기술이 발전함에 따라 그 종류와 사용량이 증가하고 있는데, 현재 전 세계적으로 약 1,200만 종이 존재하며, 매년 2천여 종의 새로운 화학물질이 개발되어 상품화되는 것으로 알려져 있다. 우리나라에는 현재 35,000여 종의 화학물질이 유통되고 있으며 매년 200여 종이 시장에 신규로 출시되고 있다.

도시 생활에서 산업과 과학기술이 발전함에 따라 화학물질의 종류와 사용량이 크게 증가하고 있다. 도시의 일상생활에서 사용되는 화학물질, 의약품, 각종 음식물 첨가제 등은 물론 중금속 물질을 포함하는 화학물질은 생산 · 유통 · 사용 · 폐기 등의 각 단계에서 사람과 자연환경에 광범위하게 노출되어 예측할 수 없는 위해를 가할 수 있다.

화학물질의 유해성은 크게 사람의 건강 유해성과 생태계 유해성으로 구분할 수 있다. 건강 유해성은 사람에게 신체적 손상, 질병 또는 사망을 가져올 가능성을 말하며, 생태계 유해성은 잠재적 환경상의 위험에 사람이나 생태계가 노출되어 야기될 수 있는 유해성을 말한다. 유해 화학물질은 토양이나 물속에 장기간 잔류하거나 생태계의 먹이사슬을 통해 생물 농축을 일으키고 결과적으로 사람의 건강에 치명적인 위해를 가할 수 있다(김인환 · 이덕길, 1998).

(5) 소음 · 진동

도시의 도로, 공장, 공사장 등에서 발생하는 소음 · 진동은 시민의 건강은 물론이고 정서에도 나쁜 영향을 미친다. 소음 · 진동규제법의 규제 대상이 되는 소음은 기계 · 기구 · 시설 기타 물체의 사용으로 인해 발생하는 강한 소리를 말하며, 진동은 기계 · 기구 · 시설 기타 물체의 사용으로 인해 발생하는 강한 흔들림을 의미한다. 소음은 좋아하지 않는 불쾌한 음(音)을 말하며 본래 주관적인 것이다. 도시 생활에서 규제 대상이 되어야 할 소음은 대화를 방해하고 작업 능률을 저하시키거나 다수인에게 불쾌감, 청력 저하, 두통, 정신적 불안, 불면 등의 영향을 주는 것이다. 진동은 공기의 진동을 매개하여 전달되는 것과 토지의 진동을 매개하여 전달되는 것으로 구분할 수 있다. 진동은 대개 소음을 수반하므로 소음 · 진동규제법은 소음과 진동을 함께 규제하고 있다.

소음 · 진동규제법은 그 규제 대상을 공장 소음 · 진동, 건축 소음 · 진동, 교통 소음 · 진동, 생활 및 항공기 소음 · 진동으로 구분하고 있는데, 이 중 도시 생활에서 특히 문제가 되는 것은 생활 및 항공기와 관련된 소음 · 진동이라 할 수 있다.

(6) 도시 자연생태계

인간을 포함한 지구상의 모든 생물은 자연환경 속에서 삶에 필요한 온갖 물질을 얻어 그 생명을 유지해 간다. 자연환경은 기후를 조절하고 오염물질을 흡수 · 분해하며, 토양을 안정화하고 수자원을 함양하여 인간의 생명 능력을 유지시켜 준다(김인환 · 이덕길, 1998). 그러나 자연환경은 일단 파괴되면 복원이 거의 불가능하며, 복원이 된다 하더라도 오랜 시간이 소요되고 많은 경제적 부담이 따르기 때문에 사전에 그 대책을 수립하여 보전하는 것이 바람직하다.

우리나라의 자연환경보전법에서도 자연환경의 개념을 명백히 밝히지 않고 있다.

일반적으로 자연환경은 동·식물 생태계, 기상, 지형·지질, 해양 환경, 수리·수문으로 구분할 수 있다. 이 중 도시 자연환경 보전의 정책적 관심은 녹지 보전과 그린벨트 관리, 공원 개발 등에 집중되어 있다. 도시로의 인구 집중과 산업 시설의 확충, 그리고 과도한 개발 행위로 도시의 자연환경은 급속하게 파괴되어 가고 있다.

첫째, 대도시의 자연환경 파괴 중 가장 심각한 것은 도심 내 또는 접경지역의 녹지공간의 감소 및 파괴이다. 도시 내의 녹지는 단순히 휴식공간으로서의 기능뿐만 아니라, 기후 조절 기능, 수자원 저장 기능, 바람직한 경관을 유지하는 기능을 한다. 성장과 자본의 논리가 지배하는 도시개발 과정에서 녹지가 급속하게 감소되고 있다. 우리나라의 경우, 지방자치 실시 이후 개발 성향을 가진 자치단체장의 등장으로 자치단체 간의 개발 경쟁이 가속화되면서, 이른바 난개발(亂開發)로 인해 도시의 녹지공간이 급격하게 파괴되고 있다.

둘째, 녹지 파괴와 관련된 또 다른 도시 자연환경의 문제는 자연공원의 생태계가 파괴되고 있는 것이다. 자연공원은 자연생태계와 수려한 자연 경관, 문화 유적, 휴양 자원을 보호하고, 지속가능한 이용을 도모하여, 자연환경 보전 및 시민의 여가와 정서 생활의 향상을 위해 지정한 일정 구역으로 국립공원, 도립공원, 군립공원으로 구분된다. 오늘날 도시 주변의 자연공원은 경관이 좋은 곳에 대규모 위락시설이 입지하거나 산불 등 관리 소홀로 인해 동·식물 생태계가 크게 파괴되어 있다. 특히 국립공원이 위치한 자치단체는 자연환경을 보존하려는 노력보다는 지역주민의 소득 증대를 위해 위락시설의 개발을 서두르고 있다. 오히려 중앙정부가 국가 전체의 이해를 고려하여 국립공원의 자연환경을 보호하기 위해 자치단체의 공원 개발계획에 규제를 하는 경우가 많았다고 볼 수 있다.

4. 우리나라 도시 환경행정 체계

1) 환경행정 조직

(1) 환경행정 기구

도시정부의 환경행정 기구를 구성할 때 두 가지 방식에 관한 쟁점을 제시할 수 있다.

① 중앙정부의 특별지방행정기관과 지방자치단체의 기구

먼저 중앙정부의 특별지방행정기관을 지역에 설치하느냐와 지방자치단체만으로 지역 환경행정을 수행하는가에 관한 것이다. 후자의 경우 중앙정부의 모든 지방환경행정사무를 일원화하여 지방자치단체에 위임 처리하고, 지방자치단체는 수임자의 지위에서 중앙정부의 지휘·감독을 받는다. 이러한 조직 체계의 장점은 지역 환경관리의 일원화로 지방자치단체가 종합행정력을 발휘하여 강력한 환경행정 집행을 할 수 있다는 것이다. 반면에 단점으로는 분야별 환경행정의 체계적 수행과 전문성의 확보가 곤란하다는 것이다. 전자는 지방 환경행정 조직을 지방자치단체와 중앙정부의 특별지방행정기관으로 이원화하는 형태로, 그 장·단점은 후자와 반대이다.

② 단일오염 매체 기구와 다(多)오염 매체통합 기구

다른 하나는 하나의 조직에서 하부기구를 구성할 때 조직구조를 단일오염 매체(single-medium) 방식으로 할 것이냐, 아니면 다오염 매체통합(multi-medium) 방식으로 할 것이냐에 관한 것이다.

단일오염 매체 방식에 의한 기구는 오염물질이 배출된 최초의 매체를 중심으로 형성된다. 즉, 이러한 기구는 오염물질의 최초 매체인 대기, 물, 쓰레기 등을 보전하는 데 필요한 환경관리에 주로 관심을 갖고, 그 기구를 대기보전과, 수질보전과, 쓰레기보전과 등으로 구조화한다. 이러한 기구는 분화와 전문화의 원리에 입각하여 기능별로 구조화됨으로써 좀 더 전문적인 환경행정 기능의 수행을 지향한다. 미국 등 선진국뿐 아니라 환경 관련 행정 기구를 설치한지 비교적 오래된 국가의 대부분이 이러한 기구 형태를 갖고 있다. 이런 기구는 환경행정의 전문성을 제고하고 기구 간의 갈등을 줄이는 데 이바지할 것이다.

반면 다오염 매체통합 방식에 의한 기구는 기본적으로 환경은 대기, 물, 쓰레기, 그리고 생태계로 이루어진 통합된 체계라는 관점에서 다매체의 오염물질을 통합하여 관리하는 조직기구이다. 이러한 기구는 하나의 매체에 대한 오염물질의 배출 규제가 다른 매체로의 오염물질의 배출을 초래한다고 보고, 각 오염매체를 통합하여 규제함으로써 환경관리의 효율성을 높이고자 하는 조직기구이다.

(2) 환경행정 기능

도시정부의 환경행정 기능도 중앙정부와 마찬가지로 시기, 내용, 작용 등에 의해 구분해 볼 수 있다. 먼저 환경행정 기능을 시기에 따라 사전적 오염 방지 기능과 사후적 오염규제 기능으로 분류할 수 있다. 오염매체의 내용에 따라서는 수질관리 기능, 대기관리 기능, 폐기물관리 기능, 소음·진동관리 기능, 자연생태계 관리 기능 등으로 구분해 볼 수 있다.

오염의 관리 작용에 의해 계획·조정 기능, 집행·규제 기능, 감독·평가 기능, 연구·개발 기능 등으로 구분해 볼 수 있다. 계획·조정 기능은 지역 환경문제를 해결하기 위해 종합적인 계획을 형성하고, 상호 관련되어 있으면서 여러 기구에 분산되어 수행되고 있는 환경행정 업무를 조정해 주는 기능이다. 지방 환경행정 기능에서 가장 비중이 큰 집행·규제 기능은 법률의 지침 또는 정책 수단을 집행하고 환경오염을 규제하는 기능이다. 감독·평가 기능은 분권화로 인한 권한의 부여에 따른 상급기관의 하급기관에 대한 감시 기능을 의미한다. 연구·개발 기능은 앞서 기술한 환경행정의 합리적인 계획·조정, 집행·규제, 감독·평가를 위한 환경 관련 기초자료와 환경오염 방지 기술을 개발하는 기능이다.

(3) 지방 환경행정 체계

우리나라의 지방 환경행정 체계는 [그림 11－1]과 같다. [그림 11－1]에 나타난 바와 같이 우리나라의 지방 환경행정은 환경부의 특별지방행정기관인 지방환경관리청과 지방자치단체가 이원화하여 담당하고 있으며, 각각의 조직과 기능을 보면 다음과 같다.

① 환경부의 특별지방행정기관으로서의 지방행정관서

4대강 수계 유역관리 등을 수행하기 위한 특별지방행정기관으로 한강·낙동강·금강·영산강 유역환경청과 원주·대구·전주 지방환경청 및 8개 환경출장소(부산, 울산, 구미, 포항, 청주, 여수, 경인, 춘천)를 두고 있으며, 수도권 대기환경

그림 11-1 우리나라의 지방 환경행정 체계

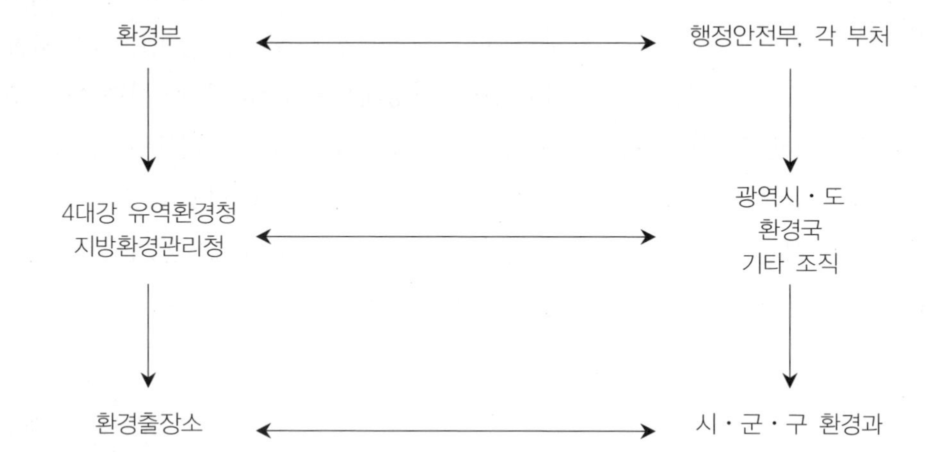

개선을 위한 전담기구로 수도권 대기환경청을 두고 있다.

지방환경행정기관은 영향권별 환경관리계획의 수립 및 시행, 사전환경성 검토 협의 및 환경영향평가 협의, 자연생태계 보전 등 자연환경 보전, 환경오염원 조사 및 환경오염도 측정 · 분석, 환경 관련 산업체 육성 · 지원, 지정 폐기물 배출업소 및 처리업체 관리, 환경기초시설 운영에 대한 지도 · 감독 등의 업무를 처리하고 있다.

지방환경관서 중 한강 등 4대강 유역환경청은 이외에도 수계관리위원회 운영, 수계관리기금의 운용, 자치단체 수질개선사업의 승인, 수질오염총량관리 시행계획의 승인 및 평가, 전용수도사업자에 대한 물 이용부담금의 부과 · 징수 등 수계특별법에 의한 업무를 추가로 수행하고 있으며, 수도권 대기환경청은 '수도권 대기환경 개선에 관한 특별법'에 근거하여 사전 예방적 · 광역적인 수도권 대기관리 업무를 전담 수행하고 있다(환경부, 2018).

② 지방자치단체의 환경행정 조직

환경행정 업무와 기능은 중앙과 지방이 분리하여 수행한다. 즉, 환경부는 환경관계 법령의 제정과 규제 기준의 설정 등 환경정책의 기본 틀을 마련하고, 그 집행

책임은 지방환경관서와 지방자치단체가 분담하고 있다.

지방자치단체는 관할 구역 내 지역환경 보전대책 수립 및 시행, 생활 폐기물의 수집·처리, 오수·분뇨·축산 폐수의 처리, 소음·진동 및 자동차 배출가스 규제 등 고유 업무, 환경오염물질 배출업소 관리, 환경개선부담금의 부과 징수 등 환경부 장관으로부터 위임받은 사무를 처리하고 있다. 자치단체의 환경행정 기구는 자치단체마다 조금씩 다르나, 16개 광역자치단체는 환경녹지국, 환경국 또는 환경과 문화·관광·해양 등을 통합한 부서를 설치하여 운영하고 있고, 기초자치단체는 환경보호과, 환경관리과 또는 지역별로 해양·도시 기능 등을 통합한 부서를 설치하여 환경 업무를 수행 한다(환경부, 2018).

2) 환경정책의 목표와 수단

(1) 환경정책의 목표

도시정부 환경정책의 목표로서 보편적인 것은 지속가능한 발전이라 할 수 있다. 지속가능한 발전은 기본적으로 경제 성장과 환경 보전의 조화를 추구하는 개념이다. 대부분의 지방정부가 지방의제 21을 수립하면서 의제 수립의 정책 목표를 지속가능한 개발로 했다. 지방자치 실시 이후 대부분의 자치단체장은 환경보다 개발 지향적 성장 전략을 추구했다고 볼 수 있다. 최근 환경단체의 성장과 시민의 환경 의식의 변화로 지역 환경 보전의 중요성에 대해 주민들 간 공감대가 형성되면서 도시정부는 지역 환경 보전에 많은 정책적인 관심을 가지게 되었다. 초기 지방의제 21 수립 시에 단순히 선언적으로 제시했던 지속가능성은 이제 지방정부의 실질적인 환경정책의 목표로서의 역할을 하게 되었다.

지방정부 환경정책의 목표는 지방의제 21, 환경선언, 지역환경계획을 통해서 그 방향이나 내용을 가늠해 볼 수 있다. 우리나라 광역자치단체의 지방의제 21에서 가장 많이 사용하고 있는 용어는 '푸른', '녹색', '자연', '살기 좋은' 등이며, 환경선언도 대부분 이와 같은 용어가 포함된 추상적인 내용으로 구성되어 있다. 다만 지방의제의 실천적 목표에서 구체적인 목표를 제시하는 사례가 점차 증가하고 있다. 또한 지역 환경의 특수성을 반영하여 지방정부 환경정책의 목표를 더욱 구체적으로 설정하는 경우도 증대되고 있다. 지역 실정에 적합한 정책목표 수립의 노력에도 불구하고, 정책목표가 정책집행의 실질적인 지침 역할을 수행하지 못하고 있으며, 이를 실현할 수 있는 정책 수단의 개발도 미흡한 실정이다.

우리나라 광역시는 지속가능한 개발을 지역 환경정책의 정책목표로 채택하고 있으나, 구체적인 정책 내용의 개발은 미흡하다. 무엇보다 자치단체장의 환경정책에의 관심, 시민의 환경 의식, 지역경제력에 따라 정책의 구체화 과정이 달라질 수 있다. 환경단체의 활동이 활발해지고 지역 환경정치가 활성화되면 지속가능한 개발의 내용을 둘러싸고 집단 간 논의가 더욱 활발해질 것이다.

(2) 환경정책의 수단

도시정부가 환경정책을 수행할 때는 여러 가지 정책 수단을 강구할 수 있다. 법령에 지방정부의 환경정책 수단이 규정되어 있는 경우는 물론 명문의 규정이 없더라도 지방정부가 도입할 수 있는 정책 수단은 매우 다양하다.

환경정책 수단이 실효성을 갖기 위해서는 조례 · 규칙의 제정이 필요하다. 조례 · 규칙은 환경정책 수단의 실행성과 집행력을 보장해 주는 법적인 근거이다. 아울러 지역 환경계획인 지방의제 21은 도시정부 총체적인 환경정책이며, 구체적인 환경정책 수단을 수립하고 개발하는 토대가 된다.

통합적인 정책 수단으로서 지방의제 21을 구체화하고 집행력을 높이기 위해서는 다양한 분야에서 조례 · 규칙의 제정이 필요하다. 도시정부는 정책의 집행가능성을 높이기 위해 조례 제정의 범위를 확대하고, 중앙정부는 도시정부가 필요한 조례 · 규칙을 제정할 수 있도록 합리적인 지침을 제시해야 한다. 지방의제 21과 조례 · 규칙의 제정 못지않게, 총량 규제와 사전적 규제의 정착이 도시정부 환경정책의 주요 정책 과제이다. 수질에 대한 총량 규제가 정착되기 위해서는 지역별 수질오염에 과학적인 조사가 선행되어야 하며, 지역 간 오염 총량의 적정한 배분을 위한 합리적인 기준을 마련해야 한다. 도시정부 환경정책의 성공 여부는 환경정책에 대한 자치단체장의 철학과 시민 환경 의식의 성장 정도, 지방의제 21과 조례 · 규칙의 발전 정도에 달려 있다.

5. 도시 환경문제 해결을 위한 정책 과제

1) 지방자치와 도시 환경문제

우리나라의 현 실정에 비추어 볼 때 지방자치의 활성화는 환경정책에서의 획기적인 변화를 의미한다. 지방자치의 활성화는 환경정보의 공개, 주민참여의 증진, 정책관리에서 효율성의 향상, 환경정책에서 효율성의 증진 등 긍정적인 효과도 예상된다. 그러나 이에 못지않게 개발 우선주의의 팽배, 도시정부의 기업에의 예속화, 환경오염 문제의 광역화에 따른 지역 간 갈등의 심화, 자연환경의 파괴 등의 문제점이 나타날 가능성이 있다. 이상의 여러 가지 예측되는 결과 중 지역에 부정적인 효과를 가져다 줄 것들을 중심으로 그 내용을 살펴보면 다음과 같다.

(1) 개발 우선주의 팽배와 도시정부의 기업 예속화

환경에 관한 업무가 지방자치단체에 이양될 경우 어떤 현상이 발생할까? 지방자치가 활성화되면 자치단체들은 우선 해당 지역의 지역 개발에 관심을 가질 것이 분명하다. 이를 위해 많은 공장들을 유치하여 지역주민들의 고용도 증대시키고 지방자치단체의 재원도 마련하며, 그것으로 도로망도 확충하고 기타 공공개발 사업도 하려 할 것이다. 자치단체들은 유수한 기업을 유치하려 할 것이고, 기업들은 공장 설립이나 운영에 더 유리한 조건을 제시하는 지역에 공장을 설립하려 할 것인데, 이때 기업에 대한 여러 가지 특혜가 주어질 가능성이 있다. 공장 부지를 장기 저리로 임대해 준다든지 각종 세금 감면 혜택을 준다든지 하는 등을 생각해 볼 수 있다. 이러한 혜택 가운데에는 환경오염에 관한 기준치를 낮게 하거나 공해방지시설 설치 의무 조항을 완화할 가능성이 높아질 것이다.

기업 측에서 볼 때 이전에 중앙정부와 상대할 때보다 자치단체에 대한 로비가 훨씬 용이해지고 지역을 발전시킨다는 논리를 내세울 때는 더 큰 설득력을 얻을 수 있을 것이다. 지금까지 중앙정부를 상대로 로비활동을 해 온 대기업의 경우 자치단체 정도를 상대하기는 더욱 용이해질 것이다. 다시 말해서, 지방자치제가 발전되면서 기업은 유리한 조건으로 기업 활동을 하게 되며, 환경문제에 관한 제반 조례나 조치들도 기업에 유리한 방향으로 제정될 것이다.

(2) 환경오염의 확산에 따른 도시정부 간 갈등

지방자치제의 실시는 환경오염의 확산에 따른 지역 간 갈등을 심화시킬 수 있는 반면, 이에 대한 조정은 어려워질 것이다. 환경오염에 대한 사회적 인식이 제고되는 상황에서 도시정부는 혐오시설은 타 지방에, 선호시설은 자기 지역에 입지시키려 할 것이다. 또한 자기 지역에 입지가 불가피한 혐오시설을 경계지역에 입지시켜 오염물질의 배출을 다른 지역에 유출하려는 경향도 나타날 것이다.

지방자치가 정착되지 않고 있는 현 시점에서 환경행정의 핵심적인 기능이 중앙정부에 속해 있어 도시정부 간 갈등이 중앙정부의 직권에 의해 조정되어 왔다. 지방자치의 활성화는 이러한 갈등 조정 능력을 약화시키며, 자치단체 상호 간 협상이 순조롭게 이루어지지 않으면 심각한 문제가 발생할 수 있다. 특히 현재 지방자치단체의 취약한 재정 능력으로 인해 적절한 보상이 이루어지지 않아, 지역이기주의 현상에 따른 저항은 조직화되고 정치 세력화하여 지역 갈등을 더욱 악화시킬 가능성도 있다.

지방자치가 발전하면 주민들의 환경보호 요구가 지방의회나 지방자치단체를 통해 민원 형식이나 집단행동으로 표출되는 경우가 더욱 빈번해질 전망이다. 지금까지는 직접 피해 당사자들의 피해 보상 요구가 대부분을 차지하고 있었지만, 앞으로는 환경 기준 문제나 환경오염 측정 방법 및 배출부과금제의 강화를 둘러싸고 갈등이 전개될 가능성이 있다. 현재의 환경 기준은 전국 단위에서 일괄적으로 정해져 있지만 앞으로는 지역주민의 요구에 따라 각 자치단체별로 상이할 가능성도 있다. 환경문제를 제대로 해결하지 못하는 지방의원이나 자치단체장은 다음 선거를 의식하지 않을 수 없고 환경 기준이 강화되고 배출부과금도 높아질 가능성도 있다. 이렇게 되면 기업은 환경문제에 별로 신경을 쓰지 않아도 되는 지역에 공장을 설립할 것이고, 재정자립도가 낮거나 경제적으로 낙후된 지역으로 오염 유발업체가 몰릴 수 있다.

(3) 도시정부의 환경정책 수행 능력의 부족

지역의 환경행정수요는 급격하게 증가하고 있는 반면, 이에 대응한 지방 환경기구의 권한과 독립성은 미약하다. 지방자치단체와 지방환경관리청 모두 환경부의 위임사무를 처리하는 일선기관으로서의 성격을 지니고 있어, 지역 실정에 맞는 독자적인 환경계획을 수립하고 지역 환경문제에 탄력적으로 대응할 수 있는 기구로 볼 수 없다.

지방환경관리청의 관할 범위가 넓고 단속 인력이 모자라 오염물질을 배출했을 때 즉각적인 단속이나 대응이 어렵다. 지방자치단체와 환경관리 업무의 이원화로 인한 혼란과 행정비용의 낭비를 초래하고 있으며, 지역 내의 지방자치단체 등 관련 기관의 협조를 받고 이해를 조정해 줄 수 있는 법적·제도적 장치가 미흡하여 주로 배출업소의 지도단속 등 규제 업무에 치중하고 있다.

현재 우리나라의 지방자치단체는 자치단체의 환경을 관리할 수 있는 능력은 물론 이에 필요한 재원을 조달할 수 있는 능력과 수단도 부족하다. 환경정책을 수행하는 데는 막대한 양의 정보와 전문 기술적인 분석이 필요하다. 당해 지역의 현재 오염 상태와 전망은 물론 오염원에 대한 자료, 기상학적 또는 수문학적 정보, 사회경제활동에 대한 현황과 예측 등의 정보와 자료에 대한 수집과 분석이 필요하다.

2) 도시 환경행정의 방향

(1) 도시정부 환경행정 체계의 개편

지역의 환경행정 기능을 지방자치단체와 지방환경관리청으로 분리해서 수행하되, 점진적으로 지방자치단체의 환경행정 기능을 강화해야 한다. 환경행정 체계 개편에서 고려해야 할 사항은 환경문제와 환경행정의 특수성, 그리고 지역 환경의 현실과 정치경제적 상황이 될 것이다. 또한 환경행정 체계 개편에서 민간 부문의 능력과 기술을 적극적으로 이용할 수 있도록 해야 한다. 재원과 인력이 부족한 상황에서 새로운 기구를 설치하고 인력을 확충하는 것보다 기존의 기구와 인력을 잘 활용하는 방향으로 조직 개편이 이루어져야 한다.

지방자치단체의 환경행정 기능을 확대·강화하는 반면, 지방환경관리청은 환경행정의 광역성과 전문성의 요청에 부응하면서 자치단체의 환경행정을 지원하고 감독하는 후견적 조직으로서의 역할을 할 수 있도록 해야 한다. 광역적이고 전문성이 높은 환경 업무는 지방환경관리청이 담당하는 것이 바람직하다. 따라서 전문성을 요하는 특정 폐기물의 시설 설치와 유해 화학물질의 제조 관리 업무와 자치단체 간 광역적으로 해결해야 할 상수원수 관리와 자연생태계 관리 업무는 지방환경관리청이 담당해야 한다. 지방자치단체는 계획과 집행규제 기능을 강화하고, 지방환경관리청은 조정평가 기능과 연구개발 기능을 강화해야 한다. 장기적으로 집행규제 기능이 지방자치단체로 일원화해야 한다. 전문성, 단속 의지 부족을 이유로 지역에서 국가기관의 환경행정 기능을 강화하면 환경행정의 분권화와 지역 실정에 적합한 환경행정의 실현은 기대할 수 없다. 지방자치단체가 환경관리 능력이 부족하면 지원해 주고 권한을 부여하는 대신 그에 따른 책임을 지게 하면 된다. 지역 실정에 맞는 환경행정을 추진하기 위해서는 지방자치단체의 환경계획 기능이 강화되어야 한다. 그러기 위해서는 중앙정부의 권한 이양이 선행되고 지방자치단체 스스로의 환경 관련 인력과 장비, 그리고 예산 등을 확충하는 노력을 해야 한다.

(2) 도시정부의 환경관리 역량 강화

환경보전 업무의 지속적 증가와 주민의 쾌적한 환경에 대한 요구에 힘입어 자치단체의 환경행정 조직이 확대되고, 자치단체 내에서 환경 기구의 위상도 높아지고 있다. 그러나 자치단체 스스로 환경정책을 결정·집행할 수 있는 전문적인 능력을 갖추지 못하고 있어 집행력과 전문 인력과 예산이 부족하여 환경관리가 원활하게 이루어지지 못하고 있다. 오염업체 단속의 어려움으로 공무원들이 환경 부서에서의 근무를 기피하고 있으며, 자치단체장은 선거를 의식하여 배출업소를 단속하는 데 적극적이지 못한 경향도 있다. 아울러 아직도 환경행정 기능이 여러 부서에 분산되어 있고, 아직도 환경정책의 우선순위가 개발정책보다 많이 뒤처지고 있는 실정이다. 따라서 자치단체 공무원의 전문화 및 중앙정부의 지도·지원 강화, 자치단체의 환경행정 체계 개선 등을 통해 자치단체의 환경관리 능력을 키워야 한다(환경부, 2018).

그러므로 지방자치단체의 환경관리를 위한 자체 재원을 적극적으로 발굴해야 한다. 지방자치단체의 환경 재원은 주로 하수종말처리장과 폐기물 매립장 및 소각 시설의 건설에 사용된다. 이들에 필요한 재원은 상하수도세나 쓰레기 수거료와 같은 오염자 또는 사용자 부담금을 현실화하여 재원을 조달할 필요가 있다. 또 하천수, 지하수, 광천수 개발 사용에 대해 사용자 부담금 제도를 도입하는 것도 필요하다. 이렇게 하는 것이 환경보전은 물론 자원 절약과 경제적 효율성도 높일 수 있는 방법이 된다.

(3) 지역 실정에 적합한 환경정책의 개발

지방자치의 본격적인 실시로 지역 환경 오염문제에 대한 주민의 관심이 고조되고, 이를 해결하기 위한 지방자치단체의 독자적인 환경보전 계획의 수립과 일관성 있는 정책집행이 요구된다. 특히 쾌적하고 건강한 환경의 보전을 위한 지역의 특성과 실정을 감안한 지역 환경 기준의 설정이 필요하다. 일반적으로 환경 기준이란 쾌적한 환경을 보전하고 사람의 건강을 보호하기 위해 요구되는 환경상의 조건을 의미한다. 지역 환경 기준이란 환경행정상의 목표를 지역적 차원에서 달성하기 위한 환경상의 요구 조건이라 할 수 있다. 지역 환경 기준은 종래의 오염 방지를 위해 일반적으로 사용되어 온 배출 기준을 통한 소극적 오염 규제에서 탈피하여 지역주민의 건강 보호와 쾌적한 환경 보호를 위한 지역 환경행정의 목표인 동시에 한계로서의 의미를 가진다.

환경 기준은 지역적 차원에서 여러 요인들을 종합적으로 고려하여 개발과 보전의 조화를 이룰 수 있는 방향으로 설정되지 못하고 있다. 지역 환경 기준의 설정을 저해하는 요인들이 적지 않기 때문에 장기적 안목에서 이를 위한 지역 환경의 현황 조사나 기초자료 수집을 해야 한다. 이러한 업무를 뒷받침하기 위한 법적 지원도 강화해야 하고, 자치단체가 환경정책을 효율적으로 추진할 수 있는 환경 보전 조례의 제정도 확대해야 한다. 바람직한 지역 환경 기준을 설정한다고 해도 이를 유지하기 위한 수단의 확보되지 않으면 지역 환경 보전은 불가능하다. 자치단체 수준에서의 지역 환경 기준의 유지 확보를 위한 구체적인 정책 수단을 발굴해야 한다.

(4) 주민참여에 의한 도시정부의 환경관리

각종 조사에 의하면, 우리나라 국민들은 환경오염에 대한 관심은 매우 높다. 그러나 환경오염의 직접적인 수혜자이자 피해자인 일반 국민이 환경정책 과정에 참여할 수 있는 기회가 부족하다. 지역주민의 적극적인 협조와 감시, 그리고 참여가 필요하다. 지방자치의 활성화와 지역 환경문제의 성격 변화로 인해 주민이 적극적으로 환경문제의 해결에 관심을 가지고 참여하고 사회적인 압력단체로서의 역할을 할 것을 요구하게 되었다. 이를 위해 환경 관련 자료나 정보가 환경전문가는 물론 지역주민에게 공개되어야 한다. 불필요한 환경민원을 줄이고 이에 수반되는 행정비용을 줄이기 위해서는 환경에 영향을 미치는 사업의 계획 및 시행에서 해당 지역 주민들이 참여할 수 있도록 해야 한다. 민관 환경오염감시단을 상설화하여 환경오염에 대한 정밀 실태 파악, 과학적인 원인 분석, 조기 사전 예방 차원의 감시를 할 필요가 있다.

연구 과제

1. 공급 확대와 수요 관리로 구분하여 대도시 교통 혼잡 해소를 위한 정책 수단을 기술하고 상호 비교하시오.
2. 최근 사회적으로 쟁점이 된 미세먼지를 줄이기 위한 정부의 주요 정책 수단을 설명하고 효율성의 관점에서 이들을 평가해 보시오.

제 12 장

복지 · 문화정책

학습 목표

- 도시정부의 복지문화 관련 조직의 구성을 분석하고 이해한다.
- 도시정부의 복지문화 관련 기능들을 분석하고 이의 구체적 사례들을 연구한다.
- 도시정부의 복지문화 관련 기능들을 통한 주민들의 삶의 질 향상의 방향을 분석한다.

사례 연구 삶의 질을 위한 복지와 문화

정부가 오는 2022년까지 사람 · 공간 · 산업 3대 전략, 9대 핵심과제에 175조 원을 투입한다. 국가균형발전 프로젝트 및 지역발전투자협약 추진과 함께 3조 5,000억 원 규모의 중앙정부 사업은 지방으로 이양한다.

국가균형발전위원회와 산업통상자원부는 29일 이 같은 내용이 담긴 '제4차 국가균형발전 5개년계획'이 국가균형발전위원회의 심의 · 의결을 거쳐 국무회의 심의를 통과했다고 밝혔다. 국가균형발전 5개년계획에 따르면, 우선 지역에 '사람'이 모일 수 있도록 교육, 문화, 보건 · 복지 여건 개선에 5년 간 51조 원을 투입한다.

국공립 어린이집을 매년 450개 확충하는 등 보육부터 교육 · 진학, 지역인재 채용 확대 등 취업에 이르기까지 정부 지원을 강화해 지역에서 인재가 나고 성장하고 정착할 기반을 마련한다. 지역에서 양질의 문화생활을 누리는 데 불편함이 없도록 도서관 · 박물관 등 문화기반시설을 300개 확충하고 지역 고유자산의 특성을 살려 다양한 광역관광자원을 개발한다.

보건 · 복지서비스 사각지대 해소를 위해 분만 40개소 · 의료취약지 10개소 등 거점 의료기관 지원을 확대하고 커뮤니티 케어의 추진 등 지역사회의 자원을 활용한 지원도 강화한다.

… (중략) …

올해 안으로 지역발전 정도, 삶의 질 요소를 종합한 균형발전총괄지표를 개발한다. 이를 통해 우리나라 현실에 맞는 차등지원 방안을 검토할 계획이다(뉴시스, 2019.1.29).

〈생각해 볼 문제〉

1. 우리나라의 중앙정부 및 지방정부의 정책 중 하나인 복지정책이 왜 주요 정책으로 대두되고 있는 것인가?
2. 정부의 주요 복지정책의 내용에는 어떤 것이 있는지, 그리고 그중에서 정책 우선순위가 높은 것 세 개를 들고 그 이유는 무엇인가?

도시정부를 비롯한 지방정부의 역할은 주민의 물질적 · 정신적 생활을 보호하고 보장하는 데에 있다. 특히 복지국가의 이념 아래에서 도시정부의 복지 및 문화 기능은 더욱 중요해지고 있다. 복지 및 문화에 대한 주민의 기본 수요가 경제 발전과 더불어서 더욱 증대되고 있으며, 세계화 · 정보화 시대에 따른 국가경쟁력은 그 나라가 보여주는 문화에 달려 있다. 그와 마찬가지로 도시의 경쟁력을 위해서 복지 및 문화 수준의 향상이 강조되고 있다. 따라서 도시정부는 그동안 도시경제 분야에 비해서 상대적으로 소홀했던 복지와 문화 분야에 보다 심도 있는 정책적 지향점을 가지고 있어야 한다. 이 장에서는 도시정부의 복지 · 문화 행정조직을 살펴보고, 복지 · 문화정책의 서비스 전달 체계의 비효율성으로 인한 문제점 등을 분석하고 이에 대한 발전 방향을 알아보고자 한다.

제 1 절 도시정부의 복지행정 조직

1. 지방자치제에 따른 도시정부의 복지정책 변화

지방자치는 "일정한 지역과 주민을 기초로 하는 공공단체가 지역 내의 공공사무를 지역주민 스스로 또는 대표를 통하여 처리하는 과정"을 말하는 것으로(정세욱, 2005), 사회경제적 제약에 대한 자율성과 중앙정부의 제약에 대한 지방의 자율성으로 구성된다(Goldsmith, 1995; Gurr & King, 1987; 이승종, 2014; 이광희, 2003). 지방의 자율성은 지방정부의 대응성과 책임성을 증대시키는 역할을 하기 때문에, 지방의 자율성이 높으면 지방정부는 주민에게 더욱 가까이 다가 갈 수 있고 주민의 요구에 더 잘 대응할 수 있게 된다(이광희, 2003: 18). 따라서 지방자치제 실시 이후 증가하고 있는 주민들의 복지 수요에 대응하는 복지서비스의 공급은 도시정부의 중요한 업무이고, 그에 따른 복지 기능의 강화가 더욱 요구되고 있다.

지방자치제 실시 이후 도시정부를 비롯한 지방정부의 복지정책은 어떻게 변화하였을까? 이와 관련된 논의는 지방자치제 실시로 지방정부의 자치권 확대에 따른 복지정책 지향이라는 주제 아래 다양하게 연구되었다(서재호, 2008: 192－195). 이 논의들은 '지방자치가 지방정부의 복지정책의 강화와는 관련이 없거나 오히려 이를 약화시킨다는 사회경제적 영향에 따른 개발정향론'과 '지방정부의 자율권이 강화되면서 이의 정치적 영향으로 복지정책이 강화된다'는 반대되는 의견으로 나누어져 있다(서재호, 2008: 193－195). 우리나라의 사례를 적용한 실증연구 결과도 지방자치제 실시를 통해 향상된 지방정부의 자율성이 지방자치단체의 복지정책을 약화시킨다는 결과를 보고하는 연구(이승종·김홍식, 1992)와 강화시킨다는 연구(박기묵 외, 2003)로 나뉘어져 있다. 그리고 이러한 반대되는 연구들의 결과는 지방자치단체의 유형상의 차이라는 것에 착안한 실증연구도 있다(강윤호, 2000; 이승종, 2014). 이러한 연구들에 따르면, 복지정책이 광역자치단체는 불변이거나 감소하는 반면, 자치 구의 경우는 증가하게 되고, 군은 감소하는 반면, 자치 시는 상반된 결과를 나타내어 자치단체의 유형에 따라서 차이가 있다는 것을 보여주고 있다. 이에 더하여 지방자치제의 실시와 자치단체의 복지정책의 방향은 복지예산과 밀접한 관련이 있다는 특징을 보이고 있다(강윤호 2000; 이승종, 2014; 박기묵 외, 2003; 진재문, 2005). 그러나 지방자치단체의 복지예산을 활용하여 지방자치제 실시 이후 복지정책의 변화를 분석하는 것은 한계를 가지고 있다.

현실적으로 우리나라에서 복지서비스와 관련한 지방자치의 효과는 지치단체의 자율성 확보 여부에 의미가 있기보다는 상위 정부의 영향으로부터 지방정부가 자율적으로 결정하고 판단하는 자율에 있는 것으로, 자치단체의 자율의 핵심은 지방정부의 구성에서 조직상·인사상의 자율성 확보에 있는 것이다. 또한 지방자치제가 실시된 이후에도 지방정부가 집행할 예산의 규모나 자원은 한정되어 있기 때문에 지방정부의 복지예산 규모는 지방정부의 복지정책 방향을 부분적으로 보여줄 따름이다(서재원, 2008: 192－193).

2. 도시정부의 복지서비스 전달체계

1) 복지서비스 전달체계의 변화

지방자치제 관점에서 지방정부의 행정조직은 중앙정부에 대한 지방정부의 조직상 자율성 확보를 의미한다(이승종, 2014; 이광희, 2003). 이러한 의미는 지방자치제 이전에는 중앙정부가 지방정부의 행정조직의 변화에 대해서 권한을 가지고 있었지만, 지방자치제 실시 이후에는 이를 지방정부가 가지게 되는 것이다. 지방행정조직 변화의 권한이 지방정부에 있다는 것은 지방행정조직의 변화가 중앙정부의 정책이나 특정한 목적을 달성하기 위한 것에 있기보다는 지방정부의 행정환경에 더욱 민감하게 반응할 수 있는 토대를 마련해 주는 것이다. 즉, 지방행정 조직의 기구 변화가 지역의 서비스 환경에 더욱 민감하게 반응하고 대응하면서 변화하게 된다는 것이다.

지방자치제 실시에 따른 지방정부의 복지행정 조직의 변화는 지방정부의 복지기능을 포함한 삶의 질 기능을 강화하고, 이를 수행하는 행정기구의 분화가 촉진되어져 왔다. 이러한 지방정부의 복지행정 관련 조직의 변화는 지역주민에 의해 선출되는 지방자치단체장이 지역주민의 수요에 부합하도록 복지행정 조직을 개편하는 것이고, 증대된 지역주민의 복지 수요에 대응하는 복지 관련 행정조직의 분화가 촉진되고 조직의 수가 증가되는 경향을 나타내고 있다.

도시정부는 지역 주민의 복지 증진을 위해 지역성, 효율성, 종합성이라는 기본적 관점에서 사회복지의 역할과 기능을 수행해 나가야 한다. 즉, 지방정부의 복지정책 수행은 사회복지 서비스의 내용 충실과 행·재정의 효율화를 통해 복지행정 강화에 기여하며, 지역주민의 복지 의식을 고취시켜 주민복지 발전과 함께 지역복지 자원의 개발 및 지역개발에 기여할 수 있어야 하는 것이다(박풍규, 2006: 52). 이와 같은 복지정책 수행은 효율적인 복지행정 조직이 구축되어 있는 것을 전제로 하고 있다.

도시정부의 복지행정 조직이란 사회복지 관련 서비스 제공할 때 필요하고 또한 부수적인 활동을 지원하거나 촉진하는 것으로 정의할 수 있다. 또한 복지행정 조직은 사회복지서비스를 생산하고 공급하는 주체이기도 하다(이원일, 2000: 381). 따라서 복지행정 조직은 도시정부의 복지정책 성공을 결정하는 데 매우 중요한 요소로 행정조직이 미흡할 경우 복지정책 의지와 복지 재원의 확보 정도와는 상관없이 서비스의 효율적인 제공이 어려울 수도 있다(황성하, 2007b: 83-85).

2) 복지서비스 전달체계 개선을 위한 정책추진

우리나라는 중앙정부가 별도의 복지 전달체계 통합전담기구를 가지지 않고 지방정부 조직인 시·군·구, 읍·면·동을 활용하여 복지정책을 추진하고 있다. 하지만 중앙정부와 지방정부로 나누어져 있는 이중적인 전달체계로는 경제·사회적 양극화, 저출산·고령화 사회로의 급격한 이동에 따른 인구 구조의 변화, 지방분권화 강화 등 사회경제적 환경 변화 등에 대비하는 것에는 분명한 한계가 발생할 수 있다고 하겠다. 그동안 우리나라 정부가 추진하였던 복지서비스 정책은 주로 저소득·취약계층을 위한 생계지원형 복지서비스였다. 하지만 지금은 복지서비스의 대상 및 목적은 이뿐만이 아닌 주민들의 '삶의 질' 향상을 위한 복지서비스로서 고용·교육·주거 등 다양한 분야를 종합적으로 연계·제공하는 것으로 변화하였다. 따라서 이에 부응하는 복지서비스의 전달체계도 과거와는 다르게 변화할 필요가 있는 것이다. 그동안 우리나라에서 복지서비스 전달체계 개선을 위한 정책추진의 과정과 이를 위한 행정조직 개편 과정을 살펴보면 다음과 같다(이진, 2011: 131-135).

우리나라에서 복지서비스의 전달체계 개선은 1981년 제5차 경제사회발전 5개년(1982~1986년)계획에서 처음 제시되었다. 하지만 이 계획은 1992년에 들어와서 사회복지사업법 개정으로 복지서비스 전담 행정기구의 설치 근거와 1995년 사회보장기본법 제정으로 사회보장 전달체계와 관련한 규정이 만들어졌다. 그 이후에는 2000년에 국민기초생활보장제도가 도입됨으로써 사회복지 업무를 담당하는 공무원을 대폭 충원하였다. 하지만 담당 인력의 확충과 함께 복지서비스를 전담하는 행정기구의 개편은 추진되지 않았기 때문에 복지서비스를 보다 전문적으로 추진하는 데에는 한계가 존재하였다. 참여정부에 들어와서 국정과제인 '참여복지와 삶의 질 향상'을 위한 세부과제로 사회복지사무소 설치 등 복지 전달체계 개편이 포함되어서 이를 위한 사회복지사무소 시범사업이 2004년에 추진되었다. 사회복지사무소는 사회복지사업법 제15조의 규정에 의한 복지사무 전담조직으로서 시 · 군 · 구의 직속기관으로 설치하고자 하였으나, 애초의 목적과는 다르게 시범사업의 진행 중에 제기된 전달체계 문제점 등이 노출되어 결과적으로는 설립을 취소하고, 시범사업의 성과 중 일부를 주민생활서비스 전달체계 구축 과정에 수용하였다.

2005년에 '지역주민 통합서비스 제공체계 구축 방안'이 진행되었고, 이를 통한 복지서비스 전달체계 개선안이 만들어졌다. 이를 기초로 하여 2005년 하반기부터는 행정자치부가 지방행정 개편의 준비를 주도하였고, 2006년에 행정자치부에 '주민서비스혁신추진단'이 설치되어 관계 부처 공무원을 파견받아 협력 추진할 수 있는 체계가 구성되었다(강혜규, 2007: 11－12).

주민생활서비스 전달체계 개편에 있어서 시 · 군 · 구의 종합적인 복지기획력 및 자원관리 능력의 제고, 읍 · 면 · 동의 복지에 대한 현장성 및 접근성 강화 등을 위하여 주민생활지원국 설치를 위한 지방행정 조직 개편이 있었다. 주민생활지원국

그림 12-1 지방정부의 통합적 주민생활서비스 행정조직

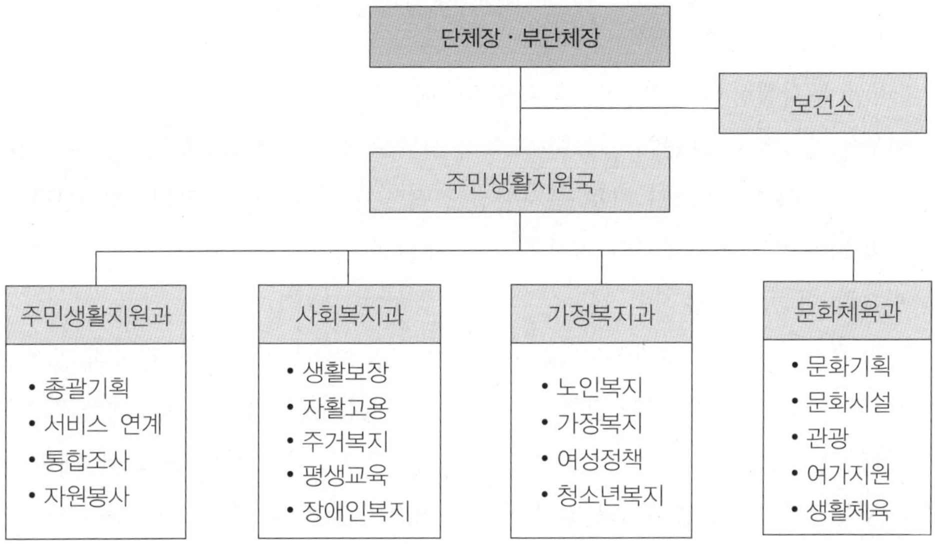

은 공공서비스의 통합전달을 위해 주민생활서비스를 제공하는 기능을 수행하는 것이다. 하지만 현재는 지방정부의 조직에서 동일한 명칭의 조직이 존재하지는 않지만 이러한 기능들을 수행하는 조직들은 지방정부에 편성되어 있다.

3. 도시정부의 복지행정 조직

도시정부는 지역주민의 복지 증진을 위해 지역성, 효율성, 종합성이라는 기본적 관점에서 사회복지의 역할과 기능을 수행해 나가야 한다. 즉, 지방정부의 복지정책 수행은 사회복지 서비스의 내용 충실과 행·재정의 효율화를 통해 복지행정 강화에 기여하며, 지역주민의 복지 의식을 고취시켜 주민복지 발전과 함께 지역복지 자원의 개발 및 지역개발에 기여할 수 있어야 하는 것이다(박풍규, 2006: 52). 단, 이와 같은 복지정책 수행은 효율적인 복지행정 조직이 구축되어 있는 것을 전제로 하고 있다.

도시정부의 복지행정 조직이란 사회복지 관련 법과 정책을 지역복지 서비스로 전달시키는 과정으로서, 그 서비스 제공할 때 필요하고 또한 부수적인 활동을 지원하거나 촉진하는 활동 과정으로 정의할 수 있다(이원일, 2000: 381). 그뿐만 아니라 사회복지행정 조직은 사회복지서비스를 생산하고 이를 공급하는 주체가 되기도 한다(황성하, 2007a: 85).

따라서 복지행정 조직이 어떻게 확립되느냐 하는 것은 지방정부의 복지정책 성공 여부를 결정하는 대단히 중요한 요소의 하나로 볼 수 있다(황종규, 2005: 299). 또한 국가의 복지서비스가 바로 복지행정 조직을 통해 집행·전달되므로, 행정 조직이 미흡할 경우 복지정책의 의지와 복지 재원의 확보가 확고하다 해도 수혜자에게 필요한 만큼의 효율적인 제공이 어렵다(황성하, 2007b: 83).

현재 우리나라의 복지행정 체계는 중앙부처인 보건복지부에서 전국적 정책을 결정하고 지방정부에서 이를 집행하는 것과 지방정부가 지역적 복지정책을 결정하여 집행하는 이중적 구조로 되어 있다. 하지만 오늘날에는 사회서비스에 대한 욕구가 양적·질적으로 증가되고 있고, 공공서비스의 기획 및 생산, 제공에서 도시정부를 비롯한 지방정부의 역할과 책임이 높아지고 있는 실정이다. 그리고 자치단체의 재정분권화로 복지서비스 전달체계에서 지방자치단체의 역할과 책임이 높아지고 있음과 동시에 복지서비스 제공의 중복·누락 문제가 자주 발생되었다. 따라서 행정안전부는 이의 시정을 위한 서비스 간 연계 및 조정 기제를 뒷받침하고자 2006년 7월부터 복지서비스 전달체계를 주민생활 지원 서비스 제공 방식으로 개편하여 복지행정조직의 변화를 가져오고, 지방정부의 복지행정 자치에 대한 변혁을 추진하여 양적·질적으로 증가하고 있는 주민들의 사회서비스에 대한 욕구를 충족시키고자 하였다. 이에 따라 주민들은 복지·보건·고용·주거·문화 등 주민생활과 밀접한 분야의 서비스를 읍·면·동 사무소 중 어느 한 곳만 방문해도 종합적으로 제공받을 수 있다.

그림 12-2 일반적인 복지행정 관련 기초도시정부의 조직

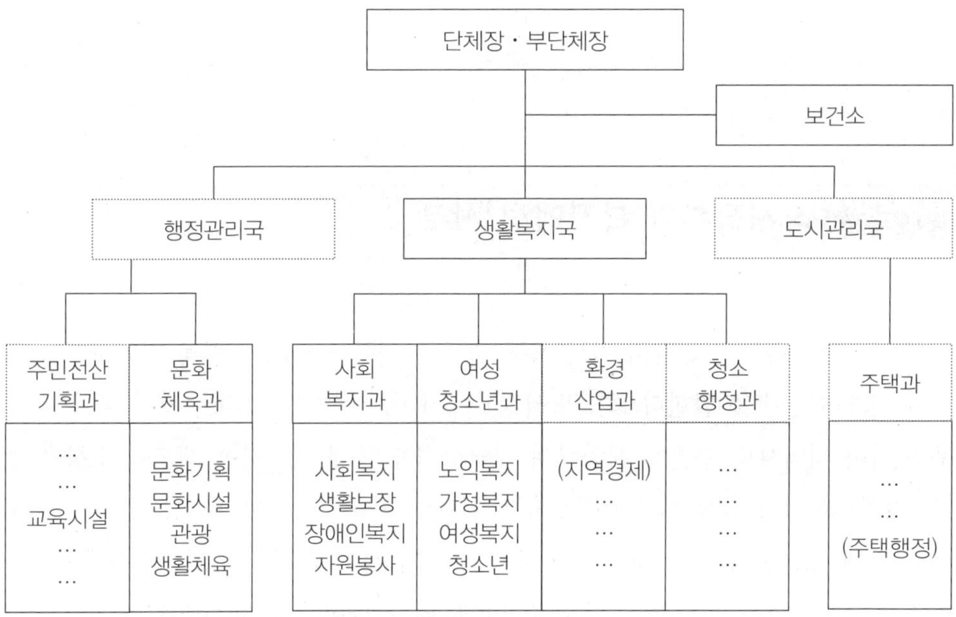

그림 12-3 대구광역시 수성구의 복지문화 관련 행정조직

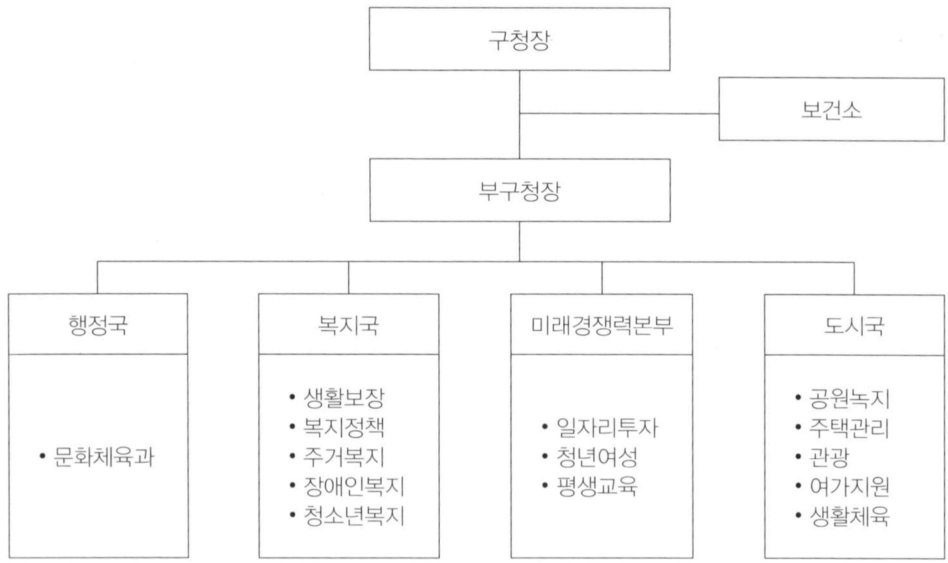

제 2 절 도시정부의 복지행정 사무

도시정부의 복지는 인간의 기본 욕구 충족을 위한 사회적 노력을 지역사회 단위에서 전개하는 것을 말한다. 즉, 도시정부에서 이루어지는 복지는 전문 혹은 비전문 인력이 지역사회 수준에 개입하여 지역사회에 존재하는 각종 제도에 영향을 주고, 지역사회의 문제를 예방 · 해결하는 일체의 사회적 노력으로 정의할 수 있다. 다시 말해, 도시정부의 복지란 지역사회 주민의 복지에 관계되는 활동을 하는 주민조직, 지역사회의 다양한 복지 관련 단체, 일반 사회단체, 행정조직 등에 개입하여 주민들의 문제나 욕구를 간접적으로 해결해 주는 접근 방법을 말한다(김용철 외, 2006: 155).

일반적으로 지역사회 복지는 개인복지나 가정복지보다 넓은 차원의 개념이며 아동복지 · 청소년복지 · 노인복지라는 대상층 중심의 복지활동보다는 지역성에 대

한 관련이 뚜렷하지만, 개인, 가정, 집단 등의 미시적 사회 체계의 복지와 상호 보완적인 관계를 유지하고 있다(김용철 외, 2006: 156). 이에 지역복지 수준을 규정하는 지방자치의 골격은 ① 사회복지 행정을 포함한 국가와 지방자치단체의 행정사무 배분의 메커니즘과 그 법규제, ② 이를 뒷받침하고 촉진하는 지방정책과 재정정책이 근간으로 되어 있다. 여기서는 지방자치법 제8조 제2항과 동법 시행령 제8조에서 규정하고 있는 지방자치단체의 복지 기능에 대해서 살펴보고, 또한 공적 부조, 사회복지서비스를 주로 담당하는 광역시 본청과 자치구 및 동의 복지행정 체계 및 복지 기능에 대해서 살펴보기로 한다.

1. 주민의 복지 증진

시 · 도의 사무에는 주민복지 증진 및 주민 보건 향상을 위한 종합계획 수립 및 지원사무와 시 · 군 · 자치구에 공통되는 복지 업무의 연계, 조정, 지도 및 조언 사무가 있고, 시 · 군 · 구의 사무에는 주민복지 증진 사업계획의 수립 시행, 시 · 군 · 자치구 단위 주민복지시설의 운영, 지원 사무와 주민복지 상담, 환경위생 증진 등 주민 보건 향상을 위한 사업 실시 등이 있다.

2. 사회복지시설의 관리

시 · 도의 사무에는 사회복지시설의 수요 판단과 지역별 배치 등 기본 계획의 수립, 사회복지시설의 설치 및 운영, 사회복지법인의 지도 감독 및 지원, 사회복지시설 수혜자로부터의 비용 수납 및 승인의 사무가 있다. 또한 시 · 군 · 구의 사무로는 사회복지시설의 설치 및 운영, 사회복지시설 수혜자로부터의 비용 수납, 사회복지법인에 대한 보조 및 지도, 사회복지법인 등의 시설 설치 허가 및 동 시설의 운영지도사무를 들 수 있다.

3. 생활보호 및 지원

시・도의 사무로는 생활보호 비용의 일정액 지원, 시・군・자치구에 대한 생활보조금 교부, 생활보호기금의 적립 및 운용관리 사무와 의료 보호 진료기구의 설정, 의료보호시설의 지정, 의료보호기금의 설치 운용 사무가 포함된다. 시・군・구의 사무에는 생활보호 대상자 조사 및 선정, 생활보호 대상자의 보호 및 관리, 생활보호의 실시(생업자금 대여, 직업훈련, 취로사업, 수업료 지급, 장제보호비 지급 등)와 생활보호 비용의 일정액 지원, 생활보호 대상자의 부양 의무자로부터의 보호비용 징수, 생활보호기금의 적립 및 운영관리 사무, 의료보호 대상자 관리 및 의료보호의 실시(진료증 발급 등) 및 의료보호기금의 설치 운용 사무를 들 수 있다.

4. 노인, 아동, 장애인, 청소년 및 부녀의 보호와 복지 증진

1) 노인복지

시・도의 사무로는 노인복지 사업계획의 수립과 조정, 경로사업의 실시 및 지원, 노인복지시설의 설치, 운영 및 지원 사무가 있고, 시・군・구의 사무로는 노인복지 사업계획의 수립 및 시행, 노인복지사업의 시행, 경로행사 등 경로사업의 실시 및 지원 사무가 있다.

2) 아동복지

시・도의 사무에는 아동복지사업 종합계획 수립 및 조정과 아동상담소의 설치 및 운영, 아동 전용시설의 운영, 아동보호 조치, 아동 복지시설의 운영 및 지원 사무와 아동복지단체의 지도・육성 사무가 있고, 시・군・구의 사무로는 아동복지사업계획의 수립・시행, 아동상담소의 설치 및 운영, 아동 전용시설의 운영, 아동보호 조치, 아동 복지시설의 운영 및 지원 사무와 아동복지단체의 지도・육성, 보호시설에 있는 고아의 후견인 제정 등의 사무가 있다.

3) 장애인복지

시 · 도의 사무에는 장애인 복지에 관한 종합계획의 수립 및 조정 사무와 장애인의 검진, 재활상담 및 시설에의 입소, 장애인의 고용 촉진, 장애인을 위한 편의시설의 설치 지도 및 권고 사무가 포함된다. 또한 시 · 군 · 구의 사무로는 장애인복지에 관한 계획 수립 및 이행, 장애인의 파악 및 관리, 장애인의 검진과 재활상담 및 시설에의 입소, 장애인의 고용 촉진 및 편의시설의 설치 지도 사무와 장애인의 복지시설 운영 및 지원 사무가 있다.

4) 청소년복지

시 · 도의 사무에는 청소년 건전 육성 계획 수립 및 조정 사무와 청소년 복지시설의 설치 및 운영, 불우청소년 보호 지원의 사무가 있고, 시 · 군 · 구의 사무로는 청소년 선도 대책 수립 및 추진, 요보호 청소년 선도 및 계몽, 불우청소년 보호와 청소년 복지시설의 설치 운영 사무를 들 수 있다.

5) 부녀복지

시 · 도의 사무로는 부녀복지 종합계획 수립 및 조정, 모자보건사업계획의 수립 및 조정, 부녀단체 육성 · 지원 사무와 부녀복지시설의 운영 · 지원 사무를 들 수 있고, 시 · 군 · 구의 사무로는 부녀복지에 관한 계획 수립 및 시행, 모자보건사업의 세부계획 수립 및 시행, 모자보건기구의 설치 · 운영 사무와 모자보건 대상자의 선정(수첩의 발급 등), 임산부 및 영 · 유아의 건강관리 및 부녀교실 운영과 여성교육, 부녀단체 육성 · 지원 사무와 부녀복지시설의 운영 및 지원, 윤락여성 선도 및 직업보도 사무를 들 수 있다.

제3절 도시정부의 문화행정

우리나라의 문화정책은 사회 · 경제 정치 상황의 변동에 따라 그 목표, 내용, 수단면에서 많은 변화를 겪었다. 그동안 문화정책은 경제 성장 제일주의의 그늘에 가려 상대적으로 주목을 받지 못했으나 국민의 생활 수준이 향상되고 문화 수요가 증가하면서 최근에는 중요한 정책으로 떠오르고 있다. 이와 함께 문화정책의 기조는 단순히 문화유산의 보존과 보급을 통한 문화정체성의 확립에 그치지 않고, 문화예술의 창작 기반 조성과 문화향수 기회 확대 및 문화교류 증진을 통해 국민의 정서적 욕구를 충족하고 문화예술의 발전을 도모하는 방향으로 그 범위를 넓혀가고 있다.

우리나라의 문화정책은 주무부처인 문화체육관광부를 비롯한 교육부, 행정안전부, 외교부, 산업통상자원부, 보건복지부 등의 중앙행정조직과 공익문화 예술기관 및 민간 비영리조직을 통해 이루어지고 있다.

여기서는 도시 문화행정조직과 도시 문화재정, 그리고 발전 방향을 살펴보기로 하겠다.

1. 도시정부의 문화행정조직

도시의 문화행정은 도시문예진흥위원회와 자치단체의 전담 행정기구 등 행정조직과 공립문화예술기관, 그리고 민간 부문의 문화원, 예총 지회 및 지부를 통해 이루어지고 있다. 광역시와 도에는 문화예술의 진흥에 관한 주요 시책을 심의하기 위해 도시 문화예술행정의 최상위기관으로 도시문화예술진흥위원회가 설치되어 있다. 이 위원회는 도시 문화예술 진흥에 관한 기본 시책 및 계획에 대한 사항과 도시 전통문화 예술의 전승 개발에 관한 사항, 그리고 기타 도시 문화예술 진흥을 위한 제반 기반 조성에 관한 사항을 심의한다.

한국문화예술진흥위원회 규정에 의하면, 도시문화예술진흥위원회는 13인 내외의 위원으로 구성하되 위원장은 시장 또는 도지사가 되며, 당연직 위원으로 시 ·

도의 기획관리실장(서울은 문화국장), 시・도 교육위원회 학무국장, 해당 지역의 도시문화재위원회 위원장이 참여하고, 나머지 위원은 문화예술에 이해가 깊은 자 중에서 시장이나 도지사가 위촉하도록 되어 있으며, 위원의 임기는 4년이다. 이 위원회의 구성은 문화예술인이 도시 문화정책의 수립과 집행에 참여할 수 있는 기회를 제공한다는 점에서 의의가 크다. 그러나 도시 문화예술의 진흥에 관한 주요 시책을 심의하는 이들의 활동은 아직도 미약한 실정이다.

도시 문화행정을 전담하는 행정기구는 자치단체의 계층과 지역적 특성에 따라 다양하게 조직되어 있다. 전반적으로 광역시와 도 단위에서는 문화행정 업무를 문화공보담당관 아래의 문화계와 문화재계에서 담당해 오다가, 지금은 문화체육관광부의 문화재청에서 맡고 있다. 주로 문화활동, 행사 등의 기획과 지원 및 유형, 무형의 문화재를 보존, 전승, 개발하는 기능을 한다.

문화행정은 광역시와 도 단위의 다른 행정 부문에 비해 상대적으로 소외된 행정이며 문화행정의 전문성이 낮은 상태에 있다. 시 단위에서는 기획관리실의 문화공보담당관이나 문화담당관실, 문화공보실에서 주로 맡고 있는데, 문화, 공보, 관광, 문화재의 업무가 혼재되어 있다. 군의 경우에도 기획관리실 내지 문화공보실에서 공보, 문화, 관광, 문화재의 업무가 복합적으로 이루어지고 있다.

2. 도시정부의 문화행정 협력조직 및 기업

문화정책은 정부나 시장만으로는 효과적으로 해결할 수 없는 영역이 많기 때문에 정부(혹은 국가)와 시장(혹은 사회)의 중간조직이라고 할 수 있는 민간 비영리 문화예술단체가 중요한 문화행정 기능을 수행하고 있다. 특히 공공 부문과 민간 부문의 영역이 점점 불명확해지고 사회가 복잡다양하게 전개되면서 정부는 이러한 민간 비영리 문화예술단체를 협력자로서 활용하고 있다. 이들 조직들은 공공 영역과 민간 영역의 연속선상에 위치함으로써 그 유형이 다양하여 준정부기관, 산하단체, 민간 비영리조직, 사회의 제3부문, 자발적 조직 등 여러 개념으로 이해되고 있다. 여기서는 주로 문화정책과 관련된 민간 비영리조직을 중심으로 중요하다고 생각되는 몇 개 조직을 검토하고자 한다.

문화정책과 관련된 민간 비영리조직의 주요 기능은 지원 기능, 심의·조정 기능, 조사·연구 기능, 교육·홍보 및 연수 기능, 자료 수집·관리 기능, 전시 및 정보 제공 기능, 공연예술 활동 등으로 구분할 수 있다. 한국문화예술진흥원과 영화진흥공사, 한국방송광고공사는 주로 문화예술인 및 단체를 비롯한 각종 문화예술 진흥사업을 지원하거나 수행하고 있다. 그리고 공연윤리위원회, 한국간행물윤리위원회, 저작권심의조정위원회와 같은 심의 조정이 주기능인 단체도 있다. 독립기념관과 예술의 전당은 문화예술 관련 전시와 공연을 위한 문화공간으로서의 기능을 하고 있다. 그리고 대부분의 공익 문화예술단체들은 고유 기능 이외에도 문화예술 정책 및 진흥사업과 관련된 조사연구사업, 문화예술 행사, 전시와 공연, 문화예술 사회교육 등을 함께 수행하고 있다. 이들 단체들은 법적 성격에 따라 특별법에 의해 설립된 특수법인과 민법에 의한 일반법인, 그리고 순수 민간사회단체 등으로 다양한 형태를 띠고 있다.

3. 도시정부의 문화재정

지방자치단체의 전체 예산 대비 문화예술 예산은 평균적으로 2.0%를 차지한다. 이것은 중앙정부의 문화예술 예산 비율에 비해 높은 편이다. 왜냐하면 국고 지원분보다 지방자치단체 분담분이 많고 지방자치제 실시 이후 주민들의 문화향수 욕구와 기대치가 전에 비해 크게 높아지는 한편, 주민선거에 의해 뽑힌 자치단체장들이 이러한 주민의 요구를 대거 반영한 점과 지역홍보는 물론 주민 소득 증대를 위해 지역별 문화관광자원을 집중 발굴, 투자하는 데 인색하지 않았기 때문이다(문화정책백서, 2008: 52-53).

한편 국민의 정부 시절까지도 지방 문화예산은 시설 건립 및 문화재 관리에 지출되는 등 하드웨어 부문에 집중된 투자를 보이고 있으며, 문화예술행사, 문화산업에 대한 지원은 극히 적은 비중을 차지하고 있다. 또한 참여정부의 4대 국정 원리 중 하나였던 분권과 자율 하에 추진된 지방이양사업과 국가균형발전계획은 문화예술 관련 사업에 대한 중앙과 지방 간의 역할과 예산에 큰 변화를 준 것으로 분석할 수 있다. 그렇지만 여전히 문화 예산은 다른 부문에 비해 여전히 미약한 실정이다.

4. 도시정부의 문화정책 발전 방향

앞으로 문화정책은 정보화, 개방화, 통일 시대, 문화 시대의 맥락에서 통합적인 문화 발전 전략을 가지고 추진되어야 할 것이다.

첫째, 문화정책은 앞으로 문화 복지국가를 실현하기 위해 문화유산의 보존 개발과 창작 기반의 조성 외에도 문화향수 및 참여 기회의 확대를 중요한 정책기조로 설정함으로써 전 국민이 문화의 혜택을 골고루 받고 문화생활에 참여할 수 있도록 해야 할 것이다. 이것은 바로 문화의 민주화를 의미한다고 볼 수 있다. 이제 문화정책의 영역을 문화예술 창조자 외에도 소비자인 일반 국민으로 확대하여 시민 문화활동, 일상 생활환경, 여가생활, 대중예술 등에도 관심을 가져야 한다.

이를 위한 문화전략으로는 여가 및 문화예술 프로그램 개발 보급, 문화예술 사회교육, 문화예술 정보관리, 문화산업의 문화 매체화, 문화공간의 효율적 운영 등을 들 수 있다.

한편 지방화 시대를 맞이하여 도시문화의 활성화를 위한 제반 정책이 한층 더 추진되어야 할 것이다. 도시 문화정책은 지역문화의 자치화, 개성화, 다양화의 특성을 토대로 전개되어야 할 것이다. 또한 문화정책은 문화가 사회 제도의 여러 면에 연관되어 있는 특성을 고려하여 교육, 과학기술, 환경, 관광, 커뮤니케이션, 체육정책과의 상호작용을 통해 추진되어야 한다. 아울러 지역 개발, 도시계획, 경제 · 사회 발전계획 등의 제반 발전전략은 문화적 차원에서 고려되어야 할 것이다.

둘째, 이러한 문화정책을 수행하기 위해서는 공공 부문과 민간 부문의 협력을 비롯한 문화정책 관련 조직들 간의 유기적인 협력 체제가 이루어져야 한다. 문화정책의 주무부서인 문화체육관광부를 축으로 하여 관련 정부부처 간(교육부, 행정안전부, 외교부, 산업통상자원부, 지방자치단체 등)의 협조는 물론 준정부기관이라고 할 수 있는 공익 문화예술기관과의 관계도 중요하다. 특히 문화정책 영역은 공공 부문과 민간 부문의 경계가 불분명하고 공공 개입에는 한계가 있기 때문에 자발적인 민간 비영리조직의 활성화를 통한 협조 체계가 요구된다. 한편 기업의 문화예술 투자를 활성화시키기 위한 유인 체계도 필요하다.

셋째, 문화정책 수단인 제도와 법을 정비하여 문화예술의 다양성과 자율성을 확보케 하고 문화예술에 대한 참여와 투자를 증대시켜야 할 것이다. 문화정책은 앞으로 규제와 통제보다는 참여와 진흥, 조장 측면에 역점을 두어야 한다. 또한 문화예술인들로 하여금 자유로운 분위기에서 창작활동을 할 수 있도록 지원과 법의 정비가 요구된다. 한편 문화예술의 생산과 소비를 연결해 주는 전문적인 문화 종사자(혹은 행정가)를 양성하고 훈련하여 최근에 급격히 늘어나고 있는 문화시설과 조직의 문화행정 인력 수요문제를 해결해야 할 것이다.

넷째, 문화 유통을 원활히 하기 위해서는 도서 출판, 정기간행물, 영화, 음반, 비디오, 뉴미디어 등 문화산업을 육성하고 문화예술 정보 체계를 구축해야 한다. 특히 정보화 사회의 진전에 따라 각종 매체의 문화상품들이 등장하고 있다. 오늘날의 문화상품은 서비스 집약적인 경제가치로 전환됨에 따라 국가 경제 체제에서의 문화 경제 능력에 대한 강화가 새롭게 요구된다. 그리고 문화예술 정보 체계를 구축하여 문화예술 정보의 생산·유통 소비를 원활하게 해야 할 것이다.

다섯째, 남북 분단의 상황에서 민족 동질성을 회복하고 통일 이후에 체제를 초월한 사회에 적응하는 문화사업을 개발해야 한다. 이를 위해 정통성에 뿌리를 둔 통일문화의 기반을 구축해야 할 것이다.

여섯째, 개방화, 지구촌화의 세계적 추세에 부응하여 국제적인 문화교류와 참여를 통해 한국 문화의 독창성을 세계에 소개하고 다른 나라의 문화를 이해할 필요가 있다. 더불어 세계 문화 발전을 위한 국가 간의 협력 체제 구축에 적극적으로 참여할 필요가 있다.

연구 과제

1. 우리나라 도시정부의 복지행정의 문제점에 대해서 설명하고, 이에 대한 해결 방안에 대해서 논하시오.
2. 우리나라 도시정부의 문화정책이 가지고 있는 문제점에 대해서 설명하고, 바람직한 운영 방향에 대해서 논하시오.

제 13 장

재난 · 위기관리정책

학습 목표

- 재난관리와 위기관리의 개념적 차이를 이해한다.
- 재난관리 체계와 위기관리 체계를 분석하고 이해한다.
- 우리나라 도시의 재난관리와 위기관리의 문제점을 분석하고 발전 방향을 제시한다.

사례 연구 도시의 재난 위험 경고

24일 오전 11시쯤 발생한 서울 KT 아현지사 화재는 경찰·병원·금융 등 기본적인 사회 인프라의 작동을 중지시켰다. 전국 50여 개 KT 통신 지사 중 고작 한 곳에서 발생한 화재가 수많은 이들의 삶을 멈춰 세운 것이다. 서이종 서울대 교수(사회학)는 "이번 사고는 정보통신기술(ICT) 기반의 초연결 사회가 얼마나 쉽게 무너질 수 있는지 경고한 사례"라고 진단했다.

경찰 관계자는 "1차 감식 결과 지하 1층 통신구 150m 중 약 79m가 화재로 소실되었다"며 26일 오전 국립과학수사연구소가 참여하는 2차 합동감식을 통해 정확한 화재 원인을 규명할 예정이라고 밝혔다. 25일 새벽 KT 아현지사 화재 현장을 방문한 박원순 서울시장이 "서울이라는 초현대적 도시에서 이번 사고가 가지는 의미가 크다. 이번 사고는 울리히 벡(Ulrich Beck)이 경고한 '위험사회'의 전형적인 사례"라고 말한 것도 같은 맥락이다. 독일의 사회학자 벡은 "인류가 풍요로워질수록 위험 요소도 증가한다"고 경고했다. 위험은 자연발생적인 것이 아닌 근대성이 내재한 재난과 사고로 인해 발생한다는 것이다. … (중략) …

이번 시스템으로 가장 먼저 허점이 드러난 곳은 치안 시스템이다. KT 아현지사 건물 화재는 발생 10시간 만에 진압되었지만 사고 이튿날인 25일에도 여전히 인근 지역 경찰 경비전화와 일반전화, 112 통신 시스템이 일부 작동하지 않았다. 서울지방경찰청의 관할 통신사업자는 KT인데, 경찰청처럼 타사 통신망(SK텔레콤)을 예비로 두지 않았기 때문이다. KT가 운영하는 민간 보안서비스 '텔레캅'도 먹통이 되면서 이 업체의 방범 장치를 이용하는 인근 지역 업체들도 범죄·사고에 무방비로 노출되었다.

서울 서대문구에 위치한 신촌 세브란스병원을 비롯해 KT 통신망을 쓰는 병원·약국들도 진료·업무에 차질을 빚었다. 세브란스병원은 의사·간호사들 간 무선 원내전화기(콜폰)를 쓰지 못하게 되면서 비상근무체제에 돌입했다. 병원 관계자는 "외래 진료가 없는 주말이라서 그나마 다행"이라며 "평일에 복구가 안 된다면 진료와 수술시스템에도 큰 차질이 생길 것"이라고 설명했다(중앙일보, 2018.11.26).

〈생각해 볼 문제〉

1. 세계의 주요 대도시들이 직면하고 있는 재난의 위험에는 어떤 것이 있을까?
2. 재난 위험이 높은 도시들이 재난 위험에 많이 노출되고 있는 이유는 무엇인가?

도시로의 인구집중은 필연적으로 수많은 사고 잠재 요인을 구조적으로 안고 있다. 급격한 인구 증가, 늘어가는 고층빌딩, 복잡한 도로망, 과속 주행의 자동차, 밀집한 주거환경, 방치되어 있는 지하공동구, 특히 항상 사고 발생 요인이 잠복해 있는 다중이용시설 등은 언제든지 대형사고가 일어날 수 있는 위험환경인 것이다(최병학, 2003: 25－26; 박병식 외, 2018: 17－22). 대부분의 재난사고들이 인위적으로 발생하고 주로 도시에서 발생한 것 또한 이 요인들에 의한 것이다. 따라서 이 장에서는 도시정부의 재난관리와 위기관리와 관련한 내용들을 살펴보고 발전 방향에 대해서 알아보고자 한다.

제 1 절 도시의 재난관리

1. 재난의 개념

사람과 경제적 활동이 도시로 집중되는 현대 도시는 도시민들에게 고밀도의 주거공간과 인공적 도시기반시설인 전기, 가스, 백화점, 수도, 통신, 도로, 철도 등을 기반으로 편리성과 다양성을 비롯한 많은 편의와 장점, 물질적 풍요라는 양지를 가져다 주었다. 그러나 이러한 물질적 풍요라는 양지는 동시에 사고와 재난이라는 음지를 초래했다. 각종 자연재해, 대형 교통사고, 가스 폭발사고, 열차 탈선사고, 백화점 붕괴, 대교 붕괴, 지하철 안전사고 등 매일 크고 작은 사건을 바다, 육지, 하늘에서 접하고 있는 것이다(김상돈, 2003: 23). 대부분의 국민들이 도시라는 공간에 밀집해서 살아감으로써 각종 재난이 발생했을 경우 그 피해의 정도가 과거에는 상상할 수 없을 정도의 규모로 나타나고 있다. 따라서 도시행정에서 재난관리 문제의 중요성과 그 비중은 도시화가 진행될수록 더욱더 증대되고 있다.

고전적인 의미의 재난은 인간의 통제 범위를 넘어서는 자연으로부터의 해로운 영향을 의미했다. 그러나 오늘날은 자연으로부터의 해로운 영향을 의미하는 자연재난과 대개 인간의 고의나 실수로 인해 초래되는 인위재난을 총칭해서 하나의 재난으로 간주하는 것이 대부분이다(박종화 외, 2018).

미국의 연방재난관리청(Federal Emergency Management Agency: FEMA)은 재난을 "정부의 통상적인 관리 절차나 자원으로써는 대처할 수 없는 인적 및 물적 손상을 초래하는 사건을 말한다. 재난은 대개 돌연히 발생하지만 대처 과정에서는 다수의 정부기관과 민간 부문들의 즉각적이며 조정된 노력을 필요로 한다"(FEMA, 1984: 1-3)고 규정하고 있다.

유엔개발계획(UNDP)와 유엔지역개발센터(UNCRD) 또한 재난을 "사회의 기본 조직 및 정상 기능을 와해시키는 갑작스런 사건이나 큰 재해로서 재해의 영향을 받는 사회가 외부의 도움 없이 극복할 수 없고, 정상적인 능력으로 처리할 수 있는 범위를 벗어나는 재산, 사회간접자본시설, 생활 수단의 피해를 일으키는 단일 또는 일련의 사건"으로 규정하고 있다(임송태, 1996: 10). 그리고 우리나라 재난관리법상의 재난은 "화재·붕괴·폭발·교통사고·화생방사고·환경오염사고 등 국민의 생명과 재산에 피해를 줄 수 있는 사고"를 의미한다(장인봉, 2000: 389; 박병식 외, 2018: 95-97).

이를 토대로 재난이란 통상적인 방식과 인력으로는 대처하기 곤란한 경우이고, 새로운 관리 체계가 필요한 경우이며 또 인적 및 물적 손상이 초래되는 경우로 정의할 수 있겠다(박종화, 2009: 509-510).[1]

2. 재난의 특징 및 유형

도시환경 변화로 인한 재난, 첨단기술 재해, 화생방 테러나 독가스 테러로 인한 즉각적 재해, 복합적·비일상적 재해 등의 재난은 현대 사회의 생활공간과 관련지어 그 특징을 살펴볼 수 있다(김상돈, 2003: 24-25; 박종화 외, 2018; 박병식 외, 2018: 41-43).

---

1) 재난은 인적 손상과 물적 손상이 동시에 발생하는 경우가 대부분이지만 반드시 그런 것만은 아니다. 1979년 미국 스리마일섬(Three Mile Island: TMI)에서의 원자로 사고는 인적 손상이 보고된 바는 없었지만 재난으로서의 그 파급 효과는 정치·사회·경제적으로 엄청났다. 이는 재난에 대처할 때 사회 여러 부문들의 즉각적이며 조정된 노력이 필수적임을 알 수 있다.

첫째, 재난은 돌발적으로 발생하는 것 같지만 사실 그것은 발생 전부터 오랜 시간 동안 누적되어 온 위험 요인들이 특정 시점에서 표출된 결과인 누적성의 특징을 갖고 있다.

둘째, 재난은 발생 요인에서부터 발생한 이후의 전개 과정과 그 후 수습 혹은 복구 과정의 전체에서 볼 때 매우 복잡하게 전개된다.

셋째, 재난의 피해 범위 및 정도를 예측하는 것은 불확실할 뿐 아니라 재난의 규모에서도 피해 예상 지역 및 인원의 임의성과 불특정성을 지니고 있다.

넷째, 재난 발생 시 도로는 통행 불능이거나 지극히 혼잡하고, 전화도 제대로 작동하지 않으며, 기타 시설 역시 손상을 당해서 제대로 움직이지 않는다. 무선통신 역시 과부하로 제대로 기능하지 못하는 등 재난 발생 현장에서는 흔히 각종 자원을 제대로 관리하기가 어렵게 된다. 즉, 새로운 형태의 재해가 속출하게 되며 공간 간의 연관 관계로 연쇄적인 피해가 발생하기도 한다.

또한 재난은 어느 특정한 시설이나 사람에게만 국한되는 것이 아니라 그를 포함한 공간 전체에 해당되고 시간 경과에 따라 피해 확산이 급속하게 진행된다.

이와 같은 특징을 지닌 재난은 국민의 생명 · 신체 및 재산과 국가에 피해를 주거나 줄 수 있는 것으로서, 태풍 · 홍수 · 호우 · 강풍 · 풍랑 · 해일 · 대설 · 가뭄 · 지진 · 황사 · 적조 그 밖에 이에 준하는 자연 현상으로 인해 발생하는 재난과 화재 · 붕괴 · 폭발 · 교통사고 · 화생방사고 · 환경오염사고 그 밖에 이와 유사한 사고로 대통령령이 정하는 규모 이상의 피해, 에너지 · 통신 · 교통 · 금융 · 의료 · 수도 등 국가기반 체계의 마비와 전염병 확산 등으로 인한 피해로 나누어 볼 수 있다(김찬오, 2008: 52).

이러한 재난을 발생 원인, 발생 규모, 발생 기간 등에 따라 다양하게 유형화하고 있지만, 대개의 경우 발생 원인(지진, 화재, 홍수, 화학물질 누출, 방사능 누출 등)에 따라서 구분하고 있으며, 그 중에서도 크게 자연적 재난과 인위적 재난으로 구분해서 논의하는 경우가 대부분이다. 쉽게 구분하자면, 자연적 재난은 인간이 만든 재해가 아닌 경우이며, 인위적 재난은 인간의 고의나 실수로 초래된 재해를 의미한다(<표 13-1> 참조).

표 13-1 자연적 재난과 인위적 재난의 특징

특 징	자연적 재난	인위적 재난
발생 과정	돌발적	돌발적
발생 강도	강력	강력
피해의 가시성	환경의 변형	가시적인 손상이 있는 경우와 그렇지 않은 경우 있음. (예: 1979년 미국 스리마일섬 원자로 사고)
예측성	과거의 경험을 통해 예측 가능	예측 불가능 (돌발적이고 시간상 대처 여유가 없음)
통제 가능성	통제 불가능	우연이나 실수를 제외하고 대개 인간의 통제 하에 있음.
영향의 범위	대개 재난의 희생자에 한정	자신감의 상실과 불신의 증폭 등으로 직접적으로 희생되지 않은 사람들에게도 영향을 미침.
영향의 지속성	비교적 단기간만 지속	아주 단기간 또는 만성적 (예: 유독물질 관련 재난은 대개 장기적인 영향을 줌)

자료: Baum, Fleming & Davidson(1983); 박종화 외(2018).

3. 재난관리의 의의

도시생활 내 재난은 새로운 문제로 부각되고 있다. 도시에는 가스, 전기, 통신, 하수관 등이 지상과 지하에 거미줄처럼 얽혀 있고 사람들이 밀집해서 생활하는 대형 건물들이 계속 들어서고 있기 때문에 그 문제는 가속화되고 있다. 자연적 재난이든 인위적 재난이든 발생할 경우 인명 및 재산상의 피해는 막대하고 그 범위와 정도 또한 엄청날 수밖에 없다. 따라서 재난이 발생했을 경우에 피해의 범위와 정도를 최소화할 수 있도록 하는 제반 관리 능력이 중요시된다.

재난관리란 재난 발생 가능성의 완화, 사전 대비 계획, 응급 대응, 복구 등에 관한 정책의 개발과 집행 과정을 일컫는 것으로(임송태, 1996: 22), 재난으로 인한 피해를 최소화하기 위한 제반 관리활동을 통칭하는 말이다. 한편 재난관리는 재난의 통제에서 좀 더 넓은 접근 방법으로, 인간에게 피해를 끼칠 수 있는 돌발적 사건의 위험을 인지하고 통제하는 것으로 정의하기도 한다(Karwan & Wallace, 1984: 177−181). 이 맥락에서의 재난관리는 재난이 발생하지 않게 사전에 예방하고, 재난이 발생한 경우에는 발생될 수 있는 위험을 효율적으로 관리하는 것을 강조한다.

이처럼 재난관리를 효율적으로 하기 위해서는 사후관리뿐만 아니라 사전 대비 노력이 반드시 수반되어야 한다. 인위적 재난의 경우 사후에 피해를 최소화할 수 있는 관리 능력이 필수적이며, 자연적 재난의 경우에는 사전 예보 능력이 강조된다. 그뿐만 아니라 자연적 재난에서의 대비 태세와 인위적 재난에서의 사전 예방적 관리 체계 역시 간과할 수 없는 부분이다. 사후관리와 사전관리는 상호 단절적인 것이 아니라 상호 순환적이므로, 하나의 관리 체계 속에서 통합적으로 운용하는 것이 바람직하다.

한편 우리나라 재난관리법 제2조 제2항은 재난관리를 "재난 발생의 위험성을 제거하고, 재난 발생 시 피해의 수습과 복구를 행하는 모든 활동"으로 정의하고 있다. 그리고 헌법 제34조 제6항에 "국가는 재난을 예방하고 그 위험으로부터 국민을 보호하기 위하여 노력하여야 한다"라는 규정과 헌법 제36조 제3항에 "모든 국민은 보건에 관하여 국가의 보호를 받는다"는 규정을 두어, 재난을 예방하고 재난으로부터 국민을 보호해야 할 국가의 책무를 명시하고 있다. 그뿐만 아니라 민방위기본법 제1조에서도 적의 침공이나 전국 또는 일부 지방의 안녕, 질서를 위태롭게 할 재난으로부터 주민의 생명과 재산을 보호하기 위하여 민방위에 관한 기본적인 사항과 민방위대의 설치 · 조직 · 편성과 동원 등에 관한 사항을 규정할 것을 명시하고 있다(장인봉, 2000: 390; 박병식 외, 2018: 37−39).

4. 재난관리 체계

이와 같은 기본 이념 하에 재난관리를 효율적으로 하기 위해서는 첨단장비와 신속한 대응 능력을 갖추어야 한다. 신속한 대응을 위해서는 국가 전체적인 통합관리 체계와 지역 스스로 지역문제를 해결할 수 있도록 하는 분산관리 체계를 함께 운용하는 등 재난관리 체계 마련이 필수적으로 요구된다.

재난관리 체계는 재난관리를 담당하는 조직들로 구성된 체제로(Comfort, 1988: 344−349), 재난발생이라는 환경에 대비하여 주민의 생명과 재산을 보호할 목적으로 상호 관련된 기관들 간의 협조 · 조정 통해 재난문제를 해결하는 데 목표를 두고 있다(장인봉, 2000: 392). 그리고 이러한 재난관리 체계는 시간대별 진행 과정을 중심으로 4단계로 나뉘는데(<표 13-2> 참조), 재난 발생을 중심으로 재난 발생 전(pre-disaster)과 재난 발생 후(post-disaster)로 나누고, 재난 발생 전은 예방과 완화(prevention and mitigation) 단계와 대비(preparedness) 단계로, 그리고 재난 발생 후는 대응(response) 단계와 복구(recovery) 단계로 구분된다. 그리고 이 모든 과정은 서로 독립적이긴 하지만 상호 유기적이며 순환적인 관계를 가진다(McLouglin, 1985: 166; Petak, 1985: 3; 장인봉, 2000: 393-395; 박병식 외, 2018: 53-63).

한편 도시 내 문제 발생 시 모두 정부가 나서서 해결해야 하는 것은 아니다. 도시문제가 정책문제로 채택되어 정부가 해결 주체가 되기 위해서는 그것이 사회 일반에게 해결을 필요로 하는 문제로 인지되어야 한다. 도시문제가 방치할 수 없는 상태에 이르렀다고 사회 일반이 인식하게 되면 대개 정책적인 노력이 필요하게 되는 것이다(박종화 외, 2018).

그럼에도 불구하고 정부가 재난에 개입해야 하는 이유는 첫째, 재난 상황 대부분은 심각하고 잠재적으로 명백한 사회적 문제들을 야기할 수 있고, 재난 사건들의 경제적 · 물리적 · 정서적 비용은 다른 도시문제와 달리 너무 커서 무시하거나

표 13-2 재난관리 체계

제1단계: 재난 예방과 완화 단계(disaster prevention and mitigation phase)
• 사회의 건강, 안전 및 복지에 대한 위험이 존재하는 영역으로부터 무엇을 해야 할 것인지를 결정하고 위험 감소를 위한 노력을 하는 단계
⇓
제2단계: 재난 대비 단계(disaster preparedness phase)
• 재난에 대비한 비상계획을 수립하고 훈련을 통해 재난 대응조직의 운영 능력을 개발하는 단계
⇓
제3단계: 비상 대응 단계(emergency response phase)
• 비상계획이 실행되며 응급의료 체제가 가동되고 재난대책본부와 같은 비상기구가 작동하는 단계
⇓
제4단계: 재난 복구 단계(recovery phase)
• 재난 상황이 안정되고 긴급한 인명구조와 재산 보호가 수행되고 난 후 재난 전의 정상적인 상태로 회복시키는 단계

그림 13-1 **재난관리 체계의 순환 관계**

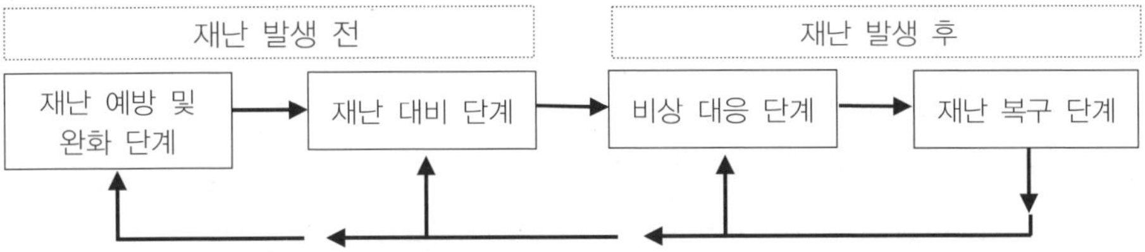

간과할 수 없기 때문이다.

둘째, 재난 상황은 정치적인 쟁점이기 때문에 정치인들에게는 재난 자체가 정치적으로 이용할 수 있는 수단이 되기도 하므로 이에 대한 견제가 필요하다.

셋째, 많은 자연재난들이 민간 영역만으로는 다룰 수 없는 문제들로 공공의 성격이나 집단적 특성을 지니게 된다.

넷째, 자연재난과 인위재난 상황은 공중의 관심을 이끌어 내는 동시에 정부 권한의 합법적 영역 내에서 문제로 인식되기 때문이다.

다섯째, 재난 완화, 대응, 복구의 과정에 많은 자원과 인력 동원이 필요한데, 이러한 자원 동원 능력을 지니고 있으면서 합법적인 물리적 강제력을 지닌 주체는 정부이기 때문이다. 이와 같은 이유에서 재난관리 과정에 정부가 개입하지 않으면 안 되는 것이다(장인봉, 2000: 392－393; 박병식 외, 2018: 63－70).

또한 재난관리 체계 구성 시, 공공 부문뿐 아니라 민간기업과 자원봉사자들의 역할을 장려할 수 있는 방안 고려가 필요하다. 대개의 재난관리는 공공 부문 혼자만의 능력으로 미흡하기 때문이다. 재난 자체가 예기치 못한 상황에서 발생하는 것이며 통상적인 운영 방식이나 인원 및 자원으로는 해결할 수 없는 인적 또는 물적 손상을 초래하기 때문에 정부만이 아니라 기업, 언론, 민간단체 등의 즉각적이며 조정된 노력을 필요로 한다. 재난 과정에서 낯선 사람, 절차, 장비들을 접하게 되기가 쉽고 상호 간의 정보 공유와 일관된 조정이 요구됨에 따라 재난의 체계적인 관리가 요청된다. 따라서 중앙정부와 지방정부의 부처, 산업체, 시민단체, 학계 등의 일관된 협조와 참여가 있어야 하고 우리 스스로가 재난관리의 중요성을 인식하는 것이 중요하다(박종화 외, 2018).

특히 우리나라는 사회적 효율성(안전)보다는 기계적 효율성(속도)를, 질적 성장보다는 양적 성장을, 과정보다는 결과를, 미래에 다가올 사회경제적 비용보다는 현재 당면한 비용 절약을 중요시하기 때문에 언제 어디서나 위험에 노출되어 있음에도 불구하고(최병학, 2003: 23), 재난관리에 소요되는 인력이나 기타 장비 등의 자원을 재난이 발생하지 않을 경우에는 낭비라고 여겨 이에 대한 투자에 소홀했다. 더욱이 정치적 메커니즘에서 재난관리에 대해 투자하는 경우가 대부분이었으며, 이러한 정치적인 메커니즘으로 투자되는 제반 인원이나 경비는 재난이 발생하지 않을 때에는 전시 효과조차 거의 나타내지 못하기 때문에 소홀하게 취급되어 왔다.

단지, 민방위조직을 토대로 전시 대비 훈련과 기타 천재지변에 대처해 왔고, 교통・건설・산업・가스 등의 안전 문제는 해당 행위나 시설 운용에 대한 사안별로 해당 관청에서 관장해 왔을 뿐이다. 그리고 우리나라의 재난관리 체계는 치명적인 재난이 발생하여 사회적 이슈와 사회적 반향을 가지고 올 경우에만 대대적으로 인적・물적 투자와 체계 정비를 공포하여 사회적 이슈에 부응하고자 하는 생색내기식의 재난관리 체계 마련에 그친 것이 사실이다. 이런 상황 속에서 대도시에서의 여러 사고들은 전국적으로 우리나라의 제반 안전에 대한 위기감의 팽배와 정부의 관리 능력에 대한 비판과 회의감을 확산시켰다. 또한 대형 참사에 대한 미숙한 대처 방안은 재난관리 체계의 재정비 또는 개혁을 촉진시키는 계기가 되기도 하였다. 이에 정부는 2004년에 행정자치부 내의 민방위본부를 확대, 개편하여 소방방재청을 설립하였다.[2] 그 이후 몇 차례의 조직 개편을 통하여 국가적 차원 및 지방자치단체 차원의 재난과 위기를 예방하고 관리하며 지원해 오고 있다.

---

2) 재난 관련 업무체제의 일원화, 재난예방 강화, 구조・구급 및 현장 수습 등의 현장 대응 체제 강화, 자치단체의 재난관리 기능 및 민관 협조 체제 강화, 안전 의식 제고를 위한 대국민 홍보 등 예방활동 체계 확립 등이 주요 기능이다. 하지만 여전히 재난관리 체계 정비의 필요성 및 중요성에 대한 제대로 된 인식이 확립되지 않고 있는 실정이다.

표 13-3 한국, 미국, 일본의 재난관리 체계 비교

<table>
<tr><th>구 분</th><th>한 국</th><th>미 국</th><th>일 본</th></tr>
<tr><td>기본법</td><td>*재난관리법
*자연재해대책법</td><td>*재난구조 및 긴급지원법</td><td>*재해대책기본법</td></tr>
<tr><td rowspan="3">조직</td><td>중앙: 각 부처 분산</td><td>연방: FEMA(연방재난관리청)</td><td>*중앙정부: 중앙방재회의</td></tr>
<tr><td rowspan="2">지방: 지방자치단체</td><td>주정부: 재난관리국</td><td rowspan="2">*지방정부: 지방방재회의</td></tr>
<tr><td>시/카운티: 재난대비과</td></tr>
<tr><td rowspan="3">재난 시</td><td>소형: 지방자치단체</td><td rowspan="2">*지방정부에서 1차 책임</td><td rowspan="2">*지방자치단체에서 책임</td></tr>
<tr><td>중형: 각 중앙부처</td></tr>
<tr><td>대형: 총리실에 중앙사고대책협의회 설치</td><td>*재난 규모가 클 경우, 주정부와 연방정부의 지원</td><td>*비상재해의 경우 총리 주재 비상재해 대책본부 설치</td></tr>
</table>

제 2 절 도시의 위기관리

1. 위기의 개념

현대 도시 내 생활은 변화와 사회적 역동성과 분리하여 생각할 수 없다. 도시화는 많은 물질적 풍요와 사회적 역동성을 가져왔고, 이는 사회 구성원들에게 더 많은 기회와 자유를 제공하고 있다. 그러나 역설적으로 사회적 역동성은 불확실성의 증가를 초래했다. 이는 확실성을 포기한 대가였던 것이다(이재은, 2007).

어느 날 갑자기 닥치는 천재지변이나 사회의 혼란, 조직의 해체 등 우리가 직면하는 위기의 형태는 이루 말할 수 없는 다양한 형태와 현상으로 나타나며, 헤아릴 수 없을 만큼 다양하다. 이러한 위기(crisis)란 "어떤 상태의 안정에 부정적으로 영향을 주는 정세의 급격한 변화 또는 어떤 사상의 결정적이고도 중대한 단계"로 정의되며, 인간 개인의 육체적 · 정신적인 면에서부터 한 국가의 정치 · 사회 체제, 나아가서는 국가 간의 관계에서도 발생한다.

2. 위기의 특징 및 유형

위기의 유형들이 가지고 있는 위기의 특징(속성)들은 위기의 유형과 여러 관점들에서 따라서 다양하지만 일반적으로는 네 가지로 정리된다.

첫째, 급작성이다. 위기의 징후들을 사전에 포착할 수 없는 것은 아니지만 대다수의 위기는 갑자기 발생한다. 위기 징후가 사전에 포착되면 위기를 예방할 확률이 높아지긴 하지만, 자연재해와 같이 위기 징후의 포착 기간이 짧고 예고 없이 발생하는 경우는 그 준비활동이 중요하다. 따라서 위기가 일어날 것을 전재하고 미리 위기관리 계획을 짜는 등 위기관리 전략 수립이 중요하다(임지원, 2007: 13; 박병식 외, 2018: 37-41).

둘째, 불확실성이다. 위기는 예상의 폭을 넓혀야 하는 경우가 많기 때문에 위험 발생 요소를 철저히 관리하기 힘든 경우가 많다(임지원, 2007: 13). 지진, 홍수 등 자연적 재난은 물론이고 경제적 요인이나 사회적 현상에 의해 조성된 인위적 위기라 하더라도 사전에 위기의 정도나 발전가능성 등을 정확히 예측할 수 없다는 것이 일반적이다.

셋째, 시간의 제약성이다. 위기는 시간과 관련해 언제나 급격하게 돌아간다. 빠른 결정을 필요로 하는 위기의 급작성과 불확실성은 위기의 해결을 더욱 어렵게 만든다. 따라서 위기 징후를 포착하기 위한 체계와 위기를 준비하는 노력이 필수적이다.

넷째, 위기는 전체적, 그리고 전반적인 변화이다. 단순히 개별적이고 부분적인 변화나 단순한 위협 속에 놓여 있다고 해서 그것을 위기라고는 부르지는 않는다. 변화의 가능성 및 급격한 체제의 전반적인 변화가 형성될 때 위기 상태라 할 수 있다(임지원, 2007: 14-16).

일반적으로 정리되고 있는 위기의 유형에는 자연환경에서 발생하는 자연재해로 인한 위기, 인간의 인위적 재해로 인한 위기, 외부의 적대적 상대로 인해서 발생되는 위기, 사람의 실수나 관리소홀 문제로 발생하는 위기 등 여러 가지를 들 수 있다(<표 13-4> 참조).

표 13-4 일반적인 위기의 유형

자연재해	기상이나 천재지변에 의한 피해가 발생하는 경우
악의적 문제	외부인이나 적대자들에 대한 분노를 표출하거나 변화를 유도하기 위한 극단적인 방법에 의해 피해를 입는 경우
기술적 문제	조직이 사용하거나 공급하는 기술적인 오작동이나 고장의 경우
인적 문제	사람의 실수나 관리 소홀로 인한 재해
대규모 피해	사고로 인해 중대한 환경 피해가 발생하는 경우
조직의 비행	공중을 해하거나 위험에 빠질 수 있음을 알면서도 사전 주의 없이 일어나는 행동의 경우
작업장 폭력	전직 또는 현직 조직원들이 사내에서 다른 직원에게 폭력을 행사하는 경우
루머	조직, 제품에 관한 거짓 정보의 유포로 야기되는 경우

자료: 과학기술부(2005). 『원자력 관련 갈등 상황에서 위기관리 커뮤니케이션 매뉴얼 연구』.

3. 위기관리 체계

위기라는 것은 예기치 못한 상황에서 발생되는 사건들로서 단순한 하나의 사건만을 일컫는 것이 아니라 그로 인해 파생되는 상황 전반을 포함하는 개념이다. 특히 이와 같은 위기가 정보화, 첨단화, 도시화, 집적화, 고밀화의 경향으로 나타날 것으로 예상됨에 따라 위기관리의 일상화가 요구되는 한편, 불확실성에 대비하려는 노력에서 최근 위기관리가 요구되고 있다.

위기관리란 자연적이거나 인위적 요인에 의해 발생된 위험 요소를 사전에 제거하거나, 위기를 효율적으로 관리하여 그 영향을 최소한으로 막고 당면한 위기의 악화를 방지하기 위해 가용한 모든 수단을 동원하여 재빨리 평상 또는 그것에 가까운 상태로 회복시키려는 것이다(박명준, 2006: 8). 이러한 위기관리에 대한 관심 고조는 그동안 소홀하게 다루어져 왔던 국민들의 안전 욕구와 안전권에 대한 관심 증대로 볼 수도 있다. 개인의 생명과 건강이 존중되지 않고서는 가족, 사회, 국가 등 다른 어떠한 사회적 구성 요소들의 존재도 의미가 없다는 것이다(이재은, 2007). 그러므로 위기와 위기 상황에 대한 철저한 분석과 신속한 대응으로 개인의 생명과 건강에 대한 존중을 확보하기 위한 노력이 중요하다. 위기를 효율적으로 예방·대비하고 발생 시에는 효과적으로 대응·복구하기 위해 국가가 가용 자원을 기획·

표 13-5 위기관리 체계

제1단계: 예방 단계
• 과거의 경험과 다른 위기 사례에 대한 정보 분석을 바탕으로 위기 요인을 사전에 제거하거나 감소시킴으로써 위기 발생 자체를 억제하거나 방지하기 위한 일련이 활동이 전개되는 단계
⇓
제2단계: 대비 단계
• 예상되는 위기 상황을 가정하여 위기 상황 하에서 수행해야 할 제반 사항을 사전에 계획·준비·교육 및 훈련함으로써 위기 대응 능력을 제고시켜 위기 발생 시 즉각적으로 대응할 수 있도록 하는 단계
⇓
제3단계: 대응 단계
• 어떤 위기가 발생해도 가용할 모든 자산을 효율적으로 활용하여 피해의 확산을 방지하고 2차 위기 발생을 감소시키는 활동이 전개되는 단계
⇓
제4단계: 복구 단계
• 위기로 인해 발생한 피해를 위기 이전으로 원상복구하는 제반 활동과 발생한 위기의 문제점과 제도를 분석하여 발전시킴으로써 동일한 유형의 위기가 발생하는 것을 방지하고 위기관리 능력을 보완하는 일련의 활동들이 전개되는 단계

조정·통제하는 과정인 국가 위기관리 체제를 구축해야 한다.

원상회복 또는 상황 개선을 추구하는 위기관리 체계는 시간대별 진행 과정을 중심으로 위기 발생 전의 예방 단계와 대비 단계, 위기 발생 후의 대응 단계와 복구 단계인 네 개의 단계로 구분한다(조영갑, 2003: 67; 이상헌, 2008: 13-14). 그리고 이 모든 과정은 서로 독립적이긴 하지만 상호 유기적이며 순환적인 관계를 가진다.

그림 13-2 위기관리 체계의 순환 관계

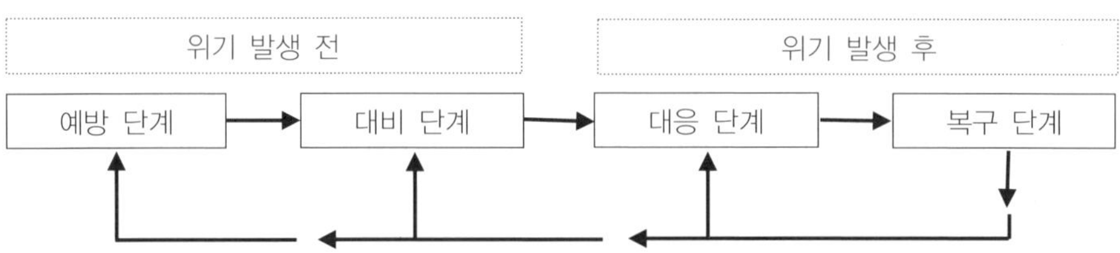

제3절 도시의 재난 · 위기관리 방향

우리나라의 도시에서 발생한 대표적인 재난사고로는 서울의 1994년 성수대교 붕괴사고, 1995년 삼풍백화점 붕괴사고, 2011년 우면산 산사태와 대구에서의 1995년 대구지하철공사 가스폭발사고, 2003년 대구지하철 화재사고를 들 수 있다. 이러한 도시의 재난들은 전형적으로 위기관리 학습부재로 인한 도시형 인위 재난이라고 할 수 있다. 왜냐하면 도시형 재난을 예방하고 대비해야 하는 재난관리가 여전히 유사한 사고가 반복되고 있다는 점에서 학습부재를 보여주고 있기 때문이다(김상돈, 2003: 42). 즉, 안전 불감증 등의 안일한 의식으로 인하여 재난관리 조직에서의 안전의식 제고를 위한 분위기가 조성되지 않았으며, 재난관리 업무가 체계적이고 효과적인 학습으로 이루어지지 않았기 때문으로 여겨진다. 이와 같은 학습부재로 인해서 여러 가지 면에 있어서 비체계적이고 임시방편의 대응만을 찾아 볼 수 있었다. 이는 도시의 재난에 대한 위기관리 정책의 실패라 할 수 있다. 따라서 도시의 재난을 예방하고 관리하며, 재난에 따른 위기를 관리할 수 있는가가 중요한 과제라 할 수 있다. 이를 위해서는 도시의 재난관리 방향과 위기관리 방향을 살펴보면 다음과 같다.

1. 도시의 재난관리 방향

대형 재난 발생 시에는 초기에 현장을 장악하고, 제대로 된 상황 파악과 동시에 적절한 인력 및 장비를 투입하여 피해를 최소화하는 것이 중요하다. 도시의 재난관리의 방향을 살펴보면 다음과 같다.

첫째, 재난관리의 체계화이다. 재난관리 체계는 사전적 관리과정과 사후적 관리과정으로 나뉘는데, 사후적 관리과정에서 발견된 문제점을 적절히 평가하여 다음에 발생할 유사 재난에 대비하고, 사전적 관리과정을 보완하는 환류과정으로 이어질 수 있어야 한다.

사전적 관리과정은 재난 발생 전의 단계로 지휘체계의 정비, 사전 대비 시나리

오의 작성, 필요한 장비와 인원의 준비, 신고체계의 단순화·종합화 등이 중요하다. 재난이 발생하면 신고가 즉각적으로 접수될 수 있도록 재난 발생의 신고 및 보고 체계가 정비되어 있어야 하고, 신고가 접수되면 바로 재난의 유형에 따른 구조 및 응급장비가 출동할 수 있어야 한다. 현장에서 군경(軍警)은 질서 유지 업무를 수행하고, 119 구급대는 구조 업무를, 자원봉사자들은 사전에 파악된 그들의 직능별로 적절하게 투입할 수 있어야 한다. 최근 민간 부문에서 재난관리대책본부를 창설하여 운영하는 경우가 많기 때문에 그 자원을 활용할 수 있는 채널과 메커니즘을 개발하고 연계하는 방안도 도움이 될 수 있다. 이러한 제반 과정이 전체적으로 체계화되어야 한다.

사후적 관리과정은 재난 발생 후의 관리과정으로 사전적 관리과정에서 준비된 대로 철저하게 시행하는 것이 중요하다. 그러나 재난은 대체적으로 예기치 못한 경우가 많기 때문에 사전 준비 과정이 완벽하기 어렵다는 한계가 있다. 따라서 상황에 따른 신축성과 유연성, 가용자원의 최적 활용을 위한 제반 방안이 모색되어야 한다.

사전적 관리과정이든 사후적 관리과정이든 이상적인 방안은 인위재난의 경우 처음부터 재난이 발생하지 않도록 하는 것이 최선이고, 자연재난의 경우는 재난을 적절히 사전 예측해서 그 피해를 최소화하는 데 있다.

둘째, 재난 연구의 활성화이다. 현대 사회는 산업화와 도시화가 급격히 발달됨에 따라 전 세계적으로 재난의 규모와 인적·물적 피해가 엄청나게 발생되기 때문에 사전 예방이 더욱 강조되고 있다. 또한 재난에 대한 대책이 수동적인 자세에서 적극적인 자세로 이행되는 변화가 필요하다. 재난은 어쩔 수 없는 것이 아니라 우리가 미리 연구하고 대비책을 세우면 그 피해가 경감되거나 최소화할 수 있다는 마음가짐이 필요하다는 것이다. 이와 같은 측면에서 국제연합은 1990년대를 '자연재해 경감의 시대(International Decade for Natural Disaster Reduction: IDNDR)'라고 규정하고 각국의 투자와 연구를 장려한 바 있다(심재현, 1995: 122). 이에 우리나라도 중앙정부이든 도시정부이든 국민의 건강과 안전을 위해 재난 예방 대응에 대한 제반 연구활동을 지원하고 전담기관 또는 연구원을 설립하는 등의 방법을 고려해 볼 수 있다.

셋째, 재난에 대한 의식 개혁 및 안전문화의 정착이다. 재난관리의 체계화와 재난 연구의 활성화는 재난 대비를 위한 필요조건에 불과하다. 재난을 실질적으로 줄여가기 위한 충분조건으로서 우리 모두의 의식개혁 및 안전문화를 정착시켜 나가는 것이 필요하다, 관리 체계 및 제도가 아무리 잘 정비되어 있어도 관련자들이 이를 준수할 자세가 되어 있지 않거나 지킬 필요가 없다고 생각하는 경우에는 어떤 관리 체계나 규정도 효력을 발휘할 수 없기 때문이다.

잇단 대형 참사로 막대한 피해가 발생하고 안전 불감증 등이 사회적 문제로 대두됨에도 불구하고 계속되는 참사의 원인은 우리가 안전 의식을 제대로 갖추지 못했기 때문이다. 그뿐만 아니라 정부 역시 안전문제와 그 대책을 마련할 때 그 필요성 및 중요성을 재대로 인식하지 못했다는 것이다. 대형 참사가 초래한 다방면의 인적 · 물적 피해에 대해서 좀 더 면밀하게 검토하고 해결해 가는 과정에서 재난에 대한 의식개혁 및 안전문화 정착이 필요하다. 적극적인 정부 차원의 활동을 통해 사회적 안전 의식 고취 및 재난에 대한 국민의 의식 변화가 요구된다.

2. 도시의 위기관리 방향

도시정부가 직면하고 있는 위기는 주로 재난을 통해서 발생한다고 할 수 있다. 특히 인구밀집 지역인 대도시에서는 여러 가지 재난사고로 인하여 위기로부터 오는 위협이 항상 존재하고 있다고 할 수 있다. 도시정부는 지금까지 예상조차 하지 못했던 미지의 위기가 앞으로 발생할 가능성을 인식하고 이에 대응할 수 있는 위기관리체계를 갖추어야 한다. 이에 대한 위기관리의 방향을 다음과 같이 살펴볼 수 있다(최병학, 2003: 34).

첫째, 위기관리 조직의 체계화 및 위기관리 체계의 적절한 대응이다. 위기에 대한 일차적인 책임을 위기관리 담당조직이 필요하다. 위기관리 조직은 거대의 규모에 상관없이 위기관리를 책임지고 수행할 수 있어야 한다. 그리고 최고 정책결정자인 자치단체장과 직결된 조직이어야 하며 주민들과의 협력이 필요하다. 도시정부와 주민과의 기능적 교환이 중요하며 위기 관련 정보 공개와 주민들이 위기관리계획에 참여하는 체계가 있어야 한다. 그리고 위기관리 체계가 제대로 적절하게 대응하고 있는지를 평가해야 한다. 우리 사회가 구축했거나 구축하고 있는 위기관리는 대부분 우리 사회의 밖에서 사회운영 체계를 위협하는 위기에 국한되어 있다. 그러다 보니 우리의 사회운영 체계 내부에서 발생될 수 있는 오작동이나 고의성에 대한 위기관리 체계는 거의 마련되어 있지 못하다는 것을 드러내는 것이다. 따라서 사회 곳곳에 위기를 예방하고 대비할 수 있는 사회내장형 위기관리 체계의 구축이 요구된다. 이를 위해서는 단위 기업이나 정부조직, 학교, 공장, 전염병 관리 등 각각의 사회 구성 요소마다 자체의 위기관리 체계를 가동·운영하는 것이 필요하다(이재은, 2007).

둘째, 현재의 위기관리와 관련된 제도적 틀을 재검토해야 한다. 현재 우리의 위기관리 정책에서는 각각의 위기 유형을 관리하거나 관련된 기능을 수행하는 기관이나 조직들이 다양한 기준에 의해 분리되어 서로 다른 목표를 지닌 채로 구성되어 있다. 이로 말미암아 각 기관별, 조직별, 대상별 또는 현안 관심 사안별로 다루어지고 있는 실정이다 보니 비체계적이고 비합리적으로 단기적 처방에 급급하고 있다. 그러므로 국민생활 안전위기, 안보위기, 재난위기, 핵심기반 위기의 유형별로 각각의 세분화된 위기의 영향 및 우선순위를 고려하여 이에 대한 정책 정립이 필요하며 이를 위한 국가 위기관리의 법제도적 기반 구축이 필요하다(이재은, 2007).

셋째, 안전도시 구현을 위한 모두의 노력이 요구된다. 안전관리 취약 대상시설의 총량과 범위가 계속 확대됨에 따라 총체적인 위험 또한 지속적으로 상승하고 있다. 게다가 고령화와 인구의 고밀도화 영향으로 개인의 방재 능력은 상대적으로 저하되는 가운데, 라이프 라인과 정보화 네트워크, 교통·운송 인프라 시설이 가속적으로 증설되면서 복잡성이 증대됨에 따라 사소한 사고가 대규모의 도시·산업 기능 장애를 야기하는 사례로 이어지고 있는 것은 부인할 수 없는 현실이다(이재은, 2007).

이처럼 위기에 대한 위협이 지속적으로 증가하는 상황에서 우리는 위기성 수용 관계를 설정하여 개발과 위기와 갈등을 줄이고 합의된 균형을 도모해 나갈 수 있어야 한다. 특히 대도시에서는 안전의 개념이 도시공동체를 하나로 묶어 주는 공통의 가치로 정착될 수 있도록 민·관·산·학·연 간의 거버넌스 체제 구축이 절실히 요구된다. 이러한 맥락에서 앞으로는 전국 대도시를 대상으로 안전도시 프로젝트를 역동적으로 추진할 수 있도록 하며, 시민과 함께 하는 '안전도시 만들기'를 적극적으로 전개해 나가는 것이 도시 발전의 정책 과제라 할 수 있을 것이다.

연구 과제

1. 재난관리와 위기관리의 체계를 비교, 설명하시오.
2. 우리나라 재난 · 위기관리의 문제점에 대해서 논하시오.
3. 우리 사회에서 일어나는 여러 종류의 재난 원인에 대해서 논하시오.

제 5 부

도시행정과 미래

현대 도시와 행정의 체계적 분석틀

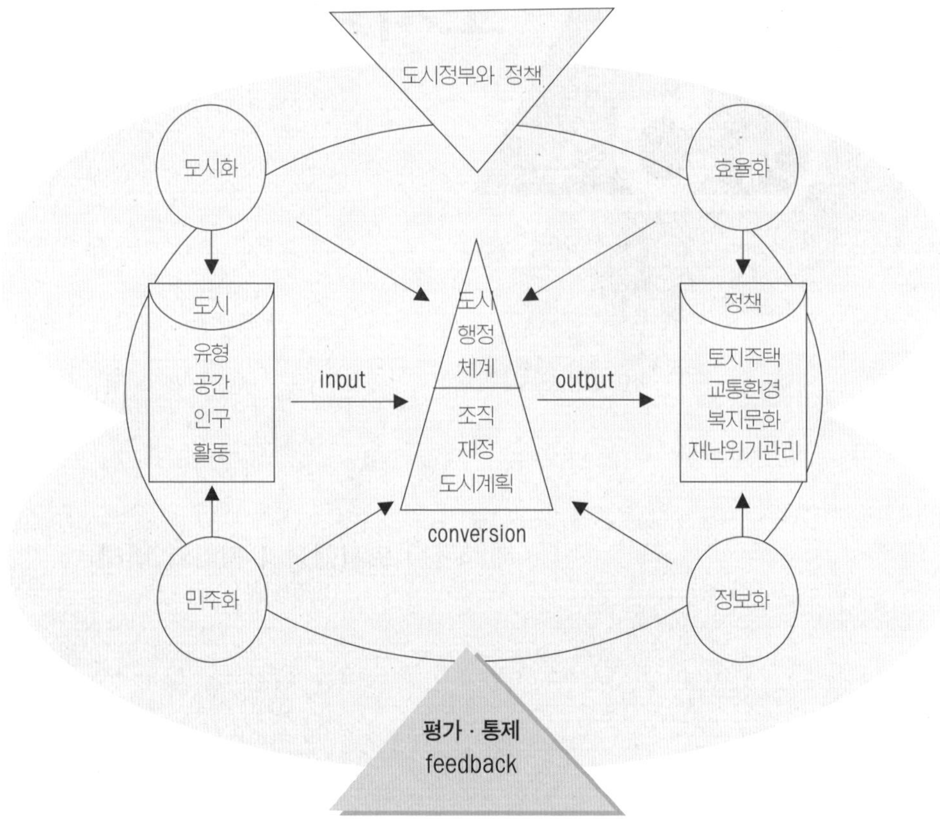

제 14 장

도시행정의 평가와 미래

학습 목표

- 도시행정 성과평가의 유형과 방법을 학습한다.
- 도시행정 통제의 필요성과 유형을 살펴본다.
- 미래 도시를 둘러싼 환경 변화의 특성에 따른 도시행정 체제를 예측해 본다.

사례 연구 도시행정 행복지수평가

여의도정책연구원이 주최하는 2018 대한민국 지방자치단체 행복지수평가에서 평택시가 우수기관으로 선정되었다. 이번 평가는 전국 지방자치단체를 대상으로 주거, 교육, 문화, 경제, 사회 등 10개 부문 40개 세부지표에 대해 조사했다. 이에 따라 계량적 통계평가, 주민평가, 전문가 인터뷰 등의 평가가 실시되었고, 행정에 대한 주민 행복도가 높은 우수 지방자치단체를 선정했다. 평택시는 미세먼지 감소를 위한 환경 정책과 문화·관광 기반 구축, 균형발전 도시개발, 특화된 교육 추진, 사회적 가치의 실현 노력 등에서 높은 점수를 받았다. 특히 시민 정책참여 위원회 운영을 통해 정책 방향 설정과 집행 등에 시민의 의견을 적극 반영하는 시와 시민 간 소통 강화를 통한 열린 행정으로 좋은 평가를 받을 수 있게 되었다(경인일보, 2019.1.30).

<생각해 볼 문제>

1. 도시행정의 행복지수를 평가하기 위한 주요 지표는 무엇이라 생각하는가?
2. 도시행정의 행복지수 평가 방법을 양적 평가와 질적 평가, 내부평가와 외부평가로 구분하여 기술하시오.

제 1 절 도시행정의 평가

도시행정의 궁극적인 대상은 시민이므로, 시민이 만족하는 도시행정 서비스를 제공할 수 있는 방안이 필요하다. 도시행정 서비스가 효율적으로 이루어지고 환경변화에 능동적으로 대응해 나가기 위해서는 올바른 평가 및 통제 체제의 수립이 필요하다.

1. 도시행정 평가의 의의

도시행정의 평가는 도시정부의 정책이나 사업계획이 설정된 목표를 달성했는지를 판단하는 것이다. 이 평가는 도시정부의 정책 내용, 집행 및 그 영향을 추정하는 것이다. 도시행정의 평가를 통해 사업계획에 필요한 정보를 얻을 수 있으며, 또한 평가 결과를 근거로 하여 사업계획을 합리적으로 보완할 수 있다. 도시행정에서 평가가 필요한 근본적인 이유는 도시정부가 불필요하거나 비능률적인 업무나 사업 수행으로 인한 예산 낭비를 방지하기 위해서다.

도시행정의 업무 수행이 시민들의 기대나 요구를 반영하지 못하면, 많은 인력과 비용을 사용한 도시행정 서비스의 효과성이 크게 낮아질 수 있다. 도시행정의 평가에는 평가 목적에 따라 상이한 결과가 나타날 수 있다. 즉, 도시행정이 추구하는 목적이 능률성, 효과성, 주민만족도, 형평성 등에 따라 평가 결과가 달리 나타난다. 따라서 실제 평가에서 평가 목적이 명확하게 설정되어야 하며, 평가의 타당성을 높일 수 있도록 평가 내용에 대한 체계적인 사전 조사와 분석이 필요하다.

2. 도시행정 평가의 필요성

도시행정에서 평가가 필요한 이유는 시민들에게 질 높은 도시 공공서비스를 제공하고 도시행정의 민주적 운영을 위해서이다. 도시행정의 평가 필요성을 구체적으로 살펴보면 다음과 같다.

첫째, 도시행정이 추구하는 목표를 얼마나 잘 달성되었는지를 알 수 있다. 도시행정이 추구하는 목표가 명확히 규정되어 있으면, 목표 달성 정도를 구체적으로 측정할 수 있다. 이 결과를 바탕으로 도시정부의 업무수행 정도를 객관적으로 파악할 수 있다.

둘째, 도시행정의 성공과 실패의 원인을 구체적으로 파악할 수 있다. 평가를 통해 도시정부가 추진하는 정책이나 사업의 달성 정도와 실패 원인을 파악할 수 있다. 이를 통해 도시정부의 세분화된 업무에 대해 보완해야 할 사항들을 구체적으로 알 수 있다.

셋째, 도시정부의 정책이나 사업의 성공적인 수행을 위한 방안을 제시해 준다. 평가를 통해 도시정부의 정책이나 업무 수행의 과정이나 결과를 파악함으로써 정책 수립을 위한 방향을 추정할 수 있다. 사업 추진 과정상 보완해야 할 사항들을 점검할 수 있고 동시에 성공적인 업무 수행을 위한 방안을 모색할 수 있다.

넷째, 목표 달성을 위한 정책 수단과 하위 목표를 재규정해 준다. 도시정부의 정책평가 과정에서 목표 달성에 부적합한 수단을 발견하거나 하위 목표가 잘못 설정된 것을 확인할 수 있다. 이런 경우 올바른 정책 수단과 하위 목표를 설정할 수 있다.

3. 도시행정의 평가 유형

도시행정에 대한 평가 유형은 주체, 평가 수단, 시기, 영역, 지표의 성격, 대상 업무의 범위에 따라 다양하게 구분할 수 있다. 평가 주체에 따라 외부평가와 내부평가로, 평가 수단에 따라 객관적 평가와 주관적 평가로, 평가 시기에 따라 사전평가, 과정평가, 사후평가로, 평가 영역에 따라 과정평가, 성과평가, 영향평가로, 평가 대상 업무의 범위에 따라 종합평가와 개별평가로 구분할 수 있다(박충훈 · 이상미, 2008). 여기서는 주체와 평가 수단을 중심으로 한 평가 유형을 살펴보고자 한다.

1) 도시행정의 객관적 평가와 주관적 평가

도시행정의 평가 방법에는 평가의 수단에 따라 객관적 평가와 주관적 평가로 구분된다. 객관적 평가는 행정조직 내부 공무원에 의해 작성된 업무 수행의 실적을 대상으로 평가하는 방법으로 평가의 객관성과 신뢰성이 높기 때문에 일반적으로 사용되는 방법이다. 객관적 평가가 지닌 구체성과 신뢰성에도 불구하고 이 평가 방법은 실제 도시행정의 수혜자인 시민들의 생활 편익이나 복지가 반영되지 않고 단순히 형식적인 상태나 객관적인 업적만을 분석하고 있다는 비판을 받고 있다. 이런 점에서 주관적 평가의 필요성이 제시된다. 주관적 평가는 객관적 외형적인 업무 추진 상태와는 달리 실제 도시행정의 이해 당사자인 시민들이 심리적 주관적으로 느끼는 도시행정에 대한 만족도를 평가 대상으로 삼고 있다. 주관적 평가는 도시행정의 궁극적인 목표인 시민들의 심리적 만족 상태를 대상으로 한다는 점에서 타당성이 있지만, 평가 과정에서 나타나는 오류 가능성과 신뢰성의 결여 등의 제약점이 있다.

2) 도시행정의 외부평가와 내부평가(자체평가)

도시행정에 대한 평가는 평가 주체에 따라 외부평가와 내부평가(자체평가)로 구분할 수 있다. 외부평가는 중앙정부, 감사원, 연구기관 등에 의해 이루어지고, 내부평가(자체평가)는 도시정부 내부의 기관, 즉 감사기관, 예산 담당기관, 의회에 의해 이루어진다. 시민들의 행정수요가 확대되고 변화에 능동적으로 대처하기 위해 행정 업무에 대한 자체평가가 요청된다. 도시정부의 자체평가는 실제 행정 서비스의 실무자 입장에서의 평가이기 때문에 가장 업무를 잘 알 수 있는 장점이 있는 반면에, 자신에게 불리한 분석 결과나 정보를 왜곡할 수 있다는 점에서 평가의 객관성과 신뢰성에 한계가 있다. 우리나라 정부업무평가기본법에서 자체평가를 지방자치단체의 의무 사항으로 규정하고 있다.

어떤 평가 방법이 더 바람직한가에 대해서는 평가기관이 처한 환경적 특성에 따라 달라질 수 있다. 일반적으로 평가의 신뢰감과 객관성이나 자율성을 중시한다면 외부평가를 선호할 것이고, 평가의 효용 가능성과 사업에 대한 이해를 중시한다면 내부평가를 선호하게 될 것이다.

4. 도시행정의 평가 방법

기업과 달리 도시행정의 평가는 효율성, 공정성, 민주성 등 다양한 기준을 적용할 수 있다. 1980년 이후 신공공관리론이 도시정부의 주요 관리 방식이 되면서 효율성을 중요시하는 도시행정의 평가 방법이 많이 적용되었다. 이러한 평가 방법의 주요 내용을 소개하면 다음과 같다.

1) 품질관리

도시정부의 품질관리(quality control: QC)는 시민이 바라고 있는 서비스나 사업을 개발하여 제공하고, 지속적으로 사후 관리하여 도시정부가 시민들에게 최상의 서비스를 제공하는 활동이다. 품질관리의 목적은 첫째, 각자가 담당하고 있는 업무의 분석과 개선을 통해 효율적인 행정을 추진한다. 둘째, 토론을 활발히 하여 직원의 자기계발을 촉진한다. 셋째, 구성원이 시민들의 요구나 기대에 신속히 대응하도록 한다. 넷째, 구성원 간 인간관계의 개선과 팀별 모임을 양성하도록 직장의 분위기를 만들어 간다.

2) 목표관리제

목표관리제(management by objectives: MBO)는 조직의 상위 관리자와 하위 관리자들이 공통된 목표를 확인하고 체계적으로 조직 구성원들의 개별 목표 내지 책임을 합의하여 부과하며 그 수행 결과를 사후에 평가하고 환류시켜 조직의 효율성 향상에 기여하는 관리 방식이다. 목표관리제를 통해 실무 담당자들이 주어진 업무를 얼마나 수행했는지를 파악할 수 있고, 업무 수행 과정에서 발생하는 문제나 제약 요인들을 분석하여 해결 방안을 모색한다. 이런 점에서 목표관리제는 도시정부의 행정 업무 수행의 중요한 평가 수단으로 활용할 수 있다.

행정안전부는 1998년 목표관리제 도입계획을 수립하여, 21개 자치단체에 시범 실시했으며, 1999년 2월부터 모든 정부조직에 전면적으로 시행했다. 목표관리제는 광역자치단체에는 1급에서 4급까지의 공무원을 대상으로 실시하고 있으며, 기초자치단체에는 과장급인 5급까지 적용 대상이 된다(박해육, 2007).

3) 직무성과계약제

직무성과계약제는 부처의 책임자와 실·국장, 과장 등 중간관리자 이상의 공무원 간 하향적 방식으로 업무 수행에 관련된 공식적인 성과계약을 체결한 뒤, 이에 대한 목표 달성도를 평가하여 인사와 보수 등에 반영하는 성과평가 제도이다(감사원 평가연구원, 2006). 직무성과계약제는 4급 이상 일반직 공무원에게 적용하고 있다. 이 제도는 목표관리제와 마찬가지로 개인의 성과관리의 수단으로 활용되지만, 목표 설정이 하향적(top－down)으로 이루어지고, 성과에 대한 계약이 상급자와 하급자 간 협의에 의해 이루어진다는 것이 차이점이다.

4) 균형성과표

도시정부 성과평가의 방법으로 사용되고 있는 균형성과표(balanced score card: BSC)는 성과평가의 내용이 재정적인 것뿐 아니라 다양한 측면을 포괄하고 있어 통합적이고 객관적인 평가라 할 수 있다. 균형의 대상은 재무적 성과와 비재무적 성과 간이다. 기존의 재무적 성과뿐 아니라, 고객, 내부 과정, 학습과 성장 등의 네 가지 관점에서 세부지표를 설정하여 균형적인 성과평가를 한다. 재무 관점은 조직 활동의 결과물, 고객 관점은 조직을 둘러싸고 있는 환경과 이해관계자, 내부 과정 관점은 핵심적인 업무 수행 과정, 학습과 성장 관점은 미래 조직 성장에 영향을 줄 핵심 역량에 평가의 초점을 둔다.

공공 부문에서 균형성과표의 도입은 미국의 주정부와 도시정부에서 시작되었으며, 이 제도를 모범적으로 적용한 대표적인 도시는 샤롯(Charlotte)이다. 우리나라는 부천시가 2004년 장기 발전계획에 성과관리 시스템에 반영하고, 내부 직원이 균형성과표 제도를 이해할 수 있도록 꾸준히 교육했으며, 2005년 제도의 시범 운영 및 평가를 실시했다. 현재는 대부분의 도시정부에서 균형성과표 및 그 변형된 형태의 성과관리 제도가 시행되고 있다(박해육, 2007; 강윤호, 2017).

5) 도시행정 평가의 문제점과 개선 방향

도시행정의 평가는 올바른 정책결정과 행정 수행에 필수적인 사항이지만 현 우리나라의 도시행정에서 많은 문제점을 지니고 있다. 도시행정 평가의 문제점은, 첫째, 도시행정에서 달성해야 할 목표를 구체적으로 제시하려는 노력이 결여되어 있고, 둘째, 도시행정의 평가 결과를 정책결정 과정에 반영하는 제도가 확립되어 있지 못하며, 셋째, 도시행정에서 목표의 달성도나 만족도보다는 위법성 여부에만 관심을 가지는 획일적 · 형식적 평가가 이루어지고 있으며, 넷째, 객관적인 평가지표가 구성되어 있지 않다는 것이다.

이런 문제점을 극복하기 위해, 첫째, 도시정부에서 평가 기능을 중요한 관리 기능으로 인식하여 자원을 제공해야 하며, 둘째, 평가 결과를 단순히 징계나 처벌의 수단으로 사용할 것이 아니라 정책결정이나 예산결정에 중요한 근거 자료로 활용해야 하며, 셋째, 평가 업무를 도시행정의 효율화와 민주화를 증진하는 제도적 수단으로 이용해야 한다.

제 2 절 도시행정의 통제

1. 도시행정 통제의 의의

도시행정의 통제는 도시행정이 추구하는 목표를 달성했는지의 성과를 측정하여, 미비한 사항에 대한 시정 조치를 취하는 것이다. 일반적으로 행정통제는 공무원 개인 또는 행정 체제의 일탈에 대한 감시와 처벌을 통해 본래의 행정 성과를 달성하려는 활동을 말한다.

도시정부가 담당하는 업무의 전문성과 복잡성으로 인해 행정재량이 증가하고, 정부 업무의 규모가 확대되면서 행정통제가 어려워지고 있다. 이런 도시행정 업무의 양적 · 질적 변화는 도시정부에 대한 효율적인 통제의 필요성이 높아지고 있다.

행정에 대한 민주적 통제는 현실적으로 시민이 선출한 공무원을 통해 이루어진다. 중하위 공직자들이 선출직 공무원의 지시에 순응한다면, 시민들은 선출직 공무원만 통제하면 된다. 그러나 선출직 공무원에 대한 행정통제만으로는 도시정부의 예산과 조직에 대한 바람직한 통제가 불가능한 경우가 많다. 효율적인 행정통제가 이루어지기 위해서는 행정통제 기구의 목적과 활동 영역이 구체적으로 설정되어야 한다.

일반적으로 도시정부의 행정통제는 시민의 권익을 보호하는 것과, 공공의 목적을 달성하도록 해야 한다. 행정통제는 시대의 변화나 시민들의 기대나 요구에 따라 변화한다. 시민의 권익을 보호하는 데 중점을 두었던 시기에는 엄격한 합법성을 요구했지만, 공공의 목적을 추구하는 시기에는 민주성, 효과성, 공정성 등이 더욱 중요시된다.

2. 도시행정의 통제 유형

도시행정의 통제는 그 주체에 따라 외부통제와 내부통제로 구분한다. 내부통제는 도시정부 내의 구성원에 의한 통제이며, 외부통제는 국회나 언론, 사법부와 같이 도시정부 외부의 사람이나 기관에 의한 통제이다. 도시정부의 기능이 단순할 때에는 외부에 의해 통제가 쉽게 이루어지지만, 도시정부의 전문성과 복잡성이 증대할수록 도시정부 내부에 의한 통제가 중요해진다.

1) 내부통제 유형

(1) 자체감사 제도

도시정부 내에서 실시되는 자체감사 제도로서 도시정부에서 설정한 정책 목표나 업무 지침에 맞게 직무를 수행했는지를 조사함으로써 내부적인 통제 기능을 발휘한다.

(2) 옴부즈맨 제도

옴브즈맨을 지방의회 산하에 설치함으로써 행정통제 기능을 수행할 수 있다. 이 제도는 행정의 불법·부당한 업무 수행에 대해 관련 공무원의 설명을 요구하고 필요한 사항을 조사해 민원인에게 그 결과를 알려 주고, 언론을 통해 공표하도록 함으로써 도시정부의 업무 수행에 대한 내부적 통제 기능을 수행한다.

(3) 지방의회의 행정사무 감사·조사권

지방의회는 주민의 대표기관으로서 집행기관이 수행하는 행정사무에 대한 감사・조사권을 갖고 있다.

(4) 지방의회의 청원심사권

지방의회는 제출된 청원 사항에 대해 피해의 구제, 공무원의 비위 시정 또는 공무원에 대한 징계나 처벌의 요구, 법률, 명령, 규칙의 제정・개정 또는 폐지, 공공의 제도 또는 시설의 운영, 기타 공공기관의 권한에 속하는 사항에 대해 심의함으로써 도시정부의 행정 업무에 대한 통제 기능을 수행한다.

2) 외부통제 유형

(1) 입법부에 의한 통제

입법부는 입법 심의, 공공정책의 결정, 예산심의, 국정조사 및 국정감사 활동 등을 통해 도시정부의 행정에 대한 국가적 차원의 통제를 수행한다.

(2) 사법부에 의한 통제

사법부는 도시정부가 업무를 수행하는 과정에서 나타나는 불법・부당한 사항에 대해 판결을 통해 행정 업무를 통제한다. 특히 도시정부 내의 집행기관과 의결기관 간 대립과 갈등이 발생했을 때에 판결을 통해 도시정부의 행정에 관여하게 된다.

(3) 상급기관에 의한 통제

도시정부는 다양한 상급기관에 의해 통제를 받는다.

첫째, 청와대와 국무 총리실은 도시정부의 전반적인 정책성과나 정책집행 과정에 나타나는 위법・부당성을 정기적으로 점검함으로써 통제력을 행사한다. 이 통제는 검찰, 경찰 등의 특별 권력부서 간 연계 하에 이루어지는 경우가 많으며, 일시적으로 사정활동 차원에서 시행되는 경우도 많다.

둘째, 감사원은 고도의 전문성을 지니고 있으며, 도시정부의 행정 업무에 대해서 사후적인 통제 기능을 수행한다. 감사원은 제도상 헌법기관이며 대통령 직속기구이며 독립기관으로서의 법적 지위를 보장받고 있다.

셋째, 행정안전부는 도시정부에 대해 주무 상급관청으로서 인사권, 예산권, 행정감사권 등을 행사한다.

넷째, 도시정부가 담당하고 있는 사무 중에서 기관위임사무에 대해서는 기관위임의 주무 관청에서 그 사무에 대한 통제 권한을 행사한다.

(4) 시민에 의한 통제

지방정부에 대한 시민의 통제 방법으로는 첫째, 선거 제도로서 시민은 주권자로서 단체장과 지방의원에 대한 선거권을 가진다. 선거는 개별적인 정책에 대한 직접적인 통제보다는 포괄적이며 간접적인 통제의 성격을 지닌다. 그러나 현실적으로 가장 중요한 책임자에 대한 선출권을 갖고 있다는 점에서 통제의 효과는 매우 크다.

둘째, 청원 · 소원 · 진정을 통한 통제이다. 시민들은 청원 · 소원 · 진정을 통해 국민의 권익을 구제함은 물론 법률의 제정이나 개폐를 요구할 수도 있다. 이 방법들은 국민이 정책 과정에 참여하는 수단임과 동시에 권리 구제 수단으로서 기능을 한다.

셋째, 반상회 · 공청회 등 각종 주민참여 제도를 통해 행정을 통제한다. 시민 의식이 고양되면 주민참여 제도는 활발하게 사용될 수 있는 도시행정에 대한 통제 수단이다.

넷째, 시민사회의 성숙에 따라 시민운동단체를 의한 행정통제는 점차 증가하고 있다.

다섯째, 지역에 중요한 결정 사항이 있을 경우 지역주민의 다수결에 의해 결정하는 주민투표를 지방자치법에 규정하고 있다. 이 방법은 도시정부의 중요 결정 사항에 대해 도시정부의 독주나 독단을 막는 방안으로 활용될 수 있다.

(5) 이익단체에 의한 통제

사회가 다양화됨에 따라 많은 이익단체들이 설립되며, 이 이익단체는 자신들의 이익을 정책에 반영하기 위해 도시정부에 영향력을 행사하는 경우가 많아지고 있다.

(6) 언론과 매스컴

사회가 민주화될수록 여론과 매스컴이 지닌 통제 기능은 강화되고 있다. 그 이유는 도시정부가 단독으로 공공서비스를 제공하기보다는 많은 민간단체나 기업들의 지원과 협조 하에 공공서비스를 제공하기 때문에 시민들의 도시정부에 대한 인식은 중요한 위치를 차지한다. 따라서 시민의 의견을 반영하고 대변하려는 언론과 매스컴의 도시정부에 대한 통제 기능은 더욱 강화될 것이다.

제 3 절 미래의 도시행정

사례 연구 연결과 참여로 이룰 스마트시티

도시는 창조적 역량을 발휘할 기회가 몰린 곳이다. 전 세계 인구 중 도시 인구의 비율은 2050년에는 70%를 넘어설 것으로 예상된다. 도시는 갈수록 거대해지면서 부정과 긍정의 두 가지 극단적 측면을 보인다.

도시화로 인해 GDP가 상승하지만, 불평등과 양극화 · 범죄 · 인구과밀 · 교통혼잡 · 일과 삶의 불균형 · 환경오염 등 문제 또한 증가한다. 도시민의 25%는 슬럼화된 열악한 환경에서 거주하고 있고, 도시의 열섬효과는 심각한 수준이다. 도시면적은 전 세계 면적의 2%에 불과하지만 도시에서 발생한 에너지 · 환경문제는 비도시지역에 영향을 미치고 있다.

반면, 도시의 확대는 양적 확대를 넘어 더 창조적이고 효율적으로 변화할 수 있다. 도시가 창조적일 수 있는 첫 번째 요인은 아이러니컬하게도 많은 사람들이다. 정보를 교류하면서 경쟁하고 교류할 기회가 더 많다. 우수한 교육환경, 일자리, 다양성과 복잡성, 편리한 기반시설 등도 긍정적 요인들이다. 그런데 살고 싶은 도시, 지속가능한 도시, 미래형 스마트도시로 전환하기 위해서는 달라져야 할 것들이 있다.

전문가들은 탈물질화, 탈중앙화, 스마트기술 도입을 꼽는다. 탈물질화는 기능이 아닌 경험으로서의 공간과 장소를 확보하고, 인간 중심 · 친환경 라이프 스타일로 일과 삶의 균형을 추구한다. 탈중앙화는 공유 · 개방 · 분산을 바탕으로 시민이 적극 참여해 문제를 함께 해결하도록 다양성을 존중한다.

스마트기술은 사물인터넷 · 인공지능 등 제4차 산업혁명 시대 기술들을 적용해 시민이 행복하도록 창조적 혁신을 이뤄갈 기반이 된다. 사람들이 요구하는 행복 요소들은 삶의 수준, 심리적 웰빙, 건강, 교육, 공동체 활력, 생태다양성과 복원력, 문화다양성, 굿거버넌스, 시간이용 등 매우 다양하다. GDP가 높아지고 경제가 성장한다고 국민이 행복한 것은 아니라는 의미다.

우리나라 인구 중 약 절반인 2천 500여만 명이 수도권에 거주하고 있다. 거주자들이 늘면서 부족한 주택을 확보하기 위해 계속 도시를 개발하고 주거단지를 늘리고 있지만, 복지수준이 제대로 확보될지는 의문이다.

이런 배경에서 스마트시티를 목표로 도시 특성에 맞춰 변혁을 추구하는 것은 지금 모든 도시가 도전해야 할 과제라 할 수 있다. 도시구조를 크게 바꾸지 않고, 큰 비용을 들이지 않으면서 스마트기술을 적용할 방안을 찾아야 한다.

공급자가 아닌 시민 중심의 행복도시, 지속가능한 도시가 되도록 고민해야 한다. 또한 시민참여 기회를 늘리고 제안 내용의 적용범위를 넓히면서 시민의 책임과 권한을 접목시키는 '시민정신의 회복'도 스마트도시 구현의 중요한 열쇠가 될 것이다. 국가의 존재이유는 국민의 행복을 증진하는 것이며, 도시 또한 그렇다(환경일보, 2019.1.30).

〈생각해 볼 문제〉

1. 미래도시에 나타날 긍정적, 부정적 현상은 무엇이라고 생각하는가?
2. 바람직한 미래도시를 만들기 위해 탈물질화, 탈중앙화, 스마트기술 도입이 왜 필요한지를 설명하고, 분야별 구체적인 정책 수단을 제시하시오.

이 절에서는 미래의 도시정부를 둘러싸고 있는 환경 변화의 특성을 전망해 보고, 미래의 도시문제를 해결할 수 있는 행정 체제의 구성을 시도해 본다.

1. 미래 도시환경 변화의 전망

선진 자본주의 국가에서 산업혁명과 함께 급속도로 진행된 도시화는 제2차 세계대전 이후 제3세계 국가로 확산되었다. 전 세계 인구의 반수 이상이 도시에 살고 있으며, 도시가 그 주변 지역에 미치는 영향력으로 미루어 보아, 세계의 거의 대부분의 사람들이 도시와 관련을 맺지 않을 수 없을 것이다. 이제 도시는 인간이 삶을 꾸려나가는 가장 중요한 환경이다. 미래 도시환경 변화의 주요 특징을 전망해 보면 다음과 같다(서울시정개발연구원, 1994).

1) 자치화 · 분권화

중앙정부의 많은 행정과 재정 권한이 도시정부로 내려가고 도시행정 조직 내에서도 상명하달이 아닌 의사결정의 분권화가 점차 증대될 것이다. 본격적인 지방자치제의 정착으로 시민의 시정에 대한 관심이 높아지고 공개행정의 핵심이 되는 정보공개 요구가 많아질 것이다. 따라서 행정정보의 공개와 접근이 용이해질수록 시민주권 시대가 되어 시민들과 관련된 각종 정책결정 과정에서 시민들의 이익이 반영될 것이며, 행정에 대한 시민들의 통제와 감시가 강화될 것이다. 또한 시민, 이익집단, 시민단체 등의 정치 참여에 대한 욕구가 높아지면서 여론정치의 태동과 공개적인 토론문화가 탄생할 것이다.

2) 정보화 · 기술화

도시정부는 우선 자체에서 생산되는 정보를 효율적으로 관리하여 산업 · 생활 · 문화 등 모든 분야에서 도시 발전을 도모해야 한다. 정보통신기술에 의한 민원 업무의 간소한 처리를 비롯한 일상적인 행정 업무의 자동화뿐만 아니라 빅 데이터에 의한 정책결정 과정 시스템 구축 등 고도 정보기술의 활용에 의해서 행정관리 능력이 향상될 것이다. 이와 더불어 행정정보의 공평한 배분 · 이용 · 보호가 중요한 과제로 부상할 것이다.

3) 인간화 · 개성화

산업혁명 이후 대부분의 도시는 인구 팽창과 경쟁적인 도시개발로 교통 혼잡과 환경오염에 시달리고 있다. 개발도상국의 도시들은 선진국의 도시개발 방식을 모방하면서 차별성이 없는 획일적인 도시를 양산하여 왔다. 이런 과정에서 도시의 전통문화나 역사성이 파괴되고 이른바 매력 없는 도시로 전락하고 있다. 소득 수준의 향상, 노동 시간의 감소, 문화적 소비 욕구의 증대, 개인주의 가치관의 보편화 등으로 미래 도시민의 생활양식은 현저하게 변화될 것이다. 시민이 살기 좋은 도시로 거듭나기 위해서 추진하는 도시재생 사업은 도시정부 내의 집단 간 새로운 갈등을 야기할 수도 있을 것이다.

4) 민간화 · 민영화

점증하는 시민들의 다양한 행정수요를 감안할 때 도시정부의 재정 여건은 지금보다 더 취약해질 가능성이 높다. 따라서 민간위탁을 포함한 적절한 민·관의 역할 분담에 의해 정부 독점에 따른 공공서비스 제공의 비효율을 개선해야 한다. 도시행정에서 작은 정부를 지향하고 민간의 경영기술을 도입하는 한편, 민간 활력을 이용하여 도시개발 사업을 추진하고 도시기반시설을 정비하는 사례가 점차 늘어날 것이다.

5) 세계화 · 개방화

향후 본격적으로 국경 없는 시대로 돌입하게 되면 국가 간 경쟁보다는 대도시 간 경쟁이 격화될 전망이다. 도시가 대외경쟁력을 갖추기 위해 세계로의 개방에 따른 새로운 행정수요에 기민하게 대응하고 장기적으로는 세계 수준에 걸맞은 도시환경과 문화를 창조해야 한다. 이러한 세계화와 개방화를 달성하기 위해 도시정부는 민간 부문을 규제하기보다 지원하는 역할을 수행해야 한다.

2. 미래의 도시행정

1) 행정 서비스의 공정성과 효율성을 높이는 위민(爲民)행정

체계적이고 효율적인 도시행정에서 필요한 것은 공공서비스의 생산에 민간 부문의 활력을 이용해야 한다. 도시정부는 공공서비스의 공급뿐만 아니라 '수요→공급→만족'으로 이루어지는 서비스 전달 체계의 모든 과정을 관리하고 행정 서비의 효율성을 높여 시민에 대한 도시정부의 행정 책임, 즉 정치적 책임과 재정적 책임을 다해야 한다. 도시정부는 주민만족을 극대화하기 위해 다음과 같은 3단계의 공공서비스 관리전략을 수립하고 실천해야 한다.

첫째, 서비스 공급 능력의 증대 이전에 행정수요의 사전적 관리에 치중한다. 행정서비스의 공급 결정 이전에 주민의 표출된 행정수요뿐 아니라 잠재적 행정수요까지 사전적으로 파악하려는 노력을 해야 한다. 이를 토대로 공공서비스 공급 방식의 선택과 비용 부담에 관한 구체적인 지침을 마련해야 한다.

둘째, 공공성을 저해하지 않는 범위에서 시장 원리와 참여 메커니즘을 최대한 이용한다. 공공서비스의 생산과 공급에 민간자본과 시민 봉사자원을 활용하여 공공서비스의 공급 방식을 다원화함으로써, 효율적인 서비스 전달 체계를 구축해야 한다.

셋째, 공공서비스를 전달하는 것에 그치지 않고 공급된 서비스의 전달에 대한 주민만족도를 관리해야 한다. 공공서비스에 대한 주민평가를 통해 정치적·재정적 책임을 확보해야 한다.

주민평가를 통해 얻은 정보를 행정조직 관리에 반영함으로써 조직 발전으로 이어질 수 있도록 한다. 행정혁신이 지속적으로 이루어지려면, 도시행정에 대한 내·외부 평가를 정례화해야 한다.

2) 도시 간 연계와 협력을 강화하는 광역행정

도시를 중심으로 한 광역행정은 단순히 대도시권의 기능적 연계성 확보를 통한 도시 주민의 생활 불편의 해소 차원이 아니라, 재정수입의 감소와 행정 비용의 증가에 따른 대도시 재정위기의 예방이라는 차원에서 효율적인 광역행정 관리 체제를 구축해야 한다. 따라서 계획 단계에서부터 전국 계획, 시 · 도 계획, 시 · 군 · 구 계획 간 연계성을 확보하도록 하고, 도시정부 간 협상과 조정을 통해 민주적이면서도 효율적인 대도시 광역행정 체제가 될 수 있도록 해야 한다.

3) 불확실성과 재난에 대응하는 위기관리 행정

도시에서 발생하는 각종 재난은 크기와 종류에 따라서는 도시 기능을 마비시키는 경우가 발생할 수 있다. 도시 기능을 유지하는 데 동맥 역할을 하는 각종 통신시설이나 도로 같은 도시기반시설과 도시의 각종 시설들을 움직이는 가스나 석유 같은 에너지 공급에 문제가 발생할 경우에 최소한의 도시 기능을 유지할 수 있는 응급복구 계획 등의 위기관리 계획을 마련해야 한다.

도시에서 발생하는 각종 재난은 인간의 능력으로 예방하는 것이 거의 불가능한 자연재해도 있지만 도시가 고령화 · 복잡화되는 경우에는 자연재해 못지않게 도시의 각종 시설의 관리 부실이나 부주의로 인한 재해가 발생할 빈도가 높아진다. 이러한 도시 재난은 치밀한 관리와 감시 체제를 통해서 지금까지의 사후적 방재 대책에서 사전 예방적 방재 대책으로의 전환이 대규모의 복합적 도시 재난을 미연에 방지하거나 피해를 최소화하여 도시의 안전성을 높여야 한다.

도시 재난에 대한 신속한 대응과 피해를 최소화하기 위해서 각종 도시 재난에 대한 빅 데이터를 구성하여 도시 재난을 미연에 방지해야 할 것이다. 또한 각종 도시 재난과 관련된 정보들을 유기적으로 활용할 수 있는 도시방재 정보 시스템을 구축하여 도시 재난 발생 시 피해를 최소화해야 한다.

4) 시민의 참여와 능력을 활용하는 자치행정

시민과 함께하는 참여행정의 요체는 일반 시민에 대한 행정정보 공개와 시민의 의견 집약이다. 이는 행정 과정이면서 동시에 정책 과정으로서 도시행정에 대한 시민 참여의 전제 조건이 된다. 정보의 원활한 유통에 기초하여 시민 참여를 확대하면, 참여행정은 시민과 행정, 시민과 시민 사이의 단순한 이해 조정을 넘어 다양한 시민의식을 통합하는 시민에 의한 정책결정 과정으로 성숙된다. 이를 위해 다양한 정보통신기술을 참여행정에 도입하고 첨단정보 통신기기를 활용하는 것이 필요하다.

의회는 시민사회의 대표하는 집단으로 한계가 있어 도시정부에 대한 별도의 시민통제 장치를 구축해야 한다. 직접민주주의의 요소인 시민 발의, 시민투표, 시민소환 제도를 도입하여 시민의 도시정부에 대한 통제를 강화해야 한다. 그리고 일회성 행사로 그치는 공청회를 충실화하는 동시에 상시적으로 일반 시민과 전문가들이 참여하는 시민 포럼과 시민위원회라는 새로운 의사결정 시스템을 구축하여 계획 입안 과정에서도 시민의 의견이 반영되도록 해야 한다.

건전하고 자주적인 시민운동단체에 대한 행·재정적 지원을 확대하는 반면, 정부정책의 정당성을 확보하기 위한 관변단체는 축소해야 한다. 관변단체는 순수한 시민단체의 발전에 저해될 뿐 아니라 행정과 시민이 함께하는 것을 가로막아 왔다. 그리고 행정 침투를 주목적으로 하거나 시민 동원의 기능을 수행하고 있는 반상회는 자발적인 시민조직으로 활동할 수 있도록 재구조화해야 한다.

5) 제4차 산업혁명 기술을 적극적으로 활용하는 스마트 행정

시민의 일상적인 생활 편익을 위한 정보 서비스로서 교육·의료·복지·스포츠·문화행사 등의 안내 또는 예약이 가능하도록 해야 한다. 공공전자도서관을 동단위로 개설하여 시민들이 생활정보, 문화학습정보, 취업산업정보 등을 쉽게 얻을 수 있도록 해야 한다. 전기, 가스, 수도 요금의 자동 검침을 실시하고 화재, 사고, 범죄, 구급의료 등에 관한 정보 시스템을 갖추어 시민생활의 안전성을 도모한다(서울시정개발연구원, 1994). 스마트 행정은 첨단기술을 활용하여 도시 관리의 효율성을 높이고 도시문제를 해결해 궁극적으로 주민 삶의 질을 향상시키고 지속가능한 성장을 추구한다. 스마트 행정은 사물인터넷, 클라우드, 빅 데이터, 모바일 등을 기반으로 기존의 도시문제들을 해결하고 주민이 체감하는 수준 높은 서비스를 제공할 수 있다. 사물인터넷 기술은 센서가 교통, 환경, 개인건강, 위치, 날씨, 화재, 재난 등 도시에서 발생하는 각종 데이터를 수집하는 역할을 한다. 이렇게 수집된 방대한 데이터는 네트워크를 통해 클라우드 센터 서버에 저장된다. 빅 데이터 엔진은 저장된 정형·비정형의 정보들을 인공지능이 종합적으로 분석한 결과를 학습해 최적의 결과를 도출한다. 따라서 주민들은 이 결과물을 어디서나 실시간으로 모바일을 통해 활용할 수 있도록 해야 한다(한국지역정보개발원, 2017).

6) 도시 간 교류와 협력을 추구하는 세계화 행정

도시정부의 세계화를 뒷받침하기 위해서는 도시정부 내에 국제 관련 기능을 가진 조직을 확대하고 해외 연수나 파견을 통해 국제 업무를 담당할 수 있는 인재를 양성하고 제도나 법령을 정비해야 한다. 공무원교육원에서 세계화 관련 교과 과정의 개설과 이수를 의무화하고, 외무통상직 직렬의 신설, 외국인에 대한 행정수요 조사와 위원 위촉이 필요하다.

자본시장의 자유화됨에 따라 각종 서비스 시장의 개방과 더불어 다국적 기업의 적극적인 진출이 예상되며, 이들의 대도시 업무 공간 수요가 확대되어 금융, 보험, 증권, 부동산 업종 등을 수용할 공간을 확충해야 한다. 대도시 내에 국제 수준의 업무단지가 조성하고 주식시장의 개방과 금융 자유화에 따른 국제금융센터의 건립과 국제회의장, 무역전시장 등 국제 교역시설을 확충해야 한다.

나아가 도시가 세계 도시로서 품위나 매력을 지니기 위해서는 국제적인 행사와 기관 등을 유치하기 위해 쾌적한 도시환경과 교육과 문화시설의 수준을 높여야 한다. 도시경쟁력 제고라는 시각에서도 세계적 수준에 견줄 수 있는 생활의 질과 함께 지구촌 의식과 교양이 있는 시민이 사는 선진 도시에 어울리는 주택, 교육, 의료, 문화시설 등을 갖추어야 한다. 명실공히 경쟁력 있는 세계 도시로 발돋움하기 위해서 중요한 것은 전통과 현대가 병존하는 개성 있는 시가지를 형성하는 것이다.

7) 도시의 정체성과 사람을 중시하는 창조행정

인간의 지혜·욕망·동기·상상력·창조력이라는 요소가 지금까지 도시정부의 중요한 자원으로 생각했던 입지·자연자원·시장의 접근성보다 더 중요해졌다. 우리는 도시에 살면서 도시를 관리하는 사람의 창조성이 도시의 미래를 결정하는 시대에 살고 있다(강형기, 2008). 앞으로의 도시행정은 시민의 개성과 창조성이 발휘될 수 있도록 도시 공간구조를 재생하고 다양한 정책 수단을 개발해야 한다.

세계의 많은 도시가 새로운 도시 성장의 목표로 창조도시를 추구하고 있다. 성공적인 도시와 지속가능한 도시를 창출하기 위한 핵심 요건은 '창조성'이라는 것이다. 산업 시대의 관념과 제도에 얽매여 있는 도시는 오늘날의 시대 흐름에 맞지 않다. 쇄락의 길을 걸을 수밖에 없다. 기존의 도시관리 방식을 탈피한 다양한 계층의 창조적 사고를 수렴하고, 이를 현실의 도시관리에 접목시킬 수 있는 도시만이 지속가능한 성장을 이룩할 수 있다. 이런 도시가 되려면 도시정부는 창조적 사고를 가진 인재를 유치하는 노력을 해야 한다. 플로리다(Richard Florida)는 창조도시의 요건으로, 포용정신(tolerance), 인재(talent), 첨단기술(technology)을 들고 있다. 또한 그는 창조도시가 되기 위한 핵심 지표로 '히피'와 '보헤미안'의 인구 비중을 높여야 한다는 흥미로운 주장도 하였다.

도시정부는 도시의 경쟁력을 높이기 위해 도시별로 특화된 창조적인 공간과 문화를 이끌어 내야 한다. 도시정부는 개성과 창의성이 높은 사람들이 모여 살 수 있는 공간을 창출하고, 이들의 활동이 창조적인 산업의 부흥으로 연결되도록 유도해야 한다. 이를 위해서는 다양한 계층과 사람 간 교류와 합의를 통해 도시정책을 수립할 필요가 있다.

연구 과제

1. 최근 2년 간 중앙정부(국무총리실과 행정안전부)가 실시한 도시정부의 정책평가에서, 평가지표와 평가 결과를 조사해 보시오.
2. 제4차 산업혁명을 주도하고 있는 실리콘 밸리의 DNA가 무엇인지 설명하시오.

참고문헌

[국내 문헌]

감사원 평가연구원(2006). 『공공부문 평가제도 실태조사』.

강인성 · 박치성(2008). 지방자치단체 광역행정 체제에 대한 인식조사: 현황과 대안을 중심으로. 『지방행정연구』, 22(3).

강인재 외(2003). 『지방재정론』. 서울: 대영문화사.

강형기(2008). 창조성과 도시의 미래. 『국토』, 322.

건설교통부(2007a). 『건설교통 통계연보』.

_________(2007b). 『7대 도시 교통 현황』.

경기대 한반도전략문제연구소(2016.12). 경기도 민주시민교육 종합계획수립.

과학기술정보통신부(2018). 국가정보화추진방향 및 시행계획 요약.

관계부처 합동(2018.12). 지능정보사회 구현을 위한 제6차 국가정보화 기본계획(2018-2022).

국토개발연구원(1985). 『도시설계 Ⅲ』.

국토연구원(2003). 『토지에 대한 개발이익환수제도 개편 방안』.

_________(2006a). 국토정책 Brief, 120.

_________(2006b). 국토정책 Brief, 195.

_________(2009). 『주택종합계획』, 『장단기주택정책』.

_________(2018). 일자리 창출형 도시재생 전략.

국토해양부(2013). 희망의땅 기회의 바다 선진 대한민국.

권경득(1997). 지방행정서비스에 대한 지역주민의 인식과 평가에 관한 연구: 아산시의 사례. 『정책연구』, 2.

권병윤(2008). 교통 혼잡을 완화하는 대도시권 교통정책 방향. 『국토』, 320.

기획재정부(2018). 『예산편성개요』.

_________(2018). 『지방재정조정제도』.

김기환(2006). 한국 도시의 도시 분류에 관한 이론적 고찰. 건국대학교 사회과학대학원 석사 논문.

김도희(2002). 삶의 질 환경변화와 행정조직의 변천: 울산광역시 행정조직을 중심으로. 『한국정책학회보』, 11(2): 1-25.
김병섭(1996). 기업가적 정부혁신의 길. 『한국정책학보』, 5(2).
김병완(2001). 『환경정책의 논리와 실제』. 서울: 나남출판.
김병준(2015). 『지방자치론』. 법문사.
김상돈(2003). 도시형 인위재난의 위기관리학습에 관한 연구: 대구지하철의 가스폭발 · 화재사고를 중심으로. 『도시행정학보』, 16(3): 23-44.
김수신(2003). 『도시행정론』. 서울: 한국방송통신대학출판부.
김원(2002). 『도시정책론』. 서울: 법문사.
김영종(2017). 『사회복지행정』. 서울: 학지사.
김영환(2004). 외국의 도심재생 사례. 『한국도시설계학회지』, 6.
김완순(1975). 『재정학』. 서울: 법문사.
김용웅 외(2003). 『지역발전론』. 서울: 한울아카데미.
김용철 외(2006). 『지방정부와 혁신정책』. 서울: 대영문화사.
김익식(1994). 지방자치단체와 특별지방행정기관 간의 기능 재조정. 『한국행정연구』, 가을호. 한국행정연구원.
김인환 · 이덕길(1998). 『신환경정책론』. 서울: 박영사.
김재홍 · 조경호(1995). 지방정부 행정서비스에 대한 시민의 의식과 평가: 울산시를 중심으로. 『한국행정연구』, 4(2).
김정훈(2003). 『유비쿼터스 도시 건설: 새로운 도시공간 개념을 찾아서』. 국토연구원.
김찬오(2008). 도시 안전을 위한 중앙과 지방정부의 역할. 『도시문제』, 43(475).
김창연(2005). 유비쿼터스 환경의 정보화도시 개발 방안에 관한 연구. 건국대학교 대학원 부동산학과 박사 논문.
김철수(2014). 『현대도시계획』. 서울: 기문당.
김태겸(1998). 기업식 정부의 구축 방안. 『한국행정연구』, 7(2)(여름호). 한국행정연구원.
김현석(2000). 국민 중심의 성과관리시스템 구축을 통한 행정개혁. 『한국행정연구』, 9(1).
남기범(2005). 『해외 혁신도시 유사 사례와 정책적 시사점』.
남영우(2004). 『도시와 국토』. 서울: 법문사.
노춘희(2003). 『도시행정총론』. 서울: 형설출판사.
노춘희 · 김일태(2006). 『도시학개론』. 서울: 형설출판사.
대구사회연구소 환경연구부(1995). 『자치시대의 지역환경』. 서울: 한울 아카데미.
대한국토계획학회(2007). 『도시의 계획과 관리』. 서울: 집문당.

대한국토도시계획학회(2002a). 『도시계획론』. 서울: 형설출판사.

__________________(2002b). 『지역계획론』. 서울: 형설출판사.

라도삼 외(2008). 창조도시의 사례와 미래. 『도시정보』, 317.

류재영(2008). 미래 기술발전과 교통정책과제. 『국토』, 315: 29-34.

마여실(2007.10). 글로벌마인드와 비즈니스 스탠더드. 『월간 지방의 국제화』.

문태훈(2010). 『환경정책론』. 서울: 형설출판사.

문화체육관광부(2008). 『문화정책백서』.

박기묵 · 최원삼(2003). 지방자치가 지역개발과 사회복지에 미치는 영향: 경상북도 자치단체를 중심으로. 『한국사회와행정연구』, 14(2): 161-176.

박동규(2006). 유비쿼터스 도시 건설사업의 실태분석 연구. 서울시립대학교 대학원 석사 논문.

박동균(1995). 행정에 있어서 위기관리 과정에 관한 이론적 고찰. 『복지행정연구』. 안양대학교.

박명준(2006). 위기관리이론 관점에서 본 북핵문제의 성격과 대응 방안. 한양대학교 석사 논문.

박병식(1994). 『행정학연습』. 서울: 대영문화사.

박병식 · 이용선(2018). 『안전정책론: 안전한 사회만들기』. 서울: 대영문화사.

박병주(2002). 『한국도시개발계획론』. 서울: 일지사.

박병현(2008). 노무현 정부의 복지재정 분권정책에 따른 지방정부 사회복지재정 실태 분석 및 정책적 개선 방안. 『한국사회복지학』, 60(1).

박상우(2007). 지식 클러스터의 작동 원리와 육성 방안. 인하대 행정대학원 석사 논문.

박성남 · 김민경(2016). 도시재생사업 기반 구축단계의 경험과 과제. 건축도시공간연구소.

박세정(1992). 『행정의 능률성 제고를 위한 기본틀 구축』. 한국행정연구원, 연구보고서.

박수영(2006). 『도시행정론』. 서울: 박영사.

박수영 외(2004). 『현대사회와 행정』. 서울: 대영문화사.

박재희(1998). 『행정서비스 제공 방식의 다원화 방안』. 한국행정연구원, 연구보고서.

박종화(2009). 『도시경영론』. 서울: 박영사.

박종화 · 윤대식 · 이종열(2018). 『도시행정론: 이론과 정책』. 서울: 대영문화사.

박중훈 · 김판석(1996). 『행정서비스 종합대책의 구상(Ⅰ): 공공기관의 고객만족도 평가지표 개발』. 한국행정연구원, 연구보고서.

박중훈 외(2005). 『행정서비스 품질 제고를 위한 방안』. 한국행정연구원, 연구보고서.

박천오(1997). 고객 지향적 행정: 실천상의 의문점과 한국 관료의 시각에 관한 탐색적 연구. 『한국행정학보』, 31(2).
박충훈 · 이상미(2008). 지방자치단체 평가제도의 연계 및 통합방안. 『지방행정연구』, 22(2): 145–170.
박풍규(2006). 사회복지 행정조직 체계에 관한 연구. 『우암논총』, 28.
박해육(2007). 지방자치단체 성과관리제도의 비교 및 통합방안. 『지방행정연구』, 21(2): 117–149.
변병설(2008). 새 정부의 도시환경정책방향. 『도시문제』, 43(470): 56–67.
서순복(2002). 『지식정보사회와 전자행정』. 서울: 대왕사.
서울시정개발연구원(1994). 『부문별 정책구상: 도시행정 부문』.
서울특별시(2019.1). 2019년도 서울시 도시재생 및 건축분야 용역자료집.
서재호(2008). 지방자치제 실시와 지방자치단체 복지행정기구의 변화에 대한 연구: 기초자치단체를 중심으로. 『한국행정학보』, 42(2): 191–215.
성낙문(2008). 녹색성장 시대의 신자동차 문화. 『월간교통』, 128.
손재식(1991). 『현대지방행정론』. 서울: 박영사.
손정목(2003). 『서울도시계획이야기 1, 2, 3, 4』. 한울.
손형섭(2017). 스마트 주차장 확산을 위한 주차장 조례 연구. 『공법학 연구』, 18(3): 375–400.
송희준(1996). 한 · 미 · 일의 전자정부 구축 사례에 대한 국제 비교. 『국가기간전산망저널』, 3(3).
신동진(2006). 한국의 도시 개발에서 새로운 패러다임의 방향 및 전망. 『도시정보』. 대한국토 · 도시계획학회.
신동호(2004). 프랑스 소피아 앙티폴리스의 지역혁신 환경. 『국토계획』, 39(4).
신무섭 외(1998). 『행정서비스 전달체제의 능률성과 형평성』. 전북대학교 사회과학연구소.
________ (1999). 『삶의 질: 행정서비스: 한국사회와 행정서비스』. 연구보고서.
신방현(2003). 『한국도시행정론』. 서울: 박문각.
안국찬(1998). 지방공공 서비스의 효율성 증진 방안에 관한 연구. 『한국사회와 행정연구』, 9(1).
안문석(2008). 『한국전자정부론』. 서울: 박영사.
안태환(2006). 도시정비사업의 효율적 시행 방안: 부산광역시를 중심으로. 동의대 행정대학원 석사 논문.
양봉진 · 송석진(1991). 『지방자치제의 선결과제』. 서울: 현대투자자문주식회사.
오덕성 · 김영환(2003). 지속 가능한 도시 형태 모형의 특성에 관한 연구. 도시설계학회 추계학술 발표대회.

우동기(1998). 지방자치단체의 도시경영과 위기관리. 『대구경북포럼』, 15.
원제무(2015). 『도시교통론』. 서울: 박영사.
유재덕(2008). u-City 사회를 위한 통신인프라 구축 방안 연구. 전남대 석사학위 논문.
유태현(2007). 16개 시·도 투자 유치 현 주소 진단. 『월간 지방의 국제화』, 9월호.
윤지은(2006). 용도지역제 도시계획의 체계에 관한 연구. 중앙대학교 석사 논문.
이광희(2003). 한국의 도시정부 성과에 관한 경험적 연구. 서울대학교 박사학위 논문.
이규환(2000). 『도시행정론』. 서울: 녹원출판사.
_____(2016). 『한국도시행정학』. 서울: 법문사.
이삼수(2006). 도시 패러다임의 변화의 의의. 『도시정보』. 대한국토·도시계획학회.
이상헌(2008). 국가위기 관리체계 발전방안 연구. 동국대학교 석사 논문.
이소영(2007). FTA 시대의 지역의 국제화 전략. 『도시문제』, 42(464).
이승종(2014). 『지방자치론: 정치와 정책』. 서울: 박영사.
이시경(2000). 『도시환경론』. 서울: 대영문화사.
_____(2001). 지방정부 환경정책의 주요 쟁점. 『한국행정논집』, 13(4).
이우형·김영욱(2001). 서울의 도시 공간구조와 기능의 변천에 관한 연구: Space Syntax를 이용한 공간구조 분석을 중심으로. 『한국도시설계학회지』, 3(1).
이원일(2000). 지역복지 서비스 공급의 개선 방안에 관한 연구. 『지방과 행정연구』, 12(1).
이원태·문정욱·류현숙(2018). 지능정보사회의 공공정보화 패러다임 변화와 미래정책연구. 『기본연구』, 17-01.
이윤식(1998). 국가경쟁력 강화를 위한 전자정부의 추진 방향. 한국행정학회 동계학술대회 발표 논문.
이윤철(2008.2). 창의적 환경이 도시경쟁력의 원천. 『월간 지방의 국제화』.
이재원(1999). 성과지향적 지방재정 운영을 위한 예산과정 개혁. 『한국행정학보』, 33(1).
이재은(2007). 미래사회와 국가위기의 새로운 패러다임. 『행정자치부 안전정책 e-뉴스레터』.
이재일(2006). 우리나라 중소도시 성장 요인에 관한 연구: 수도권과 비수도권 비교를 중심으로. 중앙대 석사 논문.
이종수·윤영진 외(2008). 『새 행정학』(5정판). 서울: 대영문화사.
이진(2011). 지방정부 사회복지전달체계 조직의 현황 및 문제점 분석: 서울특별시 25개 자치구를 중심으로. 『한국정책과학학회보』, 15(1): 123-149.
이창기(1991). 도시계획관료의 대응적 태도에 관한 연구. 서울대 박사학위 논문.
이춘희(2007). 21세기 새로운 도시계획 패러다임에 따른 도시 형태 연구. 한양대학교 박사학위 논문.
이태일(2006). 도시 패러다임의 변화와 도시개발. 『도시정보』. 대한국토・도시계획학회.
이현주(2007). 사회복지 전달체계 관련 조직 및 인력 개선. 한국보건사회연구원.
이현호・윤정섭 역(2002). 『도시계획개론』. 서울: 기문당.
이환범(1998). 철도청의 생산성 증대를 위한 조직운영 전략. 『한국행정논집』, 10(1). 한국정부학회.
이환범・최준호(2000). 『신행정서비스론: 공공관리적 관점』. 안동: 도서출판 영남.
이희봉(2007). 사회복지 수요 증대에 따른 지방재정의 대응전략: 지방자치단체 복지재정의 현황과 향후 수요 전망. 『지방재정』, 145.
이희연(2018). 『경제지리학』. 서울: 법문사.
임강원(2003). 『도시교통계획』. 서울: 서울대학교출판부.
임송택(1996). 『재난종합관리 체제에 관한 연구』. 한국지방행정연구원.
임승빈(2018). 『지방자치론』. 서울: 법문사.
임은선(2006). 도시성장관리를 위한 공간구조 측정 방법에 관한 연구: 외연확산형과 압축형 도시 측정을 중심으로. 『패러다임의 변화와 도시개발』. 서울: 국토연구원.
임지원(2007). 정부의 위기관리 PR에 관한 연구. 전북대학교 석사 논문.
임학순(1995). 지방정부의 문화정책. 강인재 외, 『지방자치 이렇게 풀자』. 서울: 한겨레신문사.
장인봉(2000). 한국 도시재난관리 행정체제에 관한 연구. 동국대학교 대학원. 『대학연구원논집』, 30.
정세욱(2003). 『지방행정학』. 서울: 법문사.
______(2005). 『지방자치학』. 서울: 법문사.
정준금(2007). 『환경정책론』. 서울: 대영문화사.
정회성(1994). 『지방자치 시대의 환경정책』. 한국환경기술개발원.
조영갑(2003). 『한국의 위기관리론』. 팔복원.
조용현(2008). 위기 유형에 따른 조직 인사관리 전략의 효과에 관한 연구. 한양대학교 석사 논문.
진재문(2005). 지방선거와 광역자치단체 정책정향의 관계 연구: 복지정향 대 개발정향. 『한국지방재정논집』, 10(2): 5－26.
채미옥(2004). 국토관리수단의 운용 현황과 보완 대책. 『국토연구』.
최남희・김선경(2004). 유비쿼터스 정보기술 확산의 제약요인 분석: 서울시 전자정부사업을 중심으로. 『도시행정학보』, 17(1).

최병두 역(1983). 『사회정의와 도시』. 서울: 종로서적.
최병선(2008). 창조도시 가설. 『도시정보』, 317.
최병학(2003). 대도시 재난 · 위기관리체제. 『도시문제』, 38(414).
최봉기(2006). 『지방자치론』. 서울: 법문사.
최봉기 · 박종선 · 성영태(2015). 『지방자치의 이해와 전략』. 서울: 법문사.
최상석(1995). 도시의 안전관리 체계: 외국 사례. 『도시정보』, 14(8).
최외출 외 공역(2001). 『중앙과 지방관계론』. 서울: 대영문화사.
최윤정(2008). 한국 도시정책의 현황과 향후 과제. 『국토』, 317.
최준호(1997). 공공정책의 행정대응성에 관한 연구. 『한국행정학회 동계 학술대회 논문집』.
_____(1999). 지방정부의 행정전문화에 대한 小考. 『도시행정연구』, 14. 서울시립대학교.
최창호(1993). 『지방자치제도론』. 서울: 삼영사.
통계청(2007). 『e－나라통계 7대 도시 교통 현황』.
한국과학기술기획평가원(2017). 지능정보사회 선도AI프로젝트.
한국교통연구원(2007a). 『2006년도 국가 교통DB 구축사업』.
_____________(2007b). 『2005년 교통사고 비용 추정』.
_____________(2008). 『월간교통』, 128.
_____________(2017). 『교통사고 비용추정』.
한국도시연구소(1998). 『생태도시론』. 서울: 한울 아카데미.
한국전산원(2005a). 『U－city로 바라보는 미래 도시의 모습과 전망: 유비쿼터스 사회연구 시리즈』, 8.
_________(2005b). 『국민의 유비쿼터스 서비스 이용 현황과 과제』.
_________(2005c). 『한국형 u－City 모델 제안』－ IT 전략 이슈 05. 한국전산원
한국전자부품연구원(2006). 『u－City 산업 및 서비스 분류 동향』.
한국정보화진흥원(2015). 지식정보사회의 국가발전전략연구.
_______________(2017). 지능정보사회의 새로운 과제와 대응방안.
_______________(2018). 4차산업혁명, 대한민국의 미래를 찾다.
_______________(2019). 국가인프라지능정보화추진방안.
한국지방자치국제화재단(2002). 『지방자치단체의 국제화 표준모델 개발에 관한 연구』.
한국지역정보개발원(2017). 기술혁명과 도시혁신의 환상적 조합, 스마트시티. 『지역정보화』, 105: 20－30.
한병홍(2007). 신도시 주변지역 토지이용 관리 방안 연구: 김포 신도시를 중심으로. 경원대 석사 논문.

행정안전부. 『지방재정연감』. 각 연도.
________(2007). 『한국도시연감』.
________(2018). 『전자정부관리 매뉴얼』.
________(2018). 『정책백서』.
현대경제연구원(2017.9). SOC의 본질은 미래 성장잠재력의 확충이다. 이슈리포트.
홍경희(1992). 『도시지리학』. 서울: 법문사.
환경부(2017). 『환경백서』.
황기연(2008). 새정부의 도시교통정책. 『도시문제』, 43(470): 40-55.
황규하(2007). U-City 현황 및 서비스 모델 분류 체계에 관한 연구. 연세대학교 석사 논문.
황성하(2007a). 지방정부의 복지행정조직에 대한 현황과 문제점. 『지방행정연구』, 21(4).
_____(2007b). 지방정부의 사회복지 행정체계 개선에 관한 연구. 『한국지방자치연구』, 9(1).
황정호(2004). 우리나라의 균형 발전을 위한 도시개발에 관한 연구. 경희대 석사 논문.
황종규(2005). 지방정부 복지효율성 격차에 관한 비교 연구. 『한국사회와 행정연구』, 16(2).
황진수(2011). 『현대복지행정론』. 서울: 대영문화사.
황희연 외(2003). 21세기 도시정책의 바람직한 방향. 『도시정보』, 250.

[국외 문헌]
Agranog, Robert(1991). Human Services Integration: Past and Present Challenges in Public Administration. *Public Administration Review*, 51.
Arnstein, S. R.(1969). A Ladder of Citizen Participation. *Journal of American Institute for Planning*, July.
Arstein, Sherry(1975). A Working Model for Public Participation. *Public Administration Review*, 35.
Auto Times(2019.1.16).
Barratt, John & John Downs(1988). *Organising for Local Government: A Local Political Responsibility*. Longman Group UK Ltd.
Barzelay, Michael(1992). *Breaking Through Bureaucracy: A New Vision for Managing in Government*. Berkeley: University of California Press.
Baum, D., R. Fleming, & L. Davidson(1983). Natural Disaster and Technological Catastorphe. *Environment and Behavior*, 15(2).

Behn, Robert D.(1992). Management end the Neutrino: The Search far Meaningful Metaphors. *Public Administration Review*, 52.

Bowman, Cliff & David Asch(1987). *Strategic Management*. London: Macmillan.

Bozeaman, Barry(1987). *All Organizations Are Public*. San Francisco: Jossey−Bass.

Bozeman, Barry & Jeffrey D. Straussman(1990). *Public Management Strategies*. San Francisco: Jossey−Bass.

Brudeny, Jeffrey(1990). Using Coproduction to Delivery Services in J. L. Perry(ed.). *Handbook of Public Administration*. San Francisco: Jossey−Bass.

Brudeny, Jeffrey & Richard E. England(1983). Toward a Definition of the Coprod-uction Concept. *Public Administration Review*, 43(1).

Buchanan, James, M.(1958). *Public Principles of Public Debt*. Homewood, illinois: Richard D. Irwin, Inc.

Caiden, Gerald E.(1991). *Administrative Reform Comes of Age*. Berlin and New York: Walter de Gruyter.

Classen, Leo(1980). *Regional Policy*. Saxon House.

Cohen, Steven & William Eimicke(1994). Project Focused Total Quality Management in the New York City Department of Parks and Recreation. *Public Administration Review*, 54.

Collins, James & Jerry Porras(1994). *Built To Last*. New York: Harper Business.

Drucker, Peter(1995). *Managing in Time of Great Change*. New York: Truman Talley.

Epstein, Joyce(1990). *Public Service: Working for the Consumer*. Dublin, Ireland: European Foundation for the Improvement of Living and Working Conditions; Loughlinstown House.

Epstein, Paul D.(1992). The Time for Performance Management is Finally Coming. *Public Administration Review*, 52(5).

Ferris, James(1984). Coprovision: Citizen Time and Money Donation in Public Service. *Public Administration Review*, 44.

__________(1986). The Decision to Contracting Out. *Urban Affairs Quarterly*, 41.

__________(1988). The Use of Volunteers in Public Service Production: Some Demand and Supply Consideration. *Social Science Quarterly*, 69.

Getter, R. W. & P. Schumaker(1978). Contextual bases of Responsiveness to Citizen Preference and Group Demands. *Policy and Politics*, 6(2).

Gilbert, Neil, & Harry Specht(1974). *Dimension of Social Welfare Policy*. New Jersey: Englewood Cliffs.

Goldsmith, M.(1995). Autonomy and City Limits. in D. Judge, G. Stoker & H. Wolman. *Theories of Urban Politics*.

Gore, Al(1993). *Creating a Government that Works Better and Costs Less: From Red Tape to Results*. The Report of the National Performance Review(NPR).

Green, W. H.(2003). *Econometric Analysis*(4th ed.). New Jersey. Prentice Hall.

Gujarati, Damodar N.(1970a). Use of Dummy Variables in Testing for Equality between Sets of Coefficients in two Linear Regressions: A Note. *The American Statistician*, 24(1): 50－52.

__________________(1970b). Use of Dummy Variables in Testing for Equality between Sets of Coefficients in Linear Regressions: A Generalization. *The American Statistician*, 24(5): 18－22.

Gurr, T. & King, D.(1987). *The State and the City*. Chicago: Univ. of Chicago Press.

Haughton, Graham & Colin Hunter(1994). *Sustainable Cities*. London: Jessica Kingsley Publishers Ltd.

Haynes, Rober J.(1980). *Organisation Theory and Local Government*. London: George Allen & Unwin Ltd.

Healy, P., G. McDougall, & J. J. Thomas(1982). *Planning Theory*. Oxford: Pergamon Press.

Henning, Daniel H. & William R. Mangun(1989). *Managing the Environmental Crisis*. Durham: Duke University Press.

Horan, Thomas et al.(2004). Management Challenges. in *Digital Infrastructure*. Rae Zimmernan & Thomas Horan(ed.). Routledge.

Karing, Albert K.(1975). Private－Regarding Policy, Civil Rights Groups, and The Mediating Impact of Municipal Reforms. *American Journal of Political Science*, 19.

Kasarda, John D.(1999). Third World Urbanization: Dimensions, Theories, and Determinants. *Annual Review of Sociology*.

Kearney & Sinha(1988). Professionalism and Bureaucratic Responsiveness Dilemmas of Public Personnel Administration. *International Journal of Public Administration*, 16(7).

Kouzes, James & Barry Posner(1987). *The Leadership Challenges.* San Francisco: Jossy-Bass.

Lane, Naomi Jan-Erik(1994). *The Public Sector.* Newbury Park, California: SAGE.

Lynn, B. & Aaron Wildavsky(eds.). *Public Administration: The State of the Discipline.* Chatham N.J.: Chatham House Publishers.

Miranda, Rowan & Karlyn Anderson(1994). Alternative Service Delivery in Local Government, 1982-1992. *Municipal Yearbook,* Washington: International City/County Management Association.

Moore, Mark(1995). *Creating Public Value.* Cambridge: Harvard Univ. Press.

Morgan, David R. & Michael W. Hirlinger(1991). Intergovernmental Service Contracts. *Urban Affairs Quarterly,* 27(10).

Musgrave, R. A. & Peggy B. Musgrave(1980). *Public Finance in Theory and Practice.* N.Y.: McGraw-Hill Book, Co.

Nalbandian, John(1984). *Professionalism in Local Government.* San Francisco, California: Jossey-Bass.

OECD(1991). *Public Management Developments.* PUMA: Paris, OECD.

Osborne, David & Ted Gaebler(1992). *Reinventing Government: How the Entrepreneurial Spirit is Transforming the Public Sector.* Reading MA: Addison-Wesley.

Owens, J. & G. Panella(1991). *Local Government: An International Perspective.* Elsevier Science Publishers B.V.

Poister, T. H. & G. T. Henry(1994). Citizen Rating of Public and Private Service Quality: A Comparative Perspective. *Public Administration Review,* 54.

Pollitt, Christopher(1990). *Managerialism and the Public Services: The Anglo American Experience.* Oxford: Basil Blackwell.

Provan, Keith & H. Brinton Milard(1995). A Preliminary Theory of lnterorganizational Network Effectiveness: A Comparative Study of Our Mental Community Health Centers. *Administrative Science Quaterly,* 40.

Rainey, Hal G.(1990). Public Management: Recent Developments and Current Prospects, in Naomi B. Lynn & Aaron Wildavsky(eds.). *Public Administration: The State of the Discipline.* Chatham N.J.: Chatham House Publishers.

Savas, E. L.(1987). *Privatization: The Key to Better Government,* New Jersey: Chatham Press.

Shore, Barksdolek & Shore(1995). Managerial Perceptions of Employee Commitment to the Organization. *Academy of Management Journal*, 38(6).

Stewart, J. & M. Clarke(1987). The Public Service Orientation: Issues and Dilemmas. *Public Administration*, 65(2).

Stiver, Camila(1990). The Public Agency As Polis: Active Citizenship in the Administrative State. *Administration & Society*, 22(1).

Sundeen, Richard(1988). Explaining Participation in Coproduction; A Study of Volunteers. *Social Science Quarterly*, 69.

Swiss, James E.(1992). Adapting Total Quality Management to Government. *Public Administration Review*, 52.

Warren, Robert, Stacy Warren, Samuel Munn & Colin Warren(1998). The Future of the Future in Planning: A Appropriating Cyberpunk Visions of the City. *JPER*, 18.

Wholey, Josephs S.(1983). *Evaluation and Effective Public Management*. Boston: Little, Brown and Company.

Wholey & Huonker(1993). Effects of Generalism and Niche Overlap on Network Linkages Among Youth Agencies. *Academy of Management Journal*, 36(3).

Yates, Douglas(1982). *Bureaucratic Democracy: The Search for Democracy and Efficiency in American Government*. Cambridge, Messachusetts: Harvard University Press.

Zeigler, L. Harmin & Harvey J. Tucker(1990). *The Quest for Responsive Government: An Introduction to State and Local Politics*. North Scituate, Massachusetts: Duxbury Press.

찾아보기

ㄱ

ㅁ

ㅂ

ㅅ

ㅈ

ㅊ

저자 소개

박병식(朴柄植) parkbs@dongguk.ac.kr

– 학력: 서울대 대학원 졸업(행정학 박사)
서울대 행정대학원 졸업(행정학 석사)
동국대 경제학과 졸업(경제학사)

– 경력: 한국정책분석평가학회 회장, 서울행정학회 편집위원장,
국회예산정책처 자문위원, 동국대학교 사회과학대학원장 역임
University of Pittsburg, U.S., Visiting Scholar

– 현재: 동국대학교 행정경찰공공학부 교수, 한국공공정책평가협회장,
동국대학교 지역정책연구소장

– 저서 및 논문
『안전정책론』(청록출판사), 『정책사례연구』(대영문화사), 『한국사회와 행정개혁』(법문사) 외 다수 저서
"기업의 CSR 활동과 사회적 신뢰와의 관계분석"(2018), "지방중소도시의 Amenity 증진방안"(2017) 외 다수 논문

이시경(李時慶) palsk@kmu.ac.kr

– 학력: 서울대 대학원 졸업(행정학 박사)
서울대 행정대학원 졸업(행정학 석사)
영남대 법학과 졸업(법학사)

– 경력: 한국정부학회 회장, 서울행정학회 편집위원장,
계명대 정책대학원장 역임
University of Delaware, Visiting Scholar

– 현재: 계명대학교 행정학과 교수

– 저서 및 논문
『도시환경론』(대영문화사), 『환경정책가치론』(계명대 출판부) 외 다수 저서
"환경정책의 구성요소와 상호관계"(2018), "도시하천살리기 거버넌스의 특성비교"(2013) 외 다수 논문

이창기(李昶基) leeki@dju.kr

－학력: 서울대 대학원(행정학 박사)
서울대 행정대학원(행정학 석사)
전북대 정외과(정치학사)

－경력: 지방이양실무위원, 국회의장헌법연구자문위원
행정중심복합도시건설추진위 자문위원
한국정치정보학회장, 서울행정학회장
University of Delaware, Visiting Scholar

－현재: 대전대학교 행정학과 교수, 한국평생교육총연합회장

－저서 및 논문
『환경행정론』(금왕출판사), 『시민사회와 행정』(형설출판사) 등 다수 저서
"지방자치 실시 10년의 평가와 과제"(2005), "도시계획관료의 대응적 태도에 관한 연구"(1991) 외 다수 논문

최준호(崔埈豪) jche@ynu.ac.kr

－학력: 미국 University of Southern California(행정학 석사 · 행정학 박사)
한국외국어대학교(행정학 석사)
광운대학교(행정학사)

－경력: 한국정부학회 회장, 한국행정학회 부회장, 대한지방자치학회 부회장,
한국정부학회 편집이사, 행정안전부 지방행정자문위원,
경기도 행정정책전문위원

－현재: 영남대학교 행정학과 교수

－저서 및 논문
『행정학: 해석, 비판, 그리고 사회적 구성』(공저, 대영문화사), 『공무원관리론』(공저, 대영문화사), 『행정의 이해』(공저, 영남대출판부) 외 다수 저서
"마을공동체 재생 거버넌스를 위한 주민학습체계"(2017), "지방자치단체의 재정사업자율평가제 도입 필요성에 관한 논의: 경상북도 재정사업자율평가를 중심으로"(2016), "주민소환제 운영의 실효성 증대 방안: 사례분석을 기반으로"(2016) 외 다수 논문

개정판

현대 도시와 행정

펴낸날 제1판 제1쇄 2009년 3월 10일
개정판 제1쇄 2019년 3월 12일
지은이 박병식 · 이시경 · 이창기 · 최준호
펴낸이 임춘환
펴낸곳 도서출판 대영문화사
주소 (본사) 사무실: 경기도 고양시 일산서구 주화로 70
우신프라자 307호 (우) 10387)
(본사) 물류센터: 경기도 고양시 일산서구 덕산로
107번길 68-50 (우) 10205)
등록 1975년 12월 26일 제3-16호
전화 (031) 913-3062, (031) 914-3884~5
팩스 (031) 913-3839
홈페이지 http://www.dymbook.co.kr

ISBN 978-89-7644-735-7
값 26,000원